现代内部审计学

(第二版)

秦荣生 ○ 主编

立信会计出版社
LIXIN ACCOUNTING PUBLISHING HOUSE

图书在版编目(CIP)数据

现代内部审计学 / 秦荣生主编. —2 版. —上海：
立信会计出版社，2019.6(2022.12 重印)
ISBN 978-7-5429-6150-1

Ⅰ. ①现… Ⅱ. ①秦… Ⅲ. ①内部审计 Ⅳ.
①F239.45

中国版本图书馆 CIP 数据核字(2019)第 106129 号

策划编辑	窦瀚修
责任编辑	王斯龙
封面设计	南房间

现代内部审计学(第二版)
XIANDAI NEIBU SHENJIXUE

出版发行	立信会计出版社
地　　址	上海市中山西路 2230 号　邮政编码　200235
电　　话	(021)64411389　传　真　(021)64411325
网　　址	www.lixinaph.com　电子邮箱　lixinaph2019@126.com
网上书店	http://lixin.jd.com　http://lxkjcbs.tmall.com
经　　销	各地新华书店
印　　刷	浙江天地海印刷有限公司
开　　本	787 毫米×1092 毫米　1/16
印　　张	23.5
字　　数	513 千字
版　　次	2019 年 6 月第 2 版
印　　次	2022 年 12 月第 3 次
印　　数	4 201—5 300
书　　号	ISBN 978-7-5429-6150-1/F
定　　价	48.00 元

如有印订差错，请与本社联系调换

第二版前言

自《现代内部审计学》(第一版)出版以来,我国内部审计迎来了快速发展的新时代,内部审计行业所处的政策要求、法律环境和社会环境发生了重大变化。特别是中国共产党中央审计委员会(以下简称中央审计委员会)的成立和《审计署关于内部审计的规定》的发布,赋予了我国内部审计新的使命,内部审计各种法律法规的修改、完善和改革措施相继出台,深刻影响内部审计的发展进程和执业要求。

2017年9月,COSO委员会发布了新的企业风险管理框架(2017版):《企业风险管理——与战略和业绩的整合》。企业风险管理被定义为:组织在创造、保持和实现价值的过程中,结合战略制定和执行,赖以进行管理风险的文化、能力和实践。新的框架从企业使命、愿景和核心价值出发,定位的宗旨为提升主体的价值和业绩,强调嵌入企业管理业务活动和核心价值链。企业风险管理框架包括企业风险管理五个要素:治理与文化,风险、战略与目标设定,风险管理执行,审查和修订,信息、沟通和报告。

《审计署关于内部审计工作的规定》于2018年1月12日发布,并于2018年3月1日起正式实施,将内部审计的职责范围从"财政财务收支、经济活动"扩展到了"内部控制评价与风险管理审计",并对内部审计提出了新使命:贯彻落实党和国家重大决策部署跟踪审计、公司发展规划和发展战略审计、公司"三重一大"决策程序审计、公司年度业务计划执行情况审计、公司涉及的履行管理自然资源资产和保护生态环境责任的审计、境外审计等内容。对于内部审计和组织管理,要求国有企业和国有控股企业建立总审计师制度,总审计师在公司党组织、董事会领导下具体管理内部审计工作。

2018年5月23日,中央审计委员会正式成立并召开了第一次会议,习近平主任指出:构建集中统一、全面覆盖、权威高效的审计监督体系,要加强对内部审计工作的指导和监督,调动内部审计和社会审计的力量,增强审计监督合力。因此,我国的内部审计进入了新的发展时代,承载了新的使命。我国内部审计理论研究者和实务工作者应深刻理解和深入研究内部审计的新使命,为理论研究和实际工作提供指导。

2018年9月11日,全国内部审计工作座谈会在京召开,中央审计委员会办公室主任、审计署党组书记、审计长胡泽君发表了重要讲话。她在讲话中强调,要提高政治站位,站在党和国家事业全局的高度,要加强党对内部审计工作的全面领导,扎实推进党和国家重大决策部署的全面落实。加强内部审计工作是落实党和国家重大决策部署的重要内容之一,是实现内部审计转型升级发展的需要。对于内部审计机构和内部审计人员而言,要深入把握和不断总结内部审计工作的规律和经验,改革内部审计组织领导体制和审计模式,坚守党和国家对内部审计工作的职责定位,推动内部审计工作促进我国经济高质量发展。

中央办公厅和国务院办公厅重新修订了《党政主要领导干部和国有企事业单位主要领导人员经济责任审计规定》,对经济责任审计的对象、内容、组织协调、审计实施、审计评价等进行了新的规范。

针对党和国家对我国内部审计的新要求、新规定以及国际组织的最新规则,我们在《现代内部审计学》(第一版)的基础上,对全书的内容作了全面、系统的修改、补充和完善,以满足我国内部审计理论工作者和实务工作者学习和工作的需要。另外,增加了"第二章第五节我国内部审计的新使命与发展路径""第三章党和国家重大政策措施贯彻落实情况审计",补充了风险管理五要素的相关内容,更新了经济责任审计的最新要求。

我的导师中国人民大学阎金锷教授曾经说过:"编写教材是一项遗憾的工作。无论怎样努力,怎样精雕细琢,最后出版的教材依然存在缺陷和不足,依然存在需要完善和修正的内容。"即使当时满意,随着岁月的流逝、环境的变化和阅历的增加,对内容的领悟和对问题的洞察,也会生出许多不满来。很多教授数十年都在修订自己早期的著作,但仍难以做到尽善尽美。选择编写教材,就是选择接受遗憾。无论怎样尽力,无论怎样付出,那个最后的句号都无法画圆,都存在缺陷和不足。我们明白这个道理,这正是我们必须继续修订下去的理由。读者是最好的裁判,也希望读者对本书提出修改和改进的意见和建议。让我们共同努力,为发展中国特色的内部审计理论与实践作出自己应有的贡献。

秦荣生
2019 年 7 月

第一版前言

进入21世纪以来,随着国际经济环境的变化、科学技术的飞速发展和公司治理运动的深入等因素的影响,现代内部审计面临并正在进行重大变革。现代内部审计超越了传统内部审计的理论和技术方法,已经脱胎换骨、涅槃重生。现代内部审计理论与技术、方法的重大变革,是伴随着经济的发展、公司治理要求的提高、互联网等技术的出现而出现的。

现代公司为什么需要在董事会下设立专门审计机构从事内部审计?公司的内部审计机构和内部审计人员的审计目标是什么?应该审计哪些内容和对象?这是研究现代内部审计必须要回答的问题,而我们从现有文献资料中难以找到满意的答案。深入研究这些问题,追根溯源发现的最终结果是现代内部审计与现代公司治理及其发展密切相关。现代公司治理是确保公司健康、可持续发展的基础,现代内部审计因公司治理的需要而产生,随着公司治理的发展而发展。现代内部审计服务于公司治理,是公司治理的基石。没有现代公司治理,就没有现代内部审计;没有现代内部审计,现代公司治理是残缺不全的。

现代内部审计是公司治理的有机组成部分,也是提高现代公司治理有效性的重要手段。没有完善的现代内部审计制度,现代公司治理系统将失去重要的微观基础。反之,缺乏完善的现代公司治理,现代内部审计的作用也不可能得到充分发挥。现代公司治理和现代内部审计相辅相成,互为补充、互为促进。现代公司治理为现代内部审计创造良好的环境,现代内部审计促进现代公司治理的完善和有效。首先,从系统的观点看,现代内部审计能够完善现代公司治理体系,是现代公司治理系统的基础,促进现代公司治理结构更趋合理。其次,现代内部审计可以促进现代公司治理结构的健全和完善,并与外部监管机制等共同发挥作用,使现代公司治理更加有效。最后,随着现代内部审计的不断发展,现代公司治理的内容将更为丰富。

从公司治理的角度来看,现代内部审计已经发展成为以增加公司价值和改进公司经营为目的的确认和咨询活动。作为董事会及其审计委员会的高级参谋和助手,现代内部审计的业务范围已不仅限于降低代理成本、查错防弊、解除内部受托责任、为委托代理关系提供有效的管理与监控机制;更重要的是,现代内部审计服务于公司整体利益,能够为风险管理、内部控制、公司治理等诸多方面提供支持,成为现代公司治理不可或缺的组成部分。从本质上讲,现代内部审计是现代公司治理中一项重要的制度安排。有鉴于此,全书以公司治理的需求为主线,阐述现代内部审计与公司治理的关系、现代内部审计的职能和作用、现代内部审计的业务和技术方法、现代内部审计的发展方向。

自1947年至今,国际内部审计师协会(IIA)先后8次对内部审计的基本职责进行了新的定义,集中反映了国际组织对内部审计理论内涵认识的不断深入,也反映了现代公司治理对现代内部审计不断提出的新需求。国际内部审计师协会认为:董事会、经理层、内部审计与外部审计是现代公司治理的四大基石。同时,国际内部审计师协会将内部审计定义为:内部审计是一种独立、客观的确认和咨询活动,旨在增加组织的价值和改善组织的运营。它通过应用系统的、规范的方法,评价并改善风险管理、控制及治理过程的效果,帮助组织实现其目标。

国际内部审计师协会对现代内部审计的新定义具有深刻的历史意义,不但拓展了现代内部审计的内涵,同时还明确了现代内部审计发挥职能作用的着力点,主要表现在:①现代内部审计已放弃了"监督"职能,确立了"确认"和"咨询"职能,强调要通过现代内部审计的职能发挥,改善"风险管理、控制和治理过程",为公司提供增值服务;②明确了现代内部审计确认和咨询的重点内容,不再将财务审计作为现代内部审计的重点内容,而明确了现代内部审计的重点内容是"风险管理、控制和治理";③升华了现代内部审计的服务目标,将现代内部审计目标与公司目标相统一,提出了现代内部审计改善公司风险管理、控制和治理过程的效果,帮助公司实现其目标。因此,全书以现代内部审计的含义为视角,阐述了风险管理审计、内部控制评价、公司治理审计和舞弊审计等内容。

国外的审计没有针对人的审计,因为在有效的公司治理环境下,个人是通过董事会和经理层等组织发挥作用的,因而也没有针对人的经济责任审计这种形式。我国公司经济责任审计是伴随着建设中国特色社会主义市场经济体制和公司制改革而不断发展的,自20世纪80年代起,经过三十多年的探索与实践、发展与深化,逐步走向法制化、制度化、规范化轨道,并取得了明显的成效。因此,结合我国的国情,书中专门阐述了中国特色的经济责任审计的内容。

现代信息技术的发展,推动了信息技术在数据处理、存贮和交换等方面的广泛应用,信息系统已经渗透到公司生产经营的各个方面,并随之出现了计算机犯罪、信息不安全、数据被盗等现象,信息系统安全问题日益严峻。信息系统审计作为一种可以确保信息系统的安全、可靠及高效运行的新的审计方式受到普遍重视,并将其视为其他审计种类的前提和基础。为此,书中详细介绍了信息系统审计技术和方法。

在互联网、云计算、大数据、物联网和智能化的推动下,现代内部审计技术已取得突飞猛进的发展,内部审计机构和内部审计人员应以新的理念、新的举措,狠抓审计新技术的研究和使用,把坚持使用审计新技术作为推动整个现代内部审计工作创新和发展的基本条件,不断推进现代内部审计效率和质量的提高。因而,书中研究和探讨了联网审计、云审计、大数据审计和区块链自主审计的新技术。

全书共分九章,由北京国家会计学院秦荣生教授负责设计全书的结构和内容,并撰写第一至第五章和第九章,原审计署京津冀审计特派员刘汝焯撰写第八章,浙江工商大学王宝庆教授撰写第六章,成都市公共卫生临床医疗中心总会计师何梅撰写第七章,最后由秦荣生教授负责对全书进行修改和总纂。本书可以作为审计、会计学科的本科、硕士专业学位的专业课教材以及公司管理人员、财务会计人员、内部审计人员自学和培训用书,也可以作为大专院校经济类、管理类有关专业开设"审计学"等课程的参考书。

目前,由于我国公司治理还处于发展阶段,内部审计正处在转型阶段,我国现代公司治理与现代内部审计的实践尚属于初始时期,对此的深入认识还需要一个较长时间的观察和总结。因此,本书的结构和内容是一种创新和探索,尽管我们对本书撰写已竭尽全力,但本书仍会存在错误和不当之处,敬请广大读者指正。

秦荣生

2017 年 8 月

目 录

第一章 公司治理与现代内部审计 ········· 1
  第一节 公司治理的基本原理 ········· 1
  第二节 现代内部审计的领导体制 ········· 13
  第三节 现代内部审计在公司治理中的作用 ········· 25

第二章 现代内部审计概述 ········· 33
  第一节 现代内部审计的含义与职能 ········· 33
  第二节 现代内部审计的独立性和职业道德 ········· 35
  第三节 现代内部审计的职责与权限 ········· 45
  第四节 现代内部审计准则和审计依据 ········· 47
  第五节 我国内部审计的新使命与发展路径 ········· 61

第三章 党和国家重大政策措施贯彻落实情况审计 ········· 68
  第一节 党和国家重大政策措施贯彻落实情况审计概述 ········· 68
  第二节 党和国家重大政策措施贯彻落实情况审计的内容和方法 ········· 72
  第三节 党和国家重大政策措施贯彻落实情况审计存在的问题与建议 ········· 77

第四章 风险管理审计 ········· 81
  第一节 全面风险管理 ········· 81
  第二节 风险管理审计的含义和方法 ········· 91
  第三节 风险管理审计的程序和内容 ········· 98
  第四节 风险管理审计案例 ········· 107

第五章 内部控制及其评价 ········· 122
  第一节 内部控制系统 ········· 122
  第二节 财务报告内部控制 ········· 137
  第三节 内部控制与内部审计 ········· 140
  第四节 内部控制描述 ········· 144
  第五节 内部控制评价 ········· 149

第六章　公司治理审计 …… 164
第一节　公司治理环境和道德规范审计 …… 164
第二节　公司战略审计 …… 172
第三节　薪酬政策审计 …… 185
第四节　财务资源与预算管理审计 …… 193

第七章　舞弊审计 …… 200
第一节　舞弊审计概述 …… 200
第二节　管理层、员工舞弊及其表现 …… 205
第三节　舞弊审计的程序和方法 …… 209
第四节　审计心理博弈 …… 215
第五节　舞弊防范 …… 222

第八章　经济责任审计 …… 229
第一节　经济责任审计的含义和发展 …… 229
第二节　经济责任审计的种类和内容 …… 232
第三节　经济责任审计的关系人和作用 …… 234
第四节　经济责任审计的特点和结果运用 …… 237
第五节　经济责任审计的程序 …… 240
第六节　经济责任审计案例 …… 249

第九章　信息系统审计 …… 257
第一节　信息系统审计概述 …… 257
第二节　信息系统审计策略 …… 270
第三节　信息系统审计流程 …… 274
第四节　信息系统生命周期审计 …… 293
第五节　应用软件审计 …… 312

第十章　现代内部审计技术的发展 …… 326
第一节　联网审计 …… 326
第二节　云审计 …… 335
第三节　大数据审计 …… 347
第四节　区块链自主审计 …… 357

主要参考文献 …… 363

第一章 公司治理与现代内部审计

公司治理是通过一系列规章、程序、方法实施的治理活动,是为实现公司目标而存在的管理和决策行为,公司治理的目标是调节和平衡各种治理主体的利益关系。现代内部审计是公司治理的有机组成部分,也是提高公司治理有效性的重要手段。没有完善的现代内部审计制度,公司治理系统将失去重要的微观基础。2002年7月,国际内部审计师协会(IIA)指出:"健全一个完善公司治理结构的前提是建立有效的公司治理体系的协同关系,即董事会、经理、外部审计和内部审计等。"因此,现代内部审计是公司治理的重要基石。

第一节 公司治理的基本原理

公司治理是一个由主体和客体、机制和结构等诸多因素构成的体系。公司治理主体包括以股东为核心的诸多利益相关者,公司治理的客体由治理边界加以限定。公司治理机制充分发挥作用的前提是存在合理的公司治理结构。公司治理结构包括内部治理与外部治理两个方面,内部治理是基于正式的制度安排,外部治理则建立于非正式的制度安排基础之上,而这些正式与非正式的制度安排的意义就在于保证利益相关者之间的权力制衡及公司重大战略决策的科学性。根据世界各国政治制度、经济制度、文化制度等的不同,形成了以英国、美国为代表的外部监控型公司治理模式,以日本、德国为代表的内部监控型公司治理模式,以东亚一些国家为代表的家族监控型公司治理模式,以及一些国际组织主导和推动的公司治理模式。纵观世界各种公司治理模式,影响最大的是OECD主导和推动的公司治理模式。

一、OECD公司治理原则

1998年,由西方发达国家组成的经济合作与发展组织(OECD)理事会召开部长级会议,提议OECD与各国政府和有关国际组织共同制定一套公司治理的标准和准则。经过专门委员会一年的工作,1999年5月通过了"OECD公司治理原则"。

(一) 有效公司治理框架的基础

公司治理框架应当促进市场的透明和有效,符合法治原则,并明确划分各类监督(supervisory)、监管(regulatory)和执行(enforcement)部门的责任。

(1) 建立公司治理框架应该考虑到它对整体经济绩效和市场的信誉度的影响,使其产生对市场参与者的激励机制,以及促进市场透明度和效率。

(2) 在一个法律体系内,影响公司治理实践的那些法律和监管要求应符合法治原则,并且是透明和可执行的。

(3) 一个法律体系内各管理部门间的责任划分应该明确衔接,并保证公共利益得到妥善保护。

(4) 监督、监管和执行部门应当拥有相关的权力、操守和资源,以专业、客观的方式行使职责,对它们的决定应给予及时、透明和全面的解释。

(二) 公司治理框架应保护股东的权利

(1) 股东基本权利应该包括:①可靠的所有权登记办法;②委托他人管理股份或向他人转让股份;③定期、及时地获得公司的实质性信息;④参加股东大会并投票;⑤选举和罢免董事会成员;⑥分享公司利润。

(2) 股东应有权参与涉及公司重大事项的决定并为此获得充分的信息:①公司规章、章程或类似治理文件的修改;②授权增发股份;③重大交易,包括导致公司出售全部或重大的资产转让。

(3) 股东应获得有效参加股东大会和投票的机会,并能得到股东大会议事规则、投票程序等文件:①股东应充分、及时地得到关于股东大会召开的日期、地点和议程的信息,以及将在股东大会上做出决议的全部信息。②在合理的范围内,股东应被赋予向董事会提出问题的机会,包括与年度外部审计有关的问题,应有机会增加股东大会议程中的议题并提出议案。③应当创造便利条件,使股东能有效参与关键的公司治理决策,如提名和选举董事会成员。股东应能够对董事会成员和主要执行人员的薪酬公开发表意见。董事会成员和雇员的薪酬方案中的股权部分应得到股东的批准。④股东应能亲自或由代理人投票。不论是亲自还是代理投票,都应获得同等效果。

(4) 对特定股东获得与其股票所有权不成比例的控制权的资本结构和安排应当予以披露。

(5) 应保障公司控制权以有效和透明的方式运行:①有关资本市场中公司控制权收购、较大比例公司资产的出售以及类似于合并的特别交易的规则和程序,都应清楚、详细说明并予以披露,使投资者理解自己的权利和追索权。交易应在价格透明和公平条件下进行,使各类股东的权利都受到保护。②反收购工具不应当成为经理层和董事会规避问责的庇护工具。

(6) 应为包括机构投资者在内的所有股东行使所有权创造有利条件:①作为受托人的机构投资者,应当披露与其投资有关的全部公司治理及投票的政策,包括决定使用其投票权的现有程序。②作为受托人的机构投资者,对于那些可能影响其行使与其投资相关的关键性的所有者权利的实质性的利益冲突,应该予以披露。

(7) 应允许包括机构投资者在内的股东相互之间就所界定的股东基本权利有关的事宜进行协商。

(三) 公司治理框架应平等对待所有股东

公司治理框架应当确保所有股东(包括少数股东和外国股东)受到平等对待。当其权利受到侵害时,所有股东应能够获得有效赔偿。

(1) 同类同级的所有股东都应享有同等待遇:①无论其持股比例多少,所有同类股东都应享有同等权利。所有投资者在购买股份之前,都应能够获得各类各级股份应享有权利的有关信息。任何对投票权的改变,都应获得受不利影响的那些类别股份的同意。②中小股东应受到保护,使其不受控股股东滥用权力造成直接或间接损害,并且有赔偿的实际手段。③托管人或受托人投票,应按照股份受益人同意的方式进行。④应消除跨国投票障碍。⑤股东大会议程和程序应使所有股东得到平等待遇,公司程序不应给投票造成不必要的困难或给投票者带来昂贵的费用。

(2) 应禁止内幕交易和滥用权力的自我交易。

(3) 应要求董事和主要经理人员向董事会披露,他们是否在任何直接影响公司的交易或事务中有直接、间接或代表第三方的实质性利益。

(四) 公司治理框架应确保利益相关者的权利

公司治理框架应确保利益相关者的各项经法律或共同协议而确立的权利,并鼓励公司与利益相关者之间在创造财富和工作岗位,以及促进企业财务的持续稳健性等方面展开积极合作。

(1) 经法律或共同协议而确立的利益相关者的各项权利应该得到尊重。

(2) 在利益相关者的利益受法律保护的情况下,当其权利受到侵害时,应能够获得有效赔偿。

(3) 应鼓励员工参与经营管理。

(4) 在利益相关者参与公司治理过程的情况下,他们应该有权定期及时地获得相关的、充分的、可靠的信息。

(5) 利益相关者(包括员工及其代表团体)应能向董事会自由地表达他们对于非法或不道德行为的关注,他们的各项权利不应由于他们的此种表达而受到影响。

(6) 公司治理框架应以有作用、有效率的破产制度框架和有效的债权人权利执行机制作为补充。

(五) 公司治理框架应确保透明的信息披露

公司治理框架应确保及时准确地披露公司所有重要事务的信息,包括财务状况、绩效、所有权和公司的治理。

(1) 应披露的实质性信息至少包括:①公司财务和经营成果;②公司目标;③主要股份的所有权和投票权;④董事会成员和主要经理人员的薪酬政策和董事会成员的其他信息,包括资格、选择过程、就任其他公司董事职务、是否被董事会认为是独立董事等;⑤关联方交易;⑥可预见风险因素;⑦有关员工和其他利益相关者的重要问题;⑧治理结构和政策,尤其是其执行所依据的公司治理规则或政策及程序的内容。

(2) 应根据会计、财务和非财务披露的高质量标准,准备并披露信息。

（3）年度审计应由独立、称职、有资格的审计机构和审计人员担任，以向董事会和股东提供外部的客观保证，即财务报告合法、公允反映了公司所有重要业务的财务状况和经营成果。

（4）外部审计机构和审计人员应向股东负责，对公司负有在审计中发挥应有的职业审慎的义务。

（5）确保信息传播渠道畅通，使使用者能平等、及时和低成本地获取有关信息。

（6）作为公司治理框架的补充，应有一种有效措施，促使证券分析师、经纪人、评级机构和其他机构提出与投资者决策有关的分析或建议，并避免可能影响其分析或建议诚实性的利益冲突。

（六）公司治理框架应确保董事会履行责任

公司治理框架应确保董事会对公司的战略指导和对经理层的有效监督，确保董事会对公司和股东的受托经济责任的履行。

（1）董事会成员应在全面了解情况的基础上，诚实、尽职、谨慎地开展工作，最大限度地维护公司和股东的利益。

（2）当董事会决策可能对不同股东造成不同影响时，应公平对待所有股东。

（3）董事会在道德方面应遵循高标准，并考虑利益相关者的利益。

（4）董事会应履行以下主要职能，包括：①审议和指导公司战略、主要投资计划、风险政策、年度预算和经营计划；设立绩效目标；监控计划实施和公司绩效；监督重要的资本支出、并购和剥离。②监控公司治理实践的有效性，并在必要时加以调整。③选择主要经理人员，确定其薪酬，监督其业绩，并在必要时予以撤换；对继任计划进行监督。④确保主要经理人员和董事的薪酬与公司和股东的长期利益相一致。⑤保证董事会提名和选举的程序正式、透明。⑥对经理、董事会成员和股东之间的潜在利益冲突进行监控和管理，包括滥用公司资产和不当关联方交易。⑦确保包括独立审计在内的公司会计和财务报告系统诚实可靠；确保适当的内部控制体系到位，特别是风险管理体系、财务和运营控制体系，以及对法律和有关标准的遵守体系。⑧监督信息披露和对外交流的过程。

（5）董事会应能够在公司事务中做出客观独立的判断：①对存在潜在利益冲突的任务，董事会应考虑指派足够数量的能做出独立判断的非执行董事。非执行董事的重要责任有：确保财务和非财务报告的诚实性、审议关联方交易、提名董事会成员、主要经理人员和董事的薪酬。②当董事会的专业委员会成立后，其授权、人员组成和工作程序，应由董事会做出充分的界定和披露。③董事会成员应能有效地承担其职责。

（6）为了履行其职责，董事会成员应有渠道获取准确、相关、及时的信息。

二、公司的内部治理

公司内部治理是公司治理中的核心问题。这一问题包括两个主要方面：股东与公司董事会之间的关系；控股股东与中小股东之间的关系。

（一）股东与公司董事会之间的治理

股东与公司董事会之间的关系实际上就是股东与董事会之间的委托代理关系。委托代理关系是一种契约，委托代理机制的有效性取决于代理人的能力和他们的努力程度。在单一业主所有制（经营者与所有者为同一人）公司里，一位能力强且努力工作的业主无疑将比缺乏能力且懒惰的业主取得更好的绩效。但在现代公司，特别是股份制公司里，董事会和公司的所有者通常是分离的。因此，虽然董事会的能力和努力同样与公司绩效息息相关，但能力强的董事会的努力工作未必会产生公司绩效最大化的结果。这是因为在所有者与董事会相分离的情况下，董事会的行为可能会偏离公司所有者的目标，去追求董事会自身利益的最大化，甚至不惜损害公司所有者的利益。因此，对董事会的能力和努力程度还必须作一个限定，即董事会的行为应以维护公司所有者的利益为依托。

1. 股东大会

按照公司法，在公司的正常经营状态下，股东是公司的最终所有者，对公司资产拥有终极控制权和剩余索取权。股东大会是公司的权力机构，股东通过股东大会行使自己的审议权和投票权，维护自己的法定权益。从决策的动议、批准、执行和监督四个步骤来看，股东大会拥有批准和监督的权力，行使相应的职能。股东通过股东大会对公司的合并、分立、解散、清算等重大事项拥有决议权。

在现代公司制度下，由于股东的高度分散化，使股东通过股东大会行使权力的成本很高，股东对经理的有效监督是通过董事会这一内部治理机制，以及通过控制权市场的代理权争夺这一外部治理机制来实现的。

2. 董事会

在公司的内部治理机制中，董事会是由股东选举产生的，作为股东的代表行使对经理的监督和控制，并批准有关公司的重大决策。在正常情况下，董事会有权撤换公司经理。在公司治理结构中，股东大会和董事会之间是委托代理关系，股东是委托人，董事是股东的受托人，即代理人，承担受托经济责任。董事有执行董事和非执行董事，前者是公司内部的管理人员，后者是公司外部人员；在股东占主导地位的公司中，控股股东会派出自己的代表担任公司的董事。一旦董事会受托经营管理公司，就成为公司的法定代表，正常情况下股东不得干预董事会的工作。

如果股东对董事会领导下的公司绩效不满意，可以选择在股票市场上卖出股票，即所谓的"用脚投票"；另外的一种选择是发起或响应控制权市场上的代理权争夺，转让股权并使之集中，改选董事会。

3. 经理

在公司的治理结构中，经理是公司的经营者，与董事会之间是委托与代理的关系。经理由董事会聘任，对董事会负责，拥有决策步骤中的动议和执行的职能，拥有聘任经理以下其他各级经理、主持公司的生产经营管理工作、组织实施董事会决议、组织实施公司年度经营计划和投资方案等多项权力。

为了使有能力的经理最大限度地为股东（所有者）的利益努力工作，就需要设计公司的最优内部治理结构，包括选聘、激励和监督。

（1）科学的选聘机制是最佳内部治理结构形成的前提。竞争上岗、公开聘任经理是保证经理能力、努力程度和其行为符合公司目标的重要条件。在日常工作中,董事会内部设立提名委员会,有助于改进经理市场的效率。科学的选聘机制的形成有赖于外部经理市场的存在。运作良好的经理市场,可防止经理对公司进行无效运作。

（2）合理的激励机制是实现最佳内部治理结构的关键。合理的激励机制要解决的是激励经理为谁工作和工作的努力程度问题。在其他条件不变的情况下,一般激励越强,经理工作就越努力,公司绩效也就越好。经理和董事的薪资与公司业绩挂钩的薪酬体系有助于引导他们提高公司业绩。在董事会内部设立薪酬与考核委员会,通过最小化经理自我提薪的风险,有助于改进薪酬体系的效率。改善激励机制,主要有两种途径：一是所有权改革。所有权理论认为,所有权明晰的公司有较强的激励动机去提高公司的绩效。所有权改革应包括经理对剩余利润分享分配权,即通过分红、股票激励等形式实现。二是引入市场竞争。公司绩效主要与市场结构有关,与市场竞争程度有关,竞争是公司改善绩效的根本保证,激励机制只能在竞争的条件下才能发挥作用。

（3）有效的监督机制是实现公司最佳治理结构的保证。监督机制着重解决经理为谁工作和工作是否努力的问题。一般地,监督机制越有效,越能使经理最大限度地努力为股东利益工作,公司绩效就越好。公司内部的监督机制包括董事会以及监事会对经理的监督。

董事会的内部监督职能主要表现为董事会对经理的监督。董事会有权聘任或者解雇总经理,有权制定重大发展战略。董事会的这些权利能够有效约束经理的行为,以保证董事会制定的发展计划能够得到公司经理的贯彻执行,同时确保不称职的经理能够被替换。

监事会是公司专事监督职能的机构,监事会对股东会负责,以出资人代表的身份行使监督权。监事会对董事会和经理进行监督。监事会可以通知经理停止违法或越权行为,可以随时调查公司的财务情况,审查文件账册,可以审核董事会编制的提供给股东会的各种财务报表,并把审核意见向股东会报告。

（二）控股股东与中小股东之间的治理

公司内部治理机制的另一个重要方面是处理好控股股东与中小股东之间的关系。根据公司法律理论与实践,公司股东之间应彼此负有责任,特别是大股东对小股东负有公平交易的责任。如大多数国家都对控股股东与公司的关联交易规定了披露原则、无利益冲突的股东中的多数通过原则和公平性原则,即从程序上加以监督,要求股东对其进行的有关关联交易的行为予以披露和要求无利益冲突的股东对关联交易进行批准,或者由独立实体对关联交易进行公平性审查。

根据同股同权原则,公司的大股东与中小股东应具有相同的股东权利,而唯一的区别是大股东的表决权份数多于一般的中小股东的份数。具有控股地位的大股东有能力也有动机去侵害中小股东的利益,因此,建立健全针对中小股东的保护机制有助于中小股东实现其股东权利。建立健全中小股东保护机制最重要的是要完善监事会制度,增加中小股东在公司监事会的比例。中小股东由于持股较少,一般难以进入董事会,行使保护自己权利的责任。但中小股东可以进入公司的监事会,来达到监督自己权利不受侵害的目的。

三、公司的外部治理

公司的外部治理是以竞争为主线的外在制度安排,主要包括法律监管、公平的竞争环境、充分的信息机制、客观的市场评价,以及优胜劣汰机制,还包括政府和社区对公司所进行的治理。

(一) 市场竞争机制与公司外部治理

充分而公平的外部市场竞争体系为监督和约束董事会、经理行为提供了评判依据,同时也为这种监督和约束的实现创造了必要的机制和适宜的环境,从而在公司外部形成强有力的治理。市场的外部治理主要来自产品市场、资本市场、经理和劳动力市场。

1. 产品市场的治理

实行市场经济的必然结果是产品和服务供给由卖方市场转变为买方市场,产品和服务竞争日趋激烈,突出表现在对市场份额的争夺上。在顾客至上的社会里,如果某个公司的产品或服务因其质量或形式深受顾客的欢迎,那么该公司的产品或服务的市场占有率会上升。竞争性的产品市场对董事会、经理有很强的激励和约束,它可以提供公司经营效绩和经营者努力程度的信息,委托人可以据此实施对代理人的评价和奖惩。产品和服务市场对公司的治理主要是通过对生产和服务同类产品的公司和消费者的选择进行的,同时也包括新进入者、替代产品及供应商对公司所施加的压力。

2. 资本市场的治理

资本市场可以对董事会、经理施加压力,以保证公司的决策过程有利于吸引资本市场的资金进入。这个监控机制的有效程度取决于资本市场是否有效,资本市场对公司的约束突出表现为:在公司经营不利时可以采取"用脚投票"的办法对公司管理实施制衡。公司董事会、经理的经营成果可以充分地体现在股票价格上,"用脚投票"行为会引起上市公司股价下跌,从而引起现有股东不满,有可能促使股东联合起来将现任董事会、经理赶下台。同时,在资本市场上,潜在的并购和敌意接管也构成了对董事会、经理行为的强有力的约束机制,若收购成功,新的大股东将会更换现有董事会、经理。

3. 经理和劳动力市场的治理

有效的经理和劳动力市场可以甄别有能力和尽职的经理和员工与没有能力和不尽职的经理和员工。经理之间的竞争,以及公司内部不同层级上经理的竞争,能够约束在职经理的"逆向选择"和"道德风险",激励他们为股东的利益服务。劳动力市场的竞争,能够促使员工不断提高职业道德水平和技能,以取得被聘用的机会。在发达的市场经济中,基本上形成比较成熟的经理和劳动力市场,一方面给经理和员工提供晋升的机会,另一方面也给经理和员工带来了被取代的风险。如果公司经营效果不好,就可能成为被兼并的目标公司,导致经理和员工被解职,而且很难在经理和劳动力市场找到合适的职位。当然,经理和劳动力市场约束机制的有效程度在于它能否将经理和员工的表现通过信息披露表达出来。

(二) 利益相关者权利与公司外部治理

有效的公司治理不仅依赖于健全的公司内部治理结构,而且依赖于良好的外部治理环境和外在制度安排,其中涉及债权人、机构投资者、中介机构和自律组织、公司员工、客户、供应商、政府、社区居民等利益相关者。

1. 债权人

债权人是公司借入资本的所有者。理论上讲,由于债权人要承担本息到期无法收回或不能全部收回的风险,因此债权人和股东一样,在公司治理上,有权对公司行使监督权。债权人可以通过给予或拒绝贷款、信贷合同条款安排、信贷资金使用监管、参加债务人公司的董事会等渠道起到实施公司治理的目的,尤其是当公司经营不善时,债权人可以提请法院启动破产程序,此时,公司的控制权即向债权人转移。

2. 机构投资者

在成熟的资本市场,机构投资者对其所投资公司往往能施加重要影响。当一个或少数几个机构投资者持有公司股份达一定比例时,他们就有动力去搜集信息并监督董事会、经理,从而避免中小股东中普遍存在的"搭便车"现象。机构投资者是公司的股东,往往能够通过拥有足够的投票权对董事会施加压力,甚至可以通过代理权竞争和接管来罢免董事会、经理,有效解决代理问题。

3. 中介机构

要强化外部公司治理机制的有效性,就必须减少委托人和代理人之间的信息不对称,提高公司的透明度。投资者通过公司披露的财务报表和其他信息,了解公司财务状况、经营成果,以此做出投资决策。而以董事会、经理为主导编制的财务报告要取得公众的信任,就必须接受各类中介机构,如会计师事务所、律师事务所、资产评估机构等的审核,并出具鉴证意见。因此,各类中介机构,尤其是对公司财务会计信息进行审计的会计师事务所,以及在公司新股发行中承担主承销责任的投资银行,充分履行诚信义务,保证财务信息的真实可靠,对提高公司治理水平具有积极意义。

4. 自律组织

自律组织是指具有"自我组织,自我管理和自我教育"性质的社会民间组织机构,如中国上市公司协会。自律组织一般实行会员制,符合条件的公司可申请加入自律组织成为其会员。公司一旦加入自律组织,其行为受到自律组织的约束,自律组织可对会员的日常业务活动进行监管。因而,自律组织也参与公司的外部管理,督促公司合法、合规经营和披露相关信息。

5. 公司员工

公司的员工是公司的人力资产。一般情况下,员工的知识和经验具有一定的专用性。这种专用性将使员工难以随便地更换公司,公司是他们发挥自身特长的场所。员工与公司共荣辱、同患难,具有强烈的责任感和参与意识。只有保护和利用好这种热情,才能使公司充满活力。员工享有公司剩余财产的索取权,他们在按劳动合同和其他规定得到工薪报酬的同时,有权以奖金或其他形式参与公司税后利润的分配;享有监督权,他们了解公司真实情况、掌握真实信息,能有效行使监督职能;享有一定的管理权,他们是公司的主人之一,有提供合理化建议、自主管理等权力。

6. 客户

客户是公司产品或服务的消费者。公司价值和利润的实现，在很大程度上取决于客户的选择。客户购买公司的商品或服务后，有权要求公司保证其所提供的商品或服务能够保障客户人身、财产的安全，当不满意时，有权要求退换或赔偿。当客户认为公司提供的商品或服务不能满足需要时，可以随时替换公司，从而使公司的销售面临困难。客户的这些权利在一定程度上构成了对公司的外部监督。

7. 供应商

供应商是公司各类生产资料的供给者。一般情况下，供应商与其下游客户相互依存，供应商依赖其下游客户的购买订单来生存，同时下游客户也依靠供应商所供应的生产资料来维持经营。因此，供应商与下游客户休戚相关，供应商十分关注下游客户的发展状况。供应商已在一定程度上发展成为其下游客户的外部监督者。一般说来，交易规模越大，交易合同期限越长，供应商资产专用性程度越高，供应商就越是与公司休戚相关。特别是对那些做了专用性投资的，与公司签订了长期合同的大宗供应商来说尤其如此。因此，供应商为维护自己的利益，应当享有对公司经营的监督权。

8. 政府

政府也有很大的动力对公司进行监督。首先，由于公司是吸纳就业的主要单位，大部分公司的经营状况的波动会影响社会的就业状况；其次，公司也是政府税收收入的重要来源，公司的盈利状况会影响政府的税收收入；最后，政府要运用经济、法律等政策和手段调控经济运行，维护正常的交易秩序，并站在公正的立场上，调解不同所有者、经理人员、劳动者之间，以及相互之间的矛盾和冲突。基于以上考虑，政府应有权对公司实施监督。

9. 社区居民

公司的经营不仅直接影响到所有者、交易者的利益，而且对公司所在社区的居民亦有重大影响：公司为当地居民提供就业机会，增加居民收入；公司的生产经营直接影响当地的环境，对居民的身心健康产生影响；公司的扩张亦会对社区居民带来影响。所以，社区居民为维护自身利益，应享有监督公司活动的权利。

四、万科公司治理案例

历经近2年的万科股权之争昨天终于落下帷幕。万科2016年度股东大会于2017年6月30日下午召开，这次股东大会上演了新老交接的大戏。王石做梦都没想到，在他自己亲手创办的企业万科，自己竟然也会悄然离去，他是"人在江湖，身不由己"。这些年来，万科是王石的避风港。无论是他在异国他乡登山也好，游学也好，只要他仍在万科挂着职务，那就可以无忧无虑。这种神仙日子，他当然希望永远继续下去，这也是这位六十多岁的老人，努力争取的动力所在。

三十三年，终有一别。2017年6月30日，王石正式告别了他一手缔造和执掌数十载的万科。万科股东大会当天下午投票选举产生了新一届董事会，王石不再担任万科董事。这是股东的力量，也是股东的胜利。

1. 王石是职业经理人，不是控股股东

天下没有不散的宴席。以野蛮人姚振华叩门声为信号，王石在万科的地位处在风雨飘摇之中。万科不可能永远姓王。对万科来说，王石时代迟早要结束。毕竟王石是一个职业经理人，不是控股股东。

宝能系姚振华对万科虎视眈眈。2015年8月26日，宝能系总计花费240亿元，持有万科24.26%的股份，是万科不折不扣的第一大股东。

这举动引起了王石的警觉和不满，促使其不得不心急火燎地赶回国内，与姚振华一决高低。王石一回来就公开表达了对姚振华的厌恶，说"万科不欢迎这个野蛮人"。这句话一出口意味着王石和姚振华之间已经势如水火，不可调和了。万科将近半年的A股停牌，就是两人艰苦斗争的结果——一个努力进来，一个全力拒绝，他们的所作所为都是奔万科控制权而来。

股权过于分散是万科的致命伤，这为野蛮人叩门留下了一把钥匙。万科总裁郁亮曾经说过，想要控制万科，不需要太多资金，只要200亿元就够了。曾经万科长期以来的第一大股东华润集团，所持股份不过15.6%，作为万科经理层，在郁亮强行推动合伙人制后，所持万科股份也不过4%，作为实际控制者和创始人的王石本人在万科所持股份，更是少得在这场争斗中可以忽略不计，只有不到1%。

为在"宝万之争"中增添筹码，王石不得不引进深圳地铁。这使万科股份结构变得扑朔迷离，也使万科这场控制权之争发生了微妙变化，由原来单纯的"宝万之争"变得越来越复杂，越来越不可控，成为国资、险资、民营资本的多方混战。

2. 彻底得罪华润　华润对万科有了新想法

如果如王石所愿，深圳地铁将成功超越宝能系，成为万科第一大股东——这正是王石引进深圳地铁的目的。

但王石这一举动带来了意想不到的后果。因为如果深圳地铁成为第一大股东，那么宝能系为第二股东，而原来王石的坚定盟友、万科长期以来的第一大股东——华润将沦为第三大股东。这是华润无论如何都不能接受的。王石将华润彻底得罪了，也将其推向了对立面。

可以肯定，华润不再是王石的盟友。华润前掌门人宁高宁是王石的铁杆盟友，对万科管理层甚为信任，基本上对万科事务不闻不问。2005年，宁高宁离开华润调入中粮集团。

2014年4月，傅育宁接替宋林，成为华润新一任董事长。傅育宁与王石没有人际关系的历史包袱。在傅育宁掌管招商集团时，地产业是招商集团的主业之一。傅育宁对地产业务既懂行，又有较强的掌控欲。据上市公司年报，华润旗下的五家上市公司华润啤酒、华润电力、华润置地、华润水泥、华润燃气总现金流之和仅为703亿港元，折算成人民币也不到600亿元；目前万科在华润盘子里，也算是一桩大生意了，万科一年近3 000亿元销售收入，200亿元利润，数千亿元市值，完全可以为华润添光增彩，而且以前华润就有将万科纳入华润置地的计划，但碍于宁高宁与王石的私交，虽有计划，却没有实施。现在傅育宁走马上任，又碰上万科多事之秋，把这个宏伟计划提上日程，或许正是时候。从这段时间华润的总体表现来看,万科与华润的亲密关系基本上已经结束,基于自身利益考虑,华润甚至走到了王石的对立面,一直以来对万科奉行的"积极、不干预"的财务投资人角色和无为而治的管理方式寿终正寝。

一旦深圳地铁成功进驻万科,成为第一大股东,那么受到深刻伤害的,除了宝能系,还有华润。出于自身利益的本能考虑,华润和宝能系联手抵抗深圳地铁就成为一种不得已的选项,换句话来说,姚振华和傅育宁联手抵抗王石成为一种可能。

2016年,在万科临时股东大会结束后不久,现场媒体还没散去,华润代表突然提出万科与深圳地铁合作存在程序瑕疵,开始向王石"发难"。在公开发难之前,华润派驻万科的三位董事,已向深圳和香港的监管部门反映了引入深圳地铁存在问题。傅育宁对万科引入深圳地铁明确表达了自己的态度,称这么大的事情,万科在最近董事会上只字不提,这不合适。这种表态实际上就是否定了王石打算引进深圳地铁来实现掌控万科控制权的计划。

2016年春节前,华润与"宝能系"在新加坡密谈,华润有意收购宝能系手中的万科股票,但由于价格太低不被后者接受。元宵节刚过,姚振华又主动拜访了华润,与傅育宁进行了一个多小时的密谈。华润和宝能系对此缄口不言,讳莫如深。

这意味着华润与万科管理层之间由于利益关系,产生了根本性分歧,傅育宁与姚振华联手对抗王石的意识和行动已经暴露无遗,王石所面临的阻力越来越大。如果宝能系与华润联手抵制深圳地铁,由于他们当时分别是万科第一、第二大股东,双方股权份额之和超过30%,拥有绝对表决权。这让王石引入深圳地铁的努力或将化为泡影。如果引入深圳地铁的计划泡汤,就意味着王石未来在万科的处境将岌岌可危,甚至被扫地出门,万科董事会或被改组,管理层迎来巨大震荡。

3. 万科是股东的还是管理层的

关于万科控股权之争,更为深层的问题是,这是谁的万科?万科公司应该是谁的?是包括宝能系在内的所有股东的,还是以王石为代表的管理层的?

大股东侵害上市公司利益在中国股市屡见不鲜,管理层过度控制产生"内部人控制"问题也是上市公司常见的治理问题。

那么万科是由大股东控制好,还是由管理层控制好?关于公司治理中的控制权问题,有两个相互对立的理论:股东至上主义和利益相关者理论。

公司是股东的吗?从法律上讲,公司的最终控制权属于股东,股东大会是公司的最高权力机关。但事实上,对于已经存在的公司而言,公司的生存和发展已超越了股东对"剩余权利"的诉求。按照股东至上主义,股权是控制权的基础,中国内地的公司治理是这样的,香港地区亦如此。

公司是管理层的吗?如果将公司的控制权交由管理层,如果没有好的约束机制,会产生道德风险,甚至出现"内部人控制"问题,同样不利于公司的发展。例如,安邦作为金地的二股东,与大股东生命人寿共同否决了核心员工项目跟投的议案。万科的"事业合伙人"制与这个项目跟投很类似,如果管理团队通过这种制度安排,获得了较大的利益,那么就有可能影响股东的利益。阿里巴巴设计了一个合伙人制度。合伙人需竭尽全力提升阿里巴巴生态系统的愿景、使命与价值,为此赋予其两项特别权力:一是董事提名权;二是奖金分配权。阿里巴巴的创始合伙人团队通过董事提名权,用仅10%的股权控制董事会;通过奖金分配权,可在税前奖励管理层。这对其他股东显然是不公平的,因此,当时强调"同股同权"的香港联交所拒绝了阿里巴巴的上市申请,而注重利益相关者利益的纽约交易所批准了阿里巴巴的上市。

德鲁克说,公司是一个社会组织,是一个以满足社会需要为目的,把人们联合起来的社会机构。公司是现代市场经济发展的基石,公司的存在和发展不仅是经济问题,也是政治问题和社会问题。因此,公司控制权选择的关键是社会利益的均衡,是股东利益和包括管理层利益在内的利益相关者利益的均衡,任何一方受到侵害,都会给公司带来巨大的影响,甚至影响公司的生存。

4. 王石要么退出,要么老实上班

王石之于万科,是"成也萧何,败也萧何"。王石创造了万科,并将它做成了中国最优秀的房地产企业。虽然王石对经营管理有天赋,但其志趣却在游山玩水。在2000年之前,王石常在公开场合说不喜欢做商人,也不喜欢做房地产。这种说法让万科管理层不满。郁亮曾经为此找到王石,直截了当地说:董事长你不喜欢就不喜欢,但能不能不要再说了,否则怎么能让万科的团队热爱自己的工作呢?王石不得不从此闭嘴,把自己的想法憋在肚里。

后来华润的意图已经十分明朗了,就是想方设想狙击深圳地铁。这种狙击存在两种可能:一种是和宝能系合作,另一种是购买宝能系股份,自己成为万科控股股东。无论是哪种作法,对王石来说,都不是好消息。或许宝万之争的结果,将成为万科与王石割袍断义的分水岭。

王石不可能左右万科,毕竟对万科来说,王石只是一个职业经理人而已。而职业经理人最终是要为股东利益服务的。换句话来说,职业经理人的命运掌握在大股东手里。对于宝万之争,无论结果怎样,王石要么被扫地出门,要么更为敬业一点,想要在万科待下去,就得结束以前那种游山玩水的生活方式,老老实实地上班,否则,实在难让大股东满意,被取代是早晚的事。

5. 王石悄然离去,不带走一片云彩

2017年6月30日下午两点三十分,万科2016年度股东大会在深圳大梅沙召开。两个半小时后,投票结果出炉,由深圳地铁提名的11名董事候选人全部当选,其中万科管理层占3名,深圳地铁占3名,另有1名外部董事及4名独立董事。正如股东会9天前发布的那张公告所说:王石不在董事之列。当天晚上,新一届万科董事会进行选举,郁亮正式当选为董事长,而王石是万科的名誉董事长。

深圳地铁最终是以现金购买股权的方式进入万科,分别于2017年1月以372亿元购买了华润手上的15.31%股权和6月以292亿元购买了中国恒大持有的14.07%股权,总共耗资664亿元,持股比例为29.38%,成为万科的第一大股东。这一天,作为万科的第二大股东,持股25.4%的宝能系并没有派代表参加股东大会,宝能系透过多家媒体发声,表示从大局出发,支持万科换届方案,支持万科持续发展。

1984年,时年33岁的王石在深圳创立万科,到如今被迫退出,刚好也是33年。从高调放弃管理层股份,到"君万之争",再到"宝万之争",王石与万科息息相关。王石给万科带来了什么？在这次股东大会上,他给出了答案。王石说:"我给万科带来了什么？第一,给万科选择了房地产这个行业。第二,我们建立了规范的团队,树立了行业的品牌,建立了现代企业制度。"第一个选择确实是王石起决定作用的,至于万科是否建立了现代企业制度？答案是否定的,王石及其团队的所作所为根本与现代企业制度相背离。没有王石,可能没有万科,但也可能有"亿科";万科没有王石,可能有"黑石"。

第二节　现代内部审计的领导体制

公司治理的体制与机制是指为维护以股东利益和利益相关者利益为核心,对公司的权力制衡关系和决策系统所做出的制度安排。现代内部审计成为公司治理的组成部分,并成为促进公司治理的有效手段。

一、董事会

公司董事会是依照有关法律、行政法规和政策规定,按公司章程设立并由全体董事组成的业务执行机关。公司董事会具有如下特征:董事会是股东大会的业务执行机关,负责公司经营活动的决策与管理,对公司股东大会负责并报告工作。股东大会所作的公司重大事项的决定,董事会必须执行。

(一) 董事会的组成

董事会一般由执行董事和非执行董事组成。一般来说,执行董事由那些全职负责公司管理的人担任。而非执行董事则由股东董事、职工董事、独立董事等担任。

公司违反规定选举、委派董事的,该选举、委派无效。国家公务员不得兼任公司的董事。

董事应当遵守公司章程,忠实履行职务,维护公司利益,不得利用在公司的地位和职权为自己谋取私利,不得利用职权收受贿赂或者其他非法收入,不得侵占公司的财产,不得挪用公司资金或者将公司资金借贷给他人,不得将公司资产以其个人名义或者以其他个人名义开立账户存储,不得以公司资产为本公司的股东或者其他个人债务提供担保。

《中华人民共和国公司法》(以下简称《公司法》)分别对有限责任公司和股份有限公司的董事人数作出了明确规定:有限责任公司设董事会,其成员为3~13人;股东人数较少或规模较小的有限责任公司,可以设一名执行董事,不设董事会;股份有限公司应一律设立董事会,其成员为5~19人。董事任期由公司章程规定,但每届任期不得超过3年。董事任期届满,连选可以连任。董事在任期届满前,股东大会不得无故解除其职务。

董事会设董事长1人,可以设副董事长1~2人。有限责任公司的董事长和副董事长的产生办法由公司章程规定。股份有限公司的董事长和副董事长由董事会以全体董事的过半数选举产生。董事任期由公司章程规定,但每届任期不得超过3年。董事任期届满,连选可以连任。董事任期届满未及时改选,或者董事在任期内辞职导致董事会成员低于法定人数的,在改选出的董事就任前,原董事仍应当依照法律、行政法规和公司章程的规定,履行董事职务。

(二) 董事会的职权

董事会对股东大会负责,行使下列职权:

(1) 负责召集股东大会,并向股东大会报告工作。

(2) 执行股东大会的决议。

(3) 决定公司的经营计划和投资方案。

(4) 制订公司的年度财务预算方案、决算方案。

(5) 制订公司的利润分配方案和弥补亏损方案。

(6) 制订公司增加或者减少注册资本的方案以及发行公司债券的方案。

(7) 拟订公司合并、分立、解散的方案。

(8) 决定公司内部管理机构的设置。

(9) 聘任或者解聘公司经理,根据经理的提名,聘任或者解聘公司副经理、财务负责人,决定其报酬事项。

(10) 制定公司的基本管理制度。董事会每年度至少召开两次会议,每次会议应当于会议召开 10 日以前通知全体董事。

董事会召开临时会议,可以另定召集董事会的通知方式和通知时限。在下列情况之一时,董事长应在 10 个工作日内召开临时董事会会议:代表 1/10 以上表决权的股东提议;1/3 以上董事提议;1/3 以上监事提议。

董事会会议应由 1/2 以上的董事出席方可举行。董事会作出决议,必须经全体董事的过半数通过。董事会会议,应由董事本人出席。董事因故不能出席,可以书面委托其他董事代为出席董事会,委托书中应载明授权范围。

董事会应当对会议所议事项的决定作成会议记录,出席会议的董事和记录员在会议记录上签名,董事应当对董事会的决议承担责任。

董事会的决议违反法律、行政法规或者公司章程,致使公司遭受严重损失的,参与决议的董事对公司负赔偿责任。但经证明在表决时曾表明异议并记载于会议记录的,该董事可以免除责任。

(三) 董事会与经理的关系

公司董事会与经理的关系,主要体现在以下四个方面。

1. 董事会以专业、客观、稳健的态度指引经理

公司董事会应与经理紧密合作,制定战略,评估方案,提高决策准确度,提升公司竞争力。董事会作为经理的决策者、领导者和监督者,贡献其专长、经验和建议来帮助实现公司目标。作为公司战略的决定者,董事会承担着带领公司业务向前迈进的责任。大多数的董事在竞争性的商业领域中运作过,具备商业方面的专长和经验,能胜任引导和监督经理的工作。

2. 董事会独立行使监督经理的责任

为了维持客观性和独立判断的能力,公司董事会有超过 1/3 的成员为独立董事。通常公司董事会中内部执行董事不应该太多。假若董事长兼任总经理,这表示其同时领导董事会和经理。这种情况使得其他董事会成员无法有效监督有关经理的问题,也难以对总经理的表现进行客观的考核,更难对其作出免职的决定。不能与总经理建立客观和独立关系是许多董事会失败的原因,因此,一般来说,公司董事长和总经理的职位应由不同的人担任。只有这样,董事会才不会陷入被总经理要挟的泥潭。

一般情况下,公司董事长和总经理都由不同的人担任,董事长和总经理职责有明确的分工,前者领导和负责董事会的运作,后者在董事会的授权下执行董事会决策,负责企业日常事务运作,以公司业绩向董事会负责。超过1/3的董事为独立董事、外部董事独立于经理之外、董事长和总经理由两人分别担任、依靠提名委员会提名新董事等措施在制度上大大减少总经理对于董事会的潜在不良影响,有助于董事会独立行使权力监督经理。

3. 董事会实施独立考评经理绩效

聘任、奖励和解雇总经理是董事会最重要的一项职责,也是最敏感的工作。为了将这个工作做好,公司董事会应定期评估来自公司内、外部的潜在接班人选。董事会下设薪酬委员会,定期评估总经理和其他经理人员的表现。薪酬委员会应保持其独立性,应由独立董事担任主任,独立董事应占委员会成员的1/2以上,认真评估其工作表现,决定薪酬和奖金事宜。公司必须在其年度报告中披露董事、总经理和其他主要高层经理人员的薪酬及薪酬组成部分,执行董事不介入关于其个人绩效评估和薪酬的决定。

4. 董事会确保公司和经理遵循法律和法规

董事会有责任确保公司和经理遵守所在地的法律,了解所涉及的商业风险。公司应设有审计委员会。审计委员会成员中必须有1/2是独立董事,而且应由独立董事担任主任,至少有一位成员应具备会计或相关财务管理专长。审计委员会在授权范围内可以调查任何事项,有权和经理见面并取得他们的合作。在经理回避的状况下,审计委员会约见内部、外部审计人员。审计委员会也可自行决定邀请任何董事或经理人员出席会议。

审计委员会向董事会报告内部、外部审计人员所做的审计的有效性和准确性、信息披露的恰当程度、风险管理和内部控制系统的质量。审计委员会监督外部审计人员审计公司和年度财务报告,领导内部审计工作,审查和批准内部审计工作计划,以及他们对于内部控制系统的评价与审计。

二、审计委员会

任何公司的一切活动都是围绕着公司治理下的受托经济责任来进行的。由于规模的扩大、所有权与经营权的分离、经营的多元化,以及管理层次的增加,公司对外形成了董事会、经理对股东及其他利益相关者的受托经济责任,对内形成了经理及其下属对董事会的受托经济责任。为了解决多极化受托经济责任目标一致性所存在的代理问题,公司治理机制应运而生。公司治理机制通过明确规定股东大会、董事会、经理等公司参与者的权利和义务,确立他们在公司中所处的层次和地位,制定一系列规则和程序,尽可能降低代理成本。审计委员会是帮助董事会履行专门职责的委员会,它代表董事会承担有关财务报告过程、内部控制和公司治理的监督职责,并能提高外部审计师和内部审计机构的独立性,避免外部审计师与董事会、经理互相勾结。作为公司治理的一种制度和机制,有效的审计委员会还能帮助公司确认、评价和控制经营、管理风险。

为强化董事会监督功能,做好经营和财务活动的事前、事中和事后审计,确保董事会对经理的有效监督,董事会设立审计委员会。董事会审计委员会是董事会按照股东大会决议设立的专门工作机构,主要负责监督公司的财务、内部控制和公司内部、外部审计的沟通、监督工作。

(一)审计委员会的产生和发展

审计委员会制度在美国公司中较为盛行。在美国,公司审计委员会制度可以追溯至发生于1938年的麦克森·罗宾斯药材公司舞弊案。

1938年,美国纽约州的麦克森·罗宾斯药材公司突然宣布破产。在经济萧条时期,股份公司的倒闭本来习以为常。然而,该公司的倒闭,却使得"报刊以耸人听闻的手法来对待这件案子"。究其原因,是因为该案涉及审计中的一系列问题。1938年,长期贷款给罗宾斯药材公司的汤普森公司,在审核罗宾斯药材公司财务报表时发现两个疑问:一是罗宾斯药材公司中的制药原料部门,原是个盈利率较高的部门,但该部门却一反常态地没有现金积累。而且,流动资金亦未见增加。相反,该部门还不得不依靠公司经理调集资金来进行再投资,以维持生产。二是公司董事会曾开会决议,要求公司减少存货金额。但到1938年年底,公司存货反而增加100万美元。汤普森公司立即表示,在没有查明这两个疑问之前,不再予以贷款,并请求官方协调控制证券市场的权威机构——纽约证券交易委员会调查此事。

纽约证券交易委员会在收到请求之后,立即组织有关人员进行调查。调查发现该公司在经营的十余年中,每年都聘请了美国著名的普赖斯·沃特豪斯会计师事务所对该公司的财务报表进行审计。在查看这些审计人员出具的审计报告中,审计人员每年都对该公司的财务状况及经营成果发表了"正确、适当"等无保留的审计意见。为了核实这些审计结论是否正确,调查人员对该公司1937年的财务状况与经营成果进行了重新审核。结果发现:1937年12月31日的合并资产负债表计有总资产8 700万美元,但其中的1 907.5万美元的资产是虚构的,包括存货虚构1 000万美元,销售收入虚构900万美元,银行存款虚构7.5万美元;在1937年年度合并损益表中,虚假的销售收入和毛利分别达到1 820万美元和180万美元。

该案件使投资者对上市公司的会计信息质量、注册会计师的独立性和其专业胜任能力等产生强烈质疑。为此,在1939年和1940年,纽约股票交易所(NYSE)和美国证券交易委员会(SEC)先后建议董事会设立一个由独立的外部(非执行)董事组成的委员会来代表股东选择(或提名)会计师事务所和协商有关外部审计事宜,以增强注册会计师的独立性,但当时他们并未称此委员会为"审计委员会"。

1967年,美国注册会计师协会(AICPA)建议所有的公众持股公司必须设立由非执行董事组成的审计委员会。在20世纪70年代,"水门事件"等都暴露出美国公司在政治捐献和海外拓展业务时存在非法捐献和贿赂等种种不法行为,这使人们开始广泛关注审计委员会的作用。为此,美国证券交易委员会于1972年重申了美国注册会计师协会的建议,认为一个有效的审计委员会可以有效地保护投资者的利益,并于1974年要求股份公司在其代理人报告中披露公司董事会是否设立了审计委员会,如果设立了审计委员会,要说明审计委员会的组成情况。

1977年美国国会通过的《反海外贿赂法案》(Foreign Corrupt Practices Act)也规定,公司审计委员会有权调查公司对国外企业等的非法支付和捐赠,并针对公司的可疑交易向美国证券交易委员会报告。

1978年,美国律师协会的公司法委员会将审计委员会的职能界定如下:审计委员会在代表股东的董事会与外部注册会计师之间提供了适当的沟通渠道,并至少应承担下列四项职能。

(1) 建议特定的注册会计师或会计师事务所担任公司的外部审计。
(2) 与所选定的注册会计师就其审计计划提出咨询。
(3) 对注册会计师的审计报告及管理建议书予以审核及提出咨询。
(4) 与注册会计师及公司的内部审计人员就公司内部控制的适当性提出咨询。

美国的资本市场也积极响应美国证券交易委员会等的呼吁,如纽约股票交易所要求自1978年6月30日起,所有在该交易所挂牌交易的上市公司需设立由独立董事组成的审计委员会,美洲股票交易所和纳斯达克(NASD)也建议或要求所有上市公司设立由主要独立董事组成的审计委员会。

1987年,反虚假财务报告委员会(Tread Commission)在《反虚假财务报告委员会的报告》中,建议美国证券交易委员会应要求所有的公众公司都设立完全由独立董事组成的审计委员会,所有公众公司都应有审计委员会章程,并在其中对审计委员会的职责进行明确规定,董事会应定期审核与审计委员会相关的章程,必要时予以修改,所有公众公司年报中应包含由审计委员会主席签署的描述审计委员会职责和工作情况的致股东函。该报告还建议,审计委员会应有足够的资源和权力来完成其职责,审计委员会应审核经理对注册会计师独立性影响因素的评价,审计委员会和经理都应帮助注册会计师维护独立性,审计委员会应审核下年度聘请注册会计师提供管理咨询服务的计划(包括服务类别和付费),审计委员会应监控季度报告流程。

1987年,国际内部审计师协会(Institute of Internal Auditors,IIA)也发表了一份立场公告,建议所有的公众公司都设立由独立于经理的外部董事组成的审计委员会,并期望由内部审计师来帮助审计委员会完成对公司内部控制制度的适当性和有效性的检查与评估等工作。

美国国会于2002年通过和实施的《萨班斯—奥克斯利法案》(SOX法案),对包括审计委员会制度、注册会计师行业管理体制等在内的重要公司治理制度进行了改革,从立法层面上来保证审计委员会和注册会计师的独立性。SOX法案在"内部审计定位或作用"的内容中要求上市公司必须建立审计委员会,赋予其较以前更多的责任以确保其独立性。全美证券交易商协会和纽约证券交易所又于2003年11月发布了"公司治理最终规则",详细地界定了审计委员会的职责:每年获取并审查独立董事提交的报告;与管理当局、独立审计师一起讨论经审计的公司年度财务报表和季度财务报表;讨论公司收入公告、财务信息、收益指南等;讨论风险评价、风险管理政策;分别与管理当局、内部审计师和独立审计师定期会面并讨论相关难题;制定清晰的关于聘用现任或前任独立审计师的政策;定期向董事会报告等。

2003年,为了贯彻SOX法案关于审计委员会的相关规定,美国SEC颁布《与上市公司审计委员会相关的准则》(Final Rule Standards Relating to Listed Company Audit Committees),发展了审计委员会对外部审计师所提供的非审计服务进行审查的责任。同年,英国财务报告委员会(Financial Reporting Council)发布报告《审计委员会——联合法案指南》(Audit Committees-Combined Code Guidance,也被称为Smith报告),进一步扩大和细化了审计委员会的责任。

2001年,中国证监会出台《关于上市公司设立独立董事制度的指导意见》,首次提出审计委员会,并在第五条规定若上市公司设立,独立董事占委员成员的比例应不低于1/2。2002年,证监会和原国家经贸委联合发布《上市公司治理准则》,首次明确建议上市公司建立审计委员会,并在第五十四条规定审计委员会的主要职责。这些相关文件的出台为我国上市公司审计委员会的设立和运行提供了制度上的支持,国内上市公司也纷纷开始成立审计委员会。2007年,中国证监会修订《公开发行证券的公司信息披露内容与格式准则第2号——年度报告的内容与格式》,其中要求上市公司在年报中对审计委员会的履职情况进行汇总报告。由此可见,审计委员会制度在我国得到了较大的发展和重视。

(二) 审计委员会组成和职责权限

审计委员会是公司董事会下设的专业委员会之一,加强了董事会对公司日常经营、财务运作的监督。审计委员会可以从公司董事会内部建立起控制监督的职能机制,并将公司信息披露、会计信息质量、内部审计和外部审计纳入控制和监督,从而提高了董事会对经营和财务决策的控制和监督力度。在公司治理实务中,公司审计委员会一方面可以帮助所有者监督和控制经营管理者财务方面决策,完善内部控制制度,通过审核和监督财务报告的生成和公司对外披露的会计信息质量,监督和评价基于财务报告的内部控制质量,降低公司财务信息不实披露的概率,有利于公司充分披露符合会计信息质量特征要求的财务报告,可以通过提高公司财务信息披露质量,有效防止公司董事会和经理利用虚假的财务报告粉饰公司的业绩,甚至进行财务舞弊或欺诈等问题;另一方面,审计委员会可以作为内部审计与外部审计沟通的桥梁,协调内外部审计之间的关系,审计委员会有权力监督内部审计部门的日常工作,提议更换外部审计机构,通过监督公司财务报告的加工过程,判断公司董事会和经理是否严格按照相关法律法规的规定来管理和运营公司,降低公司董事会和经理与会计师事务所互相串通的可能性,尽可能将各类财务风险降到可控水平。

审计委员会是董事会下设的专门委员会,委员都由董事担任。

1. 审计委员会的组成

审计委员会成员由3~7名董事组成,独立董事占多数,委员中至少有一名独立董事为专业会计人士。审计委员会委员由董事长、1/2以上独立董事或者全体董事的1/3提名,并由董事会选举产生。

审计委员会设主任委员(召集人)1名,由独立董事委员担任,负责主持委员会工作;主任委员在委员内选举,并报请董事会批准产生。审计委员会任期与董事会一致,委员任期届满,连选可以连任。期间如有委员不再担任公司董事职务,自动失去委员资格,并由委员会根据相关规定补足委员人数。

2. 审计委员会的职责

审计委员会的职责主要包括：

(1) 审核公司的财务信息及其披露。

(2) 提议聘请或更换外部审计机构。

(3) 领导公司的内部审计机构。

(4) 负责内部审计与外部审计之间的沟通。

(5) 审核公司内部控制制度的有效性。

(6) 对重大关联交易进行审核。

(7) 公司董事会授予的其他事宜。

审计委员会对董事会负责,委员会的提案提交董事会审议决定。

3. 审计委员会的决策程序

审计委员会会议,对经理和内部审计提供的报告进行审议,并将相关书面决议材料呈报董事会讨论：

(1) 外部审计机构工作评价,提请外部审计机构的聘请及更换。

(2) 公司内部审计制度的健全性。

(3) 公司对外披露的财务报告等信息的合法性、公允性。

(4) 公司内部控制的有效性。

(5) 其他相关事宜。

审计委员会会议分为例会和临时会议,例会每年至少召开4次,每季度召开一次,临时会议由审计委员会委员提议召开。会议召开前7天须通知全体委员,会议由主任委员主持,主任委员不能出席时可委托其他1名委员(独立董事)主持。审计委员会会议应由2/3以上的委员出席方可举行；每1名委员有1票的表决权；会议做出的决议,必须经全体委员的过半数通过。审计委员会会议表决方式为举手表决或投票表决；临时会议可以采取通讯表决的方式召开。审计委员会会议的召开程序、表决方式和会议通过的议案必须遵循有关法律、法规、公司章程的规定。出席会议的委员均对会议所议事项有保密义务,不得擅自披露有关信息。

内部审计机构负责人、签字注册会计师可列席审计委员会会议,必要时亦可邀请公司董事、监事及其他高级管理人员列席会议。如有必要,审计委员会可以聘请中介机构为其决策提供专业意见,费用由公司支付。

审计委员会会议应当有记录,出席会议的委员应当在会议记录上签名；会议记录由公司董事会秘书保存。审计委员会会议通过的议案及表决结果,应以书面形式报公司董事会。

4. 审计委员会与内部审计的关系

审计委员会与内部审计的关系,从相互依赖上来看,是审计委员会依赖内部审计,内部审计需要审计委员会的领导和支持。1985年召开的第44届国际内部审计师大会理事会会议通过的一项声明《国际内部审计师协会关于审计委员会的立场》指出:"审计委员会和内部审计师有着共同的目标,与内部审计师建立良好的工作关系将有助于审计委员会更好地向董事会、股东和其他外部团体完成其职责。"这充分说明了审计委员会对内部审计的依赖,一方面,只有依赖内部审计的工作,审计委员会才能更好地发现公司在财务报告、内部控制中存在的缺陷,监督经理的财务信息质量;另一方面,只有审计委员会对内部审计工作给予足够的重视与支持,内部审计才能顺利地完成其确认和咨询的主要职能。两者联系紧密,共同完成对公司的内部监控与治理。

从管理层级上来看,审计委员会与内部审计是领导与被领导、监督和被监督的关系,内部审计在审计委员会的监督和指导下开展工作。审计委员会领导、监督内部审计的工作,查找公司在财务报告、内部控制中存在的缺陷,监督经理的财务信息质量。反过来,审计委员会对内部审计工作的领导、监督,提高了内部审计的地位,有利于内部审计工作更好地开展。

我国相关法律法规对审计委员会与内部审计之间的关系体现在《上市公司治理准则》中的规定:审计委员会负责监督公司的内部审计制度及其实施,负责内部审计与外部审计之间的沟通,审查公司内部控制制度。《上市公司章程指引》规定:公司实行内部审计制度,配备专职审计人员,对公司财务收支和经济活动进行内部审计监督。公司内部审计制度和审计人员的职责,应当经董事会批准后实施。审计负责人向董事会负责并报告工作。上述规定既是董事会、审计委员会与内部审计关系的依据,又是对内部审计实施领导和管理的内容。现代内部审计必须明确定位,理顺与审计委员会的关系,既要接受审计委员会的领导和监督,也要为审计委员会提供有价值的信息,促进公司治理效率的提高。

三、现代内部审计

现代内部审计是通过运用规范的程序和方法,审查和评价公司经营管理活动及其内部控制、风险管理的适当性和有效性,促进公司治理的健康发展,帮助公司实现其目标。

(一) 内部审计机构

我国的内部审计机构是根据审计法规和其他财经法规的规定设置的,主要包括部门内部审计机构和单位内部审计机构。

(1) 部门内部审计机构。国务院和县级以上地方各级人民政府各部门,应当建立内部审计监督制度,根据审计业务需要,分别设立审计机构并配备审计人员,在本部门主要负责人的领导下,负责本部门和所属单位的审计工作。

(2) 单位内部审计机构。大中型企事业单位应当建立内部审计监督制度,设立审计机构,在董事会或本单位主要负责人的领导下,负责本单位的审计工作。实施内部审计较为普遍的是大中型公司,公司内部审计机构在董事会下设的审计委员会或本单位主要负责人领导下开展内部审计工作。审计业务少的小型企事业单位,可设置专职的内部审计人员,而不设独立的内部审计机构。

不管是部门内部审计机构还是单位内部审计机构,都有其专职业务,其性质和会计检查并不相同,因此必须单独设立,并受董事会下设的审计委员会或本单位主要负责人的领导。

(二)现代内部审计的特征

我国现阶段内部审计的特征,有些是与西方内部审计基本相似的,有些则是中国特色社会主义体制下所特有的。我国现代内部审计一般具有如下特征。

(1)服务上的内向性。内部审计是为加强内部经济管理和控制服务的,内部审计人员是董事会下设的审计委员会或主要负责人的领导下,是经济管理和公司治理方面的参谋和助手。服务上的内向性是国内外内部审计共同的基本特征。无论是西方公司的内部审计还是我国企事业单位的内部审计,其主要职责都是代表董事会或主要负责人审查和评价单位业务活动及其内部控制、风险管理的适当性、合法性和有效性,促进单位改善治理和管理,维护本单位的利益,为实现其目标服务。

(2)业务范围的广泛性。内部审计是作为董事会或公司主要负责人在风险管理、内部控制和公司治理等方面的参谋和助手来进行的,其审计报告不具有法律效力。它既可进行内部风险管理审计、内部控制评价和公司治理审计,又可对公司负责人进行经济责任审计;既有制约作用,又有促进作用。而且,一般都能满足董事会的要求,董事会要求审查什么,内部审计人员就审查什么。与外部审计相比,这种业务范围的广泛性,是国内和国外内部审计的共同特征。

(3)作用的稳定性。随着经济的发展,西方的内部审计已冲破只起制约作用的范围,扩展到改善公司治理和提高风险控制水平等的促进作用方面。我国内部审计也是如此,一方面它必须以法律为准绳,履行内部审计的确认职能,发挥审计的制约作用;另一方面它还要履行咨询职能,促使部门或单位改善内部控制,增强风险控制能力,提高公司治理水平,充分发挥审计的促进作用。我国内部审计的制约性和促进性两项作用,在相当长的时间内会同时存在。所以,审计作用的稳定性又是国内外内部审计的共同特征。

(4)微观监督与宏观监督的统一性。我国内部审计在董事会或公司主要负责人领导下开展审计工作,防控风险,为加强内部控制和公司治理服务,这是微观监督的性质,也是内部审计的主要工作内容。与此同时,内部审计还应从国家利益出发,对本部门、本单位是否遵守国家的政策、法律、法令和规章制度进行跟踪审计,又具有宏观监督的性质。所以,微观监督与宏观监督的统一,是我国内部审计的独有特征。

(三)万达集团内部审计案例

大连万达集团股份有限公司虽被冠以"土豪"之名,但实际上,万达的发展成果首先是惠及了自己的员工。万达每年都有一半员工能晋级,加薪幅度高达20%,外地员工享受住房补贴等。除此之外,万达的食堂一日三餐都是免费的。虽然高薪养廉不能从根本上解决腐败问题,但是,对于"见过钱"的万达人来说,腐败的门槛高了很多。

王健林董事长曾在一次演讲中特别指出,万达建立了一支强大的审计队伍,他本人在集团不分管具体业务,唯一管的部门就是审计部,审计部就相当于万达集团的纪委。这支团队忠诚、严谨、能力强,在集团内树立了权威,具有很强的威慑力。

1. 内部审计是王健林唯一直管的部门

组织架构上,万达内部审计部门由王健林直管。其他企业里老板虽然管,却是"说管而不管"。但在万达,审计计划、审计问题、审计结论、审计建议都要直接向王健林本人汇报,审计相对独立,审计自身没有业务,没有利益相关,不受任何人干扰。

王健林对占小便宜、贪污腐败、舞弊零容忍。所以他送给万达高层6个字:勤奋、团结、廉洁。万达信奉审计是一种哲学。没有约束,"人性本不善"。所以,审计是必须的!在万达,对于腐败和舞弊始终都是保持高压的态势,任何人不得触摸,一旦触摸,发现一起处理一起。

2. 万达内部审计的目标与内容

万达的内部审计可不仅仅是为了查处些大案要案,万达内部审计的最主要目的是对企业的经营做评价、改善经营、防范风险,目的是促进企业资产的保值增值,是为了企业价值最大化。所以万达的内部审计,更接地气、更具针对性。

万达的内部审计审什么?①有权力的人;②存在寻租空间和舞弊可能的业务环节。

3. 提高内部审计人员素质

这些年,万达招聘了很多国内国外的精英审计人才,但在万达,做审计并不是一件容易事。你不仅业务要好,更重要的是,你得全能,你既要有专业知识,还要能表达、会沟通。比如,负责财务、营销、行政的审计,那么他就要了解这些业务线的工作。不但要学,还得跟销售人员打成一片,交朋友。据说有位审计副总经理,为了练习讲话技巧,专门花了800块钱去学习了3天,为什么?就是为了好沟通。

在万达,很多业务都是新的,一方面是不断涌现出新行业,一方面是行业本身每年都有创新、理念、设计、经营等,所以每年年底,万达审计做的最重要的一件事就是充电学习。学什么?做法是请各个系统的总经理讲课,通过他们介绍这个行业的特点,来研究怎么监管。这种课涉及影视制作、演艺、院线、文化旅游、儿童业态、百货等业务,信息量巨大。比如,影视制作是一个特殊的行业,给演员的费用是没有明账的,现场有那么多人吃饭,群众演员也没有明账,所以审计要针对此研究监管办法。对此,除了请内部的人来讲课,每年还会专门请国家各部委专家前来培训。

4. 王健林亲授审计尚方宝剑

万达每年要审计一两百次,涉及公司上千家,业务领域全覆盖。审计前,审计人员会拿着王健林的审计指令,然后把这张纸往总经理的桌子上一放,上面写着"审计指令"四个大字,以及哪个公司委派什么人到你公司进行例行审计,请接待配合。落款:王健林。

王健林对内部审计重视到什么程度。这里有个小故事:年初,百余份内部审计指令需要王健林签署,内部审计部总经理对王健林说您就别一个一个签了,授权他人代签吧,但王健林最后还是一张张地自己签了。

内部审计到各地,都会举行一个全员的审前会议,包括打扫的阿姨、司机都得参加。主要讲解万达内部审计的作用,审计的依据以及查处的典型案例,此行的目的等。据说,大家都瞪大眼睛听。

2011年8月,内部审计中心曾查处过一起职务侵占案。这个案子就是上文那个花800块钱去学习讲话的副总发现的。他通过查阅OA发现,某项目的售楼广告在北京电视台娱乐频道每晚11点54分连播了8个月,每个月都是29.8万元,而万达的制度是如果一笔预算超过30万元,就得上报集团进行审批,所以一看就知道当事人研究透了公司制度,钻空子。当天审计就发现11点54分根本没有任何广告,所签约的广告公司的工商注册法人代表后边三个字被篡改,而且为了掩盖,当事人还盖一个公章来掩人耳目,但是还是被火眼金睛的审计人员发现了,真相就是将广告业务发包给当事人自己注册的公司。

因此,在后续处理这个问题的时候,王健林首先考虑到了审批过程中的官僚作风,对所有审批当事人都进行了处罚,包括项目公司前后两任总经理、营销副总、财务副总等。处罚他们,就是告诫大家,在利用权力审批的时候,一定要充分关注业务实质而不仅仅走形式上的流程。

5. 明察秋毫:好人办错事,还是坏人办坏事

万达内部审计还有一个特点:严格区分问题性质,区分"好人办错事,还是坏人办坏事"。

事实上,很多问题是大家对制度不熟悉、吃得不透、把握不准或是执行不到位造成的,对于这样的问题,内部审计部门主张与被审计单位多沟通,通过沟通极大地提高了工作效率,各个系统整改的力度可能比审计要求的还要高,该怎么处理就怎么处理。

比如某项目的一个总经理,在招投标过程中出了一些问题,他不是暗箱操作,是因为不知道万达的规矩是所有流程必须透明,他把招投标的几家公司分别叫到屋子里谈话。这其实是犯忌的。后来下属曲解了他的意思,在招投标中做了手脚。但审计分析结果是:他各个方面都不错,只是招投标过程中没有完全掌握制度要求,亲自插手招标,这和他当时就职万达时间不长有关。考虑到他的工作各个方面表现,审计只是给他一次教育,提醒他注意。据说,这位总经理现在工作越干越好。如果当时一刀切,可能就痛失了一个人才。

6. 一查到底、绝不手软

万达内部审计要做什么?发现问题他们如何处理?就两词:"一查到底、绝不手软"。万达每年都会开内部审计的通报大会,上千家公司都要通过视频收看,每次王健林都要亲自到场讲话。在2015年的内部审计大会上,他通报了这样一件事。

2014年10月13日至10月19日,历经一周时间,内部审计发现了一些问题。比如,该区域总经理多次免费将外广场、内广场点位及金街区域免费提供给场内、场外商户开展多种经营活动。在审计中,审计人员发现该总经理胆子大、强势,而且在对员工的访谈过程中,他们的支支吾吾实际上是"有话要说,但不敢说"。考虑到事情绝不仅仅这么简单,他们内部讨论后决定再次返回。

内部审计部门再进泉州后,用了连续三周的时间对该区域的万达广场开始了有针对的

审计。随着调查的深入，隐藏的问题就像春笋一样，一层层的钻出来了。他们发现，除了区域总经理无视制度外，还发现区域内其他公司对上蒙蔽总部，对内规避监管，对外坑害商户。并且，他们的不良做法蔓延致整个区域管理混乱，营运、企划、工程、租赁服务等多部门违规频发，已发现经济损失超百万元，并严重影响万达集团品牌形象。通过对商户一家家的约访后，还发现商管公司招商营运副总利用职权向多家商户索贿受贿。

有意思的是，他们去审计之前，该副总已调任广东商管担任招商营运副总，但得知内部审计二次进驻的消息后，随即辞职。内部审计部门与其多次沟通，并给了他充足的时间和多次机会希望其交出赃款，迟迟无果后，遂将其移交司法机关。

这个事件给万达敲了一个大大的警钟！几十个管理人员对内无视企业制度，对外坑害商户，这在万达还是前所未有的事。此事发生后，商管系统紧急召开会议反思并检查管理漏洞，为何在上级拒批的情况下还能避开OA审批，自己以内部联络单进行审批？为何在监管如此严格之下还能出现这样藐视制度的情况？对于此事，王健林内部讲话严肃强调，要从制度以及组织架构上全盘考虑，要从根上杜绝腐败的发生。就这样，坏事变成了好事，将这样的人淘汰出局，其实是万达发展之幸事。有些人以为辞职就可以无事了，这对企业和其他员工不公平，他必须为犯法付出应有的代价。

这就是万达内部审计的重要作用，不仅要揪出腐败现象，还要通过内部审计预防并力求在企业内部杜绝腐败，以促进制度与体制的健全和完善。

7. 利用蛛丝马迹挖出大案

万达内部审计到地方去，地方负责人们特别害怕。一方面是万达的内部审计专业、权威，另一方面是万达的内部审计更严谨，更"较真"。一个字迹、一张照片、一段时间的数据、一份OA流程都能成为他们的突破点。

还是上文提到的"区域事件"，该区域相关负责人多次绕过集团领导审批，采用纸质内部审批单而不上内网走流程，在没有任何"存底"的情况下，他们是如何发现蛛丝马迹的呢？这里不得不提一下万达内部审计对信息化和新媒体的敏感与应用。

因为在第一次审计过程中了解到该区域总经理曾在2014年5月将万达广场中庭场地免费供给某商家，但一直苦于没有证据。审计部门再进驻时，由于被调查方高度警惕以及线索的无头绪，工作难度很大，一筹莫展之际，新媒体帮了大忙。他们没有惊动对方，而是先加了商户的微信，挨个翻看，还真让他们找到了！有一条微信是这样写的："5月15日盛大绽放，XX路演在万达等你。"审计直接拿着这条微信找到财务进行核实，结果是该活动没经过财务，那么是谁批的？通过什么方式批的？根据新媒体意外"暴露"的线索，他们找到了第一张绕过万达内部OA审批的内部联络单。随后，又找到了第二张，第三张……最后找出了51张免费提供场地活动的内部联络单，还有4次，连内部联络单都没有。

说到从蛛丝马迹发现线索，还得讲个故事。几年前，内部审计去成都某国际酒店审计，在一个星期时间里，审计人员从上万张单据里面发现了一个问题：有些进口的原材料的入库单和出库单经常会出现一个人的字迹，而这个字迹又不完全一致。就凭着这个字迹，他们一直摸下去，发现这个人会趁着出库员不在的时候，模仿签字，一出一进，监守自盗，多余的钱都归他了。上万张单据属于大海捞针,但是即便是这些细微到别人不会注意的地方,也难逃万达审计的法眼。

万达各系统都开发了很多业务软件,借助这些软件内部审计人员足不出户也可以发现审计线索。不久前,在对酒店会员积分管理系统进行数据分析时,发现有三家酒店在餐饮消费上,存在高频、异常的积分记录,于是审计直接从北京千里奔袭。最终证实,这三家酒店都存在餐厅员工利用客人消费为自己积分的舞弊行为,数额巨大,其中一家酒店整个餐厅员工个个参与,属于群体性舞弊案件。远程的、信息化审计使得重大违规、舞弊的行为更容易被凸显出来,大大提高了审计的效率和效果。

只要有人的地方就有腐败,再好的制度都敌不过人性的贪婪,万达的内部审计就是要跟人性中的糟粕作对。所以,你也会发现,虽然万达如此庞大,但是腐败的事情真的是极个别,一旦抓出来,就是典型。作为内部审计,在其中发挥了不可替代的作风。

第三节　现代内部审计在公司治理中的作用

公司治理中主要的关系人是股东、利益相关者和董事会与经理,但三者的目标并不一致,股东的目标是股票价值最大化,利益相关者希望其权利不受侵害,董事会与经理则倾向于压力小、报酬高。因此,三者追求的目标不同,而且三者处于信息不对称状态,为平衡利益关系,需要制定约束机制,达成合约关系。公司的内部审计,正是为解决股权广泛分散情况下所有权和经营权分离的公司的内部监督和管理而产生的,是公司治理的技术控制手段。

一、内部审计与公司治理的关系

内部审计是公司治理中一项重要的制度安排。从内部审计与公司治理的目标和理论基础的一致性看,公司治理与内部审计相互影响,共同发展。

1. 内部审计与公司治理的目标相同

良好的公司治理依赖于四大要素的协同实现。2002年7月,IIA指出:"健全一个完善的公司治理结构的前提是建立有效的公司治理体系的协同关系,即董事会、经理、外部审计和内部审计等。"内部审计机构有责任协同四大要素的内部关系,做公司治理关系的协同者和项目支持者。

公司治理的目标是为公司的生存和发展平衡各方关系人之间的利益,包括股东、债权人、董事会、经理、政府部门、员工、客户、供应商等。公司治理是通过一系列规章、程序、方法实施的治理活动,是为实现公司目标而存在的管理和决策行为,治理的目标最终是一种利益关系的调节和平衡。内部审计是公司治理的有机组成部分,也是提高公司治理有效性的重要手段。没有完善的内部审计制度,公司治理系统将失去重要的微观基础。反之,缺乏完善的公司治理,内部审计制度的作用也不可能得到充分发挥。从公司治理的角度来看,内部审计已经发展为以增加价值和改进公司经营为目的的确认和咨询活动。作为董事会审计委员会的高级参谋和助手,内部审计的业务范围已不仅局限于降低代理成本、查错防弊、解除内部受托责任、为委托代理关系提供有效的管理与监控机制,更重要的是,内部审计服务于公司整体利益,能够为信息安全、风险管理、内部控制、重要合同、投资决策、财务规划等诸多方面提供支持,成为公司治理不可或缺的组成部分。因此,内部审计与公司治理的目标是相同的。

2. 内部审计与公司治理的理论基础相同

公司的股东、利益相关者和董事会与经理处于信息不对称状态,为平衡三者的利益关系,需要制定约束机制,达成合约关系。公司治理主要是经营管理者的活动,是上述理论机制的框架基础提供者,而内部审计主要是上述理论的技术控制手段。公司的内部审计,正是为了解决股权广泛分散情况下所有权和经营权分离的公司监督和管理而产生的。内部审计是公司内部委托代理关系的产物,它的产生与发展,首先是满足独立、客观、公正地确认和评价公司经营活动及内部控制行为的需要,其次是满足公司改善经营管理、实现经营目标的需要。因此,内部审计是公司内部控制体系与公司治理结构的重要基石。所以,委托代理理论是内部审计与公司治理的共同理论基础。

3. 内部审计在公司治理中的作用

从公司治理的角度看,内部审计发挥的作用是多方面的。一是内部审计有利于公司董事会对经理的确认和评价。公司治理中委托代理关系的存在以及信息的不对称,董事会为防止经理的道德风险和违约风险,需实施各种约束机制以达到监督目的,同时,需要对经理的绩效进行考评,予以奖励或惩罚。公司董事会为实现上述目的,就必须加强有效的内部审计制度。内部审计独立于经理,因而内部审计的评价结果具有较高的说服力,是对经理绩效评价的重要手段。二是内部审计是内部控制的一个重要环节,同时也是内部控制有效性的重要保证。内部审计的职责之一,就是检查和评价公司内部控制有效性。内部审计在完成其职责的过程中,必须检查内部控制制度,以确保在涉及公司目标的完成时,它能对董事会和经理提供"合理保证"。因此,内部审计评价内部控制的有效性是检验公司治理是否有效的关键,是公司治理的重要内容之一。

内部审计还可以通过以下途径发挥在公司治理中的作用。

(1) 内部审计可以通过确认与评价协助反舞弊程序,对舞弊动机或现象进行披露,为舞弊举报事件调查提供线索和建议。

(2) 内部审计人员接触并了解公司内部各专业或技术领域的特征,可以为人力资源部门的薪酬治理提供咨询服务。

(3) 内部审计还可以对财务治理流程进行审计,确认公司是否有足够的财务治理原则和操作标准,揭露违规现象、分析误报原因、建议防范措施,从源头上防范财务造假和暗箱操纵。

(4) 内部审计可以帮助经理评估各战略发展阶段的重要决策或举措的前景,检查监督决策过程,确保战略举措的可行性和计划的可操作性。

(5) 内部审计还可以在评估治理绩效的准确性和可靠性方面发挥重要作用。

加强风险管理是公司治理的重要内容。公司治理程序的设立旨在对经理执行过程加以监督。所以,内部审计有责任帮助公司经理层适时把握风险、有效履行风险管理职责。内部审计应该评估公司有无风险管理程序、是否有效;如果没有,内部审计有责任通过周密详细的调查和分析,积极协助风险管理体系的建立;如果已建立,那么内部审计将负责定期测评风险管理过程的充分性和有效性,测评要点包括以下内容。

(1) 考察风险报告程序与事项追踪情况,评估违规或舞弊等事项是否被公司适当层次发现、逐级上报、定向追踪并妥善处理。

(2) 考察风险环境变化与学习、风险识别技术支持等能力,帮助公司有效识别风险问题,适时调整方法或技术。

(3) 内部审计还应积极支持并参与风险管理过程,例如对内部控制制度设计的充分性、合理性进行研究和建议,作为独立的第三方,主动识别各部门内部的单一风险和各管理部门之间共同承担的综合风险,对风险管理过程进行管理和协调等。

4. 完善公司治理对内部审计的促进作用

作为公司内设机构,内部审计受到公司治理状况的影响。公司治理的环境,直接影响到内部审计机构的设置及有效运行。作为公司内设机构,公司治理环境决定着内部审计机构的实施环境,只有在正确的治理理念和完善的治理机制下,内部审计机构才能发挥其最大效用,其作用才会得到认同和支持。而公司治理环境恶劣,会直接影响到内部审计机构作用的发挥,影响内部审计人员的情绪和积极性。

公司治理和内部审计相辅相成,互为补充、互为促进,公司治理是内部控制的组织架构,内部审计是保障内部控制的管理机制;公司治理为内部审计创造良好的环境,内部审计促进公司治理的完善和有效。内部审计能够对公司治理行为的有效性起到质量上的保障作用,这种作用是其他机构无法替代的。首先,从系统的观点出发,内部审计能够完善现代公司治理体系,建立公司治理系统的微观基础,使公司治理结构更趋合理;其次,内部审计可以促进公司内部治理结构的健全和完善,并与外部监管机制,以及控制权市场、经理市场等共同发挥作用,使公司治理更加有效;最后,随着内部审计的不断发展,公司治理的内容将更为丰富。

二、内部审计与外部审计的关系

内部审计和外部审计是公司治理的两大基石,是随着经济和公司治理的发展而发展起来的。在公司治理环境下,内部审计和外部审计在工作中的协作、有机结合,既有可能性又有必要性,是公司治理的客观要求,同时也促进公司治理的不断完善。

(一) 外部审计与内部审计的协作

随着内部审计和外部审计在公司治理中发挥作用的不断增强,内部审计和外部审计这两种不同审计类型的联系越来越紧密,存在共同的协作基础。

1. 外部审计与内部审计协作的基础

(1) 两者有合作的法律基础。尽管内部审计和外部审计都是服务于公司治理,但由于内部审计和外部审计服务的主体不同，一些国家为了保证外部审计的客观性和独立性，对外部审计利用内部审计工作成果进行了规范。但由于公司的经营业务日趋复杂，外部审计受成本和技术的限制很难对公司全部经营活动和风险进行客观评估和鉴证，所有国际审计组织和很多国家都通过制定审计准则或规定，要求内部审计和外部审计进行协作和沟通。

（2）两者目标和职能相近。内部审计的目标是评价并确保公司内部受托经济责任的有效履行，外部审计的目标是评价并确保公司外部受托经济责任的有效履行。但是，内部与外部受托经济责任的内容从本质上讲是一致的，这就决定了内部审计与外部审计总体目标的一致性，即评价和确保公司总体受托经济责任的有效履行。总体目标的一致性为"审计协作"提供了可能，是内部审计与外部审计协作的内在驱动因素。内部审计与外部审计在具体目标上存在许多交叉和重叠的方面，因此，加强协作显得尤为必要。

（3）两者审计范围和重点相似。现代公司外部审计主要包括鉴证和咨询等业务，外部审计的发展趋势是提高咨询业务收入在业务收入中的比重。现代内部审计业务范围涉及所有提供与财务、经营、保证、咨询、治理以及反舞弊相关的服务，内部审计的重点是为公司的增值提供咨询服务。随着经济的发展，内部审计和外部审计在审计范围和审计重点上逐渐相似。

（4）两者的审计对象和方法相同。外部审计与内部审计有着相同的审计对象，它们的共同点都是体现在以财务审计为起点，外部审计主要是财务报表审计，并拓展到财务信息、执行商定程序、财务咨询等活动；内部审计则是以公司财务活动为基础，拓展到以风险管理为主的一种审计活动。外部审计与内部审计用以实现各自目标的某些手段通常是相似的，如询问、函证、盘点、分析程序等。

2. 外部审计与内部审计的具体协作

从内部审计与外部审计的关系可以看出，由于两者存在着相同的审计对象，使用着相同的审计方法，在审计业务的执行过程中，就必然存在着互相补充、互惠互利的关系。《中国注册会计师审计准则——利用内部审计人员的工作》中规定："注册会计师应当获取相关的内部审计报告，并了解所有引起内部审计人员关注、可能影响注册会计师工作的重大事项。""外部审计与内部审计应在必要的范围内相互交流相关工作底稿，以便在审阅后相互评价工作质量，利用对方的工作成果。"《中国内部审计基本准则》中规定："内部审计机构应当在董事会或者最高管理层的支持和监督下，做好与外部审计的协调工作。"由此可见，我国的相关审计准则鼓励外部审计与内部审计在广泛的范围内进行合作与协调。

内部审计与外部审计之间的协作可以从以下几方面着手。

（1）制定审计计划前的协作。外部审计接受委托单位的委托后，在制定审计计划前，应利用内部审计人员作为公司员工的身份，利用其对公司组织、系统、人事的深入了解，与公司各方面人员有广泛交流与沟通的优势，与被审计单位的内部审计机构进行沟通，取得被审计单位的业务经营、组织架构、运作程序及其所在行业情况等的较为详尽的信息，充分了解被审计单位经营状况、财务状况、组织架构、了解内部控制执行及变更情况，判断会对财务报表审计产生重大影响的事项，并与内部审计人员进行讨论，对公司的经营状况、财务状况、风险领域达成共识,将其运用于审计计划的制定。

(2) 制订审计计划时的协作。外部审计可以就所制定的审计计划与内部审计机构进行沟通,内容包括审计范围、审计时间、审计程序及人员配置等,并与内部审计计划进行比较,确定双方各自的审计范围、审计职责、审计重点、所执行的审计程序及需要共同协作的方面,包括可能相互利用的工作成果。需要强调的是审计计划的确定必须保证双方审计的独立性及满足各自审计目标的实现。

(3) 评价并利用内部审计结果。外部审计应当评价内部审计的独立性。内部审计主体是否具有独立性,直接影响到内部审计职能的发挥及其工作的质量。对内部审计独立性的评价,主要应评价其是否是独立设置的机构,是否向公司治理层负责;内部审计人员是否具有独立性,如其与被审计部门人员之间是否存在有亲属关系、是否曾有上下级关系等,以确定其是否存在利益冲突。

外部审计应当评价内部审计人员的职业操守及是否具备专业胜任能力,其专业胜任能力的大小对审计工作的质量有着直接影响。对内部审计人员能力的评价,应主要评价其受教育水平、职业培训经历和专业经验等。

外部审计应当评价内部审计的审计范围是否恰当。审计范围不恰当,其所取得的审计结果对整体的保证程度将下降。外部审计应当对内部审计的审计范围进行复核,确保审计范围不受限制,确保在此范围内进行审计所获得的结论保证程度足够。

外部审计应当评价内部审计人员所执行的审计程序和审计方法是否恰当、充分。外部审计应当以自己的专业学识对内部审计所实施程序的性质、时间和范围进行分析评价,确保执行上述审计程序能够满足外部审计的需要,可以达到预期的审计目标。如经评价后认为其恰当性及充分性欠缺,外部审计应当在内部审计人员已执行审计程序的基础上,追加其认为适当的审计程序。

外部审计应当评价所取得的内部审计证据是否充分、适当。充分、适当的内部审计证据是内部审计人员形成正确的审计结论的基础。其获得的证据充分性、适当性越高,质量也越高,外部审计利用其工作成果的风险就越低。外部审计应当通过审阅、查询等方式,对内部审计工作底稿及与形成底稿相关的资料,进行分析、复核和鉴定,以评价其是否充分、适当。

(4) 人力资源方面的协作。外部审计可以要求内部审计人员直接协助其工作。在直接寻求内部审计人员的协助之前,应当对内部审计人员的工作能力和独立性进行评价,并且考虑相关会计报表项目的重要性、相关事项的性质、复杂程度及其导致错报、漏报的风险,审计小组中其他成员的工作能力和时间安排等。外部审计应监督、检查和评价内部审计人员的工作,并对其工作结果负责。

(5) 审计结束后的协作。外部审计应当将审计结果与内部审计人员进行沟通,内容包括审计调整及审计过程中所发现的问题等,意在通过沟通查找相互工作中的不足,互相学习,增进双方的了解和信任,总结经验,为以后的协作打下良好的基础。

(二) 内部审计与外部审计之间的协作

外部审计在工作中经常会利用内部审计的工作,内部审计在工作中也可以利用外部审计工作。内部审计人员通过与外部审计协调审计工作(包括提供帮助和利用外部审计工作),既可以提高其工作能力和独立性,又可以提高内部审计质量和效率。

1. 内部审计工作中的协作

内部审计人员在审计工作中应最大限度地利用外部审计的工作成果。在审计计划阶段就与外部审计充分沟通和协调,以发现内部审计在哪些地方与外部审计工作重复。在与外部审计的沟通和协调中,内部审计人员可以要求外部审计在不违反审计准则的前提下,适当修改审计程序以便内部审计获得最大效用。

内部审计实务标准和注册会计师审计准则都鼓励双方在广泛的范围内进行合作与协调。内部审计人员和外部审计人员也应在工作中充分利用对方工作成果以最大限度地提高审计效率。随着内部审计地位的提高,有效率地进行内部审计工作变得越来越重要,与外部审计良好的沟通与协调是通向内部审计成功的重要途径之一。

2. 在沟通、合作中的协作

内部审计与外部审计的协作的具体方式,可以通过定期会议、不定期会面或其他沟通方式进行。内部审计机构负责人要定期对内部审计与外部审计的协调工作进行评估,并根据评估结果及时调整,改进协作工作。其中应着重做好以下两个方面的工作。

(1) 内部审计与外部审计要注意沟通:一是知识沟通,注意相互交流工作经验、学习专业知识,收集政策法规及管理信息,讨论公司管理中的薄弱环节,明确审计工作措施;二是审计范围沟通,内部审计机构在制定审计计划时,应考虑双方的工作,最大限度减少重复性工作;三是审计工作底稿沟通,内部审计与外部审计在必要的范围内交流相关工作底稿,以便在审阅后相互评价工作量,利用对方工作成果,提高审计工作效率;四是审计结论和管理建议沟通,内部审计通常应就可能影响外部审计的重大事项与外部审计沟通;五是内部审计应与外部审计探讨审计程序和审计方法的缺陷,并及时提请对方改正,以降低审计风险。

(2) 内部审计与外部审计要注意加强合作:一是在内部控制方面,内部审计的目标是评价内部控制系统的有效性,它通过风险评估来进行内部控制系统的自我评价。外部审计则需要对内部控制系统和控制环境进行初步的评估,进而决定是否实施内部控制测试并决定实质性测试的时间、范围和程序。外部审计还要对内部控制的有效性发表审计意见,出具审计报告。内部控制受到内部审计和外部审计的共同关注,当外部审计认为内部审计采用了适当的方法进行风险评估并能提供内部控制有效性的保证时,外部审计可以据此决定审计程序和重点范围,从而提高审计的效率。二是在揭示和防止舞弊方面,内部审计和外部审计都有责任防止和发现舞弊。这方面内部审计比外部审计有着更重大的责任,可以参与任何特定的舞弊的调查。外部审计则更为关注舞弊可能引起的财务报表重大错报的风险,外部审计在评估财务报表舞弊的风险时应考虑内部审计关于舞弊的审计活动。三是提供管理建议方面,内部审计是公司内部的咨询师,对公司经营管理中存在的问题都有责任提出改进建议;外部审计则需要对公司财务和内部控制方面审计所发现的问题提出管理建议。四是相互利用审计成果方面,外部审计关于单位内部控制制度的审计结果,特别是外部审计所指出的重大缺陷,内部审计要进行跟踪调查核实,看其是否已采取改进措施等。

内部审计要利用外部审计发现的问题线索,确定审计的重点领域。

(三)内部审计与外部审计协作的组织

公司董事会下属的审计委员会是健全公司治理结构的一种有效途径,是连接董事会与股东和内部审计与外部审计的桥梁。作为公司董事会中的一个专业委员会,审计委员会是一个内部监督机构,主要负责提议聘请或更换外部审计机构,领导内部审计机构,并负责内部审计与外部审计之间的沟通。通过在公司建立审计委员会,从公司董事会内部对公司的信息披露、会计信息质量、内部审计及外部独立审计建立起一个控制和监督的职能机制。

从理论上看,审计委员会有责任和义务协调内部、外部审计的协作;从实践中看,审计委员会协调内部、外部审计的协作具有法律和制度基础。要使审计委员会成为一个有效的组织,必须提高审计委员会的地位,使审计委员会成为公司中的监管者,监管的基础在于法律法规。在美国,《萨班斯—奥克斯利法案》对审计委员会的职责、在财务报告过程中承担的角色等都有详细而明确的规定。中国证监会颁布的《上市公司治理准则》,对审计委员会做出了明确规定,规定在董事会下设立审计委员会,并详细规定了审计委员会的职责。随着我国经济发展和公司治理进程的加快,对审计委员会的作用的认识也不断加深,为审计委员会的有效运行提供法律的保障和必要的制约。

审计委员会是健全公司治理结构的一种有效途径,成为连接董事会与股东和内部审计、外部审计的桥梁。它以其独立性与权威性,一方面负责选聘外部审计机构并与之协调,避免了外部审计独立性不强的现象;另一方面,审计委员会领导内部审计,是内部审计发挥作用的重要保障。

1. 审计委员会应倡导内部、外部审计协作的理念

审计委员会应培育内部、外部审计的良好的执业环境,使其相互依赖、相互合作,并将这种协作意识落实到内部、外部审计工作中去。审计委员会应加强这种协作理念的宣传,搭建最大限度发挥内部、外部审计效率的平台。外部审计人员应具有对公司内部审计人员的信任感和诚意,用真诚协作的工作态度赢得内部审计人员的积极配合与支持,尽可能充分利用内部审计的工作成果,在审计过程中获得其人力等方面的支持与援助,以减少重复审计,提离审计工作效率。内部审计人员应充分利用外部审计技术以及其他方面的优势,在外部审计实施过程中,通过参与其工作,创造学习机会,使自身的业务水平得到提高,并尽可能在实施内部审计工作中利用外部审计已有的工作成果;在合理维护公司利益的前提下,不应防范和抵触外部审计工作,而应给予积极的配合与支持。

2. 审计委员会促进内部、外部审计协作的方式

审计委员会应通过召集内部审计与外部审计的定期和不定期会议,将相互协作落到实处。定期会议每一年度应至少召集两次,一是在年度财务报表审计开始前商讨内部审计与外部审计协作计划的制定、总体审计范围的确定、内部审计与外部审计在具体审计程序及内容和方法等方面的分工与合作等事宜,便于审计过程双方及时而有效地沟通。外部审计机构在制定审计计划时,应考虑双方的工作,最大限度地减少重复性工作。二是年度财务报表审计结束后审计成果的交流和分享。审计成果的交流和分享包括审计工作底稿、审计

报告以及管理建议书等内容的沟通与交流,以便利用对方工作成果,提高工作效率。审计委员会负责人还应根据需要经常组织各种不定期会议,包括即时的交流和沟通。其中知识沟通相当重要,包括工作经验、专业知识、政策法规及管理信息等多方面的内容。通过两者的有效合作,可以针对公司管理的薄弱环节提出相应的审计措施,降低审计风险。

3. 审计委员会应提高内部、外部审计协作的效果

审计委员会是协调内部、外部审计的枢纽,除了安排内部、外部审计机构定期不定期举行会议进行沟通外,还具有总结、评价、反馈等职责,使审计委员会与内部审计、外部审计之间形成良好的互动机制,及时发现问题并将相关问题及建议传达给内部、外部审计机构。为此,审计委员会应分别在与内部、外部审计机构的交流中建立适当的档案记录,将对内部审计监督指导过程中发现的问题在必要时向外部审计机构提供,供其复核参考;同样,审计委员会在选择公司聘请外部审计机构时征求内部审计意见,并要求内部审计机构负责人参加选聘小组,使其工作可以很好地配合外部审计的要求。

第二章 现代内部审计概述

现代内部审计是在公司治理的要求下,为满足公司董事会的各种需求而不断发展的。现代内部审计已超越传统的以财务审计为基础,发展成为以公司风险管理审议、内部控制评价和公司治理审计等为基础的新型的内部审计,其概念、职能、方法和要求都发生了重大的变化。

第一节 现代内部审计的含义与职能

自1947年以来,国际内部审计师协会(IIA)先后多次对内部审计的概念进行了新的定义,集中反映了国际组织对内部审计理论内涵认识的不断深入,也反映了社会对内部审计职能和作用的不断深入挖掘。从定义变化中可以看出,"内部审计是一种经济监督活动"始终作为内部审计概念的核心内容,以监督者自居的思维一直指导着内部审计机构和内部审计人员的工作。

一、现代内部审计的含义

在现代社会经济发展过程中,对于内部审计来说,仅仅对公司经营和财务的合法性进行审计是远远不够的。随着经济的不断发展和公司治理的深入开展,对内部审计的需求越来越多,现代内部审计逐渐站在董事会甚至整个公司的高度,开展以增加公司价值为目的的现代内部审计工作。为此,现代内部审计的概念也随之发生重大变化。

1. 国际内部审计师协会对现代内部审计的定义

在2001年1月国际内部审计师协会发布的新版《国际内部审计专业实务框架》中,将现代内部审计全新定义为:内部审计是一种独立、客观的确认和咨询活动,旨在增加组织的价值和改善组织的运营。它通过应用系统的、规范的方法,评价并改善风险管理、控制及治理过程的效果,帮助组织实现其目标。

IIA对现代内部审计的新定义具有深刻的历史意义,不仅拓展了风险管理审计的内涵,同时还明确了内部审计新职能和新对象,主要表现在以下几个方面。

(1)明确了现代内部审计的职能是"确认"和"咨询"。现代内部审计的主要职能不再是"监督",是以发现并解决问题为新的理念,从"揭露问题型"向"持续改进型"转变,通过确认和咨询职能,改善风险管理、内部控制和公司治理过程,为公司提供增值服务,为公司的健康发展保驾护航。

(2) 明确了现代内部审计确认和咨询服务的对象。现代内部审计的对象不再是"财务审计",强调以改善风险管理、内部控制和公司治理为新的审计对象,从"过程控制型"向"风险管理型"转变,化解威胁公司的内外部风险,为实现公司的可持续发展服务。

(3) 升华了现代内部审计的目标。现代内部审计以增加公司价值为新的理念,从单纯强调"纠错揭弊"向追求"价值增值"转变,将现代内部审计目标纳入公司目标中去,为董事会排忧解难;提出了现代内部审计通过应用系统的、规范的方法,评价并改善风险管理、控制和治理过程和效果,帮助公司实现其目标。

2. 中国内部审计协会对现代内部审计的定义

2013年中国内部审计协会(China Institute of Internal Audit,CIIA)在最新发布的《中国内部审计基本准则》中指出:本准则所称内部审计,是一种独立、客观的确认和咨询活动,它通过运用规范的程序和方法,审查和评价组织业务活动及其内部控制、风险管理的适当性、合法性和有效性,促进组织改善治理和管理,帮助组织增加价值,实现其目标。

中国内部审计协会对现代内部审计概念的新定义,基本上借鉴了IIA对现代内部审计概念的本质内容,结合了中国的具体国情,具有继承性和创新性。

3. 巴塞尔银行监管委员会对现代内部审计的规定

巴塞尔银行监管委员会(BCBS)于2012年发布了新的《银行内部审计职能》,其中规定了以下几个原则。

原则1,一个有效的内部审计是对内部控制、风险管理、公司治理体系和流程的质量和有效性向董事会和经理层提供独立的保证,从而帮助董事会和经理层保护他们的公司及其声誉。

原则2,内部审计职能应独立评估内部控制、风险管理、公司治理体系和流程的有效性,并对相关体系以及流程提供保证。

4. ABB集团对现代内部审计的定义

ABB集团是全球500强企业,是电力和自动化技术领域的全球领导厂商,对现代内部审计的概念是这样定义的:"现代内部审计是站在CEO等经理者的肩膀上,用第三只眼由上向下看,看基层单位应该怎么做,实际做得如何,存在哪些偏差,然后提出纠偏措施。"

从以上内部审计的专业团体和行业组织及跨国公司对现代内部审计概念的最新定义可以看到,随着国际经济环境的变化、科学技术的飞速发展和公司治理运动的深入等因素的影响,现代内部审计面临并正在进行重大变革。

二、现代内部审计的职能

现代内部审计职能是指内部审计本身所固有的内在功能。现代内部审计有什么职能,有多少职能,这些都不是由人的主观意愿决定的,而是由社会经济发展和公司治理的客观需要决定的。现代内部审计职能不是一成不变的,它是随着经济发展和公司治理要求提高而发展变化的。目前,对于现代内部审计职能的论述,见解各异。通过总结历史和现实的内部审计实践,我们认为现代内部审计具有经济确认和管理咨询的基本职能。

1. 经济确认

经济确认就是通过审核检查,确定被审计单位的计划、预算、决策、方案是否先进可行,经济活动是否按照既定的决策和目标进行,经济效益的高低优劣,以及内部控制系统是否适当、有效等,从而有针对性地提出意见和建议,以促使其改善经营管理,提高经济效益。

审核检查被审计单位的经济资料及其经济活动,是进行经济确认的前提。只有查明了被审计单位的客观事实,才能按照一定的标准,进行对比分析,形成各种经济确认意见。这样,经济确认才能建立在真实情况的基础之上,确认的结论才能客观、公正,才能被社会各界所接受。经济确认的过程同时也是肯定成绩、发现问题的过程。所以,审计咨询是紧接着经济确认而产生的,是经济确认职能的扩展。审计咨询就是审计人员从经济确认出发,提出改进经济工作、提高效率的建议和措施。国际内部审计师协会理事会将内部审计定义为:内部审计是一种独立、客观的确认和咨询活动,旨在增加组织的价值和改善组织的运营。

2. 管理咨询

管理咨询是由具有丰富经营理论知识和实践经验的内部审计人员,与公司有关人员密切配合,应用科学的方法对公司进行调研、诊断,找出存在的问题,分析产生问题的原因,并提出解决方案,指导方案的推行实施,以达到解决问题、实现公司的经营目标、推动公司健康稳健发展的目的。

目前,公司所需要的管理咨询服务已不再是管理理论的普及、不再是对其他公司运营模式和管理体系的简单借鉴,而是具有针对性、创新性、系统性和可实施性的管理解决方案。作为公司内部审计人员,应为公司在风险管理、内部控制和公司治理等提供面向公司各个方面的管理咨询服务,协助公司董事会制定准确的决策、加强经理层的执行力、促进基层员工的工作效率,从而全面提升公司的运营效率和经营效果。

第二节 现代内部审计的独立性和职业道德

现代内部审计的独立性和职业道德是指内部审计机构和人员在进行内部审计活动中,应遵循的基本规范。现代内部审计的独立性和职业道德是内部审计的最本质特征和要求,是实现其目标、履行其职能的必要保证。

一、现代内部审计的独立性

独立性构成了现代内部审计职业道德的基本要素,是现代内部审计职业化发展进程中的基石,是现代内部审计的灵魂和本质。尽管现代内部审计与公司之间存在天然的"血缘纽带"和利益关系,成为现代内部审计职业难言的痛处,但这并不能抹杀现代内部审计独立性的价值。独立性是保证内部审计人员客观、公正,或免除偏见地从事审计活动的先决条件,是内部审计工作的基础,也是促进完善公司治理、改善组织经营绩效、实现组织目标、最大限度发挥内部审计作用的重要基础和保证。

(一) 现代内部审计独立性的含义

中国内部审计师协会发布的《内部审计职业实务准则》规定:内部审计活动应该独立,内部审计师在开展工作时应做到客观。IIA实务准则对现代内部审计独立性做出了进一步解释,指出:内部审计的独立性体现为机构的独立性和内部审计师的客观性。机构的独立性是指首席内部审计官在机构内应向能使内部审计活动实现其职责的阶层报告,即内部审计在组织地位上的独立,内部审计机构应具有充分的组织地位以使其完成审计职责。机构独立性的标志是"内部审计活动在确定内部审计范围、实施审计及报告审计结果时应不受干扰"。内部审计师的客观性是指内部审计师应有公正的态度,避免利益冲突,即内部审计人员精神上的独立。客观性是"一种公正的、不偏不倚的态度,它要求内部审计师在执行审计工作时,对他们的工作成果抱有诚实的信条,不会与任何方面达成重大的质量妥协。客观性要求内部审计师不能把对其他事务的判断凌驾于对审计事务的判断之上"。独立性与客观性的关系是,"独立性可使内部审计师提出公正和不偏不倚的判断意见,这对内部审计工作的恰当开展是必不可少的"。而内部审计师的客观性要通过机构的状况和独立性来获得,内部审计师的客观性很大程度上取决于内部审计机构独立性的实现。

我国内部审计基本准则的"一般准则"规定:内部审计机构和人员应保持独立性和客观性,不得负责被审计单位经营活动和内部控制的决策与执行。我国内部审计具体准则"内部审计的独立性与客观性"给予了明确的解释,独立性,是指内部审计机构和人员在进行内部审计活动时,不存在影响内部审计客观性的利益冲突的状态。独立性一般指内部审计机构的独立性。客观性,是指内部审计人员在进行内部审计活动时,应以事实为依据,保持公正、不偏不倚的精神状态。客观性一般指内部审计人员的客观性。加强内部审计机构的独立性能够促进内部审计人员客观性的提高。

通过中国内部审计师协会和中国内部审计协会对内部审计独立性的规定,可以认为,两者对内部审计独立性的界定以及对机构独立性与内部审计师客观性关系的理解上渐趋一致,即都认为内部审计的独立性应包括两个层面:一是内部审计机构的独立性,二是内部审计师个人的客观性。机构的独立性主要是指地位上的独立,它是保障内审机构"独立"履行其职责的首要条件。只有当内审机构具有独立从事审计活动所要求的良好的组织地位,才能确保内部审计活动在确定内部审计范围、实施审计及报告审计结果时不受干扰,内部审计师的审计行为不受限制,审计意见或决定得到实施,审计建议得到适当采纳。机构独立性是内部审计师客观性的前提和保证,"独立性"这一概念被阐明为内部审计机构或部门职能的一种属性,它是建立内部审计职能的一个必不可少的条件,而"客观性"则是内部审计人员个人的一种属性,它表明内部审计人员个人应具有诚信、公正和勤奋的职业品质,反映了内部审计师的职业道德和个人品质。现代内部审计的独立性的含义包括以下几个方面。

(1) 独立性要求内部审计机构具有独立执行审计活动的地位。只有内部审计机构具有独立执行审计活动的地位,它才能够确保审计范围的广泛性、审计行为不受限制、审计意见或决定得到实施、审计建议得到适当采纳。国际内部审计师协会对内部审计机构的组织地位作了明确规定,归纳起来其核心有:第一,内部审计机构应置于组织内部的一个较高层次。内部审计机构的独立性和权威性的强弱,主要取决于其隶属关系和领导层次的高低。领导层次越高,独立性和权威性越强;反之,则越弱。第二,内部审计部门负责人应直接向组织内的最高决策层负责并报告工作,从而保证内部审计活动的实施。最高层领导管理组织中的所有部门可以赋予审计人员权力,以审查本组织下属公司及其他职能部门的经营管理活动。第三,内部审计活动不受其他职能部门或个人的干扰。现代内部审计是公司治理的重要组成部分。对于上市公司来说,现代内部审计机构和内部审计人员代表投资者、经营者、决策者执行本公司的风险管理、内部控制和公司治理的确认和咨询服务职能。内部审计机构只有独立于其他职能部门,其审计活动不受到干扰,才能确保内部审计意见、结论和建议的公正、客观、权威和有效,真正发挥公司最高决策层的参谋和助手作用。

(2) 独立性是内部审计人员具有公正、无偏见的精神状态。"具有公正、无偏见的精神状态"这个标志一般被称为"客观性",它是内部审计人员在审计中应具有的一种独立的精神状态。其"客观性"的具体表现总括起来有:一是内部审计人员应独立于他们所审计的经营活动及其决策过程之外,以确保内部审计人员在审计过程中保持客观公正态度;同时要求内部审计人员保持一种独立的精神状态,公正、无偏见地执行内部审计活动和评价审计成果,不对审计事项的判断屈从于他人的意愿,人云亦云,随声附和,对审计结果决不作重大的质量妥协。二是内部审计人员必须诚实、勤勉和尽责地履行其任务和职责。诚信是市场经济的基石,也是内部审计机构及其人员安身立命之本。

(二) 现代内部审计独立性的要求

现代内部审计的独立性要求包括组织上的独立性和精神上的独立性两个方面。组织上的独立性是指在组织结构中要给内部审计机构提供一个良好的工作环境,精神上的独立性是使内部审计人员保持客观性。

1. 组织上的独立性

要保持现代内部审计的独立性,内部审计机构必须取得领导的支持,拥有良好的组织地位。只有这样,内部审计机构才能独立地开展工作。这些条件一方面要靠内部审计机构自己去创造和争取,另一方面要由公司董事会和经理提供。实现组织上的独立性主要包括以下方面。

(1) 内部审计机构应该对公司中一个具有足够权力的阶层负责。直接领导内部审计机构的领导级别越高,就有确保内部审计机构的工作有足够广泛的权威,能够增强独立性。同时,有足够权力的领导阶层也使公司能对审计报告作出迅速的反应,根据内部审计机构的建议及时采取适当的改进措施,促进内审建设性作用的发挥。

综观中外内部审计机构的现状,内部审计机构的设置有:①受本单位财务经理领导;②受本单位主管财务的副总经理领导;③受本单位总经理领导;④受董事会或其下设的审计委员会领导。董事会下属审计委员会的成员一般是不参与日常管理的独立董事,由他们负责制定与内部审计有关的政策、规章制度,决定内部审计部门主管的聘用、提升和报酬,能增强内部审计机构相对其他管理部门的独立性。从理论上讲，内部审计机构受董事会或其下设的审计委员会领导是一种理想的现代内部审计模式。但是，董事会下属审计委员会的成员通常有其他工作职责，并且常在不同的地方生活和工作，一般一年定期会见几次，很难对内部审计进行日常管理。在实际工作中，内部审计机构通常接受经理的行政领导，而由审计委员会批准内部审计部门经理的任免，审查和批准内部审计部门工作计划、人员计划和费用预算。内部审计机构与审计委员会之间是一种报告关系，与经理之间是行政管理关系。

（2）内部审计机构负责人应能和董事会直接交流信息。内部审计机构负责人应有权出席、参加由经理或董事会举行的与现代内部审计职责有关的会议，如有关内部审计、财务报告、管理控制系统等会议。通过在会议中提交书面或口头的报告，通报有关内部审计工作计划和实际内部审计工作的信息，内部审计机构就能与董事会直接交流。另外，为了排除其他干扰，应该设立"绿色通道"，使内部审计机构负责人每年都能与董事会单独会晤多次。这样的直接交流机制，使得内部审计信息能迅速地以本来面貌到达董事会，避开了来自其他方面的干扰因素。

（3）内部审计机构负责人的任免应由董事会确定。人事任免（或选举机制）是组织结构中至关重要的环节。一个被授予某个职位（以及与该职位相联系的权力）的人，总是对其任命者负责，并且为了保持其职位和权力，总是倾向于代表并维护其任命者的利益。因此，由谁来决定内部审计机构负责人的任免，对于保证内部审计的独立性极其重要。如果由经理负责内部审计机构负责人的任免，他们将对内部审计工作产生重要的影响。从职责分工的角度看，公司经理是公司生产经营中的决策实施者和管理责任的最终承担者，内部审计机构评价的对象——管理控制过程是在经理的指挥和领导下进行时，内部审计就无法做到形式上的独立性。同时，内部审计机构负责人为了维护其地位，势必要取得经理的欢心，也无法保证内部审计工作实质上的独立性。因而不能由公司经理层决定内部审计机构负责人的任免。相对而言，公司董事会作为最高决策机构，不参与日常经营管理，但又需要了解经理人员的工作业绩和单位目标的实现情况。为此，它需要有一个独立的部门和一批专业人员对生产经营活动进行客观公正的确认和评价，并将评价结果直接向它报告。所以，将内部审计机构负责人的任免权赋予公司董事会，是公司的理想选择。

（4）公司应当在章程中，以书面形式确定内部审计机构的宗旨、权力和职责，并获得经理层的批准和董事会的确认。在公司章程中，公司应明确内部审计机构在组织结构中的地位、工作范围，以及在审计过程中有权检查相关记录、人员和实物资产。这样，公司章程赋予内部审计相关的权力，保障了内部审计工作的权威性。同时，由于内外环境不断发展变化，公司还应定期评价章程中所规定的宗旨、权力和职责是否继续适用，是否有助于内部审计机构履行职责和保持独立性。该项评价工作可交由内部审计机构负责人来完成，因为他所处的地位使他能够透彻了解公司章程是否有效，能够进行适当的评价并提出合理的建议。当然，这种定期评价的结果必须报给经理和董事会。

（5）内部审计机构负责人应当每年制定年度审计计划、人员计划和财务预算，以书面形式报董事会批准，并报经理备案。年度审计计划是内部审计机构进行审计工作的依据，也是对内部审计工作业绩进行考核和控制的依据。内部审计机构在报送审计计划时,应在报告中说明制定的依据,并应包含足够的资料,以使经理和董事会能够获取充分的信息,据此作出指示。审计计划内的有关事项在年度中如有重要变动,应该另行报批。内部审计机构根据已经批准的审计工作计划开展内部审计活动时,不受其他因素的影响,独立行使内部审计职责。

(6) 内部审计机构负责人应适时向经理和董事会提交书面工作报告。工作报告重点说明那些根据内部审计机构负责人的判断,可能对公司产生不利影响的重要审计结果(包括违法、违章、差错、低效率、无效、利益冲突和控制系统缺陷等)和改进建议,以及已批准的审计计划在执行中出现的重要偏离及偏离的原因。经理应决定是否对重要审计结果采取纠正措施,以及采取怎样的纠正措施。如果经理考虑到成本效益性和其他原因而决定不采取纠正措施,则应承担由此产生的风险,这时内部审计机构负责人应将重要审计结果和经理的决定报告给董事会以提醒董事会注意。如果董事会和经理的判断一致,都决定不采取纠正措施,并承担由此所产生的风险,内部审计机构负责人应该再次向董事会报告,引起其重视。当然,内部审计机构和内部审计人员只有建议权,他们不能代替董事会决策,也不能把自己的意见强加于董事会。

2. 精神上的独立性

要保证现代内部审计的独立性,除了要求内部审计机构组织上的独立性外,还要求内部审计人员在执行审计工作时,必须在精神上是独立的,在道德上是正直的,对有关审计事项的判断和决定不屈从于他人的意志,不受他人的干扰,对审计结果不作重要的质量妥协,保持客观性和职业操守。保持内部审计人员精神上的独立性,就不能把内部审计人员置于一种使他们无法作出客观的专业判断的环境中。实现精神上的独立性包括以下几个方面。

(1) 在分配内部审计工作任务和指派内部审计人员时,应避免实际的和可能出现的利益冲突和偏见。当内部审计人员被派去审计自己曾经或即将负责的工作时,常常出现利益冲突,因为一个人不能客观地评价自己的工作;偏见则可能是由个人好恶或历史原因等造成。偏见不等于成见,内部审计人员与被审计事项的责任人互不友好或过于亲密都会妨碍内部审计人员专业判断的客观公正性,造成偏见。在实际工作中,由于许多公司的内部审计部门力量比较薄弱,开展较大型的审计项目时,经常需要从相关的业务管理部门抽调人员。如果抽调的内部审计人员和被审计人员之间存在利益冲突或偏见,也会影响到审计的客观性。内部审计机构负责人需定期向内部审计人员了解关于潜在的利益冲突或偏见,以做到心中有数。当然,这种事先了解并不能保证内部审计机构负责人全面掌握利益和偏见情况。如果利益冲突和偏见的情况已经或可能出现,相关的内部审计人员必须向内部审计机构负责人报告,负责人此时应另派他人。如果内部审计人员隐瞒不报,导致审计结论不客观而使内部审计工作陷于被动,或由于提供了不实信息而使经理作出了不当决策给单位造成损失,应追究该内部审计人员的责任。

(2) 在条件允许的情况下,内部审计人员应定期轮换。即使开始不存在利益冲突和偏见,长期负责对某一部门的内部审计工作也会使内部审计双方由陌生到逐渐熟悉,发展出私人友谊,或是由于过于熟悉业务而感觉单调乏味,导致懈怠和疏忽。这两种情况都会影响内部审计人员的客观性。因此,定期轮换对于保持内部审计人员精神上的独立是必要的。

(3) 内部审计人员不得承担经营管理责任,不能参与内部控制系统的设计和执行,而只应承担与检查、评价和建议相关的审计责任。在公司实际工作中,由于专业人员紧缺或时限要求等其他原因,内部控制人员经常会被抽调去完成一些非审计工作任务。这时公司及内部审计机构应明确该内部审计人员执行的不是内部审计职能,而是以一个管理人员的身份参与执行管理工作。以后他们不应审查该项自己曾负责的活动,以免其客观性受到损害。同理,从其他部门调入或临时借用的内部审计人员,在相当长一段时期内,也不能被委派去审查他们原先从事的活动。在提交审计报告之前,要考虑可能损害客观性的各种情况,尽量保证内部审计工作及其结果的客观性。另外,加强对内部审计人员的职业道德教育,也是一项重要的措施。

3. 咨询服务的独立性

内部审计在提高公司治理效率,降低经营风险,帮助公司实现目标等方面所起的作用日益受到广泛的重视。为了充分发挥和加强内部审计的作用,公司需尽可能保持内部审计的独立性。但是,现代内部审计越来越多介入公司的咨询服务,体现内部审计的增值能力,为公司增加价值。现代内部审计人员从事公司的咨询服务时,引发了人们对内部审计客观性的日益关注。因此,如何缓解或避免内部审计咨询服务对独立性的不利影响,提高内部审计的职业声誉,成为内部审计职业急需解决的一个现实问题。

(1) 咨询服务中的独立性要求。现代内部审计提供不同种类的服务时,其独立性要求是有所不同的。原因在于确认服务与咨询服务之间存在着根本性的差别,这种差别主要体现为服务中牵涉的主体及其数量。确认服务中涉及的主体有内部审计人员、被审计单位和第三方关系人,如董事会及其所属的审计委员会、经理、股东等,内部审计是否有价值取决于第三方关系人,内部审计必须自始至终保护第三方关系人的利益。内部审计履行确认职能是为了对被审计单位的受托经济责任的履行情况作出客观公正的认定和评价,这就要求内部审计主体应具有较高的独立性,与被审计单位之间不存在任何破坏其独立性的利益冲突。而咨询服务则是一种专门针对公司经理及其下属公司各级经理改善自身状况而提供的一种专业服务,是适应公司经理及其下属公司各级经理需求而日益凸显的一种重要职能,内部审计主要发挥参谋和顾问的作用,以协助公司经理及其下属公司各级经理更好地履行各自的受托经济责任。咨询服务中只涉及两个主体,即内部审计人员(受托人)和经理(委托人),不存在第三方,其价值直接取决于经理的认可与否,经理只是希望内部审计能站在旁观者的角度,客观地提出建议,因此对内部审计独立性的要求相对较低。内部审计机构和内部审计人员从事公司的咨询服务时的独立性要求,就是向公司经理提出建议和改进意见,不能代行经理的管理职能,不得对咨询服务的结果作出保障和承诺。

(2) 咨询职能对独立性的冲击。现代内部审计由于同时提供确认和咨询两种服务容易导致角色上的冲突,而冲突的根本原因在于内部审计的独立性可能受到损害。内部审计确认与咨询职能的冲突本质上是由审计的独立性问题引起的,即内部审计在发挥咨询职能时,可能会影响或损害内部审计人员履行确认职能时应具有的独立性。内部审计人员同时承担这两种职能时所持的角度不同,因此导致两者之间存在矛盾性。经理既是第一层委托代理关系中的代理人,又是第二层委托代理关系中的委托人;既是内部审计确认职能的被审计对象,又是咨询职能中的委托人。经理身份的双重性,形成了对同时承担确认和咨询两种职能的内部审计机构和内部审计人员的冲击,内部审计人员必须从不同的视角来完成两种性质迥异的服务,这就会使内部审计人员有时陷入矛盾之中:到底是作为董事会或其下属审计委员会的"代理人"和"耳目",还是立足于经理,充当经理的"耳目",矛盾的实质可能会形成利益冲突。一方面,内部审计人员接受经理的委托为某一项经济活动提供咨询服务,另一方面又接受第三方(董事会等)的委托对该经理执行该项经济活动的过程或结果进行确认,因此内部审计也具有了既当"运动员"又当"裁判"的双重身份,作为"有限理性人"的内部审计人员显然很难避免双重身份对独立性的损害。当内部审计人员对某项经济活动提供过建议且该建议已被经理所采纳时,从一定意义上讲,他们已经间接地参与到该项经济活动中了,对自己间接参与过的经济活动进行确认、评价,从情感上讲,是难以做到客观公正的。事实上,内部审计人员开展咨询服务,不一定损害内部审计机构或内部审计人员的客观性。内部审计不实施管理职能,是否采纳或实施内部审计咨询服务所提出的建议由经理决定。因此,经理的决策不应损害内部审计的客观性。咨询服务只是对内部审计独立性成了一种潜在的威胁,但并不意味着一定会损害或削弱内部审计人员的客观性。如果专业的内部审计人员和内部审计机构能够识别出与先前的咨询服务相关的后续审计任务中的威胁客观性的潜在因素,能够考虑到缓解因素,并采取适当措施减少或化解剩余威胁客观性的因素,内部审计人员的客观性就能得以最大限度地保持或者至少不受到严重损害。

(三) 现代内部审计独立性的影响因素

根据国际内部审计师协会发布的《独立性与客观性:面向内部审计人员的框架》,把对现代内部审计独立性的影响因素分为以下八个类别。

(1) 自我检查。当审计人员检查自己以往所做的工作时就产生了自我检查威胁。如某内部审计人员可能再次审计曾经为之提供过咨询服务并在项目实施中采纳了他的改善经营建议项目时,内部审计人员极有可能对被审计事项的错误或缺陷不再挑剔和机警,在工作时,很难保证客观性。

(2) 社会压力。当内部审计人员面临或意识到来自相关群体的压力时,社会压力的威胁就可能产生。如内部审计人员不愿意反对审计小组内多数人员的观点,但却拥有自己的明确观点时,也会产生一种压力。

(3) 经济利益。当内部审计人员的审计活动可能带来自身经济利益损害的影响时,会有压力冲突。如内部审计人员或其亲属持有被审计单位的股票或债券时,一旦发现问题,其利益可能受损。再比如,当内部审计人员的个人就业机会或者其他经济利益可能与被审计单位的负责人紧密相关时,威胁会产生。

(4) 私人关系。人情在很大程度上，会影响内部审计的客观性。关系密切程度不同，影响不同。如内部审计人员与被审计单位经理私交甚好，此时可能会淡化或延迟不利的审计发现和报告。

(5) 熟悉程度。由于内部审计人员与被审计单位的长期合作关系，或者内部审计人员曾经在被审计单位工作过，都可能产生这种威胁。如因非常熟悉而在审计中产生同情心，丧失审计立场。另外，因为非常熟悉，惯性的错误判断可能使内部审计人员对某些问题视而不见。

(6) 文化、种族与性别歧视。当内部审计人员与被审计对象在文化意识方面认识不同，或内部审计人员本身存在种族歧视或者性别歧视时，可能会发生客观性威胁。如在跨地域多分部的公司中，本地的内部审计人员可能对外地的被审计单位产生某种偏见或歧视，这种歧视就有可能使内部审计人员不能做到客观、公正。

(7) 认知偏差。当一个人根据自己在某种情形中的角色来解读信息时，就可能会出现不自觉的和无意识的心理偏差。

(8) 混合因素。以上因素有可能是多样并存的，这种混合因素往往在内部审计中会破坏内部审计人员应有的客观立场，从而影响审计结论。

二、现代内部审计人员的职业道德

对每个职业来说，讲究职业道德的行为都是从业人员负责任的基石。

（一）现代内部审计人员职业道德的含义

道德的本质是由一定社会的经济基础所决定的社会意识形态。职业道德是指在一定职业活动中应遵循的、体现一定职业特征、调整一定职业关系的职业行为准则和规范。职业道德的社会影响不可低估，其作用首先是通过调整职业关系来保证职业活动和职业生活的正常进行，其次是高尚的职业道德对社会道德风尚会产生积极的影响。

职业道德是同人们的职业活动紧密联系的符合职业特点所要求的道德准则、道德情操与道德品质的总和，它是人们在从事职业的过程中形成的一种内在的、非强制性的约束机制。职业道德把一般的社会道德标准与具体的职业特点进行结合，不仅是从业人员在职业活动中的行为标准和要求，而且是本行业对社会所承担的道德责任和义务，是社会道德在职业生活中的具体化。

内部审计人员职业道德是审计人员在从业过程中应当遵守的各种行为规范的总和，它通过指导内部审计人员的行为，使审计工作满足社会需要、承担社会责任、履行社会义务。内部审计人员职业道德作为社会职业道德的组成部分，在实际生活中发挥着约束个人行为、调整人们在内部审计工作中所形成的社会关系、促进公司价值增值和改善公司运行等其他职业道德无法替代的作用。

国际内部审计师协会发布的《国际内部审计专业实务框架》，其中包括了定义清晰的《职业道德规范》，涵盖了正直、客观、保密和胜任能力等多方面的职业道德原则。《职业道德规范》在简介中指明："职业道德规范对于内部审计职业必要而又适用，它是内部审计对治理、风险管理和控制做出的客观确认之所以被信任的基础。"

中国内部审计协会在制定的《内部审计人员职业道德规范》中指出："内部审计人员职业道德是内部审计人员在开展内部审计工作中应当具有的职业品德、应当遵守的职业纪律和应当承担的职业责任的总称。"内部审计人员从事内部审计活动时,应当遵守职业道德规范,认真履行职责,不得损害国家利益、组织利益和内部审计职业声誉。

(二) 现代内部审计人员职业道德的作用

内部审计人员的职业道德在保证内部审计工作质量、提高内部审计信誉和促进内部审计规范体系中发挥重要作用。

(1) 内部审计人员遵守职业道德是内部审计工作质量的重要保障。内部审计人员的执业能力和主观能动作用的程度直接影响着内部审计工作质量的高低。内部审计人员应遵守客观的审计原则,公正地做出审计判断,不能歪曲事实,不能隐瞒审计中发现的问题,也不能做出含糊或误导性的审计结论。内部审计人员在从事审计活动时,还应该遵循《内部审计人员职业道德规范》的要求,提升自身的专业胜任能力,确保内部审计工作质量。只有拥有良好的职业道德信念和职业道德习惯,内部审计人员才能自觉正确地调整个人和职业、内部审计工作服务对象之间的关系,自觉地按照职业道德要求规范自己的行为,忠实地履行自己的职责,做到依法审计、客观公正、实事求是地处理问题,为内部审计工作的质量提供重要保障。

(2) 内部审计人员遵守职业道德有助于维护和提高内部审计行业信誉,促进内部审计行业健康发展。一个行业的信誉,也就是它们的形象、信用和声誉,是指该行业及其产品与服务在社会公众中的信任程度,提高行业的信誉主要靠产品的质量和服务质量。要维护和提高内部审计行业的信誉就必须提高内部审计工作的质量。而内部审计从业人员的职业道德水平高是内部审计工作质量的有效保证。内部审计人员职业道德是向相关人员表明的内部审计人员的专业品质,制定内部审计职业道德规范是取得内外界理解与支持,增加行业各方面内部对审计职业的信赖与支持。

(3) 内部审计人员职业道德可以补充审计法规体系的不足,完善审计规范体系。内部审计规范包括内部审计法规和内部审计人员职业道德两类。内部审计法规能够规范内部审计人员必须做什么和不能做什么,却不能说明内部审计人员应该以怎样的精神状态和风貌去工作。内部审计人员的精神状态和风貌只能由内部审计人员的职业道德提出。有些不宜纳入内部审计法规,但又有必要作出规定的事项,可以通过职业道德规范来加以约束,如申明内部审计纪律、职业品德、专业胜任能力要求等。内部审计法规是对内部审计人员的行为提出要求,内部审计职业道德则是对内部审计人员的精神和品德提出要求。内部审计工作水平的高低,关键取决于内部审计人员个体业务能力和主观能动作用的程度。具备较高的职业道德水平便能自觉地按照职业道德要求规范自己的行为。

(4) 内部审计人员职业道德增强内部审计人员自身品德素养,有利于社会整体道德风尚的提升。内部审计职业道德指导内部审计人员在职业岗位上确立具体的生活目标和职业理想,培养良好的职业习惯,能够逐渐养成内部审计人员自身品德情操,是提高自身品德及业务素质的基础。内部审计工作几乎涉及组织经济领域的各个方面,内部审计人员能否严格遵守内部审计人员职业道德,对组织经济秩序的稳定、经济效益的提高,清正廉洁、奉公守法、勤俭节约等良好社会风尚的培养和形成,有着密切的关系。

(三)内部审计人员职业道德的内容

内部审计人员在从事内部审计活动时,应当保持诚信正直;应当遵循客观性原则,公正、不偏不倚地作出审计职业判断;应当保持并提高专业胜任能力,按照规定参加后续教育;应当遵循保密原则,按照规定使用其在履行职责时所获取的信息。

1. 诚信正直

内部审计人员在实施内部审计业务时,应当诚实、守信,不应有下列行为。

(1)歪曲事实。

(2)隐瞒审计发现的问题。

(3)进行缺少证据支持的判断。

(4)做误导性的或者含糊的陈述。

(5)利用职权谋取私利。

(6)屈从于外部压力,违反原则。

2. 客观性

(1)内部审计人员实施内部审计业务时,应当实事求是,不得由于偏见、利益冲突而影响职业判断。内部审计人员实施内部审计业务前,应当采取下列步骤对客观性进行评估:①识别可能影响客观性的因素;②评估可能影响客观性因素的严重程度;③向审计项目负责人或者内部审计机构负责人报告客观性受损可能造成的影响。

(2)内部审计人员应当识别下列可能影响客观性的因素:①审计本人曾经参与过的业务活动;②与被审计单位存在直接利益关系;③与被审计单位存在长期合作关系;④与被审计单位管理层有密切的私人关系;⑤遭受来自组织内部和外部的压力;⑥内部审计范围受到限制。

(3)内部审计机构负责人应当采取下列措施保障内部审计的客观性:①提高内部审计人员的职业道德水准;②选派适当的内部审计人员参加审计项目,并进行适当分工;③采用工作轮换的方式安排审计项目及审计组;④建立适当、有效的激励机制;⑤制定并实施系统、有效的内部审计质量控制制度、程序和方法;⑥当内部审计人员的客观性受到严重影响,且无法采取适当措施降低影响时,停止实施有关业务,并及时向董事会或者最高管理层报告。

3. 专业胜任能力

内部审计人员应当具备下列履行职责所需的专业知识、职业技能和实践经验:

(1)审计、会计、财务、税务、经济、金融、统计、管理、内部控制、风险管理、法律、信息技术和数字化技术等专业知识,以及与组织业务活动相关的专业知识。

(2)语言文字表达、问题分析、审计技术应用、人际沟通、组织管理等职业技能。

(3)必要的实践经验及相关职业经历。

内部审计人员应当通过后续教育和职业实践等途径,了解、学习和掌握相关法律法规、专业知识、技术方法和审计实务的发展变化,保持和提升专业胜任能力。内部审计人员实施内部审计业务时,应当保持职业谨慎,合理运用职业判断。

4. 保密

内部审计人员应当对实施内部审计业务所获取的信息保密,非因有效授权、法律规定或其他合法事由不得披露。内部审计人员在社会交往中,应当履行保密义务,警惕非故意泄密的可能性。内部审计人员不得利用其在实施内部审计业务时获取的信息牟取不正当利益,或者以有悖于法律法规、组织规定及职业道德的方式使用信息。

第三节 现代内部审计的职责与权限

现代内部审计要完成审计任务和实现审计目标,应赋予其需承担的工作职责和相应的工作权限。

一、现代内部审计的职责

现代内部审计的职责是根据公司治理的要求和董事会的需求而不断发展的。董事会对内部审计的需求,主要与董事会利用内部审计工作的结果来履行董事会的职责有关。这主要是因为董事会由于人员数量、工作、信息获取等限制,难以完全依靠自身的力量去完成各项具体工作。而内部审计凭借其相对独立的地位,丰富的审计经验和专业的人力资源,就自然而然地充当了董事会大部分工作的实际执行者。但仍需强调的是,内部审计仅仅是董事会的审计委员会领导下的具体工作者,它所执行的是为董事会进行决策提供相关信息的基础工作,并不能"替代"董事会做出任何决策。

2018年1月12日,《审计署关于内部审计工作的规定》正式发布,其中规定了现代内部审计的职责。内部审计机构或者履行内部审计职责的内设机构应当按照国家有关规定和本单位的要求,履行下列职责:

(1) 对本单位及所属单位贯彻落实国家重大政策措施情况进行审计。

(2) 对本单位及所属单位发展规划、战略决策、重大措施以及年度业务计划执行情况进行审计。

(3) 对本单位及所属单位财政财务收支进行审计。

(4) 对本单位及所属单位固定资产投资项目进行审计。

(5) 对本单位及所属单位的自然资源资产管理和生态环境保护责任的履行情况进行审计。

(6) 对本单位及所属单位的境外机构、境外资产和境外经济活动进行审计。

(7) 对本单位及所属单位经济管理和效益情况进行审计。

(8) 对本单位及所属单位内部控制及风险管理情况进行审计。

(9) 对本单位内部管理的领导人员履行经济责任情况进行审计。

(10) 协助本单位主要负责人督促落实审计发现问题的整改工作。

(11) 对本单位所属单位的内部审计工作进行指导、监督和管理。

(12) 国家有关规定和本单位要求办理的其他事项。

二、现代内部审计机构的权限

1. 企业内部审计机构应有的权限

2018年1月12日,《审计署关于内部审计工作的规定》正式发布,其中规定了现代内部审计的权限。内部审计机构或者履行内部审计职责的内设机构应有下列权限:

(1) 要求被审计单位按时报送发展规划、战略决策、重大措施、内部控制、风险管理、财政财务收支等有关资料(含相关电子数据,下同),以及必要的计算机技术文档。

(2) 参加单位有关会议,召开与审计事项有关的会议。

(3) 参与研究制定有关的规章制度,提出制定内部审计规章制度的建议。

(4) 检查有关财政财务收支、经济活动、内部控制、风险管理的资料、文件和现场勘察实物。

(5) 检查有关计算机系统及其电子数据和资料。

(6) 就审计事项中的有关问题,向有关单位和个人开展调查和询问,取得相关证明材料。

(7) 对正在进行的严重违法违规、严重损失浪费行为及时向单位主要负责人报告,经同意作出临时制止决定。

(8) 对可能转移、隐匿、篡改、毁弃会计凭证、会计账簿、会计报表以及与经济活动有关的资料,经批准,有权予以暂时封存。

(9) 提出纠正、处理违法违规行为的意见和改进管理、提高绩效的建议。

(10) 对违法违规和造成损失浪费的被审计单位和人员,给予通报批评或者提出追究责任的建议。

(11) 对严格遵守财经法规、经济效益显著、贡献突出的被审计单位和个人,可以向单位党组织、董事会(或者主要负责人)提出表彰建议。

2. 企业内部审计机构必要的处理、处罚权

企业董事会或者主要负责人在管理权限范围内,授予内部审计机构以下必要的处理、处罚权。

(1) 被审计单位不配合内部审计工作、拒绝审计或者提供资料、提供虚假资料、拒不执行审计结论或者报复陷害内部审计人员的,公司董事会及其审计委员会或者主要负责人应当及时予以处理。构成犯罪的,移交司法机关追究刑事责任。

(2) 被审计单位无正当理由拒不执行审计结论的,内部审计机构应当责令其限期改正。拒不改正的,报请公司董事会及其审计委员会或主要负责人依照有关规定予以处理。

(3) 对被审计单位违反财经法规、造成严重损失浪费行为负有直接责任的主管人员和其他直接责任人员,构成犯罪的,依法追究刑事责任。不构成犯罪的,依照有关规定予以处理。

(4) 报复陷害内部审计人员,构成犯罪的,依法追究刑事责任。不构成犯罪的,依照有

关规定予以处理。

3. 对被审计单位和内部审计机构的责任追究

被审计单位有下列情形之一的,由单位党组织、董事会(或者主要负责人)责令改正,并对直接负责的主管人员和其他直接责任人员进行处理:

(1) 拒绝接受或者不配合内部审计工作的。
(2) 拒绝、拖延提供与内部审计事项有关的资料,或者提供资料不真实、不完整的。
(3) 拒不纠正审计发现问题的。
(4) 整改不力、屡审屡犯的。
(5) 违反国家规定或者本单位内部规定的其他情形。

内部审计机构或者履行内部审计职责的内设机构和内部审计人员有下列情形之一的,由单位对直接负责的主管人员和其他直接责任人员进行处理;涉嫌犯罪的,移送司法机关依法追究刑事责任:

(1) 未按有关法律法规和内部审计职业规范实施审计导致应当发现的问题未被发现并造成严重后果的。
(2) 隐瞒审计查出的问题或者提供虚假审计报告的。
(3) 泄露国家秘密或者商业秘密的。
(4) 利用职权谋取私利的。
(5) 违反国家规定或者本单位内部规定的其他情形。

内部审计人员因履行职责受到打击、报复、陷害的,单位党组织、董事会(或者主要负责人)应当及时采取保护措施,并对相关责任人员进行处理;涉嫌犯罪的,移送司法机关依法追究刑事责任。

第四节 现代内部审计准则和审计依据

现代内部审计准则是内部审计理论的重要组成部分,它反映了内部审计工作的基本要求,是人们在长期的审计实践中摸索、总结出来的,它既是一个审计范畴,又是一个历史范畴。它是从理论上对内部审计实践的总结,反过来又指导内部审计实践,服务于内部审计实践,成为指导内部审计工作的原则和规范。

一、现代内部审计准则

(一) 现代内部审计准则的含义

现代内部审计准则,又称内部审计标准,是内部审计人员在实施内部审计工作时,必须恪守的行为准则,它是内部审计工作质量的权威性判断标准。

(1) 内部审计准则是制约内部审计人员的行为准则。内部审计人员在工作过程中,围绕内部审计任务,在选择和确定审计程序时,应明确哪些是可以做的,哪些是不能做的;哪些是应该加强和深入去做的,哪些是可以只作了解的。内部审计准则正是起到衡量标准的作用。

(2) 内部审计准则既对内部审计人员的素质提出要求,同时也对内部审计工作质量提供保证。一般的内部审计准则无不对内部审计人员的业务技能和职业道德提出一个较高的标准,这对树立内部审计人员在公司中的公正、正直、客观形象有重要的作用,有利于董事会及其审计委员会和经理信任内部审计工作的质量。

(3) 内部审计准则是通过内部审计人员执行审计程序体现出来的。所以,一般的内部审计准则都对内部审计人员的专业知识、业务能力、工作行为和应该实施的审计程序提出严格要求。

(4) 内部审计准则是内部审计人员签署最终审计意见时的客观保证。一般来说,内部审计人员在形成审计意见之后,会主动地与被审计单位交换意见,然后才签发自己的审计报告,其目的是希望就审计结论取得双方共同认可。但是,如果双方发生意见分歧,内部审计准则就为内部审计人员坚持自己的意见提供了客观上的保证。

总之,内部审计准则的实质就是对内部审计工作所寄予的期望。一个国家的内部审计准则无疑反映出这个职业在该国的地位,在根本上制约着内部审计作用的发挥和这一职业的发展。

(二) 现代内部审计准则的作用

实施内部审计准则使内部审计人员在从事内部审计工作时有了规范和指南,便于考核内部审计工作质量,推动了内部审计职业的发展。现代内部审计准则的主要作用有以下方面。

(1) 实施内部审计准则可以赢得公司各个方面的信任。内部审计人员在审计报告中,一般均要写明"我们的审计工作是根据内部审计准则的要求进行的",这也就是向被审计单位有关方面表明,内部审计工作已达到了规定的质量标准,审计结论是可以充分信赖的,以取信于公司内部各个方面。

(2) 实施内部审计准则可以提高内部审计工作质量。内部审计准则中一般都规定有内部审计人员的任职条件及其在工作中应保持的态度,内部审计工作的基本程序和方法,以及审计报告的撰写方式和要求等,这就可以促使内部审计人员谨慎工作,依照内部审计准则办事,有助于提高内部审计工作质量。

(3) 实施内部审计准则可以维护内部审计部门和人员的合法权益。内部审计准则中规定了内部审计人员的工作范围,内部审计人员只要能按照内部审计准则的要求办理,就是尽职尽责。当内部审计部门与被审计单位对审计意见发生纠纷,内部审计人员受到不公正的指责和控告时,即可运用内部审计准则维护自己的合法权益。

(4) 实施内部审计准则可以促进国际审计经验交流。内部审计准则是内部审计实践经验的总结和升华,已成为内部审计理论的一个重要部分。内部审计准则的实施和发展,促进了内部审计理论水平的提高。通过各国内部审计准则的协调,便于开展国际内部审计经验交流。特别是国际内部审计准则的制定和协调工作,对各国内部审计经验和学术交流都起到了重要的推动作用。

（三）国际内部审计师协会

国际内部审计实务框架由国际内部审计师协会负责制定，在世界范围内具有广泛影响，对各国制定内部审计准则都有重要参考价值。

内部审计在世界范围内发展很快，国际交流日益增多。1941年，美国内部审计师协会在纽约正式成立，标志着传统内部审计开始向现代内部审计发展。这一年也被称为内部审计的奠基年。B. Z. 布林克(B. Z. Brink)发表了最早的关于内部审计的单行本《内部审计——它的性质、职能、程序和方法》。美国内部审计师协会自成立以来，发展迅速。1944年美国内部审计师协会在加拿大多伦多设立分会，开始跨越国境开展活动。1948年又在伦敦设立分会，到20世纪50年代逐步发展成为国际性组织。1947年该协会制定了《内部审计师职责条例》，规定内部审计人员的职责和工作范围。同时，一些审计专著也相继问世。虽然该协会成立时只有24名会员，但它意味着内部审计已经产生相当的社会影响，条例的制定和专著的出版，则表明当时内部审计已经从实践上升为理论，为其发展奠定了基础。

20世纪60年代，国际内部审计师协会的成员已发展到4 600人，代表着2 000多个企业。到20世纪70年代后期，内部审计有了更大的发展。1978年6月，国际内部审计师协会拟订了《内部审计专业实务准则》，对内部审计的含义、职责、独立性、机构和人员，以及工作范围和工作程序等都作了原则性的规定。1972年开始实行注册内部审计师制度，取得注册内部审计师资格需经过考试，考试科目有内部审计理论、内部审计手续和技术、经营管理理论和内部审计规章制度等。考试合格者可以取得注册内部审计师的资格。国际内部审计师协会主管注册内部审计师的考试、建立职业道德规范和制定内部审计的实务标准。这些都充分说明了内部审计已在多年实践的基础上，具备了更加完备的行为规范和工作标准。

到2018年年底，国际内部审计师协会已发展为拥有200多个分会和18万多名会员的国际性学术团体，分布在100多个国家和地区，每年定期召开一次国际会议，讨论内部审计的学术问题。1985年7月在澳大利亚悉尼召开的第44次会议特邀我国代表列席参加。1987年，内部审计师协会在美国纽约举行了理事会，批准中国内部审计协会以国家分会形式加入该组织。从此，中国内部审计协会成为国际内部审计师协会的成员国，标志着中国内部审计步入了国际化的轨道。

国际内部审计师协会在联合国经济和社会开发署享有顾问地位，是最高审计机关国际组织的常任观察员，是国际政府财政管理委员会、国际会计师联合会的团体会员。IIA自1974年起在全球指定地点举行注册内部审计师资格考试，考试合格者颁发注册内部审计师证书，授予"注册内部审计师"称号。CIA是国际注册内部审计师(Certified Internal Auditor)的英文简称，它不仅是国际内部审计领域专家的标志，也是目前国际审计界唯一公认的职业资格。1998年中国内部审计协会与IIA签订协议，将IIA在国际上举办的国际注册内部审计师考试引入中国。

国际内部审计师协会的机构主要有理事会、执行委员会、国际委员部和总部，总部设在美国佛罗里达州。

（1）理事会。它是协会的最高领导机构，由执行委员会委员、大区组织和地区组织的主任和一般主任组成，来自各行各业的内部审计师作为志愿者为协会无偿服务，任期1年。理事会的主要职责是审批协会工作计划、预算、受理各委员会提出的建议，指导协会的工作。

（2）执行委员会。它由理事会主席、第一副主席、3位副主席、国际秘书、国际司库、3名近期前任理事会主席组成，负责监督协会日常工作。

（3）国际委员会。国际委员会在组织体系上属于执行委员会领导，各国际委员会的成员全部是由志愿者担任。国际委员会包括以下部门和组织：①专业实务部，负责发表《内部审计实务准则》；②高级技术委员会，负责发表《内部审计实务准则公告》；③专业标准委员会，负责发表《内部审计实务准则说明》；④专业问题委员会，就一些专业性问题向协会提出建议。

（四）国际内部审计实务准则

国际内部审计师协会长期致力于内部审计实务准则的研究和制定，制定了一整套内部审计准则，形成了《内部审计实务准则》。《内部审计实务准则》俗称红皮书，是由国际内部审计师协会制定的，所有的IIA会员和内部审计师都必须遵守。红皮书由内部审计定义、职业道德规范、属性准则、工作准则及实施准则（实务公告）构成。

属性准则说明了开展内部审计活动的机构及人员的特点，共有四条一般准则；工作准则描述了内部审计活动的性质并提出了衡量内部审计活动开展的质量准绳，共有七条一般准则。它们从总体上说明内部审计服务。实施准则是前两者在特定的审计活动中的具体体现（例如合规性审计、舞弊调查或控制自我评价项目等）。

属性准则与工作准则只有一套，但实施准则却有很多套：每种主要类型的内部审计活动都有一套实施准则。目前已为保证服务和咨询服务制定了实施准则。

保证服务是一种为了对组织的风险管理、控制或治理过程进行独立评价而客观地审查证据的行为，如对财务、绩效、合规性、系统安全和应尽责任的审查等。咨询服务提供建议以及相关的客户服务活动，这种服务的性质与范围通过与客户协商确定，它的目的是增加价值并提高机构的运作效率，包括顾问服务、建议、协调、程序设计及培训等。

2001年1月，国际内部审计师协会重新修订并颁布了《内部审计实务准则》(Standards for the Professional Practice of Internal Auditing)，这是一部权威性的国际内部审计标准。新的《内部审计实务准则》分为属性准则(Attribute Standard)、业绩准则(Performance Standards)和特殊审计业务执行准则(Implementation Standards)三部分。新标准于2002年1月1日起正式实施。

1. 属性准则

内部审计属性准则描述了执行内部审计活动的组织和个人的特征，其主要条款有："宗旨、权力和职责""独立性和客观性""专业熟练性和应有的职业谨慎"和1 300条款"质量保证和改进程序"。

在"宗旨、权力和职责"条款中，新准则明确规定内部审计活动的宗旨、权力和职责应正式地以章程加以规定,并与准则相一致,得到董事会的批准。

在"独立性和客观性"条款中,新准则要求内部审计活动是独立的,内部审计师在执行其工作时是客观的。确保内部审计组织独立性的要旨在于首席内部审计师向组织内的某个批准内部审计活动履行其职责的级别报告工作,内部审计师可以自由地不受外部干涉地决定内部审计范围、实施审计工作和交流审计结果。

在"专业熟练性和应有的职业谨慎"条款中,新准则规定内部审计应当以专业熟练性和应有的职业谨慎进行。专业熟练性要求内部审计师具备履行其职责所必需的知识、技能和其他专业胜任能力。应有的职业谨慎则要求内部审计师具备一个审慎的有能力的内部审计师所期望具备的职业谨慎和技能。内部审计师应有的职业谨慎还要求内部审计师应对可能影响目标、运作或资源的重大风险保持警惕。

在"质量保证和改进程序"条款中,新准则要求首席内部审计师开发和维持一个质量保证和改进程序,该程序要覆盖内部审计工作的所有领域,并持续地监督其有效性。

2. 业绩准则

内部审计业绩准则描述了内部审计工作的性质,并为衡量审计工作业绩提供了质量标准。其主要内容包括:"管理内部审计工作""工作的性质""审计项目计划""执行审计工作""交流审计结果""监督进度"和"管理层对风险的接受"。

关于管理内部审计工作,新准则要求首席内部审计师应当有效地管理内部审计工作,确保其增加组织的价值。管理的主要内容包括:①制定以风险为基础的年度审计计划,以确定开展内部审计工作的优先次序,并与组织的目标相一致。在该过程中应当考虑高级管理层和董事会的关注。②首席内部审计师应当向高级管理层报告内部审计工作计划和资源要求,包括重大的临时变化,并要向董事会报告予以审查和批准。首席内部审计师也应当报告资源受限的影响。③首席内部审计师应当确保内部审计资源的配置是恰当的、充分的和有效的,确保实现批准的计划。④首席内部审计师应当建立政策和程序,以指导内部审计工作。⑤首席内部审计师应当与提供相关可信性业务和咨询服务的其他内部和外部供应商分享信息和协调行动,以确保适当的覆盖和最大限度地减少重复劳动。⑥首席内部审计师应当定期就内部审计工作的目的、权力、职责和与计划相关的效果向董事会和高级管理层报告。

关于内部审计工作的性质,新准则将它定义为对风险管理、内部控制和公司治理系统的改进进行评价,并为此做出贡献的过程。

关于审计项目计划,新准则规定内部审计师应当制定和记录每个审计项目的计划。在制定审计计划时,内部审计师应当考虑:被审查活动的目标和控制业绩表现的方式,与业务、目标、资源和经营相连的重大风险,以及将潜在的风险影响控制在一个可接受水平上的方法,与有关的控制框架或模型相比较的业务风险管理控制系统的充分性和有效性对业务风险管理和控制系统做重大改进的机会。

关于执行审计工作,新准则要求内部审计师识别、分析、评价和记录充分的信息,以实现审计工作目标。内部审计师获取的信息必须满足充分、可靠、相关和有用等条件,内部审计师应当根据恰当的分析和评价得出审计结论和结果。在记录信息时，新准则要求首席内部审计师控制对审计记录的接触。在向外发布此种记录前，应获得高级管理层或法律顾问的批准。

关于报告审计结果，新准则要求内部审计师及时报告审计结果。审计报告的内容应当包括审计目标和范围、有关的结论、建议和行动计划、内部审计师的总体意见。审计报告还应当表达被审计单位令人满意的表现。报告的质量要求是准确的、客观的、清晰的、简洁的、建设性的、完整的和及时的。

新准则还要求首席内部审计师建立和维持一个可以监督处理向管理层汇报的审计结果的后续跟踪系统，用来监督和保证管理层已经有效地采取了行动，或是高级管理层已经接受了不采取行动的风险。

3. 特殊审计业务执行准则

在执行特殊审计业务时，内部审计师实施的审计程序的性质、时间和范围因业务具体情况的不同而存在差异。在接受特殊审计业务前，内部审计师应当对特殊审计业务性质、审计报告的格式和内容等做深入了解。为了规范内部审计师对特殊审计业务出具审计报告，制定了相关准则。

（五）国际内部审计实务框架

2009 年 1 月国际内部审计师协会以英语、法语和西班牙语颁布了国际内部审计实务框架(The International Professional Practices Framework，IPPF)。国际内部审计实务框架的全新组织结构及其相关的实施流程，将保证这一权威指南的超强时效性、准确指导性及其全球范围的一致性。全新的国际内部审计实务框架内容是对个人和团体组织在内部审计事务中所应当遵循准则的约束性陈述。这部分内容是对一般情况下行为准则的一种通行性说明，而并非针对某些特殊情况的解释。

1. 国际标准限制性条款

国际标准限制性条款是在全球范围内，对个人和团体组织均可适用的关于内部审计实务及其有关成效评估的基本要求的陈述性条款。这些条款着重于针对行为属性、实际效果和实施准则对内部审计工作的进行和不断提升提供限制性框架。在条款陈述中对专业术语及概念性词汇的解释说明。

2. 立场文件

国际内部审计师协会声明文件的作用在于协助来自不同专业领域范围内的，包括不属于内部审计领域的一切广泛的利益团体，使其更好地理解内部审计领域的重要法律规定、风险承担以及具体操控事宜。文件还将为它们清晰地明确内部审计领域的角色及责任。

3. 实务操作中的咨询帮助

咨询帮助涉及的是实务操作中关于指示性方针、处理方式及处理建议方面的内容；不包括实务操作的具体步骤和程序。这些咨询帮助将准确及时地提供给内部审计师们合乎业务准则及行业标准的行为建议，以帮助其更好地开展实务操作。实务操作涉及的范围包括:国际性、区域性或行业内部特定的操作事宜,在操作过程中遇到的特殊问题以及在操作过程中法律法规方面的障碍。

4. 实务指导

所谓实务指导,是指对在内部审计过程中出现的问题所给出的细节性建议指示。它包括实务操作涉及的具体步骤和程序问题,如实务操作的方式方法,操作计划及每个步骤的实施进程并细节到样品的产出问题。

IPPF 为内部审计业务领域提供技术性指南,IPPF 这一框架集合了内部审计师协会的所有权威性行业指导性条款。IPPF 清晰归类,明了解释并具有强时效性,内容即包括细节化的业务开展进程;特定化的实体组织结构;分类化的投票制度;经过定义的业务保持周期;国际内部审计师协会网站上文件信息的公示。

为了使 IPPF 更加贴近全球内部审计的发展,更好地规范和指导内部审计工作,国际内部审计师协会于 2014 年 9 月已对 IPPF 进行再次修订,但内容变化并不大。

(六) 中国内部审计协会

中国内部审计准则是由中国内部审计协会制定、修订和发布的,中国内部审计协会对内部审计准则的发展和完善做出了贡献。

中国内部审计协会,是由具有一定内部审计力量的企事业单位、社会团体和从事内部审计工作的人员自愿结成的全国性、行业性、非营利性社会组织。接受业务主管单位审计署和社团登记管理机关民政部的业务指导和监督管理。中国内部审计协会前身是于 1987 年 4 月成立的中国内部审计学会,2002 年 5 月经民政部批准,更名为中国内部审计协会。

中国内部审计协会的宗旨是"服务、管理、宣传、交流",即以内部审计职业化建设为主线,通过向会员提供优质服务、实行职业自律管理、加强内部审计宣传、开展国内外交流,不断提升本会的职业代表性和社会影响力,充分发挥现代内部审计理念引领者、职业代言人、实践推动者、智力支撑者的作用,以推动我国内部审计事业的科学发展。本会遵守宪法、法律、法规和国家政策,践行社会主义核心价值观,遵守社会道德风尚,自觉加强诚信自律建设。

中国内部审计协会下设的专业委员会有准则委员会、学术委员会、职业发展委员会和培训委员会,专业刊物有《中国内部审计》。

(七) 中国内部审计准则体系

中国内部审计准则是依据《中华人民共和国审计法》和《审计署关于内部审计工作的规定》及相关法律法规制定的,是中国内部审计工作规范体系的重要组成部分。中国内部审计准则由中国内部审计协会负责发布、修订与解释。

1. 制定中国内部审计准则的目标

制定中国内部审计准则的目标主要包括以下内容。

(1) 贯彻落实《中华人民共和国审计法》和《审计署关于内部审计工作的规定》以及相关法律法规,加强内部审计工作,实现内部审计的制度化、规范化和职业化。

(2) 促使内部审计机构和人员按照统一的内部审计准则开展内部审计工作,保障内部审计机构和人员依法行使职权,保证内部审计质量,提高内部审计效率,防范审计风险,促进组织的自我完善与发展。

(3) 明确内部审计机构和人员的责任,发挥内部审计在强化内部控制、改善风险管理、完善组织治理结构、促进组织目标实现的作用。

(4) 建立与国际内部审计准则相衔接的中国内部审计准则。

2. 中国内部审计准则体系

中国内部审计准则是中国内部审计工作规范体系的重要组成部分,由内部审计基本准则、内部审计具体准则、内部审计实务指南三个层次组成。

(1) 内部审计基本准则。内部审计基本准则是内部审计准则的总纲,是内部审计机构和人员进行内部审计时应当遵循的基本规范,是制定内部审计具体准则、内部审计实务指南的基本依据。

(2) 内部审计具体准则。内部审计具体准则是依据内部审计基本准则制定的,是内部审计机构和人员在进行内部审计时应当遵循的具体规范。

(3) 内部审计实务指南。内部审计实务指南是依据内部审计基本准则、内部审计具体准则制定的,为内部审计机构和人员进行内部审计提供的具有可操作性的指导意见。

3. 中国内部审计准则的约束力

中国内部审计准则的约束力主要包括以下内容。

(1) 内部审计基本准则、内部审计具体准则是内部审计机构和人员进行内部审计的执业规范,内部审计机构和人员在进行内部审计时应当遵照执行。

(2) 内部审计实务指南是对内部审计机构和人员实施内部审计的具体指导,内部审计机构和人员在进行内部审计时应当参照执行。

4. 中国内部审计准则的适用范围

中国内部审计准则的适用范围主要包括以下内容。

(1) 中国内部审计准则适用于内部审计机构和人员进行内部审计的全过程。

(2) 中国内部审计准则适用于各类组织。无论组织是否以盈利为目的,也无论组织规模大小和组织形式如何,内部审计机构和人员在进行内部审计时,都应遵循内部审计准则。

5. 中国内部审计准则的制定程序

内部审计准则由中国内部审计协会制定,协会下设准则委员会负责内部审计准则的起草、修改和论证工作。中国内部审计准则的制定程序包括以下内容。

(1) 选定项目。中国内部审计协会准则委员会提出内部审计准则备选项目,经专家咨询论证,征求有关方面意见后,由中国内部审计协会审批立项。

(2) 拟订初稿。中国内部审计协会准则委员会根据确定的项目,进行调查研究,起草初稿。中国内部审计协会征询专家和有关方面意见,由中国内部审计协会准则委员会修订后提交征求意见稿。

(3) 征求意见。中国内部审计协会发布征求意见稿,广泛征求各有关方面的意见。

(4) 修改定稿。中国内部审计协会准则委员会根据各方面意见修改征求意见稿,中国内部审计协会征询专家及有关方面意见后定稿。

6. 中国内部审计准则体系的制定及修订

中国内部审计协会自成立以来,致力于推动中国内部审计的规范化,相继颁布了一系列内部审计准则。中国内部审计协会于2003至2011年间,先后发布了《内部审计基本准则》《内部审计人员职业道德规范》、29个具体准则和5个实务指南,初步形成了内部审计准则体系。

近年来,国际内部审计师协会根据内部审计实务的最新发展变化,多次对内部审计实务框架的机构和内容进行更新和调整。这些修订和完善充分反映内部审计发展的最新理念,更加重视内部审计在促进组织改善治理、风险管理和内部控制中发挥作用,以及重视内部审计的价值增值功能等。

随着我国经济的国际化和市场经济的深入发展,我国内部审计的理念、目标和定位也逐渐由"查错纠弊"向防范风险和增加价值方向转变。内部审计机构和内部审计人员在审计实践中,不断创新审计方法,拓展审计领域,积累了许多宝贵经验,需要加以总结并通过准则予以规定。原来的准则体系存在着逻辑性和系统性的不足,需要对内部审计准则加以修订,进一步提高准则的科学性、实用性和先进性。

2012年以来,为了适应内部审计的最新发展,更好地发挥内部审计准则在规范内部审计行为、提升内部审计质量方面的作用,中国内部审计协会对2003年以来发布的内部审计准则进行了全面、系统的修订。此次修订将内部审计具体准则分为作业类、业务类和管理类三大类。在分类的基础上,对准则体系采用四位数编码进行编号,借鉴国际内部审计准则的经验,体现准则体系的系统性和准则之间的逻辑关系,为准则的未来发展预留了空间。修订后的内部审计准则体系由《内部审计基本准则》《内部审计人员职业道德规范》、20个具体准则、5个实务指南构成,自2014年1月1日起施行。与修订前的准则相比,新准则有以下三个特点。

(1) 提升了内部审计准则体系结构的科学性和合理性。新的内部审计准则将具体准则分为作业类、业务类和管理类,在分类的基础上,对准则体系采用四位数编码进行编号。内部审计基本准则和内部审计人员职业道德规范为第一层次,编码为1000;具体准则为第二层次,编码为2000;实务指南为第三层次,编码是3000。新的编号方式借鉴了国际内部审计准则的经验,体现了准则体系的系统性和准则之间的逻辑关系,也为准则未来发展预留了空间。同时针对部分准则存在的内容交叉、重复,个别准则不适应内部审计最新发展等问题,对准则体系结构和内容进行了调整。

(2) 反映了内部审计的最新发展理念和发展成果。结合国际、国内内部审计理念和实务的最新发展变化,新内部审计准则将内部审计定义为"一种独立、客观的确认和咨询活动,它通过运用系统、规范的方法,审查和评价组织的业务活动、内部控制和风险管理的适当性和有效性,以促进组织完善治理、增加价值和实现目标",基本上实现了与国际内部审计师协会定义的接轨。如将"监督和评价"职能改为"确认和咨询"职能,拓展了内部审计的职能范围,突出了内部审计的价值增值功能;明确了内部审计在提升组织治理水平,促进价值增值以及实现组织目标中的重要作用;将风险导向审计理念全面贯彻于整个内部审计准则体系中,强调内部审计机构和人员应当全面关注组织风险,以风险为基础组织实施内部审计业务等。

(3) 增强了内部审计准则的适用性和可操作性。新的内部审计准则立足于内部审计实践的发展,对部分准则的内容进行了调整、充实和完善,进一步增强了适用性和可操作性。如将经济性、效率性和效果性三个具体准则合并修订为绩效审计准则;将遵循性审计、风险管理审计、内部审计的控制自我评估法三个准则进行调整和补充,形成修订后的《内部控制审计准则》,并与《企业内部控制基本规范》及其配套指引相衔接,进一步增强了准则的适用性。再如进一步细化了内部审计人员职业道德中有关诚信正直、客观性、专业胜任能力和保密等具体要求,删除了关于舞弊的预防、协助董事会或最高管理层工作等不易操作的内容。

二、现代内部审计依据

现代内部审计是一项客观、公正的工作,提出审计意见,作出审计结论,必须有明确的依据。现代内部审计依据是提出审计意见、作出审计结论的衡量尺度。有依据的内部审计意见和结论才能令人信服,被单位内部各个方面所接受。

(一) 现代内部审计依据的含义

对所查明的被审计单位的行为和事实做出判断的根据,是据以作出审计结论、提出审计意见的标准。

现代内部审计依据与现代内部审计准则是两个既有联系又有区别的概念。现代内部审计准则解决如何进行审计的问题,是内部审计人员行动的指南和规范;现代内部审计依据则解决内部审计人员根据什么标准去判别被审计单位的行为和事实的合法或非法、有效或无效,并据以作出审计结论、提出审计意见和建议的根据。

在整个审计工作过程中,都存在一个评价判断问题,特别是在内部审计工作从实施阶段转入完成阶段,必须对被审计单位的经济活动及其结果进行评价、判断,作出结论,提出有益的意见和建议。在审计实施阶段,按照内部审计准则的要求,把被审计单位的被审计项目、问题和情况查实了、查清了,证据确凿了,如何对这些查清、查实了的被审计事项进行评价,判断它们是否真实、合法、合理,是否有效及有效的程度,这就必须有一套合适的内部审计依据。内部审计人员根据内部审计依据提出审计意见,作出审计结论,才能令人信服,取信于公司内部各个方面,才能提高内部审计组织和内部审计人员的威望。因此,内部审计人员在实施审计行为时,除了要根据内部审计准则进行审计工作之外,还需要一套科学、合理的内部审计依据。

目前,我国内部财务审计的依据比较明确,而风险管理审计、内部控制评价和公司治理审计的内部审计依据正在探索之中。开展风险管理审计、内部控制评价和公司治理审计,内部审计人员在内部审计工作结束时对被审计单位的风险管理审计、内部控制评价和公司治理审计的合法性、有效性作出评价判断时,必须有一套判断是非、高低、优劣、合法与非法的标准。由于经济活动是错综复杂的,所以内部审计依据也应是多方面的,如内部控制规范是判断内部控制有效性的依据;各项财经法规是评价经济活动合法性的依据;各种经济指标如资产负债率、流动比率、速动比率、资本金利润率等,是评价公司治理效率高低的依据。由此可见,内部审计依据对于被审计单位进行客观的判断和评价,具有重要的意义。

(二) 现代内部审计依据的种类

由于现代内部审计的目的不同,所以各种类型的内部审计所遵循的内部审计依据也不相同。不同种类的内部审计依据有不同的用途,进行适当的分类,有利于内部审计人员选用。

现代内部审计依据可以按不同标志进行分类。例如:按其来源,可分为被审计单位自己制定的审计依据和外部单位制定的审计依据;按其性质、内容,可分为宪法、法律、法规、政策,规章制度,预算、计划、经济合同,业务规范、技术经济标准等。但是,从内部审计实践看,内部审计依据主要是按审计目的进行分类,可以分为评价风险管理经济活动的内部审计依据、评价公司治理效率的内部审计依据和评价内部控制系统的内部审计依据。

1. 评价风险管理活动的内部审计依据

这类内部审计依据主要包括以下几个方面:

(1) 国家颁布的风险管理法律和各种法规。法律是指由国家立法机关颁布的,由国家强制执行的行为规则。在我国,用作内部审计依据的主要有民法、合同法、外商投资企业法、各种所得税法、会计法、公司法、企业破产法、民事诉讼法等。此外,还有全面风险管理规范等国务院及其所属部门颁发的规范性文件。国际机构制定的各种适用的风险管理法规则是涉外经济审计的重要内部审计依据。

(2) 地方和主管部门颁布的风险管理法规。地方风险管理法规是由地方各级立法机构和人民政府依照国家颁布的经济法规,结合本地区的实际情况加以制定的;国务院各主管部门和地方各级主管部门,也可根据本部门的实际情况制定有关的风险管理政策、指示和规定。这些都可以作为内部审计的依据。

(3) 风险管理规章制度。风险管理规章制度包括两种,一种是政府主管部门和上级单位制定的风险管理规章制度,如行业性的风险管理制度及各种管理办法等;另一种是被审计单位根据国家风险管理法规、地方风险管理法规并结合本公司生产经营管理的特点自行制定的风险管理规章制度。这些也是内部审计依据的重要组成内容。

2. 评价公司治理效率的内部审计依据

现代内部审计的另一个重要活动领域是对被审计单位的公司治理效率进行评价。这方面的审计依据主要有以下几个方面。

(1) 可比较的历史数据。可比较的历史数据包括两种,一种是反映被审计单位公司治理效率的历史数据,如资本金利润率、存货周转率、应收账款回收率等,可以用作判断和评价被审计期间公司治理效率高低的依据;另一种是与被审计单位同行业中的经营性质、规模与其相近的单位的历史数据,可以将可比较单位的有关资料和数据作为判断和评价被审计单位公司治理效率高低的重要依据之一。

（2）计划、预算和经济合同。被审计单位编制的计划和预算、被审计单位与其他单位签订的经济合同等的完成与否，都是判断被审计单位公司治理效率高低的重要依据。

（3）业务规范、技术经济标准。被审计单位制定的原材料消耗定额、能源消耗定额、工时定额、生产设备利用定额、废品率、各种技术标准、产品质量标准等，都可以作为判断和评价被审计单位公司治理效率高低的重要依据。

3. 评价内部控制系统的内部审计依据

内部审计人员在进行内部审计时，要审查和评价被审计单位的内部控制系统的有效性，这是现代内部审计的一个重要发展。评价内部控制系统有效性方面的内部审计依据主要有以下几个方面：

（1）内部管理控制制度。内部管理控制制度是指根据规定的经营方针，为合理有效地进行经济活动而建立的各种控制制度，主要包括预算控制制度、信息管理制度、责权控制制度等。这些制度是否科学有效地实施，是评价内部控制系统有效性的重要依据。

（2）财务报告内部控制制度。建立财务报告内部控制制度，设置凭证的传递程序、账簿的核对制度、实物的盘点制度等，这些都是为了保证财务报告资料的正确性和可靠性而建立的控制制度。这些制度是评价内部控制系统有效性的又一重要依据。

（三）现代内部审计依据的特点

内部审计依据既不是捉摸不定的，也不是固定不变的。在一定的时间、地域和范围内，它是明确的和可行的，但内部审计依据会随着形势的发展、时间的推移和环境的变化而发展变化。因此，掌握内部审计依据的特点，有利于更好地开展内部审计工作。内部审计依据的特点主要有以下四个。

1. 层次性

根据适用范围和效力大小、制定单位管辖区域的大小，内部审计依据具有不同的层次，顺序如下：

（1）国家和中央政府颁布的法律法规，如法律、条例等。

（2）国务院各部门颁布的各种规章和制度。

（3）地方各级人民政府制定和颁发的地方性法规等。

（4）被审计单位上级主管部门制定的规章制度，下达的计划和提出的技术经济指标等。

（5）被审计单位的股东代表大会、董事会等所作的决议，以及本单位各职能部门所制定的规章制度，作出的计划和决议。

从法规和规章制度的制定过程来看，低层次的法规、制度不能违反高层次的法规，只能在高层次法规原则规定的基础上，结合本地区和本部门的具体情况加以补充和具体化。这就是说，法规的层次越高，其覆盖面就越大，而层次越低的法规和制度等，其具体适用性却越强。因此，内部审计人员应注意尽量完整地收集有关被审计单位的具体法规和规章制度，这样有利于正确地判断所查明事实的是非曲直。但如遇低层次的规定与高层次的规定相抵触时，则应以高层次的规定为准，作出评价和判断。

2. 相关性

内部审计依据的相关性，是指内部审计依据要与审计结论相关联，内部审计人员可以利用内部审计依据提出审计意见和建议，并作出审计结论。内部审计依据的相关性是由内部审计工作的本质特性所决定的。因为内部审计工作的目的是对被审计单位所承担的受托经济责任作出评价，如果内部审计依据不利于内部审计人员评价受托经济责任，与审计结论无关，内部审计依据就失去了意义。因此，内部审计人员选用内部审计依据，一定要与作出的审计结论以及提出的审计意见和建议密切相关。如果有多种内部审计依据可供选择，必须认真分析，深入解剖矛盾，抓住主要矛盾和矛盾的主要方面，选用最能揭示被审计单位有关事项本质的内部审计依据。

3. 时效性

各种内部审计依据都有一定的时效性，不是任何时期和任何条件下都能适用的。作为经济业务行为规范的各种内部审计依据，属于上层建筑的范畴。上层建筑要适应经济基础的不断发展变化而相应发展变化，各种内部审计依据就不可能是一成不变的，必须随着时间的推移而加以修订和变更。作为经济业务技术规范的各种内部审计依据，也会随着科学技术水平的发展而发生变化。这就要求内部审计人员在从事业务活动中，要密切关注各种内部审计依据的变化，注意其时效性，切忌用旧的内部审计依据来否定现行的经济活动，也不能用新的内部审计依据来否定过去的经济活动。

4. 地域性

从空间上看，许多内部审计依据还要受到地域的限制。各个国家的社会经济制度和生产力发展水平不同，其内部审计依据的内容当然各不相同。因此，不能不加分析地照搬别国的内部审计依据。即使在国内，不同地区、不同行业部门的发展水平也不尽相同，各地区、各行业部门都根据自己的实际情况和特点，制定适用于本地区、本行业部门的政策和规章。因此，不同地区、不同行业部门的内部审计依据也不会完全相同。所以，内部审计人员在进行判断时，应当注意到地区和行业的差别，要以该地区、该行业的有效法令、规定、技术标准等为根据，作出审计结论，提出审计意见和建议。

（四）运用现代内部审计依据的原则

内部审计人员选用现代内部审计依据时，除应注意现代内部审计依据的层次性、相关性、时效性和地域性等特点外，还应注意掌握下列各项原则。

1. 具体问题具体分析的原则

在社会主义市场经济条件下，单位经济活动日益多样化和复杂化，合法的经济活动不一定是合理的；反之，有些突破了现有规章制度的合理的改革措施可能是不合法的。所以，内部审计人员选用内部审计依据时，必须从实际出发，具体问题具体分析，作出客观公正的评价。在遇到问题时，应坚持三个原则。

（1）有法依法。有法律法规作为内部审计依据的，应该严格依法，这是不容置疑的。

（2）无法可依从理。没有法律法规作为内部审计依据的，要重视一些经济行为的合理性和创造性的依据。判断一个单位的经济行为是否合理，应看其是否符合科学发展的大方向,是否促进了生产的发展和经济效益的提高。

(3) 地方法规与国家法规发生矛盾时要慎重处理。正常情况下,应将国家法规作为最主要的内部审计依据。如当地方法规与国家法规不一致时,应贯彻凡是符合改革精神,有利于促进地区经济繁荣,有利于调动各方面的积极性,而对宏观经济、全局利益又无妨碍的地方法规应作为内部审计依据的原则;凡是违背国家法规、损害国家利益或侵犯公司合法权益的要坚决抵制。

2. 辩证分析问题的原则

单位经济活动是错综复杂的,经济情况也是瞬息万变的,影响经济活动的因素是多方面的、可变的。对某项被审计的经济活动,如果几种内部审计依据均适用,就要认真仔细地进行研究,辩证地分析问题,分析该项经济活动的主要影响因素和主要影响因素的主要方面,并分析该经济活动的结果和影响,要善于抓住主要矛盾,把握问题的实质,然后决定选用哪一项内部审计依据,并据以提出审计意见和建议,作出审计结论。

3. 利益兼顾原则

在运用现代内部审计依据时,要贯彻利益兼顾的原则,全面地分析问题。利益兼顾原则主要包括以下方面。

(1) 国家、单位和个人利益兼顾。在审查评价被审计单位受托经济责任时,选择内部审计依据必须坚持国家、单位和个人利益兼顾的原则,维护各方的合法权益,处理好各方面的经济利益关系。为此,对单位自己制定的内部审计依据,就应进行适当选择,如果内部审计依据有弹性时,也要注意掌握分寸。

(2) 眼前利益与长远利益兼顾。选用内部审计依据,不能只考虑眼前利益,还要考虑长远利益。如在选用成本、费用开支标准和利润分配时,不能只考虑目前的经济利益,还要考虑单位今后的发展和增强单位实力。只有处理好眼前利益和长远利益之间的关系,才能保证单位的发展和职工的长远利益,才能使单位更好地发展。

(3) 单位经济效益与社会效益兼顾。在评价单位利润完成情况时,不能只考虑销售利润率、资本金利润率和成本费用利润率,还应考虑使单位利润增加的营业项目和生产的产品是否有社会效益。因此,在选用内部审计依据时,不能机械地照搬,而应考虑单位经济效益与社会效益相结合的原则。

4. 真实可靠原则

现代内部审计依据必须真实可靠,数字要准确,凡是引用的数字,一定要经过亲自核对,切忌照抄照搬;凡列举的技术标准,必须查证核实,均有文件资料,切勿主观推测;对于内部管理控制的各项制度,要深入查对,如无真凭实据,均不能作为内部审计依据;凡是法律法规,一定要找到原文,认真领会其精神,并抄录文字,切不可断章取义,盲目推论;一般的决议、指示等,如有必要还要复印列示于内部审计工作底稿中。

总之,合理地运用现代内部审计依据,对于作出客观公正的评价和正确的结论,对于促进内部审计工作质量的提高,都有重要的意义。否则,现代内部审计依据运用不当,将会造成判断失误、结论错误,影响审计工作质量。

第五节 我国内部审计的新使命与发展路径

2018年5月23日中国中央审计委员会宣布成立,习近平主任在中央审计委员会第一次会议上强调,要加强对内部审计工作的指导和监督,调动内部审计的力量。习近平主任的讲话,不仅说明了内部审计工作的重要性,还要求内部审计发挥更大的作用,这意味着我国内部审计迎来了前所未有的发展机遇期。因此,我们必须深刻领会、准确把握习近平主任重要讲话和有关会议文件精神,深入落实党和国家对内部审计提出的新使命,深层次研究我国内部审计的发展路径。

一、我国内部审计的新使命

中国特色社会主义进入了新时代,我国内部审计也将承载新使命。我国内部审计理论研究者和实务工作者应深刻理解和领会内部审计的新使命,充分发挥内部审计的重要作用。

1. 习近平主任赋予内部审计的新使命

习近平主任在中央审计委员会第一次会议上指出,要求构建集中统一、全面覆盖、权威高效的审计监督体系,要加强对内部审计工作的指导和监督,调动内部审计和社会审计的力量,增强审计监督合力。习近平指出,要深化审计制度改革,解放思想、与时俱进,创新审计理念,及时揭示和反映经济社会各领域的新情况、新问题、新趋势。要努力建设信念坚定、业务精通、作风务实、清正廉洁的高素质专业化审计干部队伍。

内部审计人员应深刻领会、准确把握习近平主任的重要讲话,要贯彻和落实习近平主任赋予内部审计的新使命,要将习近平主任对内部审计工作提出的新要求落实到具体内部审计工作中,以习近平新时代中国特色社会主义思想为指针,结合工作实际,调整工作视角,改变工作思路,以新姿态、新举措、新作为,促进内部审计工作再上新台阶。

2. 全国内部审计工作座谈会赋予内部审计的新使命

2018年9月11日,全国内部审计工作座谈会在京召开,中央审计委员会办公室主任、审计署党组书记、审计长胡泽君发表了重要讲话。她在讲话中强调,要提高政治站位,站在党和国家事业全局的高度,要坚持党对内部审计工作的集中统一领导,坚决推动党中央、国务院重大决策部署在本地区、本部门、本单位的有效落实。

加强内部审计工作是推进国家治理体系和治理能力现代化,实现内部审计促进经济高质量发展的需要。对于内部审计工作而言,坚持把握内部审计工作的原则和规律,坚持不断完善内部审计组织和工作模式,准确把握内部审计工作的职责定位,推动内部审计工作在新时代有新发展。我国内部审计只有把握大局、明辨方向、找准路子、扎实工作,才能完成新使命、取得新发展、实现新作为、开创新局面。

3. 审计署赋予内部审计工作的新使命

2018年1月《审计署关于内部审计工作的规定》发布,赋予了内部审计的新使命,并于

2018年3月1日起正式实施。新使命将内部审计的职责范围从"财政收支、财务收支、经济活动"拓展到了"内部控制与风险管理",增加了贯彻落实国家重大政策措施情况审计、发展规划、战略决策、重大措施以及年度业务计划执行情况审计、自然资源资产管理和生态环境保护责任的履行情况审计、境外审计等审计内容,强调国有企业应当按照有关规定建立总审计师制度,总审计师协助党组织、董事会(或者主要负责人)管理内部审计工作。

为贯彻落实《审计署关于内部审计工作的规定》,内部审计机构和内部审计人员应充分认识内部审计的新使命,增强内部审计职业的自信心;深入贯彻落实《审计署关于内部审计工作的规定》的内在自觉性,做好与其制度对接;深层次研究内部审计在新时期的新特点,充分发挥内部审计的重要作用;全面履行新时代内部审计新使命,切实提高内部审计质量和成效。

4. 改革内部审计领导体制赋予内部审计的新使命

我国国有企业的党组织是企业的政治核心、领导核心和决策核心。国有企业重大决策必须先由党组织研究提出意见建议,涉及"三重一大"等事项,必须经党组织研究决定后,再由董事会、经理班子作出决定。因此,国有企业内部审计机构应当在企业党组织、董事会(或者主要负责人)直接领导下,开展日常内部审计工作,并向其负责并报告工作。坚持党管内部审计的原则,公司在党组织系统中成立审计委员会,由党组织书记担任审计委员会主任,党组织全面领导内部审计工作,保证和落实国有企业党组织在内部审计工作中的主导作用。

国有企业内部审计机构和人员在企业党组织领导下,实现审计干部、机构编制、内部审计业务统一管理,全面健全内部审计监督体系、推动内部审计工作全覆盖、提高内部审计监督水平。国有企业内部审计机构和人员应推动党中央、国务院重大决策部署在本部门、本单位的有效落实,审查和评价本部门、本单位的业务活动及其内部控制、风险管理的适当性、合法性和有效性,促进本单位改善和提高公司治理和公司管理水平。

5. 科学技术发展赋予内部审计的新使命

数字经济时代已不可阻挡地到来了。数字化转型无疑已经成为我国内部审计转型升级的重要关键词,拥抱信息化技术的程度越深,其工作效率和管理水平就会越高。目前,从我们从事的内部审计研究和实践看,我国内部审计与国际先进内部审计的差距,已经不再是内部审计程序和工作底稿上的差距,而是科学技术在工作中运用的差距。

在传统内部审计模式下,收集审计证据、审核、得出结论需要较长时间,而且要预先对被审计单位进行了解、内部控制进行测试,完成这一系列工作需要较长时间。在现代科学技术飞速发展的时代,要求内部审计人员采用互联网了解被审计单位情况、利用视频了解内部控制的有效性,建立更快速的内部审计工作流程,采用现代内部审计技术已成为趋势。内部审计机构要坚持科技强审,向信息化要资源,向大数据要效率,推进内部审计技术的现代化。

6. 建设内部审计队伍赋予内部审计的新使命

"打铁必须自身硬",建设一支政治素质过硬、业务素质精湛的内部审计队伍,这对于保障新时代内部审计完成新使命、取得成效而言,就尤为重要。内部审计机构和内部审计人员要提高政治站位,认真学习、深入贯彻习近平主任关于加强审计干部队伍建设的重要论述,努力建设信念坚定、业务精通、作风务实、清正廉洁的高素质专业化审计干部队伍;聚焦中心任务、强化责任担当、激发改革效能,切实担负起审计监督的责任。

内部审计机构和内部审计人员应强化理想信念和社会主义核心价值观教育,引导内部审计人员树立正确的世界观、人生观、道德观和价值观,切实增强内部审计人员抵御各种风险和诱惑的能力;要严格遵守各项纪律,坚持依法审计、文明审计、廉洁审计,持之以恒加强作风建设,努力建设一支高素质、专业化内部审计队伍,为做好内部审计工作提供坚强保障。

二、我国内部审计的发展路径

目前,我国内部审计正处在最好的发展机遇期,党和国家赋予了内部审计新使命,这必将促成我国内部审计实施新的发展路径,促进我国内部审计发展的转型升级。

1. 提高内部审计人员的政治站位

传统内部审计人员,两眼只盯着被审计单位的被审计事项,根据审计的结果对照审计标准,仅提出专业性的审计意见和审计结论,只见树木不见森林,政治敏锐性不够强,政治站位不够高。在新形势下,内部审计人员要不断增强政治敏锐性和政治鉴别力,要以政治眼光提升审计的视野境界,以政治立场校准审计的方向路径,把讲政治贯穿审计全过程。

内部审计机构和内部审计人员要正确把握党和国家的大政方针,我国经济发展的新趋势、新变化,牢固树立内部审计工作围绕公司中心工作、服务大局的职能定位,始终把内部审计工作放在公司党组织和董事会工作的大局中去谋划、去部署。善于从全局性、前瞻性来看待和分析问题,着力分析贯彻落实党和国家重大政策措施情况,客观揭示公司运行中面临的关键问题和突出矛盾。针对审计过程中发现的党和国家重大政策措施不落实、不衔接、不配套等问题,及时提出整改和完善措施。内部审计机构和内部审计人员要始终坚持有重点、有步骤、有深度、有成效地推进内部审计全覆盖,把有限的内部审计资源聚焦于重大决策、重大部署、重大事项上来。

2. 强化对党和国家重大政策落实的跟踪审计

开展对党和国家重大政策落实的跟踪审计是党和国家赋予内部审计机构和内部审计人员一项新的重要职责。《审计署关于内部审计工作的规定》中明确要求:对本单位及所属单位贯彻落实党和国家重大政策措施情况进行审计。内部审计机构和内部审计人员要持续组织对党和国家重大政策措施和宏观调控部署落实情况的跟踪审计,着力监督检查本单位及所属单位落实党和国家重大政策措施、促进深化改革、防范和化解风险等政策措施的具体部署、执行进度、实际效果等情况,促进党和国家重大政策措施落地生根和不断完善。

对党和国家重大政策落实的跟踪审计的内容和重点,必须紧扣党和国家改革发展大局和公司党组织工作中心,突出政策部署落实与完善、重大项目落地与重要资金保障等,聚焦监督重点,推动党和国家重大政策落实。首先,要聚焦本单位及所属单位对党和国家重大政策落实与绩效,揭示政策落实不及时、执行不到位等突出问题,促进完善落实措施。其次,聚焦重点项目、重点资金落实与保障,揭示项目建设不落实、资金保障不到位等突出问题,促进重大项目落地见效。最后,关注重大改革措施的实施情况,将有代表性和影响力的重点改革领域纳入审计范围,随时掌握各牵头单位和参与单位履职情况和改革推进情况,及时发现推进过程中出现的问题,并提出意见建议,促进改革目标任务的顺利完成。

3. 加大对公司发展规划的审计力度

对公司发展规划审计作为新时代对内部审计提出的新要求,已受到越来越多公司的重视。由经营审计向发展规划审计转变,是内部审计发展的重要趋势。实施对公司发展规划审计,能够提高战略决策和战略执行的效率,可以充分发挥内部审计实现组织价值增值的功能,可以进一步完善公司治理结构。发展规划审计应覆盖公司发展规划的各个层次和全过程,其审计内容应包括所有与发展规划有关的资料,既包括财务会计资料,也包括其他非财务资料;审计的重点是评价发展规划制订所依据资料的可靠性和相关性以及评价既定发展规划执行的有效性。

公司发展规划审计是内部审计机构和内部审计人员按照一定的程序,根据一定的标准,对公司发展规划做出判断,发现问题,分析原因,提出整改建议的过程。对公司发展规划审计分为发展规划制定审计和发展规划实施审计。对公司发展规划制定审计应包括:公司总体发展规划、业务发展规划和保障发展规划的存在性审计;发展规划制定的正确性审计;发展规划制定的一致性审计。对于发展规划实施审计,可分为实施问题和实施效果的有效性审计。实施问题审计是审计发展规划实施过程中问题的多寡、能否克服以及比照健康的"发展规划态势"指标和过程发展规划目标是否可实现?实施效果审计是审计发展规划实施的实际效果。

4. 实施公司信息系统安全审计

随着互联网、云计算、大数据、智能化等应用的持续拓展,未来企业信息系统安全威胁将持续扩大。由于信息系统的脆弱性、技术的复杂性、操作的人为因素,导致信息系统存在固有风险和操作风险;信息系统管理部门,主要从事设计、开发信息系统,对整个信息系统的设计和运行安全关注不够。因此,公司应建立内部审计对公司信息系统安全进行审计的制度和机制。信息系统安全审计是对与信息安全有关的活动的相关信息进行识别、记录、存储和分析,确认发生了哪些与信息安全有关的活动和谁对这些活动负责,并对信息安全提出咨询意见。

信息系统安全审计作为一种可以确保信息系统的安全、可靠及高效运行的新的审计模式,已受到世界各国的普遍重视。在数字经济时代,公司信息系统安全被提到了前所未有的高度,加快发展信息系统安全审计具有重要意义。信息系统安全审计包括实施信息系统审计流程、信息系统生命周期有效性、高效性和安全性审计和各种应用软件合法性、正确性、安全性审计。对公司信息系统安全的审计应由内部审计机构和内部审计人员依据国家法律法规,特别是针对计算机网络本身的各种安全技术要求,对公司依赖的信息系统和相关的硬件、软件应用的安全性实施的审计。通过内部审计机构和内部审计人员对信息系统安全性的审计,可以帮助公司提高信息系统的安全性、可靠性。

5. 开拓风险管理审计的新领域

近年来,很多内部审计机构开始介入风险管理审计,并将其作为内部审计的重要领域。随着全球经济的进一步深入,企业经营贸易环境日趋复杂,基于顺应企业风险管控的新要求,内部审计应涉足风险管理审计新领域。另外,内部审计人员不仅要从服务企业的角度出发,也要从自身行业的发展考虑,只有积极探索新领域,才能不断开展新业务。内部审计开展企业风险管理审计意味着对企业风险管理的有效性进行评估,它可以通过对公司董事会、内部审计人员及公司员工三者之间的合作有效性分析,得出有利于公司的经营管理意见,进而三者共同采取相应措施来避免风险管理"短板"的发生。

将内部审计的范围延伸到风险管理审计,是内部审计适应企业对风险管理发展和重视的需要。风险管理审计已发展成为内部审计的一项重要内容。事实上,根据2016年IIA全球审计信息网络调查结果表明,认为审计的重点是风险管理审计的有85.6%。可见,内部审计是风险管理审计的主体、手段,而风险管理审计则是内部审计的一项新的内容、一个新的领域。从发展趋势来看,内部审计不仅越来越关注风险,同时,也是风险管理的重要组成部分。内部审计更强调确认经营风险是否得到有效管理,由对交易事项和政策的遵循的评价,转变为对目标、战略和风险管理程序的关注;内部审计的建议更加强调风险的规避、风险转移和风险控制,通过有效的风险管理提高企业整体管理的效果和效率。

6. 深入介入公司内部控制评价

从20世纪80年代开始,内部控制是公司经营管理的重要内容,检查和评价内部控制的有效性是内部审计的重要工作,是决定采用抽样审计还是详细审计的决定因素。21世纪初,美国安然、世通、时代华纳等公司出现财务丑闻,这使美国公司面临公众的信任危机。而造成这种状况的重要原因之一,是公司的内部控制流于形式和无效。在这种情况下,加强公司内部审计对内部控制有效性的评价的呼声不断提高。《萨班斯—奥克斯利法案》第404条款——董事会对内部控制的评价规定:公司董事会负有建立和维护内部控制系统及相应控制程序充分有效的责任;上市公司董事会应在最近财务年度末对内部控制系统及控制程序有效性作出评价。现代内部审计深入介入内部控制这一领域是与该法案的明确要求密切相关的。这是因为人们已经认识到内部控制在组织目标实现过程中所起的关键作用,因此,公司内部控制的运行状况已不再是公司内部关心的对象,而越来越受到外部相关人士的关注。

内部控制自我评价(control self-assessment)是《萨班斯—奥克斯利法案》第404条款的要求,是公司监督和评估内部控制的主要工具。《萨班斯—奥克斯利法案》将运行和维持内部控制的主要责任赋予董事会,同时,使内部审计师与员工和管理人员合作评估控制程序的有效性,共同承担对内部控制有效性的责任。内部控制自我评估,使内部审计人员不再仅仅是"独立的问题发现者,而成为推动公司改革的使者",将以前消极的以"发现和评价"为主要内容的内部审计活动向积极"防范和解决方案"的内部审计活动转变,从事后发现内部控制薄弱环节转向事前防范;从单纯强调内部控制转向积极关注利用各种方法来改善公司的经营业绩。另外,通过内部控制自我评估,可以发挥经理的积极性,使他们学到风险管理、控制的知识,熟悉本部门的控制过程,使风险更易于发现和监控,纠正措施更易于落实,业务目标的实现更有保证。内部审计人员广泛接触各部门人员,与各部门建立经营伙伴关系,有利于共同采取措施防止内部控制薄弱环节的产生。

内部控制评价是指公司董事会或类似权力机构对内部控制的有效性进行全面评价、形成评价结论、出具评价报告的过程。公司内部控制评价有助于促进公司全面评价内部控制的设计与运行情况,及时发现公司内部控制缺陷,提出和实施改进方案,确保内部控制有效运行,揭示和防范经营风险。负责实施内部控制评价的是内部审计机构,包括确定评价内容和标准、评价程序和方法、评价报告的出具和披露等。公司内部审计机构应当结合内部监督情况,定期对内部控制的有效性进行自我评价,出具内部控制评价报告。内部控制评价的方式、范围、程序和频率,由公司根据国家有关规定、经营业务调整、经营环境变化、业务发展状况、实际风险水平等自行确定。

7. 实行联网实时审计的新技术

传统内部审计业务中,内部审计人员只对被审计单位进行事后审计,而且并不是审计事后业务结果的所有数据和信息,只是抽取其中的一部分进行审计,以样本结果推断总体结果。实行联网实时审计,可以加强对业务和交易发生的过程进行动态审计,提高内部审计服务的及时性和效率,实现内部审计从"结果导向型"向"过程控制型"转变。这是现代内部审计技术发展的新趋势。

联网实时审计是指通过网络与被审计单位信息系统进行互联后,进行实时、远程监控的行为。联网实时审计给内部审计人员提供了前所未有的审计数据,审计领域空前扩大,对于促进审计预警机制建立、实现审计关口前移起着重要的作用,能充分发挥内部审计"全覆盖"的功能。与现场审计相比,联网实时审计具有全面性、时效性以及审计成本低、效率高和规范性强等方面的优势。联网实时审计通过对审计对象相关业务数据和资料的不间断调集、整理和分析,查找经营管理中存在的问题、疑点和异常,评价经营管理状况、内部控制状况和风险程度,为现场审计提供线索和资料,为编制审计计划、安排审计资源提供支持。

8. 采用大数据审计技术方法

与传统的内部审计技术方法相比,内部审计运用大数据审计技术方法是通过对公司内外部数据的挖掘与分析,对公司的运行和财务状况提供更为详细的数据证明。在现阶段,内部审计人员通过大数据审计技术方法,可以有效应对高风险的领域,建立大数据审计执行的一致性和标准化,为各类常规审计提供多维度的合规、完整性、准确性的确认。在内部审计的每个阶段都可以使用大数据审计技术方面,包括计划及风险评估、控制测试、实质性测试和评价审计结果。

内部审计采用大数据审计技术方法的主要领域有:分析一段时间内的数据;交叉引用两个数据集来研究两者的关系;比较不同来源的数据,确认数据的一致性;从数据中提取信息,然后进行趋势和行为模式预测。内部审计工作应用大数据审计技术方法的程序为:首先,从360度综合不同的数据集,广泛搜集相关信息,形成数据库。其次,针对数据库,利用数据挖掘和分析技术发现并推断未知关系,并预测发展趋势。最后,依据数据分析结果,并结合实际情况,得出相关结论,实施应用或服务于决策。内部审计工作利用大数据技术手段后,事前风险分析、事中数据分析、事后绩效分析等都将成为内部审计新的工作内容。

9. 实施对区块链应用的审计

区块链是一个带有时间戳的账务记录系统,具有可靠性、可信性、开放性等特点,已经在比特币发行和交易中得到成功应用。目前,区块链技术开始向会计、审计、证券、票据、数字资产、产权登记、能源交易等应用领域延伸。对于内部审计而言,区块链技术的广泛采用,为其充分发挥积极作用提供了广阔的舞台。事实上,鉴于区块链技术的复杂性,公司内部各部门应用区块链会碰到很多技术问题,风险管理部门会关注区块链应用的合规性,董事会和经理层也会关注区块链应用的安全性。因此,内部审计对区块链应用的审计就有其必然性和必要性。

外部审计是鉴证公开披露财务报表信息的合法性和公允性。区块链技术的准确、完整、透明和安全,可能导致外部审计作用的弱化。内部审计对区块链技术应用的审计,主要对如数据录入的准确性、及时性等可信性进行审计;对智能化合约、区块链设置等合规性进行审计;对区块链可能受到本地攻击和系统范围的攻击的安全性进行审计。在区块链系统中,内部审计人员可以通过只读方式实时访问链上的数据,来获取审计所需要的信息;某区块中记录了一类重要交易,内部审计人员可以通过软件实现持续监控该区块来实现持续审计;内部审计人员可以通过审计加密存储在区块链中的合同、协议、采购订单和发票等辅助文件,确认这些辅助信息,从而提高审计流程的效率。

10. 更新内部审计人员的理念和思维

传统内部审计人员认为不用现代审计理念与技术方法,同样可以查出问题线索,出具审计报告。虽然传统的以手工为主的内部审计技术和方法可以发现问题,如凭经验和一些少量数据信息或者对数据的简单浏览就进行审计,势必会增加审计风险。在新时代,利用内部审计软件进行审计已转变为信息安全审计、事后审计已转变为实时联网审计、抽样审计已转变为大数据全面审计、危险品的存货盘点已转变为虚拟现实方法、大量核对已智能化。内部审计人员只有拥有现代审计理念和数字化思维,才能将内部审计工作的作用发挥到极致。

更新内部审计人员理念和思维,促使其充分认识到现代审计理念和数字化思维在内部审计工作中发挥的作用,实施现代审计理念和数字化思维在内部审计工作中的广泛应用。在数字经济时代,数据量巨大且都以电子数据的形式存在,只有加强大数据、智能化等技术的应用才会促进内部审计工作的顺利开展。现代审计理念和数字化思维是内部审计人员综合能力的体现。内部审计机构要加强对内部审计人员现代审计理念和数字化思维的培训,培养内部审计人员现代审计理念和数字化思维的能力。

第三章　党和国家重大政策措施贯彻落实情况审计

习近平主任在中央审计委员会第一次会议上强调,要拓展审计监督的广度和深度,消除监督盲区,加大对党中央重大政策措施贯彻落实情况跟踪审计的力度,加大对经济社会运行中各类风险隐患揭示的力度,加大对重点民生资金和项目审计的力度。内部审计机构和内部审计人员实施对党和国家重大政策措施贯彻落实情况的审计是新时代内部审计的新使命。《审计署关于内部审计工作的规定》中明确要求:对本单位及所属单位贯彻落实国家重大政策措施情况进行审计。

第一节　党和国家重大政策措施贯彻落实情况审计概述

党和国家重大政策措施贯彻落实情况审计是党和国家赋予内部审计机构新的使命和职责,是内部审计机构顺应社会经济发展新形势的内在要求,也是内部审计服务于社会经济发展的必然担当。内部审计机构和内部审计人员应将党和国家重大政策措施贯彻落实情况审计作为内部审计的最重要的对象,也必将成为内部审计的常态审计项目。

一、党和国家重大政策措施贯彻落实情况审计的发展

我国审计体系有三种组织形式:国家审计、内部审计和社会审计。长期以来,国家审计、内部审计和社会审计的审计对象大多是以财务报表审计为主,因而根本没有以党和国家重大政策措施贯彻落实情况为对象的审计需求,也就没有相关的理论和实践。我国的国家审计监督制度是依据1982年《中华人民共和国宪法》的规定确立的,国家审计机关成立初期,遵循"边组建、边工作"的原则开展以财务审计、财经法纪审计为主的审计工作。国家审计的对象、方式和重点都在探索和实践中,因此,尚不具备对党和国家重大政策措施贯彻落实情况进行审计的条件。

近年来,随着我国社会经济的快速发展,国民经济中出现的问题也越来越多:以资源高耗费的经济增长方式难以为继,以增加环境污染为代价的发展模式难以持续;中央政府与地方政府财权与事权不匹配,地方政府入不敷出、债务沉重;金融政策调控不能适应形势发

展,调控的主观性、随意性较强,不良金融资产不断增加;国家外汇储备管理手段单一、简单化,正面临着不断缩水的风险;国有企业改革举步维艰,经营机制僵化,存在着国有资产不断被侵蚀的风险;房地产泡沫日益累积,蕴藏着巨大风险;矿难、安全事故频发,人民生命和财产遭受重大损失……这些现象的发生和存在,危及国家的经济安全。如果任其发展,我国改革开放所带来的经济发展成果,有可能毁于一旦,这绝不是危言耸听。上述问题的出现,是长期以来各部门、各级地方政府对党和国家重大政策措施有令不行、有禁不止所造成的,已经很难在具体政府部门和具体经济行为层面加以规范、监督和避免,应上升到严格贯彻落实党和国家重大政策措施层面予以解决。党和国家重大政策措施是党和国家处理社会经济问题或调整经济利益关系的手段,包括财税、金融、资源与环保、国有资产、产业、投资、贸易、分配等方面。党和国家重大政策措施的贯彻落实,不仅关系到社会经济的发展,更关系到人民的富裕、社会的和谐、国家的可持续发展。国家审计机关作为党和国家综合监督的职能部门,其审计目标是推进法治,促进经济发展,保障国家经济健康发展。为此,国家审计机关应实施党和国家重大政策措施贯彻落实情况审计,在促进党和国家重大政策措施贯彻落实情况方面发挥重要作用。因此,党和国家重大政策措施贯彻落实情况审计源于我国社会经济发展到一定历史阶段的客观需求,是党和国家对审计工作的新要求,是具有中国特色社会主义审计的新发展。

党和国家重大政策措施贯彻落实情况审计的发展最初从建设项目开始,逐步向其他领域延伸,重点定位于特大型投资项目、特殊资源开发与环境保护事项、重大突发性公共事项、党和国家重点关注的事项等。2008年《汶川地震灾后恢复重建条例》中明确规定:"审计机关应当加强对地震后恢复重建资金和物资的筹集、分配、拨付、使用和效果的全过程跟踪审计,定期公布地震灾后恢复重建资金和物资使用情况,并在审计结束后公布最终的审计结果"。党的十八大以来,以保障性安居工程跟踪审计和扶贫政策措施落实等为代表的党和国家重大政策措施落实情况审计全面推开。2014年10月,国务院出台《关于加强审计工作的意见》,李克强总理要求审计机关切实担负起推进党和国家重大政策措施贯彻落实的责任,按照党中央、国务院部署,进一步加大审计力度,把稳增长政策措施贯彻落实情况审计放在更加重要的位置,促进实现有质量、有效益、可持续的增长,加速推进绩效审计中的党和国家重大政策措施贯彻落实情况审计。这些法规和政策的发布、出台,意味着我国从此开始实施党和国家重大政策措施贯彻落实情况审计,并把这种审计形式摆在非常重要的位置。

党和国家重大政策措施贯彻落实情况审计作为审计监督的一种重要形式,近年来一直是在紧紧围绕党和国家的中心工作来开展。2017年,国家审计机关坚持稳中求进工作总基调,按照高质量发展的要求,以推进供给侧结构性改革为主线,组织对31个省、自治区、直辖市和30个中央部门、10户中央企业进行跟踪审计,对发现的问题及时通报,督促相关地区、部门及时落实整改,按季度出具审计报告,并向社会公告审计结果。2018年是全面贯彻党的十九大精神的开局之年,党和国家重大政策措施贯彻落实情况审计政策的主要目标就是要贯彻中央经济工作稳中求进总基调,坚持以新发展理念引领经济发展新常态,聚焦打好全面建成小康社会"三大攻坚战"和深化供给侧结构性改革,聚焦运用积极财政政策提升产业发展效应,聚焦项目推进带动增强发展后劲。检查重大项目落地、重大政策落实,重点把握政策配套措施科学性评估、政策落实跟踪、政策效应评价,促进推动重大项目落地建成、重点产业提质增效,促进政策安排的不断优化和取得实效。

我国内部审计机构开展党和国家重大政策措施贯彻落实情况审计,是党的十八大以来党和国家赋予的新使命和新要求。2018年1月发布了《审计署关于内部审计工作的规定》,自2018年3月1日起施行。在该规定的第十二条"内部审计机构或者履行内部审计职责的内设机构应当按照国家有关规定和本单位的要求,履行职责"中明确要求"对本单位及所属单位贯彻落实国家重大政策措施情况进行审计"。2018年9月11日,在全国内部审计工作座谈会上,审计署党组书记、审计长胡泽君在讲话中特别强调,对于内部审计工作而言,要取得新发展、实现新作为、开创新局面,根本在于把握大局、明辨方向、找准路子、扎实工作。要坚持党对审计工作的集中统一领导,坚持将推动党中央、国务院重大决策部署在本地区、本部门、本单位的有效落实作为首要职责。因此,党和国家重大政策措施贯彻落实情况审计成为内部审计机构和内部审计人员的首要任务。2018年以来,各地区、各部门、各单位的内部审计机构和内部审计人员重点关注化解、防范经济领域重大风险、精准脱贫和污染防治"三大攻坚战",关注积极财政政策、创新引领新产业新业态、简政放权和放管服改革,关注通过项目带动增加有效供给、增强发展后劲等党和国家重大决策部署贯彻落实情况,推动项目落地、政策落实,有效发挥作用;重点跟踪审计调查支持创新驱动和供给侧结构性改革、加强生态建设和环境保护、地方政府隐性债务、进一步扶持实体企业和降低实体经济企业成本以及加快养老事业发展等政策措施落实情况。

二、党和国家重大政策措施贯彻落实情况审计的含义

党和国家重大政策措施贯彻落实情况审计是指内部审计机构和内部审计人员依据法律法规,为保障党和国家重大政策措施贯彻落实,紧密联系本地区、本部门、本单位与政策措施相关对象(包括单位、项目、资金和事项)的经济业务活动全过程,依法适时或实时开展的内部审计监督工作,其目的是促进党和国家重大政策措施贯彻落实。党和国家重大政策措施贯彻落实情况审计是为适应形势变化需要、顺应时代发展潮流而推行的一种中国特色现代内部审计的创新方式,即一种独特的中国特色社会主义的审计方式。从党和国家重大政策措施贯彻落实情况审计的含义中,可以看出具有以下特点。

(1)党和国家重大政策措施贯彻落实情况审计是一种内部审计方式。党和国家重大政策措施贯彻落实情况审计与其他审计方式一样,都要按照有关法律法规的规定组织实施,如审计内容属于内部审计的范畴,审计工作的实施应按照内部审计准则进行,审计结论的做出应根据内部审计依据的规定,审计程序的实施应适合内部审计工作的特点等。

(2)党和国家重大政策措施贯彻落实情况审计可分为多种审计类型。被审计对象可以区分为党和国家的政策、措施、项目、资金和事项等,当内部审计确认和咨询不同对象时,审计的目的、内容、侧重点和方法也就不同。如当内部审计的对象是党和国家重大政策措施贯彻落实情况时,内部审计机构和内部审计人员应审计本地区、本部门、本单位的党和国家

重大政策贯彻落实情况;如当内部审计的对象是国家重大民生建设措施落实情况,内部审计机构和内部审计人员应审计本地区、本部门、本单位的国家重大民生建设措施实施情况;当审计的对象是特定财政资金时,内部审计机构和内部审计人员应审计本地区、本部门、本单位的特定财政资金使用情况及其绩效。

(3) 党和国家重大政策措施贯彻落实情况审计是事中审计为主的审计。事后审计是在被审计对象活动结束后实施审计,对被审计对象的运行管理来说,在时间上具有滞后性。党和国家重大政策措施贯彻落实情况审计具有介入时间早,关口前移,更加强调事中审计与事后审计的有效结合,以事中审计为主,与被审计对象的发展具有同步性,甚至贯穿于被审计对象发展的全过程,具有时效性强的特点。

(4) 党和国家重大政策措施贯彻落实情况审计的审计过程的持续性。党和国家重大政策措施贯彻落实情况审计全过程介入被审计对象,实现全过程监控,提高审计的频率,强调审计过程的持续性,形成了不同时点对同一审计对象的多次审计,审计的周期一般较长,可以是现场审计与非现场审计结合,以现场审计为主,可以多次实施现场审计。

三、党和国家重大政策措施贯彻落实情况审计的作用

本地区、本部门、本单位内部审计机构作为党组织或董事会的下属部门,有责任也有义务关注党和国家重大政策措施贯彻落实情况,对党和国家重大政策措施贯彻落实情况开展审计,是内部审计机构履行职责、发挥作用的客观需要。

(1) 通过审计,有利于提高党和国家重大政策措施贯彻落实的监督效能。在我国内部审计的职能定位上,历经了财务收支审计、预算执行、经济效益审计、经济责任审计、内部控制评价、风险管理审计、公司治理审计等,并发展到目前对党和国家重大政策措施贯彻落实情况进行审计。内部审计职责不断拓展,特别是在要求内部审计全覆盖的发展趋势下,党和国家重大政策措施贯彻落实情况审计是对现有内部审计领域的突破,也是内部审计作用进一步发挥的需要。通过党和国家重大政策措施贯彻落实情况审计,一方面要求内部审计关口前移,发挥内部审计的预防功能,内部审计范围更加广泛,审计服务功能也更加突出;另一方面,内部审计及时的跟进能够起到预防作用,对一些违反党和国家重大政策措施的问题能及时加以揭露,充分发挥内部审计促进健全制度、完善机制、加强管理的建设性作用。

(2) 通过审计,有利于党和国家重大政策措施贯彻落实到位。党和国家重大政策措施在实际执行的过程中,因各种因素和利益的诱惑,容易出现执行偏差,甚至出现执行失效。具体对单位而言,执行偏差和失效表现为单位本身对党和国家制定的重大政策措施落实不力,执行不到位甚至是消极拖延。内部审计机构通过对党和国家重大政策措施贯彻落实情况的审计,可能及时发现执行中存在的问题,有利于单位对党和国家重大政策措施贯彻落实不力起到预防和预警作用,推进重大政策措施的真正落实,防止重大政策措施成为空中楼阁,解决党和国家重大政策措施落地存在的"最后一公里"问题,为党和国家重大政策措施的贯彻落实起到了保驾护航的作用,减少执行过程中的损失浪费和贪污腐败,有利于党和国家重大政策措施执行按照预期的目标进行,保障执行过程中不走样。

(3) 通过审计,有利于推进单位治理体系和治理能力的现代化。内部审计工作是推进单位治理体系和治理能力现代化,推动单位实现经济高质量发展的需要。党和国家重大政策措施在本单位的贯彻落实不仅涉及单位整体层面,而且涉及单位内部各个职能部门和下属单位,反映了单位整体与内部的系统性、协调性。内部审计机构通过对党和国家重大政策措施贯彻落实情况的审计,一方面可以揭示在党和国家重大政策措施执行过程中的体制、机制问题,发现单位在执行过程中存在的不协调、不配套的因素;另一方面通过分析发现问题的成因,明确责任主体并提出整改建议,督促单位整改自身存在的不利于党和国家重大政策措施贯彻落实的问题,促进单位治理体系和治理能力的现代化。

(4) 通过审计,提高党和国家重大政策措施贯彻落实的效率和效果。党和国家重大政策措施带有宏观性、层次性、时效性等特点,要想将这些重大政策措施真正落实到单位,需要防止出现政策执行的失真现象、"孤岛现象"和时滞现象。内部审计机构通过对党和国家重大政策措施贯彻落实情况的审计,能够及时发现问题,纠正执行偏差,提高政策的协调性,从而提高执行的效率和效果。党和国家重大政策措施执行及执行效果由谁来做出评价,直接影响到评价经济政策执行及执行效果的客观性、准确性、权威性。由于受信息公开程度等因素的限制,单位很难进行党和国家重大政策措施执行及执行效果的评价;单位内部各部门相互的评价或其自上而下的评价,由于受各种利益关系的制约也很难客观地反映经济政策执行及执行效果。而内部审计机构具有的独立性,使其观点和看法不受单位利益和本位主义影响,能够提高党和国家重大政策措施执行及执行效果评价的客观性和科学性,能够提高评价结论的科学性。

(5) 通过审计,有利于及时了解情况、促进单位机制体制的完善。本地区、本部门、本单位内部审计机构要在各项审计中始终高度关注党和国家重大政策措施落实情况,发挥内部审计专业优势,吃透重大政策措施的初衷、背景和关键点、入力点,通过跟踪党和国家重大政策措施落实来了解情况、发现具体问题,及时揭露和反映有令不行、有禁不止等行为,及时反映趋势性、苗头性问题,及时反映政策措施不衔接、不配套或相互掣肘问题,不断提高工作的预见性和主动性,为党和国家重大政策措施调整和完善提供参考,发挥内部审计的建设性作用。对内部审计了解的情况、发现的问题,要全面客观地看待,把握全局和方向,要密切关注改革发展中的新情况、新问题,善于揭示问题的本质,善于分析背后的深层次原因,深入查找单位体制机制障碍和制度上的漏洞,积极提出解决突出问题和推动长远发展的建议,促进单位机制体制的完善。

第二节 党和国家重大政策措施贯彻落实情况审计的内容和方法

党和国家重大政策措施贯彻落实情况审计作为内部审计的一种审计方式,其产生和发展都源于中国特色社会主义实践的需要,突出了内部审计工作发挥作用的前置性和及时性,通过揭露和纠正苗头性和趋势性的问题,防止系统性风险的发生。

一、党和国家重大政策措施贯彻落实情况审计的内容

党和国家重大政策措施贯彻落实情况审计的内容既涉及政策措施贯彻落实情况,又涉及政策措施执行及其效果情况,同时包含与政策措施相关的项目和资金情况,具有很强的综合性。

(1) 党和国家重大政策措施配套措施制定情况审计。党和国家重大政策措施出台后,本地区、本部门、本单位将会出台与党和国家重大政策措施相关的配套政策措施,内部审计机构和内部审计人员应对配套措施制定情况进行审计。对配套措施制定情况进行审计主要包括:审计重大政策配套措施出台的依据,关注依据是否充分,是否符合本地区、本部门、本单位实际情况;审计重大政策配套措施的可行性,关注配套措施是否合理、可操作;审计配套措施的制定过程,关注其是否经过严格论证,并符合政策配套措施出台的程序;审议配套措施的宣传推广情况,关注配套措施是否为本地区、本部门、本单位工作人员所熟悉和掌握。

(2) 党和国家重大政策措施及配套措施执行情况审计。党和国家重大政策措施及其配套措施出台后,执行效果如何是内部审计机构和内部审计人员应审计的重点内容,主要包括:审计重大政策措施及配套措施是否得到及时执行,包括与重大政策措施相关的项目建设情况,资金拨付和使用情况等;审计重大政策措施及配套措施的落实情况,关注配套措施执行是否符合国家大政方针,是否促进党和国家其他有关重大政策措施的落实;审计能够充分反映政策执行效果的相关经济指标情况,并作为判断重大政策措施及配套措施执行效果的依据。

(3) 与党和国家重大政策措施相配套的资金和项目审计。党和国家重大政策措施及配套措施,通常会涉及相关的项目和资金投入。内部审计机构和内部审计人员应主要审计:与党和国家重大政策措施相配套的资金和项目的总体情况,包括项目投资的总体规模和结构、资金的来源和去向等,关注本地区、本部门、本单位配套投资占资金来源比重,分析本地区、本部门、本单位投资对社会投资的带动效应等;本地区、本部门、本单位配套资金的落实情况,关注是否存在出资主体不明确、责任落实不到位的情况,是否存在因配套资金不到位导致项目未开工或停工的情况。

(4) 党和国家重大政策措施及配套措施执行效果审计。党和国家重大政策措施及配套措施执行效果不仅要进行定性分析,而且需要用绩效指标进行定量反映。党和国家重大政策措施及配套措施执行效果的定量指标,主要反映给社会带来就业人数的多少,给广大群众带来实惠的多少,对自然环境的改善程度,带来税收规模增幅的大小,实现社会经济发展速度的快慢等指标。因此,内部审计机构和内部审计人员主要审计重大政策及配套措施执行效果和效率情况,包括重大政策及配套措施执行是否收到预期效果,重大政策及配套措施执行成本是否超出预定的限制,结合成本和收益两个方面,综合评价政策执行的绩效。

二、党和国家重大政策措施贯彻落实情况审计的方法

开展对党和国家重大政策措施贯彻落实情况的审计,其审计方法除了传统内部审计项目所使用的审阅、核对、查询、计算、分析程序等一般审计方法外,还必须结合"政策措施"和"贯彻落实"两方面的内在要求拓展相应的内部审计方法。

1. 访谈和调查问卷法

党和国家重大政策措施事关国计民生,因此,开展对党和国家重大政策措施贯彻落实情况的审计要广泛运用访谈、调查问卷等方法,问情于民,问效于民,问计于民。一项重大政策措施出台前后效果有何不同,出台以后效应如何,只能由重大政策措施的实际受益者自身才能真切感受到。因此,在某项重大政策措施贯彻落实情况的审计项目中,内部审计人员需要大量运用访谈、座谈等方式了解社会公众对重大政策措施贯彻落实的真实感受。设定简明扼要的调查问卷,调查一定范围的对象,切实掌握与重大政策措施的实际受益者对该项重大政策措施贯彻落实情况的反应。如对国家重大科技攻关项目资金投入、使用审计过程中,在对财政资金的拨付、管理和使用情况进行常规审计的基础上,可以深入到涉及的科研院所和企业,召开座谈会,请科技人员代表发表对该项重大政策措施实施效果的看法,还可以发放调查问卷,了解相关人员对国家重大科技攻关工作的意见和建议,以发现国家重大科技攻关项目资金投入、使用过程中的情况和存在的问题。

2. 专家咨询和专家论证法

一项党和国家重大政策措施的出台和贯彻落实,往往涉及多部门、多领域的协调配合。因此,党和国家重大政策措施贯彻落实情况审计应加强与相关部门的协调,邀请相关专家加以论证和咨询,以确保党和国家重大政策措施贯彻落实情况审计的公正性和有效性,也可以防止内部审计机构和内部审计人员的审计意见的失当和偏颇。如对企业实施的"三去一降一补"政策的出台,是一项系统和复杂工程,需要综合考虑到与企业相关政府部门的反应,不同利益群体之间的得失比较,防范金融风险政策的稳定性、连贯性等。因此,内部审计机构和内部审计人员在对该项重大政策措施进行审计过程中,对该政策出台及实施效果进行评价时,不能只听取被审计单位或者政策出台主管部门的意见,而应该广泛听取各方面意见,向相关专家咨询或者请他们就某一专业领域的技术问题进行论证,防止审计评价出现偏颇,影响乃至损害内部审计公信力。

3. 数据计量分析法

对党和国家重大政策措施贯彻落实情况的审计,无论是在审计前期准备阶段,还是事中和事后审计阶段,内部审计机构和内部审计人员应采集和积累这些不同时期的各种审计数据,运用比较分析方法,与前期历史数据、与重大政策措施规定的要求开展比较分析,以掌握目前重大政策措施执行的效应,了解与重大政策措施规定要求的差距。也可以运用因素分析法、趋势分析法等数据计量分析法,在分析多种因素影响的事物变动时,观察某一因素变动的影响而将其他因素固定下来,如此逐项分析,逐项替代,以分析重大政策措施实施前后对受益群体、未受益群体以及对财政资金支付产生的影响,使党和国家重大政策措施

贯彻落实情况审计更具科学性和准确性,从而分析评价重大政策措施实施前后和重大政策措施执行不同阶段产生的效应。

4. 大数据审计法

党和国家重大政策措施贯彻落实情况审计面对的审计对象主要包括政策执行组织、政策作用的相关群体等,政策传导机制比较复杂,且与政策落实相关的单位的工作职能、业务流程和信息内容也千差万别。因此,内部审计机构和内部审计人员应创新内部审计组织方式和技术方法等,可以借助接触单位多、审计领域广的特点,及时整合各类信息资源,构建内部审计大数据分析平台,深入开展数据关联分析,不断拓展审计的广度和深度。借助大数据内部审计平台,内部审计机构和内部审计人员应多角度、多层次收集与党和国家重大政策措施贯彻落实情况审计相关的数据和非数据资料,拓宽内部审计思路,监测各类财务、业务电子数据及非数据资料间的关联关系,充分运用计算机进行数据筛查和分析,找出政策执行的疑点或薄弱环节,严实求证,以大数据得出客观、公正的审计结论。

5. 联网实时审计法

开展对党和国家重大政策措施贯彻落实情况的审计,内部审计机构和内部审计人员可采用联网实时的审计方法,主要通过在内部审计机构建立联网审计数据中心,与被审计项目数据中心通过专门通道实现实时联网,内部审计人员通过手提电脑与内部审计机构数据中心相连,由被审计项目开放权限和数据,最终实现与被审计项目数据和信息的实时联网,这样内部审计人员就可以根据需要,定期对新增数据运用审计方法体系或模型开展全部扫描和系统体检,及时发现倾向性问题,提醒被审计项目的相关人员注意或向有关部门反映。联网实时审计法通过网络对被审计项目进行实时审计,可以提高内部审计了解和掌握党和国家重大政策措施贯彻落实情况的全面性和时效性,可以及时发现党和国家重大政策措施贯彻落实中存在的问题、疑点和异常,督促被审计项目及时整改和完善,促进党和国家重大政策措施贯彻落实。

三、党和国家重大政策措施贯彻落实情况审计的特点

党和国家重大政策措施贯彻落实情况审计政策是通过全过程动态跟踪审计的方式,分析党和国家重大政策措施贯彻落实存在的问题缺陷及其产生的原因,对党和国家重大政策措施的未来发展进行分析性预测,并提出党和国家重大政策措施贯彻落实的完善措施、改进意见及风险防范和化解的建议,促进党和国家重大政策措施落实到位和改进单位的体制机制。党和国家重大政策措施贯彻落实情况审计是一种新型审计方式,具有不同的特点。

(1) 社会影响大,公众关注度高。党和国家重大政策措施都是在一定的历史时期,为了达到相应的目标,实现全面深化改革的要求而出台的,这些政策都是党中央、国务院高度关注,社会公众普遍关心,社会影响大,公众关注度高。内部审计机构和内部审计人员应通过党和国家重大政策措施贯彻落实情况审计,对党和国家重大政策措施执行后的有关数据进行对比和分析,以检查重大政策措施是否得到有效执行,以及重大政策措施的功能和作用的实现程度。目前我国正处在社会经济转型时期,要正确处理好经济发展和社会稳定的关

系,就必须充分重视党和国家重大政策措施的有效执行。只有有效执行了党和国家重大政策措施,才能减少政策措施执行中发生的偏差和失误,才能保障社会公众的利益不受侵犯,避免由此所引发的社会不稳定。

(2) 涉及面宽,审计事项复杂。作为审计对象的重大政策措施,每一项政策措施执行本身又涉及非常多的审计对象,如供给侧结构改革,涉及国家宏观调控、财政、税收、金融等制度,审计的对象庞大,审计事项复杂。内部审计机构和内部审计人员应通过党和国家重大政策措施贯彻落实情况审计,坚决纠正社会经济领域中的不正之风。认真查处重大政策措施执行领域中的违纪违法问题,促进建立重大政策措施执行有效、监督有力的模式,选择与重大政策措施执行密切相关,拥有审批权、执法权的机关和经济服务部门开展重大政策措施执行效果评议活动,认真治理以各种名义阻碍重大政策措施有效执行的行为。

(3) 执行难度大,重视程度高。党和国家重大政策措施在出台时得到了各方面的高度重视,其执行情况也受到了重点关注。为此,国务院每年度都组织各部委开展对重大政策措施落实情况进行专项督导。这就对内部审计机构和内部审计人员执行党和国家重大政策措施贯彻落实情况审计提出了更高的标准。由于内部审计机构和内部审计人员独立性较强,受各种利益集团干扰较少,内部审计机构和审计人员可以通过开展较为灵活、覆盖面较广的专项审计,客观分析重大政策措施在执行中的问题,提出意见或建议,有利于及时解决执行不合理、管理不到位、政策绩效低下等问题。相对其他专项督导而言,内部审计机构和审计人员可以深入第一线、分析数据、掌握实际情况、建言方便等优势,在提升重大政策措施绩效方面能发挥更大的作用。

(4) 方法多样,灵活性较大。内部审计机构和内部审计人员通过党和国家重大政策措施贯彻落实情况审计,能够利用与传统内部审计不同的多样化的审计方面,发现被审计事项的薄弱环节,查找存在的问题。内部审计机构和内部审计人员可以通过现场审计和延伸审计等多种审计方法,掌握第一手资料,能够获得最真实的信息,做出最专业、最客观的判断。党和国家重大政策措施贯彻落实情况审计不仅关注被审项目的贯彻落实情况,还关注被审项目对环境的影响,对投资的控制,对各关联行业的带动效应,能够以小见大,敏锐地发现党和国家重大政策措施贯彻落实中一些通常被忽视的重要问题。

(5) 加大问责,提高执行效果。内部审计机构和内部审计人员通过党和国家重大政策措施贯彻落实情况审计,可以发现违反党和国家重大政策措施的行为,查办在党和国家重大政策措施执行过程中的弄虚作假、铺张浪费、受贿索贿等行为。内部审计机构和内部审计人员通过党和国家重大政策措施执行效果审计,促进完善权力问责追究机制,为社会经济又好又快发展提供有力保障。一是积极联网实时审计对本地区、本部门、本单位重大政策执行效率、服务质量、廉洁程度进行监督、系统综合考核,并公开政策绩效量化测评结果。二是推进实施问责追究制度,推动制定和完善党政领导干部问责制度,明确对重大政策执行不力,公共资金使用不当和投资项目出现重大失误,以及发生严重损害人民群众生命财产安全的行为,推进实施问责追究机制,严肃追究责任,提高党和国家重大政策措施执行的刚性。

第三节 党和国家重大政策措施贯彻落实情况审计存在的问题与建议

党和国家重大政策措施贯彻落实情况审计作为我国一种创新型、探索型的审计方式，内部审计机构和内部审计人员在实际工作中不可避免地遇到一些新的问题和挑战，通过对存在的问题进行深刻剖析，提出解决问题的建议，以期对更好地开展党和国家重大政策措施贯彻落实情况审计有所裨益。

一、党和国家重大政策措施贯彻落实情况审计存在的问题

党和国家重大政策措施贯彻落实情况审计还处于发展中，内部审计机构和内部审计人员在实际工作时还面临着各种各样的问题。

（1）法规、准则缺乏，相关制度有待建立健全。目前，内部审计机构和内部审计人员对于党和国家重大政策措施贯彻落实情况的审计主要依据的是2018年1月发布的《审计署关于内部审计工作的规定》的要求，但缺乏相关的法规和内部审计准则，内部审计工作处于无法可依、无准则可循的现状。同时，由于党和国家重大政策措施贯彻落实情况审计在我国内部审计工作中还处于起步阶段，缺乏审计技术和方法的指导，审计的组织方式、程序、内容等仍处于探索阶段，尚未形成一套系统性、行之有效的制度规范。对于内部审计而言，党和国家重大政策措施贯彻落实情况审计的审计依据和与此相关的内部审计制度处于空白阶段，中国内部审计协会至今没有发布相关的内部审计文件和指导意见，内部审计机构和内部审计人员开展此项审计缺乏相关制度支持。

（2）理解、认识不够，专业素质不能满足要求。对于党和国家重大政策措施贯彻落实情况的审计，是对内部审计机构和内部审计人员提出的审计新要求，内部审计人员还未能理解、认识为什么审、审什么、怎么审、审后怎么评价、审计结果怎样运用等涉及内部审计工作开展的基础性问题，不利于该项内部审计工作的开展。从事党和国家重大政策措施贯彻落实情况审计，内部审计人员所要关注的方面就不再局限于财务信息，而是需要对产业、企业的发展、经济形势的变化等政策背景有深刻理解，这样才能使内部审计工作富有成效。但是，由于内部审计工作的特性导致内部审计人员队伍主要是由会计、审计方面的人才组成，并不具备宏观经济、行业等方面的专业技术知识。如近年来国家提倡科技创新，大力扶持高科技和新技术企业的发展，逐步淘汰落后产能和技术的企业，并为此出台了针对性的政策，给予相对应的财政资金支持。内部审计人员在进行某些专项资金审计时需要对享受这类政策的企业做出准确的判断，确定是否为套取资金而弄虚作假，这就对内部审计人员的专业素质提出了较高的要求。

（3）审计内容难定，政策精神难以正确把握。对党和国家重大政策措施贯彻落实情况审计，关注的党和国家重大政策措施通常是国家层面的，影响范围广、涉及层次深。同时很多重大政策措施是原则性的，各地区、各部门、各单位在贯彻落实党和国家重大政策措施的

情况下灵活掌握与运用。政策措施是宏观性的,实际的内部审计工作是微观性的。面对这种情况,如何准确地确定审计内容就成为影响内部审计质量的关键。对于很多事项,相关政策性文件只在原则上作出了规定,没有对此类问题予以直接规范,无法提炼出具体标准和要求作为内部审计人员作出审计结论的依据,这就要求内部审计人员根据党和国家重大政策措施的精神和目标来把握。

(4) 审计方法单一,审计效果难以明显显现。对党和国家重大政策措施贯彻落实情况审计,内部审计人员仍自觉或不自觉地单纯使用传统的审阅、查询、计算、函证等一般审计方法。鉴于政策措施落实情况审计具有其自身的特点,传统的内部审计方法已无法满足审计的需要,需要审计方法的创新。党和国家重大政策措施贯彻落实情况审计是一项系统工程,在审计时可以充分利用已完成或正在进行的常规审计的一些证据材料、结论等,将该项审计的审计结论与常规审计的相关结论相互印证,提高审计效果和审计效率。在实际审计过程中,内部审读人员往往容易将党和国家重大政策措施贯彻落实情况审计作为一项独立的审计工作,单独取证、单独形成结论,与预算执行与决算审计、经济责任审计、财务收支审计、各类专项审计和专项审计调查等审计项目截然分开,导致在进行审计时审计证据重复调阅,重复查证,造成有限审计资源的不必要浪费。

(5) 时间选择滞后,审计介入时机不易把握。党和国家重大政策措施贯彻落实情况审计与传统项目审计的最显著差异便是审计介入时间的不同。在传统的事后审计中,内部审计人员是在经济活动已经产生最终结果的情况下进行审计,审计时间较易确定。而党和国家重大政策措施贯彻落实情况审计则需要在政策措施实施过程中就予以介入。在面对从重大政策措施执行到效果显现的间隔时间较长的情况时,内部审计人员的介入时间和介入次数就变得较难掌握。介入时间过早,政策效果尚未显现,审计效果也无法充分体现;介入时间较晚,如果政策执行中已经出现偏差并且产生了后果,审计也就失去了意义,变成了事后审计。内部审计介入的次数过多,政策执行时不可避免地要考虑内部审计机构的建议,必然会对政策执行过程产生干扰;而内部审计介入的次数如果较少,就会面临因无法及时提供审计建议而导致出现政策执行偏差的局面,内部审计的作用也会大打折扣。因此,党和国家重大政策措施贯彻落实情况审计的切入时机和介入次数就显得非常重要。

二、党和国家重大政策措施贯彻落实情况审计的改进建议

由于党和国家重大政策措施贯彻落实情况审计在目前的内部审计工作中开展较少,许多理论、方法和技术还在摸索阶段,尚不成熟。面对党和国家重大政策措施贯彻落实情况审计实际工作中存在的问题,可以从以下方面予以完善。

(1) 理论研究与审计实践相结合,加快对党和国家重大政策措施贯彻落实情况审计的理论研究。目前,我国党和国家重大政策措施贯彻落实情况审计实务还处在起步阶段,理论研究者和内部审计机构和内部审计人员对党和国家重大政策措施贯彻落实情况审计尚未引起足够的重视,没有充分认识到党和国家重大政策措施贯彻落实情况审计对于完善党和国家重大政策措施的重要意义,在内部审计理论、技术和方法上也没有建立起一套完善

的党和国家重大政策措施贯彻落实情况审计的理论体系。现有的党和国家重大政策措施贯彻落实情况审计的理论、技术和方法研究，大多是继承和借鉴传统的内部审计理论成果，或隐含于内部审计调查、管理审计当中，具有中国特色的党和国家重大政策措施贯彻落实情况审计的理论、技术和方法还有待建立。基于此，应充分发挥内部审计机构、科研院所和高等院校的优势，结合飞速发展的现代科学技术，选择事关我国党和国家重大政策措施贯彻落实情况审计的重大、基础性课题进行研究，尽快取得较为成熟的、符合我国国情的党和国家重大政策措施贯彻落实情况审计的理论研究成果。

（2）准则建设和政策细化相结合，不断增强党和国家重大政策措施贯彻落实情况审计的可操作性。中国内部审计协会和政府相关部门应加快制定党和国家重大政策措施贯彻落实情况审计的准则、实施细则和操作指南，对党和国家重大政策措施贯彻落实情况审计的原则、重点、内容、程序、审计组织形式、审计结果公开及运用等方面作出具体的规定，建立内部审计质量控制体系，规范内部审计程序。党和国家重大政策措施贯彻落实情况审计的重点在于政策措施，内部审计人员必须围绕政策措施来展开党和国家重大政策措施贯彻落实情况审计，这就要求内部审计人员必须掌握政策精髓，对政策的原则性内容予以充分掌握和科学细化，增强内部审计工作的可操作性。不论重大政策措施在执行过程中如何因地制宜、灵活变化，重大政策措施的原则性是必须遵守的，内部审计人员要充分掌握政策措施的原则，并围绕这些刚性原则开展内部审计工作。在具体的审计操作中，内部审计人员还必须要将原则具体化、细化，通过对重大政策措施的理解将原则细化为具体的指标，使之具有可操作性。同时结合内部审计时面临的具体情况，展开一些有特点、有针对性的审计，使内部审计工作更贴合实际，做到重大政策原则与实际情况有机结合。

（3）人才引进与培训学习相结合，加强党和国家重大政策措施贯彻落实情况审计的专业队伍建设。党和国家重大政策措施贯彻落实情况审计在国内还没有发展成为一门较为成熟的学科，所以，党和国家重大政策措施贯彻落实情况审计不是一种简单的审计方法或是审计技术，而是一门需要掌握相关专业知识才能有效进行的全新工作。而我国目前的内部审计人员还缺乏这些知识和技能，因而在党和国家重大政策措施贯彻落实情况审计评估指标的确定、审计方法、审计模式等方面还存在许多问题，影响了党和国家重大政策措施贯彻落实情况审计的科学性和有效性。党和国家重大政策措施贯彻落实情况审计是宏观与微观相结合的审计，理论性、政策性、专业性和综合性都比较强，审计程序与方法更加复杂，内部审计人员除需要具备传统内部审计专业知识和技能外，还应通晓和掌握经济学、政策学、管理学、系统工程、生态学、统计学等多方面的专业知识和技能。高质量的党和国家重大政策措施贯彻落实情况审计要求内部审计人员能够深刻地理解党和国家重大政策措施意图，并有能力运用各种专业知识和技能掌握政策措施的执行效果，以对其做出深刻而符合实际的判断和评价。因此，开展党和国家重大政策措施贯彻落实情况审计，应注重引进和聘用相关领域的专家型人才，优化内部审计资源配置，以保证党和国家重大政策措施贯彻落实情况审计工作的顺利开展。此外，还要加强对现有内部审计人员的培训，通过开展专业培训和成果交流等形式，帮助内部审计人员开阔视野，掌握党和国家重大政策措施贯彻落实情况审计的基本理论、基本方法和基本技能。

(4) 经验总结与完善法规相结合，健全党和国家重大政策措施贯彻落实情况审计的法规制度体系。近年来，我国内部审计工作所依据的法律、法规不断完善，但还没有党和国家重大政策措施贯彻落实情况审计方面的专门法规和制度。建立和完善党和国家重大政策措施贯彻落实情况审计法规制度体系，既是对党和国家重大政策措施贯彻落实情况审计工作的规范，也是深化和拓宽党和国家重大政策措施贯彻落实情况审计的保证。内部审计机构和内部审计人员应认真总结经济责任审计和专项审计调查的经验，结合财政财务审计的相关准则，制定出比较系统、操作性较强的党和国家重大政策措施贯彻落实情况审计的法规制度，使党和国家重大政策措施贯彻落实情况审计有法可依，有章可循。因此，我国应尽快制定出一整套党和国家重大政策措施贯彻落实情况审计的法规制度体系，这是开展党和国家重大政策措施贯彻落实情况审计的前提条件。

(5) 数量指标与质量指标相结合，构建科学的党和国家重大政策措施贯彻落实情况审计的指标体系。目前，在党和国家重大政策措施贯彻落实情况审计中运用的手段和方法大多局限于经济学的成本效益分析，而对社会、环境、生态、人文等因素的评价至今尚未有行之有效的评价方法。如果党和国家重大政策措施贯彻落实情况审计中无法对各种相关因素进行精确的定性和定量分析，只能去繁就简地使用价值判断标准取代事实分析，那么就很难做到内部审计的公正性和科学性。因此，实施党和国家重大政策措施贯彻落实情况审计，既要为重大政策措施制定和执行提供参考和预警，又要为社会相关方面所关注的重大政策措施提供客观的内部审计意见。构建党和国家重大政策措施贯彻落实情况审计评价指标体系，应反映重大政策措施的意图，为党和国家重大政策措施绩效提供综合的量度。一般来说，从社会效益、经济效益和生态效益等多角度来构建党和国家重大政策措施贯彻落实情况审计评价指标体系，可以基本满足党和国家重大政策措施贯彻落实情况审计的需要。

(6) 更新理念与提高效率相结合，创新党和国家重大政策措施贯彻落实情况审计的组织、技术和方法。开展党和国家重大政策措施贯彻落实情况审计，在审计前对党和国家政策进行全方位了解和深刻理解，梳理政策、明晰背景、分清职能是开展党和国家重大政策措施贯彻落实情况审计前应掌握的关键环节，决定着审计项目实施的成败。内部审计机构应建立"金字塔"形的组织模式，项目的审计组长位于"塔尖"，始终把握好宏观角度；审计组中坚力量位于"塔中"，上下衔接，分块布置任务和把关质量；其余内部审计人员位于"塔基"，完成基础性的内部审计任务。内部审计机构和内部审计人员应充分利用联网实时审计和大数据审计等技术手段，可以极大提升内部审计工作效率和质量；在分析资料、提出建议等环节上，运用科学的方法和专业理论知识，进行"去粗取精、去伪存真"，这样才能产生高质量的内部审计建议，使内部审计成果对党和国家重大政策措施的贯彻落实、完善、调整发挥积极的作用。

第四章 风险管理审计

近年来,随着社会经济的飞速发展,全球经济一体化的步伐逐步加快,公司所面临的内外部环境日益复杂。纷繁多变的环境,对公司董事会提出了更高的要求,经理层也提高了风险防范的意识,重点加强风险管理工作。在公司的日常管理中,风险都是客观存在的。为了减少损失,降低成本,减少负面舆论,公司全面风险管理也随之产生。内部审计是公司的经济医生和经济卫士,在公司风险管理中发挥越来越重要的作用。实施风险管理审计,可以有效甄别公司现有风险和潜在风险,加强风险预防和管控,有助于公司健康发展,降低风险成本,增加公司价值,从而帮助公司实现其目标。

第一节 全面风险管理

公司在实现其目标的经营活动中,会遇到各种不确定性事件,这些事件发生的概率及其影响程度是无法事先预知的,这些事件将对经营活动产生影响,从而影响公司目标实现的程度。这种在一定环境下和一定限期内客观存在的、影响公司目标实现的各种不确定性事件就是风险。简单来说,所谓风险就是指在一个特定的时间内和一定的环境条件下,人们所期望的目标与实际结果之间的差异程度。

一、风险的含义及类型

关于"风险"一词的由来,存在着多种多样的说法,最普遍被人们接受的说法是,远古时期从事于出海打鱼的渔民,在长期的出海打鱼过程中,深刻认识到风对于人身及财产安全的重要性。风决定渔民是否可以安全回家,风决定渔船是否会遭遇危险,正是对风的深刻认识,渔民出海前都会向神灵进行祈祷,保佑自身及财产的安全。远古渔民对于风的认识,即存在风就会出现危险,风等同于险的理念深深植入头脑中。因此,风险一词由来于渔民的客观实践活动,更被人们普遍接受。

有些学者认为"风险"(risk)一词是从国外引进的,是舶来词。有学者认为"风险"一词是从阿拉伯语引进的,有学者认为是从西班牙语或者拉丁语引进,较具有权威的看法是,"风险"一词是由意大利语"risque"一词引申而来,出现于早期意大利航海贸易和保险业。在早期的运用中,也是被理解为客观的危险,体现为自然现象或者航海遇到礁石、风暴等事件。大约到了19世纪,在英文的使用中,风险一词常常用法文拼写,主要是用于与保险有关的事情上。

(一) 风险的含义

现代意义上的"风险"一词,已经大大超越了"遇到危险"的狭义含义,而是"遇到破坏或损失的机会或危险",可以说,经过两百多年的演义,"风险"一词越来越被概念化,并随着人类活动的复杂性和深刻性而逐步深化,并被赋予了从哲学、经济学、社会学、统计学甚至文化艺术领域的更广泛、更深层次的含义,且与人类的决策和行为后果联系越来越紧密,风险一词也成为人们生活中出现频率很高的词汇。关于风险的含义,许多国内外专业研究机构都给出了不同的表述。

2001年国际内部审计师协会对风险进行定义,认为"对实现目标产生影响的事件发生的不确定性称为风险",并指出后果和可能性是衡量风险的指标。

2002年英国经济学人智库(E-conomist Intelligence Unit)认为风险是对组织实现目标或成功地执行战略造成负面或者不利影响的某种事件或活动,是威胁性因素。

美国反虚假财务报告委员会(COSO)对风险进行定义,认为风险是某个事件的发生将会对目标实现的可能性发生严重影响。风险源于公司外部和内部,对公司实现目标或者使得目标发生变化,对目标的实现可能会产生积极的变化或者负面的影响,而负面的影响被称为风险。

中国国务院国有资产监督管理委员会对风险进行定义,认为风险是未来的不确定性对公司实现经营目标的影响。

无论如何定义"风险"一词,但其基本的核心含义是指"在某一特定环境下,在某一特定时间段内,某种损失发生的可能性"。如果采取适当的措施使破坏或损失不会出现,或者说智慧的认知,理性的判断,继而采取及时而有效的防范措施,那么风险可能带来机会,由此进一步延伸的意义,不仅是规避了风险,可能还会带来收益,有时风险越大,回报越大。通过分析上述国际专业协会和国家机构对风险定义的论述,可以概括出风险的特征。

(1) 风险具有不确定性,是可能发生的事件,具有一定概率。

(2) 风险是客观存在的、不可避免的,伴随着公司运营,与公司目标相关,是由于公司风险敞口造成的。

(3) 一旦发生风险事件,将会影响公司的目标实现,对公司造成损失或者影响,但并不仅仅片面地认为是消极因素,也有可能是积极因素,给公司创造机会,增加公司价值。

(二) 风险的类型

对于在风险管理过程中识别的风险个体具有差异性,但是就风险总体而言,不同个体的风险具有相似性,把具有共同特点的风险归为一类,称为风险类型。对风险归类,是加强风险管理的重要措施。首先,对公司而言,在公司内部建立规范的风险类型,有助于公司进行风险评估,公司内部可以用统一风险语言进行内部风险信息的沟通和管理。其次,对于董事会和经理而言,风险的归类有利于董事会和经理从公司整体层面对风险进行把控和管理,有助于对识别风险进行更好的分析和决策。最后,对于风险管理人员而言,风险类型有助于管理人员在具体风险评估过程中更容易进行操作。

按照不同的标准,风险可以进行多种分类。按照风险后果进行分类,风险可以划分为纯粹风险和投机风险。按照风险的来源进行分类,风险可以划分为自然风险和人为风险。按照风险的形态进行分类,风险可以划分为动态风险和静态风险。按照风险是否可以管理进行分类,风险可以划分为可管理风险和不可管理风险。按照风险影响的范围进行分类,风险可以划分为局部风险和总体风险。我国按照公司的实际需求,对风险进行更为明晰的分类,将风险划分为战略风险、财务风险、市场风险、运营风险以及法律风险。

1. 战略风险

战略风险是指公司在制订公司战略的过程中以及在后续实施上,出现不符合公司预期的事件;或者因为环境的变化,但是公司并没有做出适当的调整而导致不利影响。战略风险对公司的影响巨大,影响包括公司的发展目标、发展方向、成本效益等诸多方面。战略风险包括:组织结构部门设置风险、公司重组改制风险、公司外部投资及合资的风险,市场定位不准确风险、公司产品结构不合理风险、市场环境变化诱发的风险,产品价格风险、产品质量风险、售后服务风险、产品差异化风险,国家产业结构调整升级的风险、公司产品服务多元化的风险、公司技术开放风险等。

2. 财务风险

财务风险是指公司融资筹资时产生的风险、在财务核算及管理过程产生的风险、对外或对内出具财务报告不当所引发的风险。在公司运营管理过程中,财务风险是客观存在的,是财务管理过程中不可避免的,董事会和经理只有采取有效的措施降低财务风险,但不可能完全避免财务风险。财务风险包括:筹资风险,主要有融资成本的利率风险、筹资结构不合理的再融资风险、公司外汇业务的汇率风险、币值变动造成的购买力风险;投资风险主要有通货膨胀所引起的投资风险、道德违约造成的损失风险、采用金融衍生工具导致的风险;经营风险主要有原材料供应不足的采购风险、生产工艺流程变化的生产风险、产品销售遇阻造成的存货风险、赊销业务过多造成的应收账款风险;流动性风险主要有现金不足造成的偿付风险及公司资产无法迅速变现造成的变现能力风险。

3. 市场风险

市场风险是指外部市场环境变化从而造成公司不利事件发生的风险。市场风险主要包括丧失市场风险、市场份额减少风险、现有客户流失风险、客户信用降级风险、市场现有竞争风险、市场新进竞争对手风险。

4. 运营风险

运营风险是指公司在日常运营过程中,由于外部环境客观存在复杂和多变的特点,而公司主体自身对于外部环境的识别、认知、分析、应对能力有限,从而导致公司运营活动失败或者运营活动无法达成预期目标所造成的损失。运营风险一般包含健康生产环境风险、产品质量流程管理风险、上游供应商及下游客户管理风险、库存存货及产品数量控制风险、信息系统管理风险、人力资源管理风险、团队建设资源管理风险等。

5. 法律风险

法律风险是指公司在运营管理过程中出现违反法律、法规、部门规章制度的行为,导致公司承担有形物质和无形声誉的损失。法律风险一般包括公司决策错误导致法律风险、公司间商业纠纷带来的法律风险、跨国公司走出去战略不适应输出国法律带来的法律风险、上市公司年度财务报表及信息披露是否真实完整带来的法律风险、国家或地区新出台法律政策可能导致的法律风险等。

(三) 风险影响因素

风险影响因素是指引起或增加风险事故发生的机会或扩大损失幅度的原因和条件。构成风险影响因素的条件越多,发生损失的可能性就越大,损失就会越严重。

1. 风险偏好

风险偏好是指公司在实现公司目标的过程中对风险种类、风险水平等方面可以接受的数量和风险程度。公司的风险偏好反映了公司的风险管理理念,同时影响公司文化和经营管理。根据不同公司对于风险偏好的态度,将公司投资风险偏好分为三种类型:对预期收益率相同而风险不同时,选择风险较低的风险回避投资策略;对于预期收益率相同而风险不同时,选择风险偏高的风险追求策略;不关注风险,只关注预期收益率大小的风险接受策略。

2. 风险容忍度

风险容忍度是指公司在风险偏好的基础上,对于公司目标实现过程中,对于理想预期情况和现实发生之间差异的可接受程度。风险容忍度的制订应在风险偏好的基础上进行,公司经理应该根据公司业务的实际发展情况制订风险容忍度并上报董事会。风险容忍度体系的设定应遵循科学、严谨的原则,体系设定涵盖公司所有的业务单元和风险敞口,并与公司的发展战略目标、风险偏好保持一致。

风险偏好和风险容忍度,两者具有广泛的联系,但是两者考虑风险问题时侧重的维度并不相同。风险偏好是在风险爱好和厌恶的维度上考虑风险,对于公司承担风险获取效益时,希望获取风险正效用的是风险爱好者,规避获取风险负效用的是风险厌恶者。而风险容忍度在风险偏好的基础上,考虑公司风险承担能力的客观因素。如公司资金规模及公司风险管理水平较强,利用资金和管理优势,可以承担较高的风险容忍程度,但并不意味公司属于风险追求者。

3. 风险后果

风险具有不确定性,因此未来发生风险时,可能会对公司目标产生积极或消极的后果。风险的后果按照影响公司目标的程度,可以划分为五种类型:严重后果、重要后果、中等后果、较小后果和可以忽略后果。公司对于不同的风险采取的措施不同:对于较小和可以忽略的风险,公司一般可以选择不采取措施对风险进行管理活动;对于重大和较大的风险,公司必须采取措施来管理风险,从而达到规避风险或降低风险的影响。

(四) 风险应对

风险应对是指在确定了决策的主体经营活动中存在的风险,并分析出风险概率及其风险影响程度的基础上,根据风险性质和决策主体对风险的承受能力而制定的防范计划。公司面对风险时,可以采取四种类型的措施:风险接受、风险规避、风险分担及风险减轻。

(1) 风险接受。风险接受是指发生风险事故时,公司选择自己承担风险造成损失的风险管理方法。采取风险接受的情况主要有:风险较小或可以忽略的,是公司可容忍风险;风险发生时可以被别的风险管理方法所预防;管风险的成本过高,高于风险所带来的损失。

(2) 风险规避。风险规避是指通过变更原有的计划,从而消除风险或者风险发生的条件,达到实现公司目标的管理方法。风险规避的手段:通过事前控制措施来规避风险发生的概率;通过事前控制、事后补救来规避风险损失程度。

(3) 风险分担。风险分担是指在公司运营管理过程中,将各种风险要素以一定的分配方式分配给包括投资者、公司自身、外部机构等多方面参与者的风险管理方法。实现风险分担的方式:分析、评估风险,确定风险的类型及合作者;与合作者签订风险分担合同;风险一旦发生,按照合同约定,各自承担自身的合同义务,实现风险分担。

(4) 风险减轻。风险减轻是指通过一定的措施,从而将不利风险事件后果和可能性降低到公司可以接受的程度。提倡事先采取行动从而减少公司风险发生的概率或影响;对于已经发生的风险,不可避免地造成损失,应当采取风险措施减轻风险造成的影响。

公司在经营管理过程中,应该认识到风险是客观存在、不可避免的。在一定前提下,通过定性或定量分析风险发生的概率及风险影响范围,根据风险性质以及公司对风险的承担能力,从而制定风险应对措施。

二、全面风险管理体系

风险管理是指通过人们的主动行为,对风险进行认识、控制和处理。风险管理要求人们在研究风险发生和变化的基础上,对风险进行估算,估算风险对经济生活可能造成的损害及影响,从而主动采取相应的手段措施,以最小的成本来应对风险,获得较好的安全保障。

(一) 风险管理的发展

风险管理是公司管理活动发展的需要,产生于美国的 20 世纪 50 年代。最初是因为美国一些大公司发生严重的损失,使得各大公司认识到风险管理的必要性。风险管理理论发展经历单一风险管理阶段、局部风险管理阶段、全面风险管理阶段等发展阶段。

1. 单一风险管理阶段

单一风险阶段是从保险理念发展而来,美国管理协会(AMA)于 1931 年开始倡导风险管理理念,开始研究风险管理及保险理论。施耐德(Snider)于 1956 年提出风险管理概念,得到美国管理协会及美国保险协会的认同。美国管理协会于 1962 年出版《风险管理的崛起》一书,该书推动了风险管理向前的发展。20 世纪 70 年代,由日内瓦协会将风险管理理念引进到欧洲。20 世纪 80 年,风险管理理念被引进亚洲。由此,风险管理理念在全球传播、发展起来。

在单一风险管理阶段,风险管理理论的研究局限在单一风险的层面,没有涉及公司多个层面相互联系的风险,风险管理理念方法缺乏系统性及全面性。在公司内部,承担风险管理的员工针对自己工作中面对的风险单独应对风险,独立处理风险,风险管理处于封闭的阶段。在这一阶段中,风险管理局限于事后管理,往往只有当董事会和经理层认为风险可能发生时,才会针对风险进行管理。

2. 局部风险管理阶段

20世纪80年代后,面对金融和商业的蓬勃发展,公司面临的风险越来越多样及复杂,公司意识到单独的、单一的风险管理模式已经不适应公司面临的发展需求,由于公司各类业务之间存在着直接或间接的联系,而这些联系导致公司的各类风险对冲或者增加。首席风险官正是在这种情况下产生的,公司为了更好地处理风险,将单一阶段的风险管理方式升到由首席风险管理官来统一进行管理,并对董事会负责。

澳大利亚、新西兰联合标准委员会于1995年第一个发布《风险管理国家共同标准》,加拿大标准联合会于1997年发布《风险管理框架——风险管理决策者指南》。这些标准都有助于公司现实需求,有助于风险管理在公司不同部门、不同层面运作有效。

局部风险管理阶段,公司虽然认识到风险之间具有联系,但是关注的重点是局部风险或者特定行业的特定风险。局部风险管理关注的重点是减少风险,而非管理风险。

3. 全面风险管理阶段

20世纪90年代以来,随着经济全球化的飞速发展,公司面临的风险更加复杂,局部风险管理已经不能适应公司面临的现实状况,风险领域的扩大,使得公司必须升级风险管理水平来避免潜在的风险及抓住机会。公司在充分考虑其外部环境及内部环境的基础上,从公司整体全局角度出发对风险进行管理。

2009年11月15日,国际标准化组织(ISO)正式发布了3个用于风险管理的标准:ISO 31000:2009《风险管理——原则与指南》、ISO 指南 73:2009《风险管理——术语》、ISO/IEC 31010:2009《风险管理——风险评估技术》。我国也于2009年年底发布了国家标准 GB/T2453:2009《风险管理原则与实施指南》。ISO 三个标准的发布,标志着人类对风险管理取得了重大进展,是人类在管理领域的又一个里程碑式的成果。它的发布改变了世人对风险纯负面的认识,将世界各国管理风险的先进理论及方法融为一体,开辟了人类管理风险、管理未来的新纪元。

(二)全面风险管理的含义

全面风险管理,是指公司围绕总体经营目标,通过在公司管理的各个环节和经营过程中执行风险管理的基本流程,培育良好的风险管理文化,建立健全全面风险管理体系,包括风险管理策略、风险理财措施、风险管理的组织职能体系、风险管理信息系统和内部控制系统,从而为实现风险管理的总体目标提供合理保证的过程和方法。

2017年9月,COSO 发布了新版(2017版)的企业风险管理框架:《企业风险管理——与战略和业绩的整合》。企业风险管理被定义为:组织在创造、保持和实现价值的过程中,结合战略制定和执行,赖以进行管理风险的文化、能力和实践。新的框架从企业使命、愿景和核心价值出发,定位的宗旨为提升主体的价值和业绩,强调嵌入企业管理业务活动和核心价值链。如果说在原有"控制框架"下,内部审计机构和人员可以在评价内部控制框架的基础上,协助企业加强风险管理工作,但新的"企业风险管理框架"更能发挥内部审计机构和人员充当管理咨询、顾问的角色。

COSO 的新框架基于以下这样一个基本假设:即每个企业存在的目的均旨在为利益相关方提供价值,但在价值追求过程中会面临不确定性。"不确定性"一词被定义为未知的事项,而"风险"则被定义为,该等不确定性对制定和执行业务战略以及实现业务目标造成的影响。因此,新的框架认为:管理层面临的一大挑战是确定企业准备接受和能够接受多少不确定性,亦即多少风险。有效的"企业风险管理"能够使管理层在权衡风险和机遇的同时,提升企业创造、保护和最终实现价值的能力。根据该组织对全面风险管理的论述,可以概括如下:

(1) 全面风险管理是公司全面的风险管理。全面风险管理是首席风险官或者董事会下设的风险管理委员会集中管理风险,从公司整体全面综合考虑风险,而非由部门或员工来考虑风险。这样做的好处可以使得公司从整体层面全面考虑风险,确定公司可以承受的风险能力,从而减缓风险。

(2) 全面风险管理是公司全流程的风险管理。全面风险管理覆盖风险识别、风险评估、风险控制等各个环节,是一个动态性、持续化的阶段。全面风险管理并非仅仅单一的事项,而是全流程关注风险。参与公司日常经营管理活动的各个环节,从公司面临的外部宏观环境和内部环境进行综合分析,从公司的薄弱环节考虑问题,加强公司管理风险的能力。

(3) 全面风险管理是公司全员参与的风险管理。公司由管理风险的风险管理委员会制定全面风险管理策略,公司的各位员工参与其中,对由其个人负责的具体风险负有责任,把各自领域所负责的风险降低到公司可承受的风险程度。全员风险管理对公司员工提出较高的要求,要求各个员工都对风险政策、风险管理体系有统一的认识,从而确保公司能以统一的、整体的形象面对风险。

(4) 全面风险管理是实时的风险管理。全面风险管理实时监控事前、事中风险,强调的是预防风险,使得可以在风险发生之前就开始预防风险,而不是只能被动地承受风险发生。公司都有自身目标、使命,从而在制定公司战略阶段,要充分考虑公司不同的风险,因而要求公司在事前制定战略目标就把风险管理作为重点,充分考虑风险,事中通过风险识别、评估来保证行之有效的风险应对措施,事后则通过追踪风险应对措施,持续不断的反馈风险应对措施。

(5) 全面风险管理是考虑成本的风险管理。全面风险管理是在考虑风险防控成本的基础上进行的风险管理,是在根据风险发生的可能性及风险影响范围的基础上,结合公司对风险的偏好及公司自身的风险容忍度,选择不同的风险应对措施。全面风险管理并非将所有风险都等同对待,而是根据不同风险,考虑风险防控成本,并结合公司自身风险能力进行风险管理。

(三)全面风险管理的要素

全面风险管理的基本原理是以公司价值最大化、股东财富最大化为目标,将公司整体的经营管理活动为对象,综合分析公司可能会面临的所有风险。近年来,基于风险导向的管理理念逐渐兴起,企业管理领域中常见的公司治理、企业文化、战略管理、卓越绩效、危机管理、高效沟通等都可以应用此套框架实现更好的标准化和科学化,因为基于风险的管理理念将成为主流并渗透到企业管理的各个方面。

2017年9月,COSO发布了新版(2017版)的企业风险管理框架:《企业风险管理——与战略和业绩的整合》。新版(2017版)的企业风险管理框架包括企业风险管理五个要素。

1. 治理与文化

治理确定了企业的基调,强调了企业风险管理的重要性和监督责任。文化则包含了道德价值观、理想行为、以及对主体风险的理解。

(1)实行董事会对风险的监督。董事会对主体的风险监督负有首要责任。要确认董事会和经理对风险治理的责任分配。一般来说,董事会成员具有丰富的行业经验和技能,且独立于经理。这使得他们能提供风险治理的整体战略和独立视角,并将风险管理的日常责任交给经理或者风险管理委员会。

(2)建立治理与运营模式。在明确的责任分配下,企业应该建立完整的运营模式和汇报体系。影响企业建立何种运营模式的因素有很多,例如企业的战略目标、规模、行业、区域分布、财务税务等方面的法律法规等。经理结合企业的使命、愿景和核心价值来计划、组织并执行企业战略。一般来说,董事会通过授权给特定委员会的形式来掌握、管理与战略相关的风险。对于大型企业来说,这样的委员会可能不止一个,这就需要不同的委员会之间明确权责的分配并共享对风险的理解。明确权责十分重要,这能激发人们在授权范围内的能动性。而随着组织的发展,运营模式和授权报告体系也需要做出相应调整。

(3)定义所期望的文化。董事会和经理通过定义其期望的行为来将企业核心价值和对风险的态度具体化。建立一个所有员工都接受的企业文化,对于企业抓住机遇、规避风险来说至关重要。企业对于期望行为的定义彰显了其所追求的文化理念。

(4)展现对核心价值的承诺。企业制定基调,建立员工行为准则并对偏离准则的行为做出回应。即使企业明确展示了对诚实和道德的核心价值的承诺,还是难免发生违背企业核心价值的行为。这种行为可能是好人犯了错误,好人一时意志软弱,或者坏人蓄意造成破坏。因此需要对行为进行详尽的评估并制定细致的应对措施。关键是将个体的行为和企业文化结合起来,这需要经理在日常工作中不断解读、强调和践行企业文化。

(5)吸引、培养并留住人才。企业需要建立在各个层级评价工作能力的机制。董事会评价经理的能力,经理评价各个业务单元或者职能部门的能力。经理通过在不同层面建立人力资源管理体系来吸引、培训、指导人才,评价和留住人才。

2. 风险、战略与目标设定

战略规划过程中风险管理、战略和目标设定是密集联系的。风险偏好的设定以战略为基础,并与其保持一致;商业目标将战略付诸实践,并为识别、评估和应对风险提供基础。

(1) 考虑风险与业务环境。企业应考虑业务环境对风险状况的潜在影响。企业要理解业务环境,考虑内部和外部的环境和不同的利益相关者。外部环境包括政治、经济、社会、科技、法律和环境等方面,内部环境包括资本、人力、流程和技术等方面。

(2) 定义风险偏好。企业应在创造、保存和实现价值的过程中定义风险偏好。负责确定风险偏好的董事会和经理必须完全了解不同风险偏好所代表的取舍和利害关系。对于一些企业来说,"高风险偏好"或"低风险偏好"已经足够区分;对于另外一些企业来说,风险偏好必须是可以量化的。风险偏好可以有"目标""范围""上限""下限"等不同的表达和设定方式。

(3) 评估替代策略。企业应评估可替代的战略和对风险状况的影响。企业应明确战略的重要意义和不同战略选择所隐含的意义,将战略和风险偏好结合在一起考虑并依据不同情况和阶段调整战略。

(4) 建立业务目标并考虑风险。企业应建立不同层次的业务目标以制定和支持战略,并同时考虑风险。业务目标可以是财务表现、客户满意度、优异运营、合规、效率提升或者领先行业的创新等。企业应理解不同的业务目标所隐含的意义并确定不同的绩效度量方式和目标。

3. 风险管理执行

企业应识别并评估可能影响其实现战略和业务目标的风险,结合企业的风险偏好,对风险按照其严重程度排分优先次序,组织选择风险应对的方法并对绩效进行监控以做出调整。这样,企业对追求战略和业务目标时所面临的风险量建立起一个组合的观念。组织将采取一种组合的视角对风险进行评估和应对。这一过程的结果将反馈给主要风险利益相关方。

(1) 识别风险。企业识别执行过程中影响业务目标实现的风险。风险识别的方法包括专题研讨会、访谈、流程分析、关键风险指标和数据追踪等。风险和机遇并存,识别风险的过程也是识别机遇的过程。

(2) 评估风险的严重程度。风险评估的重要工具是风险热力图,热力图从风险发生的可能性和影响程度两方面对风险进行评级。风险评价要从固有风险、目标剩余风险和实际剩余风险三个层级进行。

(3) 风险排序。企业结合风险偏好,选定对风险排分优先等级的标准,然后对所有识别的风险进行排序,作为制定风险应对措施的基础。

(4) 实施风险应对。风险响应有不同的方式,包括承受风险、回避风险、追逐风险、降低风险、分担风险等。经理应根据业务环境、性价比、法律法规、风险优先级、风险严重程度和风险偏好来选择和实施风险响应措施。一旦选择风险响应措施,就需要有效地控制活动来确保响应措施的实施。

(5) 建立风险组合观。经理需要从企业整体角度考虑风险,将企业风险作为一个整体去和实现绩效目标所需要承受的风险进行对比,而不是将其视为一个个单独的、分散的风险。

4. 审查和修订

通过审视主体的绩效情况,组织可以考虑如何利用企业风险管理的要素,根据重大的变化发挥更为长期的作用,以及需要进行哪些修订。

(1) 评估重大变化。如果不及时考虑有关变化,可能会造成与竞争对手的绩效鸿沟,或令有关战略的关键假设失效。对重大变化的监控应当纳入日常业务运营流程,并实时执行。

(2) 评估风险和绩效。企业应关注风险管理绩效,以及对企业风险管理职能各大要素的长期有效性进行监控,尤其是在发生重大变更的情况下。有效的监控流程使企业领导得以深入了解风险和绩效之间的关系,以及战略风险会如何影响绩效,并且识别与实现战略有关的新兴风险。

(3) 企业风险管理改进。与其他任何流程一样,企业风险管理也需要不断予以优化。即使是实施了成熟的企业风险管理流程的企业亦可以通过持续优化来获得事半功倍的价值贡献。在企业风险管理整合至整个企业后,嵌入的持续评估便可以自动识别改进机会。单独的评估活动(如由内部审计开展的评估活动)亦可提供机会优化企业风险管理流程。

5. 信息、沟通和报告

企业风险管理需要一个持续的过程,获取和分享内部和外部的必要信息,这些信息可以自上而下或自下而上在整个企业里流转。沟通是在企业中不断迭代地取得并分享信息的过程。经理利用从内部和外部取得的有效信息来支持企业风险管理工作,组织利用信息系统来捕捉、处理和管理数据和信息。通过利用应用于所有组成部分的信息,组织就风险、文化和绩效做出报告。

(1) 利用信息系统。信息系统可以是正式的或者是非正式的。企业应该应用分类学来管理企业资源管理相关的信息,基于企业的规模大小、复杂程度将风险进行细分。经理要依据内外部环境及时地维护信息系统并做出调整。

(2) 沟通风险信息。沟通的对象既包括内部的员工,也包括董事会、股东及其他外部的利益相关者。沟通方法可以是电子信息、外部第三方材料、非正式口头材料、公共活动、培训和研讨会、内部文件。

(3) 对风险、文化和绩效进行报告。企业应在各个层级对风险、文化和绩效做出报告。企业要确定这些报告的使用者和他们的职责。报告的形式和种类很多,包括:风险的整体判断、风险图谱、根本原因分析、敏感度分析、对新兴及发生变化的风险的分析、KPI(关键业绩指标)、趋势分析、对意外事故、违规和损失的披露以及对企业资源管理计划和倡议的追踪。经理需要确定报告的频率并对其质量负责。

(四)全面风险管理的未来

毫无疑问,企业将继续面对一个充满波动、复杂性和模糊性的未来。风险管理将是企业运营管理和促进繁荣的重要组成部分。无论企业的类型和规模如何,战略都需要忠于它们的使命。所有的企业都需要具备能够有效应对变化的特征,包括决策敏捷性、凝聚力高的反应能力,以及在利益相关者之间保持高度信任的同时进行调整和重新定位的适应能力。COSO提出,当我们展望未来时,有几种趋势将对企业风险管理产生影响。其中包括:

1. 处理剧增的数据

随着可用数据的增加,以及分析新数据的速度加快,企业风险管理需要更好地去适应。这些数据来自组织内部和外部,并且会以新的方式进行排列组合。先进的分析学和数据可视化工具将会不断发展,并且对于理解风险及其影响(无论是正面或是负面的)有很大的帮助。

2. 利用人工智能和自动化

当前社会已进入了自动化和人工智能的时代,对于企业风险管理实践来说,考虑人工智能、自动化以及未来技术的影响,并利用它们的能力是非常重要的。之前无法识别的关系、趋势和模式可能会被发现,并为企业提供对风险管理至关重要的信息来源。

3. 风险管理的成本

企业管理者普遍关注的是将风险管理、法规遵循过程以及控制活动的成本与其所获得的价值之间进行比较。然而随着企业风险管理实践的发展,跨领域风险、法规遵循、控制活动甚至公司治理活动的有效协调会为组织带来更大的利益,这将变得非常重要。对于企业重新定义风险管理的重要性而言,这也可能是最好的机会之一。

4. 建立更强大的组织

随着企业越来越擅长将风险管理与战略和绩效结合起来,组织增强韧性的机会就会显现出来。通过了解可能会对自身产生最大影响的风险,企业可以利用风险管理来帮助他们及早采取行动,这将会给企业带来新的机遇。

总之,企业风险管理需要改变并适应未来,从而不断地为企业带来益处。有了正确的关注点,企业实施风险管理所带来的好处将远超过新的投资,并将使企业产生有能力应对未来的信心。

第二节 风险管理审计的含义和方法

公司治理是为保证公司健康稳定发展的制度体系,风险管理是公司治理的重要组成内容,而内部审计在公司治理中处于不可或缺的地位。在全面风险管理框架下,内部审计通过对公司风险管理政策的恰当性、风险管理程序的有效性等方面进行审计,从而对公司提出评价及改进建议。内部审计可以帮助董事会更好地了解公司风险管理内容、流程、重要领域及存在的问题等,从而更好地应对公司内外部环境的变化,做出正确的决策。

一、风险管理审计的起源和发展

复杂多变的外部环境对公司战略目标的实现带来冲击,公司的现实需求要求经营管理将外部环境的影响考虑进来,以系统动态的眼光来对待公司的发展。内部审计作为公司董事会的重要监管部门,必须考虑外部环境对公司发展的影响,同时将关注点从基础业务审计转向高层次决策审计。公司治理理论的发展及审计委员会越来越受到公司的重视,为内部审计在公司中发挥更大的作用提供了广阔的舞台。20世纪70年代,内部审计开始进入风险管理审计时代。

20世纪60年代,美国政府开始广泛开展管理审计,对管理的效率、效果、经济性进行审查,审查范围包含董事会和经理应当承担的责任。20世纪70年代,在能源危机爆发的背景下,美国强制性对公用事业单位进行管理审计,这些公用事业单位涉及煤气、电力等单位。1974年开始,纽约州私营公用事业单位接受强制性管理审计,管理审计重点是对外部环境的审计,特别是对外部环境引发的风险进行审计。美国对于公用事业单位审计都属于强制性审计,由州政府主导,聘用独立的注册会计师进行审计。在政府管理审计理念的影响下,内部审计关注点从公司具体经济活动业务转向对公司风险管理的审计。内部审计理念从为管理活动服务的审计转向对风险管理是否正确进行审计。

审计委员会制度的建立使得公司内部审计师受到更多的重视,为风险管理审计发展提供了条件。公司董事会要求审计委员会发挥专业作用,为公司发现问题,堵塞漏洞。20世纪70年代开始,审计委员会制度得到承认并迅速发展。据纽约证券交易所调查数据显示,上市公司审计委员会由1975年的80%覆盖变为1976年的96%。审计委员会的重要职责之一是监督职责,而履行监督职责要依赖内部审计师的专业能力。内部审计师具有无可比拟的优势,其一是对公司经营管理熟悉;其二是自身专业能力。因此在审计委员会的领导下,内部审计师可以对公司风险管理做出独立客观的评价及建议。审计委员会的建立,保障了内部审计的地位及独立性,对开展风险管理审计奠定了法律基础,促进了风险管理审计的发展。

IIA顺应内部审计师发展需求,出台一系列责任说明书和准则。1971年发布《业务审计独立宣言》,提出内部审计师可以自由对公司各种方针、计划、记录进行审核和评价。1978年发布《内部审计职业实务准则》,该准则的发布,对内部审计职业化具有标志性意义。该准则规定内部审计为整个公司提供全面服务,包装审计风险管理政策的合理性。该准则明确要求内部审计向经理及董事会负责。审计范围涵盖信息管理系统、合规遵循性要求、合理有效使用资源及保护财产、恰当的经营目标四个方面。经营目标的恰当性明确说明了内部审计师应该对经营风险及风险管理效果进行审核评价。IIA近年来始终将风险管理审计作为研究探讨的重点议题,风险管理审计对公司总体战略目标及目标的落实情况更是成为重点。

风险管理审计关注重点在于确认风险管理部门风险识别、评估、处理时所采用的方式是否合理有效,而非传统财务审计的审核具体交易细节、制度基础审计下内部控制的控制测试。风险管理审计服务于公司战略目标实现,确定关键风险点,从而进行风险评估,广泛地采用数学统计及计算机技术的辅助,更为科学地采取措施实现对风险的预警,降低或消除风险。风险管理审计的目的是提前发现公司中各种潜在风险因素,降低风险及防范风险,协助公司董事会和经理做出决策,实现预期的经营目标。

二、风险管理审计的含义

现代内部审计以风险管理过程作为审计对象,但是对于以风险管理为审计对象的风险管理审计并没有明确的含义,出现诸如"风险管理评价""风险基础内部审计""风险导向内部审计"等概念。事实上,现代内部审计以风险管理过程为审计对象,将审计业务融入公司风险管理框架下,是公司风险管理的最后一道防线,对公司的风险管理全过程进行鉴定、评价,促进公司目标的实现。因此,将现代内部审计中的风险管理审计业务,称为"风险管理审计"更合适。

国际内部审计师协会2001年在《内部审计实务标准》中对内部审计做出的新定义为:以风险管理为基础和核心,是公司增加价值必不可少的环节。在《内部审计实务标准》中对内部审计实施风险管理审计的原则、内容和方法做出了明确的阐述,对内部审计从事风险管理审计提出了建议,为公司风险管理审计的发展有着极高的指导意义。

中国内部审计协会在颁布的内部审计准则中指出:风险管理审计是内部审计人员实施必要的审计程序,对风险识别过程进行审查与评价,重点关注组织面临的内部、外部风险是否已得到充分、适当的确认。

我们认为,风险管理审计是指公司内部审计部门采用系统化、规范化的方法,进行以测试风险管理信息系统、各业务循环以及相关部门的风险识别、分析、评价、管理及处理等为基础的一系列审计活动,对公司的风险管理过程进行评价进而提出改进建议和措施,帮助公司实现其目标。

风险管理审计是对风险进行管理、控制过程是否有效的审核和评价,是对风险管理部门和人员的监督,是公司风险管理的最后一道防线。在风险管理审计中,公司内部审计以增加公司价值为使命,对公司的可持续发展发挥重要作用。

三、风险管理审计的方法

内部审计人员必须掌握风险管理审计中的各种方法,并从中找到适合公司自身特点的方法,才能发挥风险管理审计的作用。

1. 公司生命周期分析法

公司生命周期分析法是根据公司处在不同的生命周期阶段风险的不同特征来实施公司的风险评估。公司处于不同的生命周期,经营风险和财务风险不同,如表4-2-1所示。

表4-2-1　　　　　　　　　公司及产品生命周期各阶段的风险

阶段	经营风险	财务选择		
		财务风险	融资来源	股利融资
导入期	非常高	非常低	股权资本(风险资本)	零
成长期	高	低	股权资本(私筹)	一般
成熟期	中等	中等	债权与股权资本(留存收益)	较高
衰退期	低	高	债务	100%

表 4-2-1 表明,公司在导入阶段,由于其资本大多来自投资人,属股权资本,所以其财务风险几乎等于零,而由于其市场地位、社会知名度比较低,产品处于被认知时期,它的经营风险则显得很高。为了迅速进入成长期,公司可能通过大量的促销手段(如低信用政策、赠送甚至亏本销售)和投入高的广告开支,想方设法抓住顾客。这一阶段,经营风险较高,财务方面由于没有很多依赖债务筹资,故风险不是很高。进入成熟期,公司及产品被基本认可,营销相对稳定,营销风险与财务风险都处于中等。进入衰退期,公司董事会为获得税收上的好处,往往利用股利政策进行融资,也利用债务融资,故财务风险高,经营上由于业务规模收缩,经营风险降低了。从整体上来看,若该状态征兆明显,又无好的措施实施,那么,公司的持续经营将面临挑战。因此,内部审计人员在实施风险管理审计的过程中可以按照生命周期法对公司及产品所处的生命周期阶段有所判断,并对其阶段风险作出确认。

2. SWOT 分析法

SWOT 是一种分析方法,又称强弱危机综合分析法,是一种公司竞争态势分析方法,是市场营销的基础分析方法之一,通过评价公司的优势(strengths)、劣势(weaknesses)、竞争市场上的机会(opportunities)和威胁(threats),用以在制定公司的发展战略前对公司进行深入全面的分析以及竞争优势的定位。

SWOT 分析法将战略定义为"公司现在能干什么"与"公司将来可以做什么"之间的一种配比,并将战略划分为四个要素:市场机会、公司实力、个人价值观和自我期望、社会责任。其中市场机会和社会责任是公司生存和长期发展所面临的外部环境因素,而公司实力与个人价值观和自我期望则是公司能够可持续发展的内在动因。SWOT 分析法是将公司内部与外部环境中有利与不利的方面放在同一个框架中进行分析,以综合确认公司从事某一种行业的可行性及风险,其模型示意表如表 4-2-2 所示。

表 4-2-2　　　　　　　　　SWOT 分析法模型示意表

优势(strengths):内部因素		机会(opportunities):外部因素	
管理结构	财务状况	市场需求	技术变迁
产品质量	市场份额	政策倾斜	社会热点
技术优势	人员潜力等	竞争对手出现失误等	
威胁(threats):外部因素		弱点(weaknesses):内部因素	
客户、供应商或竞争对手发难		资金缺乏	管理能力弱
行业政策变化	突发事件影响	人力资源缺乏	
市场变化等		技术老化设备陈旧等	

从整体上看,SWOT 可以分为两部分:第一部分为 SW,主要用来分析内部条件;第二部分为 OT,主要用来分析外部条件。利用这种方法可以从中找出对自己有利的、值得发扬的因素,以及对自己不利的、要避开的东西,发现存在的问题,找出解决办法,并明确以后的发展方向。根据这个分析法,可以将问题按轻重缓急分类,明确哪些是急需解决的问题,哪些是可以稍微拖后一点的事情,哪些属于战略目标上的障碍,哪些属于战术上的问题,并将这

些研究对象列举出来,依照矩阵形式排列,然后用系统分析的所想,把各种因素相互匹配起来加以分析,从中得出一系列相应的结论,而结论通常带有一定的决策性,有利于公司董事会和经理层做出较正确的决策和规划。

3. KSF 分析法

关键成功因素(Key Successful Factor, KSF)分析是以调查的事实为依据,为公司找出经营和发展成功的关键因素,同时也可以甄别出公司成功的因素。

关键成功因素分析法是在探讨产业特性与公司战略之间关系时常使用的方法,是在结合本身的特殊能力,对应环境中重要的要求条件,以获得良好的绩效。关键成功因素分析法是以关键因素为依据来确定系统信息需求的一种总体规划的方法。在现行系统中,总存在着多个变量影响系统目标的实现,其中若干个因素是关键的和主要的(即成功变量)。通过对关键成功因素的识别,找出实现目标所需的关键信息集合,从而确定系统开发的优先次序。关键成功因素是指对公司成功起关键作用的因素。关键成功因素分析法就是通过分析找出使得公司成功的关键因素,然后围绕这些关键因素来确定系统的需求,并进行规划。

关键成功因素的重要性置于公司其他所有目标、策略和目的之上,寻求董事会和经理所需的信息层级,并指出董事会和经理应特别注意的范围。若能掌握少数几项重要因素(一般关键成功因素有 5~9 个),这是一组能力组合,便能确保相当的竞争力。如果公司想要持续成长,就必须对这些少数的关键领域加以管理,否则将无法达到预期的目标。即使同一个产业中的个别公司会存在不同的关键成功因素,但关键成功因素有 4 个主要的来源:①个别产业的结构。不同产业因产业本身特质及结构不同,而有不同的关键成功因素,此因素取决于产业本身的经营特性,该产业内的每一公司都必须注意这些因素。②竞争策略、产业中的地位及地理位置。公司的产业地位由过去的历史与现在的竞争策略所决定,在产业中每一公司因其竞争地位的不同,而关键成功因素也会有所不同,对于由一或两家大公司主导的产业而言,领导厂商的行动常为产业内小公司带来重大的问题,所以对小公司而言,大公司竞争者的策略,可能就是其生存竞争的关键成功因素。③环境因素。公司外在因素的变动,都会影响每个公司的关键成功因素。如市场需求波动大时,存货控制可能就会被经理视为关键成功因素之一。④暂时因素。大部分成功因素是由公司内特殊的理由而来,这些是在某一特定时期对公司的成功产生重大影响的活动领域。

关键成功因素分析法主要包含以下几个步骤:①公司定位;②识别 KSF;③收集 KSF 情报;④比较评估 KSF;⑤制定行动计划。

关键成功因素分析法的优点是能够使所开发的系统具有很强的针对性,能够较快地取得收益。应用关键成功因素分析法需要注意的是当关键成功因素解决后,又会出现新的关键成功因素,就必须再重新开发系统。

4. DCCS 分析法

DCCS 分析法又称波士顿矩阵(BCG matrix)分析模型,就是在公司存在多种经营情况下,通过实行产品战略有效组合的风险分析图,分析每种产品内财务与市场特征。D—dogs,瘦狗,负现金流,亏损;C—cats,问题猫,其财务指标和市场行情有时出现背离状况,往往有高市场增长潜力,暂时的现金流为负数;C—cows,现金牛,现金流和利润皆为正数,但市场潜力需要探讨;S—stars,明星产品,虽然暂时的现金流为负数,但存在高市场份额和高市场增长潜力。以风险为导向理解:dogs 代表危机产品;cats 代表风险产品;cows 代表赚钱产品;stars 代表优势产品。该方法是将公司经营的产品或项目逐个地进行财务分析,对其现金流量、盈利能力等重要指标进行计算,并分析每种产品或项目的市场份额和增长潜力,然后将这些产品或项目放在一个矩阵图中,对其现有的市场份额和未来的市场潜力进行对比,物竞天择,根据公司自身的资源和市场环境,作出投资决策,一般原则是"杀狗、养猫、挤奶、向明星"。具体如表 4-2-3 所示。

表 4-2-3　　　　　　　　组合形象区域的风险(DCCS 图法)

市场增长	高	问题猫区域 NCF＜0(财务战略转型)	明星区域 NCF＞0(品牌战略)
	低	瘦狗区域 NCF≤0	奶牛区域 NCF≥0
		相对市场份额	

注:NCF 表示净现金流量。

5. 盈亏临界点分析法

盈亏临界点,是指公司收入和成本相等的经营状态,即边际贡献等于固定成本时公司所处的既不盈利又不亏损的状态。通常用一定的业务量来表示这种状态。

风险分析的盈亏临界点分析法是利用管理会计中盈亏临界点的原理,事先根据经营战略确定盈、亏及不同程度的关键临界值,通过收集的实际会计数据分析是否接近或达到这些临界值点,并将有关信息报告给董事会和经理,为风险管理决策提供参考信息。盈亏临界点是一触即发点,内部审计人员都特别注意风险评价中这个临界点是否达到,从而决定对风险进行定级。

盈亏临界点分析法可以为公司经营决策提供在何种业务量下公司将盈利,以及在何种业务量下公司会出现亏损等总括性的信息;也可以提供在业务量基本确定的情况下,公司降低多少成本,或增加多少收入才不至于亏损的特定经济信息。在特定情况下,也可以为公司内部制定经济责任制提供依据,如公司董事会对公司经理下达年度利润总额和销售量的经营指标。

6. 财务、会计、统计指标分析法

利用过去、预测或计划数值,可以对现有资产状况、盈利能力、发展趋势进行测算,以反映公司资产的质量、生存状况、发展运作情况和未来盈利性。财务、会计、统计指标分析法就是这样的方法。具体如表 4-2-4 所示。

表 4-2-4　　　　　　　　财务、会计、统计指标分析法的集合

会计分析	比率分析	按分析主体划分	
		从投资者角度	销售利润率、销售成本利润率、总资产报酬率、净资产报酬率、资本收益率、资本保值增值率、市盈率、每股股利、股价市场风险、股利支付率等 10 个指标
		从债权人角度	流动比率、速动比率、资产负债率、权益比率、存货周转率、销售利润率等 6 个指标
		从社会角度	社会贡献率、社会积累率、产品销售率等
		从经营者角度	主要看财务状况和运营状况及结果
		按内容划分	
		方法一	营业评价比率、流动性评价比率、外债风险评价比率、股本收益评价比率等
		方法二	流动性评价比率、盈利性比率、长期偿债能力比率(利息保障倍数)、市场检验(市盈率)
		方法三	收益性比率、流动性比率、安全性比率、成长性比率、生产性比率
		方法四	盈利性比率、投资收益率、流动性比率、偿债能力比率
		按财务报表划分	资产负债表比率、利润表比率、现金流量表比率、BS/PL, BS/CFS, PL/CFS 等
	因素分析		连环替代法
			差额计算法
统计分析	趋势分析法		发展水平、增长水平、增长率
	比率分析法		环比、定基、指数等

四、实施风险管理审计的意义

在纷繁复杂的经营环境下,公司发展和实现其战略目标面临着诸多不确定性,如何防范风险成为公司董事会重点关注的问题,风险管理审计正是应这一管理要求而发展起来的。公司内部审计实施风险管理审计,其意义主要有以下几个方面。

1. 内部审计顺应加强风险管理的要求

近年来,随着社会经济的不断发展,特别是经济全球化及国际化程度的加深,公司经营日趋复杂,面临的风险也日益加大。公司对外经营运作过程中,面临各种经营风险,既包括战争、自然灾难和政权更替等非市场因素,又包括因竞争对手的恶意竞争行为导致的风险、因合作伙伴履约资信问题导致的风险,以及因经营环境变化导致的风险等市场因素。而在内部的运营过程中,公司也面临治理缺失、内部控制失效和运作效率低下所带来的风险。如何防范风险、加强风险管理,已成为公司经理层面临的重要问题。因此,减少公司面临的风险是公司实现战略目标的关键,也是公司董事会十分关心的问题。内部审计的目的在于

增加公司的价值和改善公司的运营,内部审计人员是公司的管理咨询师。因此,内部审计机构和内部审计人员对公司的风险管理进行审计也就顺理成章了。

2. 内部审计机构对拓展新领域的探索

内部审计机构为了自身的发展,为了在公司中担当更重要的角色和发挥更重要的作用,不断探索内部审计的新领域。公司董事会和经理对风险管理的空前重视,为内部审计发展提供了一个良好的机会。内部审计机构对风险管理进行审计,使内部审计在公司中成为一个重要的角色,并将其作用推上一个新台阶。正因如此,国际内部审计师协会才不遗余力地倡导内部审计师进军这一领域。

国际内部审计师协会推进内部审计由财务审计为主逐步向以风险管理审计为主转变,既是内部审计顺应公司发展的要求,更是内部审计行业发展的内在要求。国际内部审计师协会强调内部审计是评价并改善风险管理、控制和治理程序的效果,帮助公司实现其目标。

3. 内部审计发展和作用发挥的内在要求

内部审计作为内部控制的重要组成部分,其在风险管理中发挥不可替代的独特作用,主要体现在以下几个方面。

(1) 内部审计人员不从事公司具体的业务活动,独立于业务管理部门,这使其可以从全局出发,从客观的角度对风险进行识别,及时建议管理部门采取措施控制风险。

(2) 内部审计人员通过对公司的整体风险控制和长期风险策略与各种决策的审计、调查,发现风险管理中存在的问题,可以提出改善、指导公司风险管理的意见和措施。

(3) 内部审计部门独立于公司经理,其对风险管理的审计意见可以直接上报给董事会,其建议更易引起经理和董事会的重视,帮助公司发现并评价重要的风险因素,促进公司改进风险管理体系。

4. 内部审计受外部审计开展风险评估的影响

近年来,注册会计师的业务领域不断扩展,在其所扩展的新的保证服务业务中就包括了风险评估,且是发展迅猛的主要业务之一。这对内部审计行业产生了重要的影响,因为内部审计机构和内部审计人员在风险管理方面拥有注册会计师无可比拟的优势:内部审计机构和内部审计人员对公司面临的风险更了解;内部审计机构和内部审计人员对防范公司风险、实现公司目标有着更强烈的责任感。既然外部审计可以从事此项业务,内部审计就更可以从事这一项工作。

第三节 风险管理审计的程序和内容

现代内部审计实施风险管理审计的程序和内容,与传统财务审计的程序和内容有明显的不同,体现风险管理审计的性质和特征。

一、风险管理审计的程序

现代内部审计实施风险管理审计的程序,主要包括审计计划阶段、审计实施阶段、审计报告阶段和后续审计阶段。

（一）审计计划阶段

1. 了解被审计单位概况

在审计的计划阶段，由内部审计机构和内部审计人员进行审前调查，了解被审计单位的概况、管理体制、人员构成等内容，具体了解被审计单位的公司治理、战略规划、公司文化、投资管理、工程管理、物资管理、资本运营、法律事务、财务管理、产权管理、安全管理等方面的内容，并且通过与被审计单位的董事会和经理与员工座谈，全面了解被审计单位的风险管理情况。必要时，内部审计人员可以深入到一线去了解公司的业务流程及风险管理情况，为制定风险管理审计方案奠定基础。

2. 进行风险评估

进行风险评估是内部审计机构和内部审计人员在审计计划阶段应考虑潜在风险事项影响公司实现目标的程度。内部审计机构和内部审计人员对风险事项的评估，通常采用定性和定量相结合的方法。风险评估可以采用的定性方法包括：访谈、集体讨论、发放调查问卷、过去风险事件总结和分析、风险汇总表等。风险评估可以采用的定量方法包括：概率计算、情景分析、压力测试、敏感性分析、事件树分析等。风险评估也可以采用定性和定量相结合的方法，不要求进行定量化的风险评估通常采用定性的评估技术；如果存在充分的信息应用间隔或比率计量来估计风险的可能性或影响时，就可以采用定量技术。

3. 确定审计领域

确定审计领域是指内部审计机构和内部审计人员根据被审计单位的风险评估情况确定风险管理审计对象、活动、单位的活动。一般情况下，按照重要性原则，内部审计机构和内部审计人员应该关注风险程度较高、对公司战略目标事项影响大的业务活动。重要审计领域包括对业绩有重要影响的事项，存在潜在风险的事项，董事会和经理关心的风险领域，亏损的交易，以前发现与正在改善的有关交易与事项，新增业务及新技术有关的风险事项，管理部门之间交叉或不易发觉的事项，上次审计中未列作审计对象的事项，突发事件，公司战略、经营、财务和综合风险管理领域，公司整体层面风险管理领域等。

4. 编制审计方案

内部审计机构和内部审计人员应编制风险管理审计方案，就风险管理审计的组织方式、时间进度、资源分配、审计证据取证安排、审计质量保证措施等给出更为清晰的和可操作的具体安排。一般来讲，一个整体和较全面的公司风险管理审计方案应当包括的内容主要有审计目标、审计领域、审计要点、审计准则以及其他参照指标、审计程序及其包含的内容、审计调查与测试取证安排、审计负责人及其责任、确定审计所需信息和资料、主要审计方法和技术的选用（包括控制测试和实质性测试方法）、审计时间预算和进度、审计资源需求、审计组织与审计质量保障措施、审计团队的组成、对被审目标的配合要求、审计报告要点框架等。风险管理审计方案可以规范化和表格化，并分发给承办该审计项目的所有内部审计人员。

（二）审计实施阶段

1. 审计风险管理机制

公司应具有有效的风险管理机制，才能充分发挥风险管理的职能作用。审计全面风险管理机制是否有效，是进行风险管理审计的基础。内部审计机构作为风险管理审计的职能部门，在审计公司风险管理时，首先应该审计公司风险管理机制是否建立，确定公司的风险管理机制在风险管理中是否有效；其次应该审计公司是否建立了明确的风险管理组织架构、是否有明确的风险管理流程、是否有明确的风险管理目标、其风险管理体系中是否确定了明确的岗位责任制、其各个层级的职责是否清晰、其风险管理体系是否形成有机整体，并且考虑风险管理中的各部门协调效应程度。

2. 审计风险管理评价标准

根据风险管理对象的不同，审计公司是否建立了相应的风险管理评价标准，如财务风险评价标准、环境风险评价标准、内控风险评价标准、安全风险评价标准、市场风险评价标准、物资与采购风险评价标准等。在审计公司风险管理评价标准时，应该考虑该风险管理评价标准是否满足对业务风险管理的要求、对风险识别的要求、对环境变化具有弹性反映的功能的需要等内容，公司是否对不同层次风险建立相应的临界点指标，根据风险指标和临界点指标建立对风险管理的预警指标体系。

3. 审计风险识别机制

风险识别是内部审计机构和内部审计人员根据公司的战略目标、年度目标等，识别公司所面临的各种风险。内部审计人员通过一整套系统化、理论化的识别方法，来识别公司在经营管理中的风险管理过程。内部审计人员应当实施必要的审计程序，对风险识别过程进行确认，重点关注公司面临的内部、外部风险是否已得到充分、适当的审计。

审计风险识别机制的内容包括：公司是否根据其组织目标、战略目标，运用科学的识别方法对公司的风险进行了全面的识别；公司是否对识别的风险进行分类管理，风险分类管理是否合理；公司的风险描述是否准确，是否简明扼要地概括了公司的各种风险；公司各个层级的风险事项识别职责与权限是否清晰，各个层级在风险识别过程中是否按照职责与权限要求进行风险识别相关工作；风险识别的方法是否科学，是否有利于公司进行风险识别。

4. 审计风险评估机制

内部审计人员应当实施必要的审计程序，对风险评估过程进行审计，对董事会和经理所采用的风险评估方法进行审计。

审计风险评估机制的内容包括：①风险发生的可能性。风险发生的可能性表示一个给定事项将会发生的概率，因此风险只有两种情况，或是发生风险，或是不发生风险。内部审计人员在确认风险评估机制时，应该确定风险发生还是不发生，如果风险发生，那么就应该用一定的标准来衡量风险发生的可能性多大。如采用定性分析法在描述风险发生的可能性时可以用"很少""可能""几乎是确定的"的语言来描述。②风险对公司目标的实现产生影响的严重程度。如果确定风险发生，内部审计人员就应运用科学系统的评价方法，评价风险对公司目标的实现的影响严重程度，通常运用定性方法、定量方法以及定性和定量相结合的方法,对风险进行评估,在不要求进行定量化的地方,且无法获取数据的情况下,采取定性评估方法,可以将风险的影响程度描述为"不重要""次要""中等"等级别。③已识别的风险的特征。根据公司已经识别的风险特征,确认风险评估方法的有效性与适当性,相关历史数据的充分性与可靠性。如果数据真实可靠,那么内部审计人员就可以用定量的评估方法来确认审计风险,否则很难用定量评估法来评估风险。

5. 审计风险分析机制

风险分析是对辨识出的风险及其特征进行明确的定义描述,分析和描述风险发生可能性的高低、风险发生的条件。

审计风险分析的内容主要包括:公司制定的风险评价标准是否有充分的科学依据,在进行风险评价时是否按照公司制定的评价标准执行;风险因素的确定是否科学,公司确定的风险描述是否准确且风险是否真实存在;风险测试的程序是否具有科学性,风险控制活动是否有其他的替代性工作来管控风险;对相关人员的询问结果是否满足风险分析的要求、风险控制方式是如何确定的;风险控制的频率是如何确定的,是否有科学估计、测试的结论是否客观、风险测试的证据是否能够满足风险评价标准;风险的可接受水平是否科学、风险的可能性如何测算,科学性如何;风险评估程序是否合理等。

6. 审计风险应对措施

内部审计人员应当实施适当的审计程序,对风险应对措施进行审计。根据风险评估的结果,风险应对措施主要包括风险回避、风险接受、风险降低、风险分担等四种措施,对于风险应对采取何种方式的应对措施,都是有条件的,也是受到多种因素影响的,如公司董事会和经理的风险偏好、公司所处的环境、成本效益等。

审计风险应对措施的内容主要包括:①针对公司风险评估的内容,确定了何种形式的风险应对策略,对采取的风险应对策略的适用性进行评价,考虑此种风险应对策略是否能够满足企业生产、经营的需要,风险应对策略是否适当。②潜在风险应对策略的可能性和影响效果,考虑哪个方案与公司风险内容一致。潜在风险应对策略的成本与效益分析,在评估潜在风险应对策略时,可以将潜在风险应对策略的成本与效益进行分析,然后考虑潜在风险应对策略的有效性。选择风险应对策略时应该考虑成本效益原则,如果此种风险应对策略的成本很低,但采取此种风险应对策略带来的效益与成本不成正比,此种应对策略也是不妥的;如果此种风险应对策略效果最佳,但相应的成本也较高,采取此种应对策略不能带来预期收益,也不是最佳的选择。③是否制定切实可行的风险应对计划,有确定的实施目标、实施步骤等。

(三)审计报告阶段

1. 整理审计发现

审计发现是风险管理审计报告撰写的基本素材,内部审计人员在此阶段应整理审计发现,描述审计发现,做好撰写审计报告的基本准备工作。

整理审计发现的要求有:描述被审计单位的经验现状,描述被审计单位遵守风险管理标准的情况,用简洁而直接的语言来描述存在的问题及原因,对发现的重要问题描述其潜在影响，描述风险评估的结果，提出可操作性的建议。

2. 撰写审计报告

撰写审计报告应当包括标题、收件人、正文、附件、签章、报告日期等基本要素，这些基本要素能够帮助内部审计人员更好地通报风险管理审计的结果。

审计报告的正文包括以下主要内容：立项依据、背景介绍、审计目标与范围，陈述本次审计的目标、审计内容和审计期间，对于受限项目应该单独说明，对审计中发现的重点问题做出简短的叙述及评论，审计标准、审计依据、审计发现与风险之间的联系，审计结论，根据已查明的事实确认公司整体风险管理体系的运行效果，确认每一项风险应对策略的科学性、合理性和落实效果、审计建议等。

（四）后续审计阶段

风险因素是决定后续审计本质和范围的重要因素，风险越大，后续审计的范围可能越广。后续审计应该将注意力集中于最严重的或者潜在的风险管理问题上，对一般风险事项的后续审计可仅限于询问和简短的讨论。后续审计的重点应是由于控制目标未能实现而产生的风险和影响，而不是如何改进审计报告中提到的具体建议。因此，控制目的的实现和风险评估是后续审计的重要内容。后续审计应该跟踪到：对于重大的审计发现，相关部门和环节是否予以纠正；若不纠正，应确认责任和原因。

二、风险管理审计的内容

内部审计实施风险管理审计，主要是通过对公司内部环境的确认、目标设立合理性的确认、风险事件识别充分性的确认、风险评估合理性的确认、风险应对措施恰当性的确认、控制活动科学性及合理性的确认、信息与沟通有效性的确认、风险监控有效性的确认。

（一）审计公司内部环境

1. 审计董事会和经理职能及作用

公司董事会是内部环境的重要组成部分，对其他内部环境要素有重要的影响。公司经理也是内部环境的一部分，其职责是建立公司风险管理理念，确定公司的风险偏好，营造公司的风险文化并将公司的风险管理和相关的初步行动结合起来。对于董事会及其专业委员会和经理，内部审计人员主要确认：公司的董事会及其领导的专业委员会的结构与职能的合理性；董事会的独立性及专业能力；专业委员会能否发挥应有的职能，是否存在权责划分不清和相互扯皮的现象；董事的知识及经验，对风险的敏感程度；董事与有关方的联系情况；董事的道德观念等问题。一个有效的董事会及下属的专业委员会，能代表全体股东的利益监督经理。因此，在确认内部环境时，董事会及下属的专业委员会扮演不能替代的重要角色。董事会的职务是作出公司的重大决策、确立经理的目标，以及监督经理的工作。需要董事会全体决议的事项，一般包括牵涉主要股东或董事与公司有利益冲突的任何事项、重大的资产买卖、投资、资本运作、财务政策、风险管理政策及重要的人力资源事宜。董事会及下属的专业委员会独立于经理，对经理进行经常性的监督。内部审计人员应确认董事会和经理是否各司其职、各尽其能。

2. 审计公司文化的功能发挥情况

公司文化是公司为解决生存和发展问题而形成的，被公司员工认为有效而共享，并共同遵循的基本信念和认知。公司文化集中体现了一个公司经营管理的核心主张，以及由此产生的组织行为。有什么样的公司文化，便会产生什么样的公司战略。公司通常由战略管理实现使命和达成愿景，公司战略反映着公司的宗旨和核心价值观，有着深刻的公司文化烙印。优秀的公司文化往往会指导形成有效的公司战略，并且是实现公司战略的驱动力与重要支柱。然而，并不是所有的公司文化都能够创造财富。内部审计人员应该着重评价公司文化属于哪种类型，公司是否形成主导型文化氛围，公司文化是否与战略目标相吻合，公司内部员工的价值观、行为准则是否与公司的战略目标相适应，能否促进公司快速发展。

3. 审计经理的观念与战略的一致性

经理的观念、知识结构和经历对实现公司战略的影响是至关重要的，主要包括：经理的观念，特别是总经理的观念；经理的知识结构与管理公司的适应程度；经理的经历、经验、学习能力、创新能力和事业心；经理或总经理的决策风格和冒险行为等。内部审计人员必须判断经理观念是否与公司战略目标相适应，经理的观念会不会导致公司战略目前难以实施，丧失发展的机会，影响公司的效率和业绩，逐步丧失公司的竞争优势，失去已有的竞争地位。经理的知识结构以及经历、经验和学习能力，对公司的环境和市场的洞察力和敏感力产生重大影响，对公司的内部管理控制系统的各个方面的运行情况和发展态势的判断、管理体系变革的时机、创新体制和创新体系的形成及变革的步骤和方法、公司业绩的发展趋向的判断等产生重大影响。如果经理的知识结构落后于公司发展的要求，这种不适应所带来的风险是阻碍公司管理体系的进步，不能洞察和发现市场机会或公司发展机会，投资决策的机会成本提高或投资回报降低，最终失去公司已有的竞争地位。

4. 审计公司风险偏好与战略的一致性

董事会和经理的风险偏好与公司的战略直接相关。在制定战略时，董事会和经理应考虑将该战略的既定收益与公司的风险偏好结合起来。董事会和经理的风险偏好对管理冒险行为产生直接的影响。在风险管理审计职业判断中，对董事会和经理风险偏好的判断是相当重要的方面，也是比较困难的方面。它关系到对公司面临的营销风险、财务风险、控制风险、信息风险程度的判断，对公司风险管理战略方针、风险管理策略、方法合理性的判断。内部审计人员需要运用多方面知识和经验，从公司环境、利益相关者的要求、公司目标、公司文化，以及董事会和经理的专业与经验、嗜好、社会背景、心理特质等方面测度其风险偏好，判断公司董事会和经理是否选择了与公司风险偏好相一致的战略。

（二）审计目标设定的合理性

公司董事会和经理决定公司的发展目标、实现目标的战略、商业模式以及实施战略的经营流程，与公司的供应商、员工、投资者、客户及竞争者共同促进战略的实施。除了决定这些外，公司董事会和经理还应决定为实现其目标愿意接受多大的风险。对于某些公司而言，因为有较高的预期收益，董事会和经理为公司本身，或为其他相关目标，愿意承担相当大的风险；对于另外一些公司，董事会和经理则不愿意承担过多风险。这种对风险的态度可称为风险偏好。战略及经营计划中隐含的公司整体风险为风险管理其他要素的运行提供了一个总体框架。这些目标及风险偏好为公司风险管理提供了总体标准。内部审计人员就是要系统地将公司战略和商业模式与对其实现构成威胁的风险联系起来,审计公司的战略目标、经营目标、财务目标、各个部门的目标的合理性。

(三) 审计风险事件识别的充分性

内部审计人员针对公司现有内外环境(公司生命周期、战略目标等)与经营过程,采用各种分析方法独立地推断所有潜在的重大风险,为审计公司是否合理制定风险管理策略与决定风险方案提供充分根据。风险事件的识别就是要将比可容忍风险更加严重的次要风险从主要风险中分离出来,并提供数据以有助于风险的评价和处理。

(四) 审计风险评估的合理性

经过风险事件的识别后,内部审计人员必须对风险事件定量值(货币损失或事件发生可能性带来的负面影响程度)以及给定量值时不利事件发生的概率予以计量,为确定风险管理战略、政策与程序提供更为科学的依据。对于以前风险战略决策、政策与程序通过与实际业务的结合的审计,可以检查其设计是否合理与适当、执行是否有效,尤其是要找出需要修正、完善之处;对于实行风险预警机制的公司,经过风险评估后,能进行合适的预警;对于已经变成现实的风险,需要对风险的处理进行审计,以便检查控制执行的差异,找出原因,明确责任。

1. 分析风险的可能性、发生频率

风险事件发生的可能性分析、频率分析一般通过对实际资料的收集、利用内部审计人员的专业判断取得。内部审计人员应使用数理统计的原理,利用数据为依据,根据现象特征,采用二项分布、泊松分布等数学模型进行测算。风险可能性分析、频率分析应该遵循大数定律法则。风险事件发生可能性的结果一般有"不可能""很少""可能""很有可能""几乎能够确定"等几种情况。"不可能"意味着在例外情况下可能发生;"很少"意味着在某些时候不大可能发生;"可能"意味着在某些时候能够发生;"很可能"意味着在多数情况下很可能发生;"几乎能够确定"意味着在多数情况下预期会发生。风险发生频率则可以分为非常高、高、中、低、非常低等级别。

2. 分析风险的性质、影响结果

内部审计人员按照影响的程度(一般是量化成数值),一般将风险性质划分为"不重要""次要""中等""主要""灾难性"等级别,"灾难性"级别是指风险发生且产生不良的影响,如发生巨大的财务损失;"主要"级别是指扩大了损失,产生了不良影响,如发生重要的财务损失;"中等"级别是指需要进行处理,在没有外力帮助下发生较高的财务损失;"次要"级别是指需要处理且发生中等财务损失;"不重要"级别是指很小损失,发生很低的财务损失。

3. 风险事件的综合审计

根据风险分析的结果,内部审计人员得到大量特定风险及风险程度的信息,需要对风险性质、风险程度进行认定,为制定科学的风险战略提供可靠的保证。公司董事会和经理层制定的风险管理政策与程序应被严格遵循,但随着时间的推移,公司面临的社会经济环境及自身内部环境都会发生变化,也会产生新的风险因素。因此,内部审计人员应对运行中的风险管理政策与程序的适当性、执行的有效性必须定期进行审计,提出技术修正和完善风险管理方案的建议。

(五) 审计风险应对措施的恰当性

在风险管理战略方针和策略指导下,风险应对措施有接受、规避、转移、减少等,每种措施的实施都经过了风险与收益的权衡。公司风险管理框架中的风险应对将风险划分为三种风险收益类别。一些风险的风险收益关系在现有的量值和概率水平下是可接受的,这类风险可以完全接受。另外一些风险的量值或概率非常大,以至于不能接受且无法经济有效地加以抑制,因而超出了公司的风险容忍度,必须通过放弃有关计划从而避免遭受风险的影响,或通过在源头上预防风险来消除这类风险。还有一些风险,是公司经常遇见的,风险收益权衡后可接受,但如果董事会和经理不采取一定的行动,则不可接受。一些风险可以通过保险、套期保值、衍生工具转移给别人,或通过合营、联盟和定价手段来分摊。

内部审计人员审计风险应对措施是否恰当,最好结合对董事会和经理风险偏好判断来进行。风险规避实际上就是不作为,内部审计人员判断采用这种方法应该有如下考虑:①如要避免某种风险也许不可能;②采用规避风险方法最经济,未来收益小于控制成本;③避免一项风险可能产生另外新的风险。对于风险控制的审计,内部审计人员需要对内部控制设计和执行的有效性进行测试。对风险转移措施的审计应当考虑各种风险转移形式的优缺点。如果公司采用风险接受措施,内部审计人员则可根据三个条件来判断公司董事会和经理层采用的合理性:处理风险的成本大于承担风险所付出的代价;估计某种风险可能发生的重大损失本身可以完全承担;不可能转移于他人的风险或不可能防止的损失。

(六) 审计控制活动的科学性和合理性

很多风险是可以通过经营管理过程的规划来控制的,这些规划限制或减少所面临风险的可能性或量值。很多对交易和资产的保护控制的内部控制程序或控制活动都是公司的风险控制活动。内部控制一般应该针对总体和具体控制而言,因而分为总体控制和具体控制。总体控制从控制环境角度对公司业务进行总的控制,而具体控制则针对具体的程序和活动。如对采购业务进行控制,总体控制在设计时将这项业务分为招标、核定供应商名单一览表、对采购发票与合同一一核对、验收入库等具体活动,要求各活动间职责分离,而通过招标选择供应商只针对购货这一业务,这就是具体控制。内部审计人员应该从如下几个方面审计控制活动的科学性、合理性。

(1) 审查相关交易过程的控制措施。好的内部控制的设计必须保证每项交易都备有证明文件,保证拒绝非法的交易,保证所有合法的交易能够被正确地处理。

(2) 审查总体控制与具体控制。总体控制的缺乏会使具体控制失效。设计具体控制时,必须同时考虑相关的风险、报告的风险和发生的频率。

(3) 审查多重控制。为防止一项控制措施不能发现和纠正错误的可能性,应设计多重控制。这里包括授权、职务分离、凭证、接触、实物清查等几个方面同时或交替的控制设计。

(4) 审查成本与效益原则。内部控制的设计应该遵从成本与效益原则,即将缺乏控制导致的损失与建立和实施控制的成本相比较,在寻求内部控制的独立性、有效性的同时,力求简洁与低耗。

(七)审计信息与沟通的有效性

公司是一群人彼此沟通并互相配合的协作模式。作为一个充满生机和活力的有机体,公司的生存与发展牵涉到它的"健康"问题。影响公司健康的因素是多种多样的,而对于当前大多数公司而言,沟通机制的缺乏或低效率是影响公司健康的重要因素。有研究表明,公司内部存在着沟通的位差效应,即董事会的信息一般只有 20%~25% 被经理知道并正确理解,从下到上反馈的信息更是不超过 10%;而平行交流的效率则可以达到 90% 以上。公司中的信息不通畅、员工的情感或情绪问题得不到合理宣泄和回应,天长日久就会沉淀淤积,导致公司有效运行障碍和日后公司病变。因此,有效的沟通机制是公司的安全阀,当公司内部不利于公司的能量达到一定程度时,它能以适当的通道来释放这些能量,从而始终保持公司运行中的动态平衡。

一个公司中最重要的是董事会的战略、目标意图能否自由、迅速、通畅地传递给经理,并且经理是否能充分理解董事会的意思表达,并将意见充分反映到董事会。而经理对员工意见的获取和采纳程度,以及公司是否有多种沟通渠道都成为内部审计人员关注的焦点。公司内部有多个主体都需要获得风险评估和风险管理过程的相关、可靠的信息。经理想要获取信息,并可靠地告知董事会,以证明自己正在履行受托经济责任和法律责任。经理层也希望员工能够适当获取其所面临风险的信息,并将日常经营中出现的例外事项告知经理。履行监督职责的董事会下属的审计委员会及外部董事通过外部审计确认风险得到恰当管理,他们也可以利用内部审计机构的审计报告作为其已经履行职责的证据。除了那些直接负责规划和实施公司风险管理的人外,其他人也有兴趣获知风险和风险管理的信息。供应商、消费者及员工都希望获得关于公司的风险及风险管理过程的确认信息。另外,投资者和债权人、潜在投资者及负责管理公司的管理机构也都想获得确认信息,作为减少意外信息及资产损失的一种方式。上述所有主体都对风险及风险降低的过程感兴趣,尽管他们的具体需求不同,但都想得到高质量的风险管理正在发挥作用的确认信息。因此,内部审计人员在审计信息的准确可靠性时需要予以权衡,要审计信息能否被适当主体获取。在审计信息使用者的理解程度时,内部审计人员应审查员工培训项目,以及审查风险信息的列报。

(八)审计风险监控的有效性

内部审计人员对风险监控的审计,实际上就是审计董事会和经理的风险管理业绩的优劣。在这个过程中,内部审计人员要对风险评估过程进行再次审计,并为公司的风险管理提出改进建议,实现其增值功能。通常,风险监控是对意外情况和情况变化的持续监控,内部审计人员可以将分解方法在监控风险时运用。分解方法是将经营计量系统记录的业绩与计划和预算中的预期业绩以及同一时期的竞争者进行比较,这是监控风险环境变化的一种有效方式。与预期值的差异可以按其原因或"起源"来解释,或者用风险分析中所指出的环境或经营条件的变化超出了限度来加以解释。对原因进行相关、及时地计量和剖析便于董事会和经理及时作出反应,也能更好地发挥内部审计咨询方面的增值功能。

第四节 风险管理审计案例

案例一 甲公司是 2006 年在北京成立的一家股份有限责任公司,拥有员工 500 多人,经营化工、钢材、农产品等进出口及国内贸易,并在广州、上海、厦门、天津等地设立分公司负责销售业务。甲公司自成立以来每年保持 10% 以上的增长,近 3 年年销售收入超过 100 亿元,增长率达到了 30% 以上。甲公司在 2016 年销售收入达 160 多亿元,同比增长 20%,利润同比增长 30% 以上。从各项营业数据看,该公司经营状况良好并保持稳健发展。因此,本节以甲公司为例,从风险管理出发,分析甲公司的风险管理审计工作,并分析该公司的风险管理审计存在的问题,提出可行性的意见和建议。

一、甲公司风险管理状况

甲公司所经营的贸易行业属于高风险行业,资金、货物往来频繁,涉及金额大,稍有不慎将导致资金或货物的损失。因此,甲公司十分注重经营过程中的风险管理,时刻将风险的分析与防范放在经营工作的首位。甲公司的风险管理体系从公司战略目标出发,建立目标体系,依据目标体系进行风险的识别与分析。最后,进行风险应对措施的设置和执行。

(一) 风险管理目标体系的设定

该项工作从公司的战略目标出发,制定风险管理总目标,由此确定公司风险管理的主要领域,并将风险管理总目标进一步延伸至各单项业务风险的管理目标。总目标指导单项目标的制定,单项目标支持总目标的实现,总目标和各单项目标共同形成完整的目标体系,指导风险管理审计工作的开展。

1. 设定风险管理总目标

甲公司将公司战略目标设定为"致力于创造物质财富和精神财富",为客户提供产品和便捷完善的服务,为股东创造财富使股东资本持久增值,为员工提供发展空间,给予员工合理回报,为区域经济的繁荣与持续发展作出贡献。从公司的战略目标出发,制定公司风险管理总目标,包括:①经济效益目标,即保证经营和管理工作的效率和效果,实现公司财富的快速稳定增长;②公司资产安全目标,即保障公司资产合理高效使用,不被毁坏、偷盗;③合法合规目标,即公司的经营行为符合国家相关法律、政策的规定,避免公司经营过程中出现违法违纪行为。

2. 将总目标分解至各业务领域的单项目标

在上述总目标的基础上,根据公司的业务运作模式,将总目标分解为以下几个业务领域的风险目标:①财务管理目标,包括保障资金安全和高效使用、营运资金充足,合理进行税务筹划等;②货物管理目标,包括保障货物在仓储、运输过程中不会遭受遗失、损毁、变质等损失,保证货物报关、运输等物流领域及时和顺畅;③交易管理目标,确保交易过程中货权的安全转移,确保充足的货物资源满足客户的订单,确保按客户要求将货物准确发送到客户手中中;④行情管理目标,包括防范商品的贬值、正确研究判断行情、正确把握国家宏观政策;⑤其他风险管理目标,防止员工收受贿赂,防止固定资产毁损,防止资源浪费等。

(二) 风险的识别与分析

甲公司在目标体系下,结合公司所处行业、经营产品的特点,分析公司所面临的主要风险,并对风险按各业务领域进行分类,详细分析每一个领域的具体风险,既包括目前存在的风险,也包括未来或新业务可能存在的风险。对风险的识别及分类有助于了解公司面临的风险。

公司在每个领域都会面临着各种各样的风险,由于公司日常经营活动中涉及的风险众多。公司根据往年经验归纳出财务风险如下。

(1) 资金运作安全风险。资金运作安全风险是指公司资金存在遗失、被个人甚至集体挪用或盗用的风险。贸易行业的资金特点是流量大、收付模式复杂多样,既包括现金、汇款,也包括各种银行承兑票据、商业承兑票据、国内外信用证等。巨大而复杂的资金运作导致了公司资金的安全风险加大,因此资金的安全性是公司的财务风险管理重中之重。

(2) 资金运作效率风险。资金运作效率风险是指公司由于对资金做出错误规划、缺乏合理规划或者未按规划实施等原因而导致资金使用的低效甚至无效的风险。当公司资金出现较大盈余时,是否能够提高闲置资金的使用,增加资金的使用效率,提高财务收益是该风险领域需要关注的。

(3) 资金流动性风险。资金流动性风险是指公司资金无法满足公司日常采购交易,导致公司业务无法正常进行,甚至因无法偿还到期债务而破产的风险。与资金效率风险相反,流动性风险关注的是公司资金的短缺,既要灵活使用各类金融工具解决公司临时性的资金短缺,又要优化公司的资产负债情况避免出现偿债风险。

(4) 税务风险。税务风险是指公司因不按国家或地方的税收法规规定少缴纳税金,或没有充分利用国家或地方税法的税收优惠政策而多缴纳税金的风险。公司财务部门是否能够因地制宜,根据各地优惠条例向税务主管部门依法申请减免税金,依法申报纳税是该风险领域需要关注的。

每年年初,各部门需要根据公司要求对所属业务领域的风险进行详细分析和评价,并向总经理提交风险报告。总经理办公室负责对公司整体的经营风险进行分析评价,并向董事会提交风险管理报告。

(三) 采取的风险应对措施

甲公司根据自身业务特点,采取的财务风险应对措施和管理制度主要包括:银行账户管理、网上银行管理、重要票据管理、资金预算管理、付款审批管理、税务筹划管理。银行账户管理和资金预算管理的风险应对主要有以下措施。

1. 银行账户管理的风险应对措施

银行账户管理的风险应对措施具体包括:①会计部根据业务的实际经营需要和资金安排,经财务总监审批同意后统一办理银行账户的开立、变更及撤销手续。严禁私设"小金库""账外账",严禁资金账外循环。②银行预留印鉴章要在两枚以上,由会计部经理和出纳分开保管,严禁一人保管支付款项所需的全部印章。印鉴保管人员要注意印鉴的严肃性和安全性,不可随意丢放。③出纳设立银行存款日记账,必须于每日下班前报送各账户资金余额。④各分公司销售收款应及时上缴总公司,除最低存量资金外,其余款项应于当天汇回总公司,分公司采购用款由总公司统一划拨。最低存量资金由总公司根据各分公司经营状况核定。⑤每月月末由出纳负责在规定时间内取得正本银行对账单,由核算会计及时对账,及时催收未达银行单据。根据对账结果编制银行存款余额调节表,认真查明每笔未达账的原因。对连续两个月未达款项应查明原因后,报告给财务总监。⑥每项银行票据的签发都必须经过授权的签署者审批,有签署权的人员不得保管银行票据。⑦每月总公司与分公司就销售、采购以及往来的款项进行对账,确认往来款项相一致,不一致的地方编制差异说明表,报送财务经理。

2. 资金预算管理的风险应对措施

资金预算管理的风险应对措施具体包括:①每周由业务部门上报资金使用计划,由资金部人员汇总后编制公司每周资金计划,上报财务经理及财务总监。②由资金部人员根据资金预算统筹安排。资金结余时,使用剩余资金归还贷款或进行国债、货币基金等风险极小的投资,减少财务费用,增加收入;资金不足时,及时向各银行拆借资金。所有资金的调拨需经财务经理批准。③由各业务部门上报月度、年度资金计划,由资金部人员汇总编制月度、年度资金预算,上报财务总监和公司总经理。④资金部定期进行资金预算核对分析,分析各业务部门资金预算异常偏差的原因,反馈业务部门,业务部门应及时纠正。

二、甲公司的风险管理审计

甲公司成立之初,设立了审计部,主要职责是检查公司各部门工作的准确性,对不符合公司管理规定,不符合国家法律法规的操作,给予纠正,并向公司总经理直接报告。目前,审计部有5名员工,专业背景分别为法律、会计、国际贸易。另由于目前高级经理人员短缺,内部审计部门经理暂时兼任了单证部经理一职。

内部审计的主要职责除了检查错误舞弊外,负责审计公司的经营风险,配合相关部门寻找应对风险的方法,并对风险管理进行审计,最终向董事会提交报告。风险管理审计工作主要由三部分组成:①审计公司风险识别与分析;②审计公司风险应对措施设计;③审计公司风险应对措施执行。

(一) 审计公司风险识别与分析

每年年初,内部审计部门要对公司各部门提交的风险报告进行审查和评价,主要包括三方面的内容。

(1) 对公司原有业务领域的风险分析进行审查。内部审计部门需要了解原有的业务领域在往年发生的风险事故是否在本年的风险报告中进行合理阐述,是否提出恰当的解决方案;同时还需要关注原有业务领域内发生的变化,审查风险报告是否对这些变化作出确认。

(2) 对公司新业务的风险识别进行审查。内部审计部门需要审查公司就新业务提交的风险报告,审查风险报告调研的依据是否真实、方法是否合理、结论是否正确,并结合其他公司相同或相似的业务进行审查评价。

(3) 对公司的全面风险管理报告进行审查。内部审计部门需要对总经理办公室提交的公司全面风险管理报告进行审查,分析宏观经济、国家政策以及国际形势等因素,结合公司业务以及管理制度,对公司全面风险报告进行审查和确认。

(二) 审计公司风险应对措施设计

风险应对措施设计的审计工作,主要是指内部审计部在风险分析的基础上通过审查公司的管理制度及业务流程,对风险应对措施的设计作出确认。既要审计公司的风险应对措施是否覆盖所有的财务风险,也要审计控制措施是否有效。风险应对措施的审计工作通过以下方面完成。

(1) 对风险应对措施制定过程进行审查。主要是通过查阅风险应对措施研讨的会议资料、应对措施制定的审批文件,审查风险应对措施的分析是否充分,审查对风险应对措施制定过程的审批,评价风险应对措施的制定是否合理、符合公司规章。

(2) 对风险应对措施的有效性和完整性进行审查。审阅公司风险报告,分析风险应对措施的设计是否对风险进行了有效的管理,并覆盖所有风险。

(三) 审计公司风险应对措施执行

风险应对措施执行的审计主要是审计公司的风险应对措施是否得到有效执行。内部审计根据每项风险应对措施,设计相应的评价指标,实施相应的审计,并就每一项审计结果进行评分。每一项风险管理评价指标的评分根据执行情况进行评定,一般按抽查中出错的频率和抽样的多少进行评分,每项满分为 5 分。具体风险管理审计评价指标举例如表4-4-1所示。

表 4-4-1 财务风险管理审计评价指标

评价指标	具体审计方法	审计评分
公司银行账户设立是否经过审批	针对被审计单位,抽查部分银行的开户审批资料,检查资料和手续是否齐全	
公司设立的网银密码、密钥是否安全	检查公司设立的网银密码是否定期更改,检查相关人员持有的密钥是否妥当保管	
各分公司是否及时上缴销售收款	抽查分公司银行对账单,检查是否有余额超过公司规定最低存量资金余额,超过时是否经审批	
各分公司销售资金是否全部上缴总公司,是否存在分公司截留销售款项	检查每月各公司之间对账表格,是否存在相互不符的情况。检查分公司大额的款项支出是否用于支付货款,是否经相关人员审批,是否有相关合同或结算单	
开通网银是否提交申请,并经审批	调阅每个网银的审批资料,检查审批程序是否齐全	

(续表)

评价指标	具体审计方法	审计评分
每周业务人员是否按时上报资金计划	抽查业务员上报资金计划的邮件,检查是否超过公司规定的时间,是否存在漏报的情况	
业务人员上报资金计划是否准确合理	进行分析性复核,并抽查资金计划报送的情况。检查是否有经常误报的情况,检查误报金额及分析其原因	
资金预算人员编制预算是否准确	将业务员上报资金计划重新计算,与预算人员所编预算进行对比	
财务部门是否合理统筹资金,提高资金的使用效率	分析财务费用的明细科目余额,对比近几年利息费用占主营业务收入的比重。检查公司相关考核激励机制是否合理可行	
财务部门是否合理统筹资金,保证资金充足性	检查银行贷款的违约记录,检查业务部门对财务部门的投诉意见,是否存在由于资金问题采购货款无法支付或延期支付的情况	

通过对风险应对措施的执行情况进行审计抽样并评分后,需要赋予每一个评价指标一定的权数,以便作出最终的审计确认。在权重的分配上,应根据各具体风险评价指标结合公司的经营特点及管理模式,结合重要性原则和发生的概率进行设置。在综合考虑每一项评价指标的审计评分及权重后,内部审计部门对该风险领域进行最终的定量评价。对于评分较低、执行效果较差的应对措施,内部审计部门应和该部门的负责人进行沟通,并在后续审计中进行重点审查。

公司整体的风险管理审计工作由内部审计部门定期实施,内部审计部门每年初制定风险管理审计计划,合理保证2年左右的时间内,对全公司业务实施审计全覆盖,保证所有风险管理活动都能得到定期审计。在风险管理审计过程中,内部审计部门通过口头询问、资料查询、流程跟踪、计算分析等方式获取所需资料,并记录于工作底稿,以此为依据,确定各审计要点的评价结果,最终形成风险管理审计报告。风险管理审计报告分别提交董事会和公司管理层。经双方确认后内部审计部门对工作底稿、审计报告、后续审计报告等资料进行归档,供以后风险管理审计实施时参考。

案例二 A公司为ZGH集团的控股子公司,成立于2006年8月,是《ZGH集团十一五发展规划》中投资建设的第一个核电站,公司以"建设、运营XX核电项目;为用户提供安全、可靠、经济、清洁的电力;为股东创造合理的投资收益;为核电事业培养人才;为社会、股东、公司、员工的和谐发展和促进我国核电事业的健康发展做出应有贡献"为使命,以"成为公众信任、股东满意、令人尊重的核能发电企业"为愿景。坚持以"安全第一,质量第一,追求卓越"为基本原则,以"一次把事情做好"为核心价值观。截至2016年年底,集团总投资超过×××亿元,A公司1号机组投入商运,2号机组已经转入并网,正式由建设阶段转向运营管理阶段。

本次风险管理审计工作由集团审计部领导，审计小组包括审计项目组长和小组成员。组长具备内部控制与风险管理方面的专业知识，曾参与实施过5个以上审计项目，成员或具备与被审计业务相关的专业知识或具备内部控制与风险管理方面的专业知识，专业互补，基本覆盖被审计业务领域。审计小组借调D公司相关专家组成专家支持团队为小组提供独立的、专业的确认和咨询服务。组长在采用外部专家意见作为审计依据时，对其独立性、客观性、权威性负责。审计的主要目的为确定A公司是否识别出核电运营阶段的主要风险并制定切实可行的应对措施，为机组的安全可靠运行提供保障。

一、风险管理审计主要过程

（一）审前调查

审前调查主要分为查看资料和实地观察两部分。

1. 查看资料的主要内容

（1）依据年度审计计划或计划外审计项目的相关信息，确定审计范围所涉及的业务领域。

（2）查阅与被审计业务有关的法律、法规及公司政策、制度和程序，熟悉被审计业务。

（3）查阅国家有关内控与风险管理的法规、集团风险管理制度、公司风险管理政策流程，熟悉公司的业务目标、主要风险、风险管理策略、风险管理措施、风险管理的流程和方法、管理层的风险偏好。

（4）查看近期的风险评估和风险管理报告、风险管理相关会议决议、总经理会议纪要、公司五年发展规划、公司重大工作计划等。

2. 实地观察的主要内容

（1）访谈公司董事会和经理层，了解其风险偏好、可接受的风险水平，包括为实现公司战略计划而接受的风险。

（2）询问或调查公司董事会和经理层级相关人员是否充分了解公司内外部环境、公司各层次的目标和经营情况。

（3）查看风险识别的方法是否有系统、清晰的记录、包括但不限于风险库、风险词典、风险监控指标、风险地图等。

（二）审计范围

风险管理审计范围为通过比较A公司的风险管理现状与COSO风险管理框架的主要差异，来确定A公司对集团和本公司风险管理制度的执行情况、A公司风险管理程序的执行情况及对主要风险的管理情况。从而达到提升A公司全面风险管理水平的目的。

（三）目标设定与风险识别

结合审前调查的情况，同时结合COSO风险管理框架确定审计分项，如表4-4-2所示。

表 4-4-2　　　　　　　　　　　　审 计 分 项

COSO 风险管理框架	审计分项	主要参考文件
内部环境	诚信和道德价值观的沟通和落实	《员工手册》《培训活动记录》
	管理者的经营思想与经营风格	《A 公司十一五发展计划》《总经理部纪要》
	公司结构及职责与责任的分配	（以下略）
	治理层的参与程度	
	人力资源政策与实践	
	员工的能力	
目标设定	战略目标	
	经营目标	
	报告目标	
	合规目标	
	资产安全目标	
	安质环目标	
风险识别	战略风险	
	经营风险	
	报告风险	
	合规风险	
	资产安全风险	
	安质环风险	
风险评估	战略风险评估	
	经营风险评估	
	报告风险评估	
	合规风险评估	
	资产安全风险评估	
	安质环风险评估	
风险应对	风险回避	
	风险降低	
	风险分担	
	风险承受	

(续表)

COSO 风险管理框架	审计分项	主要参考文件
控制活动	组织架构控制	
	发展战略控制	
	人力资源控制	
	社会责任控制	
	企业文化控制	
	资金活动控制	
	采购业务控制	
	资产管理控制	
	销售业务控制	
	……	
信息与沟通	与财务报告相关的信息系统	
	与运营相关的信息系统	
	与全面风险管理相关的信息系统	
	沟通	
监督	对战略执行的监督	
	对经营业绩的监督	
	对安质环的监督	
	内部审计活动	
	法律事务监督	
	内部控制的情况	
	资产的账实核对	

针对每一审计分项进行风险评估,如对经营风险进行风险评估,以下数字仅为示例,如表 4-4-3 所示。

表 4-4-3　　　　　　　　　　经营风险分项风险评估

关注点	影响程度得分 I	影响程度权重 II	合计 I * II	最高得分	可能性
	1 到 5	1、2 或 3			1 到 5
A. 核燃料供应	3	2	6	15	2
B. 机组可用性	2	1	2	15	3
C. 人因事件	3	2	6	15	3
D. 职业安全	2	3	6	15	1

（续表）

关注点	影响程度得分Ⅰ	影响程度权重Ⅱ	合计 Ⅰ*Ⅱ	最高得分	可能性
	1 到 5	1、2 或 3			1 到 5
E. 技术改造	5	3	15	15	3
F. 备件短缺	3	2	6	15	4
G. 售电情况	1	1	1	15	5
H. 突发外部事件	2	3	6	15	3

将分项的每一关注点放入"影响程度-可能性"评估图中，如图 4-4-1 所示。

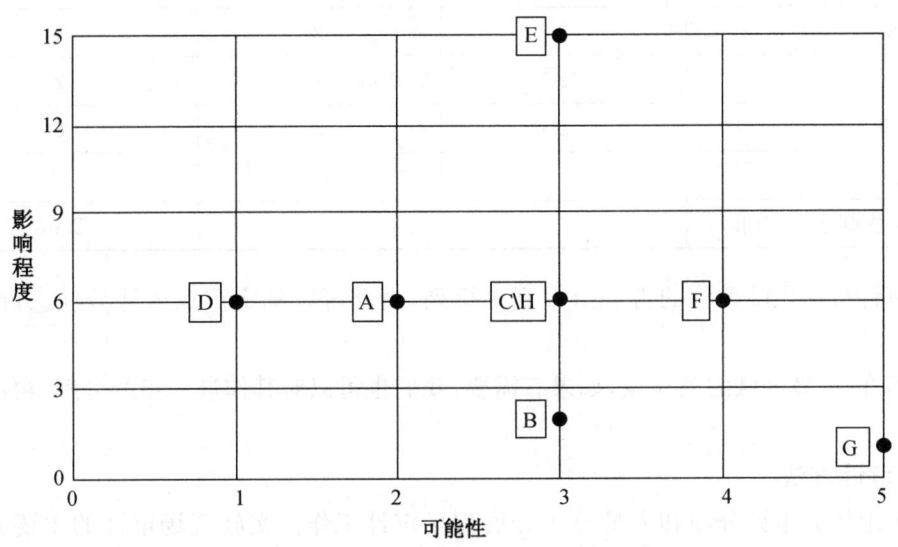

图 4-4-1　经营风险分项风险评估图

根据关注点所在的不同区域采取相应的控制手段，如图 4-4-2 所示。

对于风险评估在 A 区的风险，它非常可能发生，而且对组织的影响很大，经理层必须经常关注这类风险的缓释，董事会也应审查，风险等级定义为 4。

对于风险评估在 B 区的风险，它不太可能发生，不过一旦发生，对公司的影响很大，公司应当寻求终止这种风险的方法或者制定应急预案，风险等级定义为 3。

对于风险评估在 C 区的风险，它很可能发生，但对公司的影响很小，对这类风险需要通过控制活动来实现对风险的监控，风险等级定义为 2。

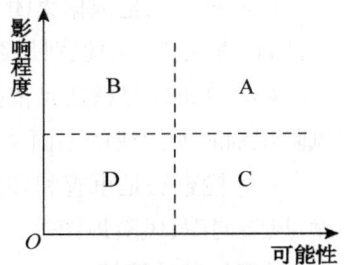

图 4-4-2　"影响程度—可能性"分区示意图

对于风险评估在 D 区的风险，它不太可能发生，即使发生，对公司的影响也很小，建立和实施监控措施可能就足够了，监控措施的目的是使风险控制在这个象限内，风险等级定义为 1。确定每一分项的风险得分如表 4-4-4 所示。

表 4-4-4　　　　　　　　　经营风险分项风险评估得分

关注点	风险等级 I 1 到 4	权重 II 1、2 或 3	合计 I * II
A. 核燃料供应	1	2	2
B. 机组可用性	2	1	2
C. 人因事件	2	2	4
D. 职业安全	1	3	3
E. 技术改造	4	3	12
F. 备件短缺	2	2	4
G. 售电情况	2	1	2
H. 突发外部事件	2	3	6
总风险得分（i）			35
分项风险评估得分（i/ΣII）			2.06

　　按照审计分项风险评估的得分由大到小排列，由此可以确定重点审计分项，分配更多审计资源。

　　对于落在 A、B 区域的关注点，如果有需要，我们也可以对其作进一步的分解，再次进行风险评估。

（四）审计方法

　　审计小组根据审计分项和人员分工开展现场审计工作。实施现场审计的主要方法有以下 4 种方法。

　　（1）访谈法是询问或调查董事会和经理层及相关人员是否充分了解公司内外部环境，公司各层次的目标和经营情况，确定公司的经营战略与风险关注点是否识别。

　　（2）对比法是依据集团和公司的标准风险图谱以及国家内部控制规范和风险管理相关文件，审查风险事项识别是否完整。

　　（3）分析性复核法是依据已确认的公司各经理层的关键业务目标和内外部环境，审查风险识别时所形成的书面文件是否已包含上述风险因素。

　　（4）检查法是审查和评价风险识别方法是否系统并被清晰地记录，包括但不限于风险库、风险词库、风险地图等。

（五）审计取证

　　内部审计人员主要对 A 公司的全面风险管理制度和内部控制体系的相关部分进行了取证，同时也采取了访谈和问卷调查取证等方法。

　　1. A 公司风险管理制度的审计取证

　　A 公司风险管理主管部门为安全质保部，该部的风险管理工作负责人将为公司全面风险管理工作的相关人员分级授权,获得授权的公司员工应在风险评估阶段登录集团风险评估管理系统,对所在部门负主要或次要管理责任的风险事件的属性进行评判并打分。

(1)"影响程度"打分。"影响程度"是指风险事件会对公司的经营管理和业务发展所产生影响的大小。这里提供四个可借鉴的方面用以判断风险事件的影响程度,即持续健康发展、经济价值、人员健康安全和无形资产。

风险事件发生对公司造成影响体现在其中的一个或几个方面,评价时可选择合适的方面作为参考。

影响程度分为五个等级,分别赋予 1 分至 5 分,表示影响程度依次加强,详细如表 4-4-5 所示。

表 4-4-5　　　　　　　　A 公司风险事件影响程度评分标准

分级	分值	持续健康发展	经济价值(¥)	人员健康安全	无形资产
很高	5	企业经营发生严重亏损,企业整体战略目标完全无法实现	对公司资产/总投资的影响在 1 亿元以上	一次死亡 3 人以上(含)的重大事故	对公司商誉、地位、形象造成严重不良影响,很难、甚至无法恢复
……					
微小	1	……	……	……	……

影响程度采取适用原则和最大原则,首先选择适用于描述该风险事件影响的因素进行评价,然后选择各适用因素中影响程度评分的最大值作为该风险事件影响程度的最终得分。影响程度=Max{对持续健康发展的影响程度,对经济价值的影响程度,对人员健康的影响程度,对无形资产的影响程度}。

(2)"发生可能性"打分。"发生可能性"是指在公司目前的风险管理水平下,风险事件发生概率的大小或者发生的频繁程度,详细如表 4-4-6 所示。

表 4-4-6　　　　　　　　A 公司风险事件可能发生性评分标准

分级	分值	说　　明
很高	5	风险事项发生频繁,每周发生一次以上
……	……	……
微小	1	……

(3)"管理迫切性"打分。"管理迫切性"是指某个风险事件现有管理措施的有效性,以及强化管理的迫切程度。管理改进的迫切性分为 5 个等级,分别赋予 1 分至 5 分,表示迫切程度逐渐增加,1 分表示不迫切,即公司现有的风险管理机制能够完全有效地应对该风险,不需要采取任何改进措施;5 表示非常迫切,即公司现有的风险管理机制完全不能应对该风险,需要立即改进措施,详细如表 4-4-7 所示。

表 4-4-7　　　　　　　　A 公司风险事件管理迫切性评分标准

分级	分值	说　明
很高	5	公司现有的管理水平、人员素质和控制手段完全不能应对当前面临的风险，管理改进的迫切程度很高
……	……	
微小	1	……

（4）其他风险事件补充或建议。在"添加其他事件或建议"一栏中，评分人员可将风险事件列表中没有，而在实际工作中存在并且有较大影响的风险事件加以补充，也可对风险管理中的任何事项向安全质保部提出建议或意见，以促进风险管理工作的完善并填写风险管理的全员性。

（5）分数加权统计。风险事件管理相关人员均完成评分后，系统将会依据主管高层权重（0.315）、非主管高层权重（0.135）、主管中层权重（0.245）、非主管中层权重（0.105）、主管基层权重（0.14）、非主管基层权重（0.06）自动计算每个风险事件的"影响程度""发生可能性""管理迫切性"。

（6）风险图谱与等级划分。系统会将每个风险事件的上述参数分值描绘在平面直角坐标系上，分别生成"影响程度—发生可能性图谱"和"重要程度—管理迫切性图谱"。通过风险偏好参数值的设定，图谱上的坐标平面将被两条双曲线划分为三个区间，分别代表风险事件的三个等级区间，从而判断出重大风险事件。表 4-4-8 为"影响程度—发生可能性"图谱示例。

表 4-4-8　　　　　　　　风险事件"影响程度—发生可能性"图谱

高	很高	4.5～5	高	高	高	高	高	高	高
	较高	4～4.5	中	中	高	高	高	高	高
		3.5～4	中	中	中	中	高	高	高
中	中	3～3.5	中	中	中	中	中	高	高
		2.5～3	低	低	中	中	中	中	中
低	较低	2～2.5	低	低	低	低	低	中	中
		1.5～2	低	低	低	低	低	低	中
	很低	1～1.5	低	低	低	低	低	低	低
影响程度			1～1.5	1.5～2	2～2.5	2.5～3	3～3.5	3.5～4	4～4.5	4.5～5
			很低		较低		中		较高	很高
发生可能性			低				中			高

2. 内部控制的审计取证

A 公司的内部控制体中控制活动划分为 17 个领域，共 61 个流程，根据风险评估的结果，内部审计人员对主要风险领域的内部控制进行了取证，主要通过穿行测试系统的可靠性，也综合使用了访谈和问卷调查等手段。

3. 访谈和问卷调查取证

对风险评估的高风险因素,内部审计人员进行了专门的访谈,层次覆盖高、中、低三层;对控制活动中的主要风险,内部审计人员也设计了专门的问卷,如评估采购业务效率,如图4-4-3所示。

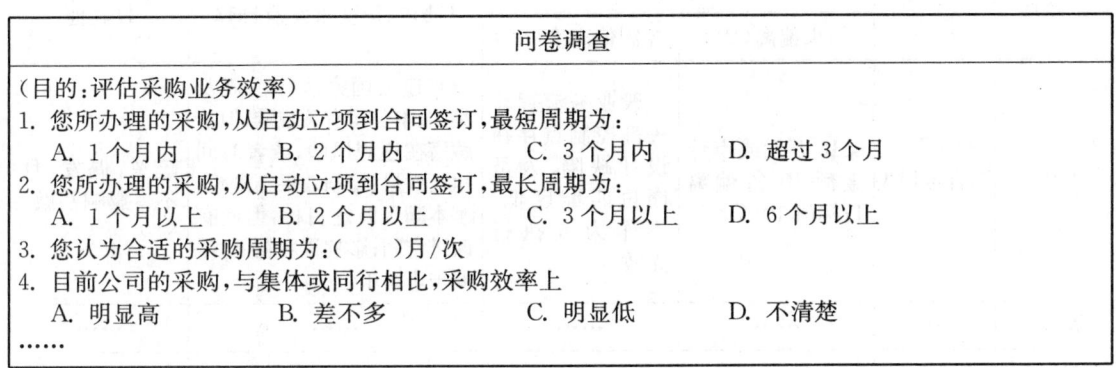

图 4-4-3 采购业务效率问卷调查

此外,针对追加的审计程序,也广泛使用了访谈和问卷调查等形式,如在审计中发现公司面临日本 M 公司的重大诉讼风险,M 公司索赔金额达 X 亿元,为此内部审计人员专门制定了访谈提纲,对参与项目谈判的全部人员进行了访谈。

二、审计结论

(一)审计发现

审计发现是内部审计人员在对被审计单位的经营活动与内部控制的检查和测试的过程中所得到的积极或消极的事实,一般应包括以下内容。

(1)所发现的事实的现状,即审计发现的具体情况。

(2)所发现的事实应遵照的标准,如政策、程序和相关法律法规。

(3)所发现的事实与预定标准的差异。

(4)所发现的事实已经或可能造成的影响。

(5)所发现的事实已经或可能造成的影响。

审计发现也可以概括分为两类:良好实践,简称 BP(Better Practice);不符项,简称 NC(Non Compliance)。不符项的分级如图 4-4-4 所示。

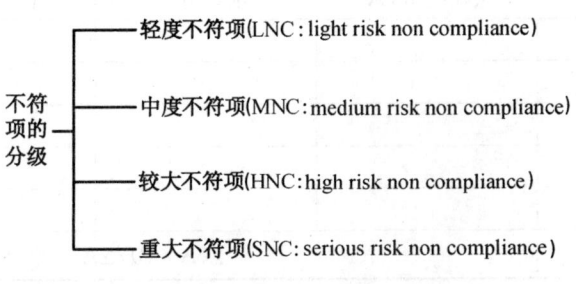

图 4-4-4 不符项的分级

审计发现依据金额大小、风险程度、性质、发生频率和可能造成的影响,分为四级,详细如表4-4-9所示。

表4-4-9　　　　　　　　　　审计发现的分级标准

不符项	A 经济损失	B 偏离度		C 影响程度重发及舞弊	D 其他
		结果偏离(B1)	控制偏离度(B2)		
LNC	无直接损失	<10万元或审计金额10%；偏离目标值10%	一般业务流程非关键控制点存在设计缺陷、人员岗位匹配度低、不作为或执行无效	没有违反国家法律法规及集团、本公司有关规定,但蕴藏潜在违规风险,或者时间执行效果、控制效果不理想,基本满足既定目标,但尚有改进空间;影响程度较低,需要被审计单位关注	疏忽,偶发,且不良影响甚微
MNC	……	……	……	……	……
HNC	……	……	……	……	……
SNC	……	……	……	……	……

(二) 形成审计结论

根据各审计分项发现的不符合项,确定各审计分项的得分,分项评分标准如表4-4-10所示。

表4-4-10　　　　　　　　　　分项评分标准

判定标准(定性)	判定标准(定量)	评分结果
内部控制和管理活动适当有效	LNC≤8,且 MNC\HNC\SNC=0	1
内部控制和管理活动适当有一定缺陷	1≤MNC≤3,且 HNC\SNC=0	2
……	……	3
……	……	4

根据审计取证和审计发现的结果,对各审计分项的风险评估结果进行修正,重新计算各审计分项风险得分。

将各审计分项得分汇总,计算得出本次审计的平均分,计算表格如表4-4-11所示。

表4-4-11　　　　　　　　　　审计得分计算表

	审计分项	风险得分(A)	分项评分(B)	总分(C)=(A)*(B)
1				
2				
3				
4				
…				
平均分(D)			$\Sigma(A*B)/\Sigma A$	

最后根据平均分,得出本次审计的最终结论,如表 4-4-12 所示。

表 4-4-12　　　　　　　　　审计结论评价标准

平均分(D)=Σ(A*B)/ΣA	审计结论
1≤D<1.25	满意
……	基本满意
……	需经理层关注
……	不满意

本次审计的结论为基本满意,A 公司基本能够识别出核电运营阶段的主要风险,并制定相关的应对措施,但部分措施的执行仍不令人满意。同时本次审计也对即将投入运营的 N、Y 公司的风险管理审计提供了很好的参考与示范,审计确认的公司风险举例如下。

1. 备件短缺风险

该风险属于经营风险,通过对公司主要战略备件的盘存,发现战略备件的短缺问题已经十分严重,目前已经影响到 4 号机组的正常建设,一旦在运机组发生设备损坏很可能导致机组长时间停运,建议公司尽快进行相关备件的采购工作。

2. 采购业务风险

该风险属于采购业务控制,在翻阅公司成立以来的重大采购合同时,内部审计人员发现公司与日本 M 公司存在重大诉讼,通过对公司采购过程内部控制流程体系进行检查,发现公司的法律事务处没有在内部控制体系中承担责任,建议由法律事务处承担合同文本的法律审查,监察审计部仅仅作程序性检查,同时建议未来涉及与外国公司的重大谈判,如果子公司靠自己力量难以完成,应该报请集团商务部门进行协调,防止此类事件的再次发生。

3. 人力资源风险

该风险属于人力资源控制,突出表现在信息化管理相关人员均为外包,存在公司大范围泄密可能,建议对信息化关键岗位进行梳理,关键岗位必须为正式员工,同时建议公司加强与集团信息化中心的沟通与合作;在日常巡检中,也大范围聘请外包公司进行,操作员可能无法及时获得第一手资料,公司应改善管理手段,使操作员时刻了解机组运行情况。

第五章 内部控制及其评价

内部控制是管理现代化的必然产物,评价和审计被审计单位的内部控制系统,这是现代内部审计和外部审计的重要任务。2002年美国公布实施的《萨班斯—奥克斯利法案》,其中第404条款要求在美国证券交易委员会(SEC)备案的上市公司董事会必须提交年度内部控制自我评价报告,作为向SEC提交的财务报告的组成部分并要求会计师事务所对内部控制的有效性出具审计报告。2010年,财政部、证监会、审计署、银监会、保监会联合发布了《企业内部控制配套指引》,该配套指引包括《企业内部控制应用指引》《企业内部控制评价指引》和《企业内部控制审计指引》,要求执行企业内控规范体系的公司,必须对本公司内部控制的有效性进行自我评价,披露年度自我评价报告并要求会计师事务所实施外部审计。内部控制自我评价要求董事会评价公司内部控制的有效性,揭开了现代内部审计评价内部控制的新时代。

第一节 内部控制系统

内部控制是由公司董事会、监事会、经理和全体员工实施的旨在实现控制目标的过程。具体地说,内部控制系统是指公司的董事会、监事会、经理,为了实现其发展战略,提高经营活动的效率,确保信息的正确可靠,保护财产的安全完整,遵循相关的法律法规,利用公司内部因分工而产生的相互制约、相互联系的关系,形成一系列具有控制职能的方法、措施、程序,并予以规范化、系统化,使之组成一个严密的、较为完整的体系。

一、内部控制的产生和发展

内部控制是从内部牵制发展而来的,经历了较长的发展阶段,逐步形成了科学的体系。

1. 内部牵制阶段

内部牵制思想源远流长,是随着经济活动的发展而逐步完善的。古埃及在公元600年左右就对记录、出纳和监督之间建立了比较完善的内部牵制。15世纪末,随着意大利商业的发展和繁荣,带来了借贷记账法的出现。此时,内部牵制主要是对钱、财、物的不同岗位进行有效分离,并利用其钩稽关系进行核对。随着资本主义经济的发展,产业革命相继完成,企业间竞争的日益激烈,企业内部管理急需加强。在此期间,以职务分离、账户核对为主要内容的内部牵制，演变成组织结构、职务分离、业务程序、处理手续等构成的控制系统，即"内部牵制制度"。《柯氏会计词典》中对内部牵制的解释是："以提供有效的组织和经营，并防止错误和其他非法业务发生的业务流程设计，其主要特点是任何个人或部门不能单独控制任何一项或一部分业务权力，应进行组织上的责任分工，每项业务通过正常发挥其他个人或部门的功能进行交叉检查或交叉控制。设计有效的内部牵制以便使各项业务能完整正确地经过规定的处理程序，而在这规定的处理程序中，内部牵制机能永远是一个不可缺少的组成部分。"

20世纪40年代以前，人们习惯用内部牵制这一概念，其主要特点是以任何个人或部门不能单独控制任何一项或一部分业务权力的方式进行组织的责任分工。一般来说，内部牵制的执行大致可分为以下四类：一是实物牵制。例如，把保险柜的钥匙交给两个以上工作人员持有。如果不同时使用这两把以上的钥匙，保险柜就打不开。二是机械牵制。例如，保险柜的门若非按正确程序操作就打不开。三是体制牵制。采用双重控制预防错误和舞弊的发生，如对原始记录进行备份。四是簿记牵制。定期将明细账与总账进行核对，如会计与出纳实施职责分离。在现代内部控制理论中，内部牵制仍占有重要地位，成为有关组织机构控制和职务分离控制的基础。

2. 内部控制阶段

20世纪40年代末，内部控制这一概念得到了重视。第二次世界大战后，随着科学技术的革新和生产自动化迅猛发展，企业规模日益壮大，其间涌现出大量的巨头公司，市场竞争也日趋激烈，对企业的内部控制提出了更高的要求，形成了包括组织结构、岗位责任、内部审计、业务程序、检查标准、人员条件在内的控制体系。

1949年，美国注册会计师协会的审计程序委员会在《内部控制：一种协调制度要素及其对管理当局和独立注册会计师的重要性》的报告中，对内部控制首次作出权威性定义："内部控制包括组织机构的设计和企业内部采取的所有相互协调的方法与措施，以保护企业财产、检查会计信息的准确性、提高经营效率和推动企业坚持执行既定的管理政策和规章制度。"这一范围广泛的定义及其相应的解释，在当时被普遍认为是对理解内部控制这一概念的重大贡献，因为在此之前内部控制概念从未受到如此的重视。

1958年，美国注册会计师协会下属的审计程序委员会发布的《审计程序公告第29号》对内部控制定义重新进行表述，将内部控制划分为会计控制和管理控制。会计控制包括组织规划的所有方法和程序，这些方法和程序与财产安全以及财务记录可靠性有直接的联系。会计控制包括授权与批准制度、从事财务记录和审核与从事经营或财产保管职务分离的控制、财产的实物控制和内部审计。管理控制包括但不限于确保交易由管理当局授权的组织结构、程序及有关记录。内部管理控制包括组织规划的所有方法和程序，这些方法和程序主要与经营效率和贯彻管理方针有关，通常只与财务记录有间接关系。管理控制一般包括统计分析、时效研究即工作节奏研究、业绩报告、员工培训计划和质量控制。

3. 内部控制结构阶段

20世纪80年代以后，西方会计、审计界研究的重点逐步从内部控制一般含义向具体内容深化。1988年,美国注册会计师协会发布《审计准则公告第55号》,从1990年1月起取代1972年发布的《审计准则公告第1号》。该公告首次以"内部控制结构"代替"内部控制",指出"公司的内部控制结构包括为提供取得公司特定目标的合理保证而建立的各种政策和程序"。内部控制结构是指为了对实现特定公司目标提供合理保证而建立的一系列政策和程序构成的有机整体,包括控制环境、会计系统及控制程序三个部分。

(1) 控制环境,反映董事会、经理、其他利益相关者对控制的态度和行为。具体包括管理哲学和经营作风、组织结构、董事会及审计委员会的职能、人事政策和程序、确定职权和责任的方法、经理层监督和检查工作时所用的控制方法。

(2) 会计系统,规定各项经济业务的确认、归集、分类、分析、登记和编报方法。一个有效的会计系统包括以下内容:鉴定和登记一切合法的经济业务;对各项经济业务进行适当分类,作为编制财务报表的依据;计量经济业务的价值以使其货币价值能够在财务报表中记录;确定经济业务发生的时间,以确保它记录在适当的会计期间;在财务报表中恰当地表述经济业务及有关的揭示内容。

(3) 控制程序,指经理制定的政策和程序,以保证达到一定的目的。它包括经济业务和活动的批准权;明确各员工的职责分工;充分的凭证、账单设置和记录;资产和记录的接触控制;业务的独立审核等。

与以前的内部控制定义相比,这一阶段对内部控制的定义主要有如下特点:一是内部控制结构将内控环境首次纳入了内部控制的范畴;二是不再区分会计控制和管理控制。至此,由公司实践中产生的内部控制活动,完成了实践到理论的升华。

4. 内部控制整合框架阶段

进入20世纪90年代,人们对内部控制的研究进入了一个全新的阶段。1992年,美国反对虚假财务报告委员会下属的由美国会计学会、美国注册会计师协会、美国国际内部审计师协会、美国财务经理协会和美国管理会计学会等组织参与的发起组织委员会(COSO)发布报告《内部控制——整合框架》,即"COSO报告",该报告具有广泛的适用性。1996年,美国注册会计师协会发布《审计准则公告第78号》,并从1997年1月起取代1988年发布的《审计准则公告第55号》,将内部控制定义为:由一个企业的董事会、经理和其他人员实现的过程,旨在为下列目标提供合理保证:①财务报告的可靠性;②经营的效果和效率;③符合适用的法律和法规。审计准则将内部控制划分为五种要素,分别是控制环境、风险评估、控制活动、信息与沟通、监督。这五种要素使内部控制成为一个整体。

(1) 控制环境,构成公司的氛围,影响内部管理人员控制其他要素的基础。包括员工的诚实性和道德观、员工的胜任能力、董事会或审计委员会、管理哲学和经营方式、组织结构、授予权利和责任的方式以及人力资源政策和实施。

(2) 风险评估,指经理识别并采取相应的行动来管理对经营、财务报告、符合性目标有影响的内部或外部风险,包括风险识别和风险分析。

(3) 控制活动,指对所确认的风险采取必要的措施,以保证公司目标得以实现的政策和程序,包括业绩评价、信息处理、实物控制和职责分离。

(4) 信息与沟通,指为了使职员执行其职责,公司必须识别、捕捉、交流外部和内部信息。沟通是使员工了解其职责,保持对财务报告的控制,包括使员工了解在会计准则中他们的工作如何与他人相联系,如何对上级报告例外情况。沟通的方式有政策手册、财务报告手册、备查簿,以及口头交流或管理示例等。

(5) 监督,指评价内部控制质量的进程,即对内部控制改革、运行及改进活动进行评价、监督和控制。包括内部审计以及与单位外部人员、团体进行交流。

上述五项要素实际上内容广泛,相互关联。控制环境是其他控制要素的基础,在规划控制活动时,必须对公司可能面临的风险进行细致的了解和评估;而风险评估和控制活动必须借助公司内部信息的有效沟通;实施有效的监督以保障内部控制的实施质量。

5. 内部控制整合框架——风险管理阶段

2004年4月,美国COSO委员会在广泛吸收各国理论界和实务界研究成果的基础上,颁布了《公司风险管理框架》。该框架在1992年COSO的内部控制整合框架报告的基础上建立公司风险管理框架,将公司管理的重心由内部控制转向风险管理。相对于内部控制整合框架而言,新的COSO报告增加了一个观念即风险组合观,一个目标即战略目标,两个概念即风险偏好和风险容忍度,三个要素即目标制定、事项识别和风险反应。企业风险管理包括八个相互关联的要素,各要素贯穿在企业的管理过程之中。

(1) 内部环境。公司的内部环境是其他所有风险管理要素的基础,为其他要素提供规则和结构。内部环境包含的内容很多,包括公司员工的价值观、人员的胜任能力和发展计划、经理层的经营模式、权限和职责的分配方式等。董事会是内部环境的重要组成部分,对其他内部环境要素具有重要的影响。公司的经理也是内部环境的一部分,其职责是建立公司风险管理理念。

(2) 目标制定。经理根据公司确定的任务或预期制定公司的战略目标,选择战略并确定其他与之相关的目标进而在公司内层层分解和落实。而公司风险管理就是给公司经理提供一个适当的过程,既能够帮助制定公司的目标,又能够将目标与公司的任务或预期联系在一起,并且保证制定的目标与公司的风险偏好相一致。公司的目标包括战略目标、经营目标、报告目标以及合法性目标。

(3) 事项识别。不确定性的存在,即经理不能确切地知道某一事项是否会发生、何时发生或者事项发生后的结果,使得公司的经理需要对这些事项进行识别。而潜在事项对公司可能有正面、负面的影响或者两者同时存在。

(4) 风险评估。经理应从两个方面对风险进行评估——风险发生的可能性和影响。风险发生的可能性是指某一特定事项发生的可能性,影响则是指事项的发生将会带来的影响。对于风险的评估应从公司战略和目标的角度进行:首先,应对公司的固有风险进行评估;其次,经理应在对固有风险采取有关管理措施的基础上,对公司的剩余风险进行评估。

(5) 风险反应。风险反应可以分为规避风险、减少风险、共担风险和接受风险四类。规避风险是指采取措施退出会给公司带来风险的活动。减少风险是指降低风险发生的可能性、降低风险的影响或两者同时降低。共担风险是指通过转嫁风险或与他人共担风险,降低风险发生的可能性或降低风险对公司的影响。接受风险则是不采取任何行动而接受可能发生的风险及其影响。

（6）控制活动。控制活动是帮助保证风险应对方案得到正确执行的相关政策和程序。控制活动是公司为实现其商业目标而执行的过程的一部分，通常包括两个要素，确定应该作出什么样的政策以及影响该政策的一系列程序。

（7）信息和沟通。来自公司内部和外部的相关信息必须以一定的格式和时间间隔进行确认、捕捉和传递，以保证公司的员工能够执行各自的职责。有效的沟通包括公司内自上而下、自下而上以及横向的沟通，还包括将相关信息与公司外部相关方的有效沟通和交换等。

（8）监督。对公司风险管理的监督是指评估风险管理要素的内容和运行以及一段时期的执行质量的一个过程。公司可以通过两种方式对风险管理进行监督——持续监督和个别评估。持续监督和个别评估都是用来保证公司的风险管理在其内各经理和各部门持续得到执行。

二、建立内部控制系统的必要性

内部控制系统作为一种有效的现代管理技术体系，在公司中得到了迅速发展和广泛应用，并且得到政府部门、监管机构和社会中介机构等的高度重视。其原因在于，建立适当而有效的内部控制不仅是公司科学管理的要求，也是法律法规的要求，更是公司为应对所面临的风险而权衡成本与效益后的选择结果。

1. 适应科学管理的要求

第二次世界大战之后，科学技术飞速发展，经济的国际化趋势日益明显，生产和资本高度集中，公司的组织规模越来越大，经营业务也日趋复杂及多样化。拥有众多子公司的跨国公司大量涌现，管理跨度的扩大、经营地点的分散、控制权力层次的变化，使得跨国公司面临的管理任务更加艰巨。公司董事会和经理再也不能像过去那样对其控制下的各种经营业务进行直接的监督和检查，相反，他们只能借助各种财务报告、统计资料来分析考核各个部门和子公司的工作业绩、经营效率和效果。然而，公司董事会和经理获取的各种信息是否真实可靠，他们下达的计划、指令是否得到了有效的执行，这些都令人生疑。

随着公司规模的扩大和内部职能部门的增多，更需要公司内部协调一致，节约资源，防止工作差错和舞弊，提高经营效率，以便在激烈的市场竞争中立于不败之地，这就在客观上要求公司建立完善的包括组织结构和业务程序在内的具有自我控制和自我调节功能的管理机制。于是，内部控制作为一种有效的管理工具应运而生，它能够帮助公司董事会和经理对其实现目标的各种活动进行有效的组织、制约、考核和调节，为各种信息的准确性和可靠性以及各类活动达到预期的目标提供合理的保证。

2. 遵循法律法规的要求

公司是否建立内部控制系统以及在哪些方面设置内部控制，在相当长的时期，均由公司董事会和经理根据需要自主决定。1977 年 12 月，美国国会通过的《反国外贿赂法》(Foreign Corrupt Practices Act，FCPA），除规定禁止各种形式的行贿或具有行贿嫌疑的行为之外，还要求在 SEC 管辖下的每一家公司都应建立内部控制系统，必须拥有持续的内部会计控制，以合理保证所有交易事项都得到公司董事会和经理的授权和认可。随着《反国外贿赂法》的颁布，1978 年 2 月，美国证券交易委员会发布了《证券交易法》（第 14478 号公告），题为"颁布 1977 年反国外行贿法的通知"对受该法约束的上市公司，要审查其会计程序、内部会计控制系统和营业惯例，以促使它们采取符合法律要求的必要措施。

为了加强和规范公司内部控制，提高公司经营管理水平和风险防范能力，促进公司可持续发展，维护社会主义市场经济秩序和社会公众利益，根据国家有关法律、法规，2008 年 6 月，中国财政部会同证监会、审计署、银监会、保监会制定和发布了《企业内部控制基本规范》，自 2009 年 7 月 1 日起在上市公司范围内施行，鼓励非上市的大中型公司执行。2010 年 5 月，上述五部委联合发布了《企业内部控制配套指引》，该配套指引包括 18 项《企业内部控制应用指引》《企业内部控制评价指引》和《企业内部控制审计指引》，连同此前发布的《企业内部控制基本规范》，标志着适应我国公司实际情况、融合国际先进经验的中国公司内部控制规范体系基本建成。2012 年 12 月，财政部发布《行政事业单位内部控制规范（试行）》，明确自 2014 年 1 月 1 日起行政事业单位将实施内部控制规范。

国务院国资委和财政部在 2012 年 5 月 7 日联合发布《关于加快构建中央企业内部控制体系有关事项的通知》，要求中央企业切实加强对内部控制工作的组织领导，加快构建中央企业内部控制体系。两部门要求，中央企业要设立专职机构或确定牵头部门，按照内部控制建设与监督评价职责相分离的原则，明确内部审计或相关部门负责组织内部控制评价工作；要分类分步推进，全面启动内部控制建设与实施工作，力争用两年时间，建立规范、完善的内部控制体系。各中央企业应当制订全集团内部控制整体建设实施方案或持续改进计划，经董事会批准后，报国资委备案；自 2013 年起，于每年 5 月 31 日前向国资委报送内部控制评价报告，同时抄送派驻本企业监事会。

因此，公司建立有效的内部控制系统是应履行的一项法律责任，同时，检查和评价被审计单位的内部控制也成为现场内部审计不可缺少的工作内容，这也促使公司致力于建立健全内部控制系统和内部审计制度，以赢得良好的社会声誉。

3. 考虑成本—效益原则的要求

21 世纪以来，公司处于不断变化的内外部环境之中，有些法规和监管要求公司加强内部控制，而公司出于成本考虑则要减少公司的内部控制。因此，在建立内部控制的过程中，就要求公司针对所面临的风险，考虑成本—效益原则的要求，选择能够避免"控制过度"与"控制不足"的总成本最小化的内部控制系统。

法规和监管要求公司加强内部控制系统的因素主要有以下几方面。

（1）避免违规。公司面临的潜在违规风险包括社会保障、环境保护、职工安全等。如果公司事先设置了相关内部控制程序，可能就会避免这种违规损失。

（2）降低处罚。有些法律在对公司犯罪量刑时，依据犯罪的严重程度与公司内部控制的有效程度来决定对公司的处罚。如果公司设有能够预防和发现违法行为的有效内部控制制度,则可以大大降低对公司的处罚。

(3) 减少欺诈。近年来,公司发生的内外部欺诈案件呈上升趋势。在这些发生内外部欺诈的公司中,内部控制薄弱是其共同特征。如果公司内部控制系统有效,则可以大大减少欺诈。

(4) 管理跨国公司风险。在海外经营的跨国公司会面临不同于国内的政治、经济、文化风险,由于交易活动的复杂性还会产生国际税收、汇率波动等风险,这就要求公司专门设立管理这些风险的内部控制系统。

(5) 树立良好社会形象。由于现代社会信息透明度的增大,公司一旦发生欺诈行为、管理不善或违反法规、被处罚款,就会引起社会新闻媒介的广泛关注,造成公司股票价格的剧烈波动,甚至给公众留下公司管理失控的不良印象。内部控制系统有助于预防此类问题的发生,并且在问题发生时能够提供给新闻媒体已妥善处理的补救程序。

(6) 加强政府管制。2001 年,美国安然等公司发生财务舞弊案件,引致了 2002 年《萨班斯—奥克斯利法案》公布实施,其中第 404 条款要求在 SEC 备案的上市公司必须提交年度内部控制自我评价报告,作为向 SEC 提交的财务报告的组成部分。在这份内部控制自我评价报告中,要求董事会和经理层报告公司当前财务报告内部控制的质量,并要求负责财务报表审计的会计师事务所对财务报告内部控制加以审计。

因此,内部控制不足可能导致财务信息不实、违反法律法规、资源使用无效率、财产损失、无法实现公司目标等,但控制过度又可能导致压抑雇员积极性、浪费有限资源、控制过程过分复杂、降低顾客满意度等。在一个动态的竞争环境中,这两方面都可能影响公司的竞争能力。公司必须确认自己所面临的风险,运用成本—效益原则进行分析,来选择使控制总成本最小化的最优控制水平,建立适合公司具体情况的内部控制系统。

三、内部控制的目标和要素

内部控制目标,是决定内部控制运行方式和方向的关键,也是认识内部控制基本理论的出发点。

(一) 内部控制的目标

在早期,人们对内部控制的理解仅限于内部牵制,且主要关注资产的保护。因此,内部控制初期的目标主要在于防止欺诈和舞弊的发生。1949 年,美国注册会计师协会审计程序委员会公布的内部控制权威定义中,提出了四大内部控制目标:保护公司财产安全;检查会计信息的准确性与可靠性;提高经营效率;促进公司遵循既定的管理政策。内部控制这四大目标为许多国家所接受和应用。

1992 年,COSO 报告在得到各界普遍认可的内部控制概念中提出的目标有三大类:一是营运目标,与公司资源使用的效率和效果有关,包括绩效和获利目标,以及保障资产的安全,使其免受损失。二是财务报告目标,与编制对外公布的财务报表的可靠性有关,包括防止对外公布财务报告的不实。三是遵循目标,与公司遵循相关法律法规有关,它们受外界因素影响,如环境保护法等影响。这些法令规定了公司的最低行为标准。

2008年,中国财政部、证监会、审计署、银监会、保监会联合发布的《企业内部控制基本规范》,提出内部控制的目标主要包括:

(1) 确保公司战略的实现。战略是一个组织长期发展的方向和范围,它通过在不断变化的环境中调整资源配置来取得竞争优势,从而实现利益相关者的期望。因此,不管是战略执行的内在要求还是内部控制的发展方向,战略与内部控制的有机结合是其发展的必然要求。

(2) 提高运营的效果和效率。重视经营的效果和效率对公司未来的成功是非常重要的。在最近几年,不同国家的管理者开始认识到一些组织没有理解效果和效率的重要性,并开始要求组织建立公司治理的政策和程序以提高经营的效果和效率。

(3) 确保财务报告的可靠性。公司的董事会和经理有责任编制可靠的财务报告,包括中期和简明的财务报告,以及与财务报表相关的财务数据,如已经公开发布的盈利报告等。

(4) 保护资产的安全、完整。资产的稀缺性客观上要求公司通过有效的内部控制系统确保其安全和完整。公司应保护各种有形与无形的资产,一是确保这些资产不被损害和流失;二是要确保对资产的合理使用和必要的维护。

(5) 符合相关的法律和法规。公司的董事会和经理有责任确保遵守相关的法律和法规。不遵守相关的法律和法规可能导致行政处罚和罚款,这会损失公司运营的重要资源。

(二) 内部控制目标的实现途径

影响内部控制目标实现的制约因素错综复杂,实现内部控制目标的有效途径主要包括以下几个方面。

(1) 适应外部控制环境,改善内部控制环境。控制环境包括公司的外部环境和内部环境,为实现公司的最高目标,内部控制必须谨慎设计以适应环境。

就外部控制环境而言,公司应遵循社会通过法律和法规、职业道德规则、不同利益集团之间的竞争等表现出的一系列要求,尽管董事会和经理不能轻易地对外部环境施加影响,但为使内部控制能有效运行,董事会和经理一定要建立一个内部控制系统来确认和满足公司的外部环境要求。如顾客的需求便是一个越来越重要的外部要求,公司应寻求通过管理技术如全面质量管理等不断改善整个生产经营过程,明确要求内部控制系统要包括严格的质量保证和监督方法,以满足公司外部要求。

公司的内部控制环境是指那些可由董事会和经理自身主观努力而设计和决定的影响因素。如公司组织形式、组织结构、组织形象、员工行为、资源规模与结构等,这众多的因素又影响和决定着公司文化。公司文化涉及员工对公司运行方式的集体感受,对公司如何处事的共识。因为公司文化既反映又影响员工的态度与行为,如果公司文化是有益的,那么内部控制一定要有利于这种文化的传播。在一个公司中,如果其文化氛围是官僚和墨守成规的,员工就倾向于遵从"本本主义"的行为方式;相反,在以顾客为导向的文化中,"什么事都有可能发生"便会盛行。以顾客需求定位的公司文化鼓励创造和革新。由于建立科学的内部控制目标与方法能培养主动性和革新文化又不失机械的限制,所以,公司文化对内控制具有重要意义。

(2) 提高积极性是决定内部控制系统运行的行为因素。了解内部控制对人的行为的影响,对内部控制系统的有效运行至关重要。为实现控制目标,公司应认识到员工的正常需求,并尽可能减少不正常的行为发生。具体而言,就是在充分重视和尊重员工在内部控制系统中的作用的同时,强调员工的积极性。

与早期的等级结构相比,现代公司更富有弹性,并鼓励员工更多地参与管理。即使在规模较小、组织结构简单的公司中,相互作用的组织结构也要求有共同的目标和指导,以通过战略、战术决策和操作控制过程来实现这些目标。尽管控制的目的是调节公司行为以实现公司目标,但这只是简单地减少那些阻碍实现目标的行为。为了防止和解决问题,内部控制系统一定要激励那些对实现公司目标有积极作用的行为。因为内部控制本来就具备"激励那些对实现公司目标有积极作用的活动;防止那些威胁公司目标实现的行为"的双重功能。

尽管"控制"一词通常与限制行动联系在一起,但是,如果要保持竞争力,现代公司一定不能僵死和缺乏弹性。面对放松管制、不断增长的竞争,生机勃勃的金融市场,飞速发展的技术创新及流动的、充满希望的劳动力,现代公司需要比以往更加敏锐和富有活力。尽管政策和程序是维持可靠的系统和保证前后一致的行动所必须的,但如果这些程序和制度过于压抑和拘束员工,一旦出现问题,员工便无力解决。因此,公司应当努力培育一种奖励职员、鼓励创新、正直可靠的控制环境。当然,控制也会因员工的不理解、马虎、疲劳而丧失效率,同时,控制也可能因员工的不理解或不认同而产生敌意并采取消极的态度,这些不利事件和行为都会对公司目标构成威胁。所以,一个有效的内部控制系统应当既能推动对实现公司目标有贡献的积极行为,同时也能防止危害行为和事件的发生。

(3) 控制成本是衡量内部控制效益的关键因素。内部控制只有在经济上可行或处于有关健康、安全等类似的"至高无上"的观念的考虑才能得以实施。任何内部控制行为均会产生成本,内部控制成本包括控制自身的有形成本、由于实施内部控制而造成的机会和时间的丧失以及员工对控制的反感和不满所造成的损失等。在内部控制系统的设计和运行中,一定要将这些成本与不实施控制而产生的不利事件、错误、低效率和舞弊使公司受到损失的风险联系在一起进行权衡。一般来说,潜在的损失是单一事件的价值、事件发生次数及事件所造成风险的函数。潜在损失将明显随着其价值或在公司中的重要性而增加;一种似乎是微不足道的错误或低效率会因为频繁出现而变得严重;某些资产(如现金)的性质使其较其他资产更容易受舞弊、滥用和破坏的损害。

对一个公司而言,需要清楚地判断潜在损失的风险,并予以量化,以便设计和实施符合成本—效益原则的内部控制程序。以内部控制为目的的风险评价,直接集中于风险的性质和可靠性,以及采用相应内部控制的可行性和成本。风险评价可以采用结构风险分析模式评价公司的整体风险或某项业务的单独风险。遵循成本—效益原则的另一个重要方面,就是将内部控制系统不留痕迹地融入公司管理的每个方面。公司应尽力避免将内部控制系统视为一种独立的、辅助的部分,应将内部控制融入公司的整个管理体系之中,能显著地降低内部控制成本,并产生良好的内部控制效益。

(三) 内部控制的要素

内部控制的内容,归根到底是由基本要素组成的。这些要素及其构成方式,决定着内部控制的内容与形式。

20世纪80年代后,西方审计界对内部控制研究的重点逐步从一般含义向具体内容深化。1988年AICPA发布了《审计准则公告第55号——会计报表审计中对内部控制结构的关注》,该公告首次以"内部控制结构"代替"内部控制",指出"公司的内部控制结构包括为提供取得公司特定目标的合理保证而建立的各种政策和程序",并提出内部控制结构包括控制环境、会计制度和控制程序三个要素。内部控制要素的发展步入结构化、系统化的轨道,将控制环境纳入内部控制的范畴。

1992年,美国"反对虚假财务报告委员会"下属的COSO发布了《内部控制——整体框架》报告。1996年,美国注册会计师协会也发布了《审计准则公告第78号》,将内部控制定义为:"由一个公司的董事会、经理层和其他人员实现的过程,旨在为下列目标提供合理保证:A.财务报告的可靠性;B.经营的效果和效率;C.符合适用的法律和法规"。该准则将内部控制划分为五种要素,即控制环境、风险评估、控制活动、信息与沟通、监督。

内部控制整体框架报告面世后,将内部控制发展为立体框架结构,为建立内部控制标准奠定了基础,也为实际应用提供了方便。与早期阶段的内部控制要素及其框架比较,内部控制框架下的五要素将风险评估纳入内部控制系统,并使其由会计系统扩展为信息与沟通,同时强调了对内部控制系统的监督。

2008年,中国财政部、证监会、审计署、银监会、保监会联合发布的《企业内部控制基本规范》,提出内部控制要素有五大类。

(1) 内部环境。内部环境提供公司纪律与架构,塑造公司文化,并影响公司员工的控制意识,是所有其他内部控制组成要素的基础。内部环境的因素具体包括:诚信的原则和道德价值观、评定员工的能力、董事会和审计委员会、管理哲学和经营风格、组织结构、责任的分配与授权、人力资源政策及实务。

(2) 风险评估。每个公司都面临来自内部和外部的不同风险,这些风险都必须加以评估。评估风险的先决条件,是制定目标。风险评估就是分析和辨认实现所定目标可能发生的风险,具体包括目标、风险、环境变化后的管理等。

(3) 控制活动。公司经理辨识风险,继之应针对这种风险发出必要的指令。控制活动,是确保经理层的指令得以执行的政策及程序,如核准、授权、验证、调节、复核营业绩效、保障资产安全及职务分工等。控制活动在公司内的经理层和职能部门之间都会出现,主要包括经理人员对公司绩效进行分析、相关部门进行管理、对信息处理的控制、实体控制、绩效指标的比较、分工。

(4) 信息与沟通。公司在其经营过程中,需按某种形式辨识、取得确切的信息,并进行沟通,以使员工能够履行其责任。信息系统不仅处理公司内部所产生的信息,同时也处理与外部的事项、活动及环境等有关的信息。公司所有员工必须从经理那里清楚地获取承担控制责任的信息,而且必须有向上级部门沟通重要信息的方法,并对外界顾客、供应商、政府主管机关和股东等做有效的沟通。

(5)内部监督。内部控制系统需要监督,内部监督是由适当的人员,在适当的基础上,评估控制的设计和运行情况的过程。内部监督活动由持续监督、个别评估所组成,可确保公司内部控制能持续有效地运作。具体包括持续的监督活动、个别评估、报告缺陷。

四、内部控制系统的种类

公司的内部控制系统涉及生产经营的各个环节和各个部门,各个环节和部门均可根据自身业务特点和工作范围建立内部控制系统。这些不同的内部控制系统可以按照不同的标志进行科学分类,以有利于加深对内部控制系统的认识。

(一) 内部控制系统按要素分类

内部控制系统按要素分类,国际上通常分为控制环境、风险评估、控制活动、信息与沟通、监督。

(1)控制环境。控制环境是指对公司控制的建立和实施有重大影响的多种因素的统称。控制环境的好坏直接决定着公司其他控制要素能否实施或实施的效果。

(2)风险评估。每个公司都面临来自内部和外部的不同风险,这些风险都必须加以评估。评估风险的先决条件是制定目标。风险评估就是分析和辨别实现所定目标可能发生的风险。

(3)控制活动。控制活动是确保经理的指令得以执行的政策及程序,如核准、授权、验证、调节、复核经营业绩、保障资产安全及职务分工等。

(4)信息与沟通。公司在其经营过程中,需按某种形式辨识、取得确切的信息,并进行沟通,以使员工能够履行其职责。公司所有员工必须从经理层那里清楚地获取承担控制责任的信息,而且必须有向上级部门沟通重要信息的方法,并与外界顾客、供应商、政府主管机关和股东等进行有效的沟通。

(5)监督。监督是由适当的人员,评估控制的设计和运行情况的过程。监督活动由持续监督和个别评估组成,可确保公司内部控制能够持续有效地运行。

(二) 内部控制系统按工作范围分类

内部控制系统按工作范围分类,可以分为内部管理控制系统和内部会计控制系统。

(1)内部管理控制系统。内部管理控制系统是以提高经营效率、工作效率为目的,用于行政和业务管理方面的方法、措施和程序。如劳动组织、劳动工资、人事内部控制系统;质量检验内部控制系统;技术设计内部控制系统;情报资料内部控制系统;电子计算机操作内部控制系统;材料供应、产品生产、产品销售内部控制系统,等等。

(2)内部会计控制系统。内部会计控制系统是以保护财产物资和确保会计资料可靠性为目的,用于会计业务和与之相关的其他业务管理方面的方法、措施和程序。如现金、银行存款内部控制系统,成本、费用管理内部控制系统,资产管理内部控制系统,利润及其分配管理内部控制系统,记账程序内部控制系统,会计凭证保管、整理、归档内部控制系统,会计电算化内部控制系统,等等。

(三) 内部控制系统按建立的目的分类

内部控制系统按建立的目的分类,可以分为保护财产物资的内部控制系统、保证会计资料可靠性和正确性的内部控制系统,以及保证经济活动合法性和效益性的内部控制系统。

(1) 保护财产物资的内部控制系统。保护财产物资的内部控制系统是以流动资产、固定资产和其他资产为对象,规定购入、验收、入库、保管、使用、维修、计量等职责和权限、手续和程序。如材料验收控制系统,入库、出库控制系统,限额领用控制系统,产品盘点控制系统,现金管理控制系统,机器设备维修、保养控制系统等。

(2) 保证会计资料可靠性和正确性的内部控制系统。保证会计资料可靠性和正确性的内部控制系统是以会计凭证、会计账簿和财务报表为对象,规定了会计核算的组织形式、方法和程序,保证会计资料及其他信息资料的可靠性和正确性。如财产计价控制系统,成本计算规程控制系统,财产清查控制系统,记账程序控制系统,账证、账账、账表和账实核对控制系统,会计人员岗位责任系统,电算化会计操作控制系统等。

(3) 保证经济活动合法性和效益性的内部控制系统。保证经济活动合法性和效益性的内部控制系统是以经济活动为对象,规定了经济活动必须遵守的规范和程序以及控制经济活动的方法、措施。这类控制系统范围较广,包括行政和业务部门的内部控制系统和会计部门的内部控制系统。如材料采购控制系统和现金控制系统,成本、费用控制系统,产品销售控制系统,目标利润控制系统,财务成果分配控制系统,基建工程控制系统等。

(四) 内部控制系统按控制方式分类

内部控制系统按控制方式分类,可分为预防性内部控制系统与察觉性内部控制系统。

(1) 预防性内部控制系统。预防性内部控制系统是指那些目的在于防止差错和舞弊行为的发生而设置的措施和程序。如出纳与会计必须由两个人担任,开具银行支票的必须与掌管印章的相分离,销售开发票的必须与收款的相分离等,都属于防患于未然的预防性内部控制系统。

(2) 察觉性内部控制系统。察觉性内部控制系统是指当错误、舞弊行为发生时或发生后,能够立即自动发出信号,并及时采取纠正或补救的方法、措施和程序。如定期进行结账、对账,定期进行财产清查、核对账实,定期轮换工作人员等,都属于察觉性内部控制系统。

五、内部控制系统的内容

要对内部控制进行评价,应充分了解其构成内容。由于每个公司的性质、业务、规模等不同,内部控制系统的具体内容也不尽相同。概括起来,内部控制的构成内容可分为如下几个方面。

(一) 合规、合法性控制

建立和健全公司内部控制系统必须符合国家法律、财经政策、法令和财经制度的规定,每一项经济业务活动必须控制在合规、合法的范围内。如一切会计凭证都必须由会计部门认真审核、把关,对不合规、不合法的经济业务应坚决予以揭露和制止;生产和销售的产品必须符合质量要求,不许以次充优或生产销售伪劣产品,等等。这些规定和要求,都是合规、合法性控制。

(二) 授权、分权控制

随着公司规模不断扩大,环节日益增多,业务纷繁,公司董事会和经理不可能事必躬亲,包揽一切事务。因此,必须将事、权进行合理划分,对下级授权、分权,规定各级人员处理某些事务的权力。在授权、分权范围内,授权者或分权者有权处理有关事务;未经批准和授权,不得处理有关经济业务。这样,把各项经济业务在其发生之际就加以控制,使各级业务人员都能在其位谋其政。权和责是相互联系的,建立内部控制系统时,必须将公司或个人按其所授权力或所分权力与应负的责任相联系,制定岗位责任制,明确岗位应予履行的任务及其应负的责任,并定期进行检查,做到事事有人管,人人有专责,办事有标准,工作有检查,从而对各项经济业务进行控制。如一项经济业务从发生至结束的整个过程中,谁核准、谁经办、谁复核、谁验收、谁审批等都应在内部控制系统中予以充分说明,做到分工负责,权责分明。

(三) 不相容职务控制

建立内部控制系统,必须对某些不相容职务进行分离,应分别由两人以上担任,以便相互核对、相互牵制、防止舞弊。所谓不相容职务,指集中于一人办理时,发生差错或舞弊的可能性就会增加的两项或几项职务。如经管现金和银行存款的出纳,与负责总账登记的会计,就属于不相容职务。企业对不相容职务,应该加以严格控制和分离。

(1) 经济业务处理的分工。即一项经济业务的全过程不应由一个人或一个部门单独处理,应分割为若干环节,分属不同的岗位或人员管理。具体要求是:授权进行某项经济业务和执行该项业务的职务要分离,执行某项经济业务和审查该项业务的职务要分离,执行某项经济业务和记录该项业务的职务要分离,记录某项经济业务与审核该项经济业务的职务要分离。

(2) 资产记录与保管的分工。实行这种分工的目的在于保护资产的安全完整。具体要求是:保管某项物资和记录该项物资的职务要分离,保管物资与核对该项物资账实是否相符的职务要分离,记录总账和记录明细账的职务要分离,登记日记账和登记总账的职务要分离,贵重物品仓库的钥匙由两个人分别持有。

(3) 各职能部门具有相对独立性。这种独立性体现在:一是各职能部门之间是平级关系,而非上下级从属关系;二是各职能部门的工作有明确分工,不存在责任共担、成绩均享的关系。

(四) 业务程序标准化控制

为了提高工作效率,实行科学化管理,现代公司一般将每一项业务活动,都划分为六个步骤:授权、主办、核准、执行、记录和复核。这种按照客观要求建立的标准化业务处理程序,不仅有利于实际业务活动按照事先规定的轨道进行,而且对实际业务活动做到了事前、事中和事后的控制。这种标准化处理程序可用成文的制度表示,如各种管理制度,也可以绘成流程图,如各种业务处理程序图。采取这种方式控制,不仅经办人员有章可循,能够按照科学的程序办事,而且可以避免职责不清、相互扯皮等现象。

按照标准化处理程序的要求,会计部门的每一个工作人员必须有严密的组织分工,会计资料力求做到统一格式、统一编号、专人填制、专人保管,防止混乱、丢失。如每项经济业务发生之后,都应取得或填制会计凭证,作为该项经济业务的书面证明;凭证的设计必须科学,力求标准格式;凭证的填写必须认真;凭证的传递必须合理,环环紧扣;凭证的复核、审查必须严格;需要套写的凭证,不准分别填写;需要事先连续编号的凭证,不准临时编号;填错的凭证,要按规定的程序和手续改正,不准任意涂改;每种凭证应按规定的要求和手续整理、归档、调阅、销毁等。

(五) 复查核对控制

为了保证会计信息的可靠性,规定各项经济业务必须经过复查核对,以免发生差错和舞弊。对业已完成的经济业务记录进行复查核对是控制记录使其正确可靠的重要方法。复查核对一般分为两种:一种是将记录与所记的实物相核实;另一种是记录之间的相互复查核对。通过这两种复查核对,能进一步保证记录真实、完整、正确。复查核对的内容包括凭证之间的复查核对,凭证和账簿之间的复查核对,账簿和报表之间的复查核对,账簿之间的复查核对,账簿与实物之间的复查核对等。建立严格的复查核对制度,有利于及时发现并改正会计记录中的错误,做到证、账、表、实物相符。

(六) 人员素质控制

内部控制系统实施是否有效,关键取决于实施内部控制系统人员的素质。要使内部控制系统的功能按预定的目标正常发挥,必须配备与承担的职务相适应的高素质人员。否则,即使内部控制系统本身十分完美,实施的效果也难以令人满意。人员的素质包括良好的思想品德和职业道德,较高的业务素质和专业技能,较广博的知识水平,而且还包括接受职业继续教育和培训。人员素质的控制,除了对人员本身的素质提出较高要求外,还应对人员的选择、使用和培训采取一定的措施和办法,以控制内部控制系统执行人员的素质。

对人员素质的控制,除上述内容外,还包括对人员的职务进行定期轮换,以增加对某项职务的全面复核,从而达到控制的目的。有关职务实行定期轮换,是实践中证明行之有效的控制措施,不仅使某项职务的承担人员发生的错误、舞弊能在短时间内被发现、纠正,而且可以促使工作人员兢兢业业工作,以便交接时经得起检查,从而增强内部控制的功能。

六、信息技术对内部控制系统的影响

在信息技术环境下,传统的手工内部控制越来越多地被自动化内部控制所替代。同时,对自动控制的依赖也可能给公司带来下列财务报告的重大错报风险:信息系统或相关系统程序可能会对数据进行错误处理,也可能会去处理那些本身就错误的数据;自动信息系统、数据库及操作系统的相关安全控制如果无效,会增加对数据信息非授权访问的风险;数据丢失风险或数据无法访问风险,如系统瘫痪;不适当的人工干预,或人为绕过自动控制。

因此,公司采用信息系统处理业务,并不意味着手工控制被完全取代,信息系统对内部控制系统的影响,取决于公司对信息系统的依赖程度。由于各个公司信息技术的特点及复杂程度不同,各个公司的手工及自动控制的组合方式往往会有所区别。

在信息技术环境下,手工内部控制的基本原理与方式在信息环境下并不会发生实质性的改变,而对于自动控制,应从信息技术一般性控制与信息技术应用控制两方面考虑对内部控制系统的影响。

(一) 信息技术一般控制对内部控制系统的影响

信息技术一般性控制是指为了保证信息系统的安全,对整个信息系统以及外部各种环境要素实施的对所有的应用或控制模块具有普遍影响的控制措施,它通常会对实现部分或全部财务报表认定做出间接贡献。在有些情况下,信息技术一般性控制也可能对实现信息处理目标和财务报表认定做出直接贡献。这是因为,有效的信息技术一般性控制确保了应用系统控制和依赖计算机处理的自动会计程序得以持续有效地运行。

信息技术一般性控制包括程序开发、程序变更、程序和数据访问以及计算机运行四个方面。

(1) 程序开发。程序开发领域的控制目标是确保系统的开发、配置和实施能够实现管理层的应用控制目标。程序开发控制的一般要素包括对开发和实施活动的管理,项目启动、分析和设计,对程序开发实施过程的控制软件包的选择,测试和质量确保,数据迁移,程序实施,记录和培训,职责分离。

(2) 程序变更。程序变更领域的控制目标是确保对程序和相关基础组件的变更是经过请求、授权、执行、测试和实施,以达到经理层的应用控制目标。程序变更控制一般包括以下要素对维护活动的管理,对变更请求的规范、授权与跟踪,测试和质量确保,程序实施,记录和培训,职责分离。

(3) 程序和数据访问。程序和数据访问这一领域的控制目标是确保分配的访问程序和数据的权限是经过用户身份认证并经过授权的。程序和数据访问的子组件一般包括安全活动管理、安全管理、数据安全、操作系统安全、网络安全和物理安全。

(4) 计算机运行。这一领域的控制目标是确保生产系统根据经理层的控制目标完整准确地运行,确保运行问题被完整准确地识别并解决,以维护财务数据的完整性。计算机运行的子组件一般包括计算机运行活动的总体管理、批调度和批处理、实时处理、备份和问题管理以及灾难恢复。

(二) 信息技术应用控制对内部控制系统的影响

信息技术应用控制一般要经过输入、处理及输出等环节,和手工控制一样,自动系统应用控制同样关注信息处理目标的四个要素,即完整性、准确性、授权以及访问限制。

(1) 完整性控制,包括顺序标号,可以保证系统每笔日记账都是唯一的,并且系统不会接受相同编号,或者在编号范围外的凭证。还包括编辑检查,以确保无重复交易录入,比如发票付款的时候,检查发票编号。

(2) 准确性控制,包括编辑检查,即限制检查、合理性检查、存在性检查和格式检查等;将客户、供应商、发票和采购订单等信息与现有数据进行比较。

(3) 授权控制,包括交易流程中必须包含恰当的授权,将客户、供应商、发票和采购订单等信息与现有数据进行比较。

(4) 访问限制控制,一是对于某些特殊的会计记录的访问,必须经过数据所有者的正式授权,经理必须定期检查系统的访问权限来确保只有经过授权的用户才能够拥有访问权限,并且符合职责分离原则。二是访问控制必须满足适当的职责分离,如交易的审批和处理必须由不同的人员来完成。三是对每个系统的访问控制都要单独考虑,密码必须定期更换,并且在规定次数内不能重复;定期生成多次登录失败导致用户账号锁定的报告,经理必须跟踪这些登录失败的具体原因。

第二节 财务报告内部控制

财务报告由财务会计人员编制,是财务会计信息加工后对外公布的结果。它的产生依赖于会计核算系统、日常控制机制的运行,并受到公司内部控制环境的影响。

一、内部控制对财务报告的影响

建立内部控制系统的目标之一就是保证财务报告的可靠性,但保证财务报告的可靠性并不是内部控制系统的全部。一方面,有效的内部控制系统只能合理保证财务报告的可靠性;另一方面,没有内部控制系统的公司财务报告不一定不可靠。但财务报告一旦不可靠,则公司的内部控制系统必定无效。

从经济业务的发生到形成凭证、账簿、报表需要一系列的控制活动。经济业务的发生需要经过适当的授权批准,记录在原始凭证上,保证真实性;经济活动每一步骤都需要在原始凭证上留下痕迹,并需要对原始凭证进行有效的控制,如连续编号并定期清点等,保证对所有的经济业务都予以记录并且没有重复记录,为会计核算提供真实的原始依据;财务会计人员根据汇集的原始凭证编制记账凭证,作为记录账簿的依据,最后根据账簿编制财务报表,其中需要对原始凭证进行检查,明细账与总账分别由不同职员编制,并由其他职员进行定期复核,必要的职务分离等控制程序。由此可见,业务控制程序和活动并不是单独存在的,而是渗透于生产经营管理活动中。有效的内部控制能确保会计核算系统中确认、计量、记录、报告各步骤都具有真实合法的凭据,并减少核算中的差错,最终提供真实可靠的财务报告。无论哪一个控制环节出现问题,都可能会产生记录核算错误或者给不法分子以可乘之机,诱发舞弊,造成虚假的财务报告。

除了业务控制程序和活动外,内部控制其他组成部分也制约着财务报告的真实性、可靠性。要使业务控制程序和活动能够得到有效执行以保证会计信息的真实可靠,离不开合理的组织结构和过硬的人员素质。组织结构为公司的经营提供规划、执行、控制和监督活动的框架,是实施内部控制的载体,组织结构的合理与否直接影响到内部控制的效果。良好的组织结构控制应该能够保证责任明确、授权适当、信息沟通顺畅,构成控制环境的重要组成部分。如果董事会和经理在财务报告编报方面的权力过大,在缺乏有效的约束和监督机制的情况下,可以不执行或绕过内部控制系统,就会导致粉饰财务报告、操纵利润等行为发生。

内部审计机构负责检查评价内部控制系统设计和执行的有效性,内部审计人员在公司中地位的高低、职责履行的好坏对内部控制系统的运行以至于对财务会计核算系统都有重要的影响。

财务会计组织机构负责具体的账务会计处理,控制会计信息的产生。财务会计组织机构各方关系人权力和责任明确,逐层负责,及时发现和报告问题,才能有效履行监督控制机制。

即使有设计良好的内部控制系统,仍需要人来执行。员工的道德水准和价值观以及胜任能力是内部控制环境的重要因素,对内部控制的执行有效性起着至关重要的作用;董事会和经理的管理理念和经营方针对塑造公司文化有着非同小可的影响,而健康的公司文化对于公司经营管理水平的提高显然具有不可忽视的作用,从而对内部控制的有效执行提供了有力保证。

组织结构、内部审计机构和人员素质因素对财务会计核算系统的影响尽管是间接的,但是任何一个因素出现问题都会严重影响内部控制系统甚至财务会计核算系统的有效运行,最终产生不可靠的财务信息。

二、财务报告内部控制的含义

21世纪,随着法律法规对内部控制提出新要求,在内部控制的发展过程中,出现了财务报告内部控制(internal control over financial reporting)这一新提法。SEC在2002年发布的33—8138号提案中首次对财务报告内部控制进行了解释,即财务报告内部控制的目的是确保公司设计的控制程序能为下列事项提供合理的保证:公司的业务活动经过合理的授权;保护公司的资产,避免未经授权或不恰当的使用;业务活动被恰当地记录并报告,从而保证上市公司的财务报告符合公认会计原则的编报要求。该定义与美国2002年《萨班斯—奥克斯利法案》103条款中要求注册会计师进行内部控制审计的内容保持一致,并且符合美国注册会计师协会发布的审计准则公告319条款的规定。

根据SEC 2003年6月正式发布的最终规则中的定义,财务报告内部控制是指由公司的首席执行官、首席财务官或者公司行使类似职权的人员设计或监管的,受到公司的董事会、经理和其他人员影响的,为财务报告的可靠性和满足外部使用的财务报告编制符合公认会计原则提供合理保证的控制程序,具体包括以下控制政策和程序。

(1) 保持详细程度合理的财务会计记录,准确公允地反映资产的交易和处置情况。

(2) 为下列事项提供合理的保证,公司对发生的交易进行必要的记录,从而使财务报告的编制满足公认会计原则的要求;公司所有的收支活动经过经理和董事会的合理授权。

(3) 为防止或及时发现公司资产未经授权的取得、使用和处置提供合理保证,这种未经授权的取得、使用和处置资产的行为可能对财务报告产生重要影响。

另外，COSO单独对保证财务报告可靠性的内部控制进行了说明，分析列举了内部控制五要素中对财务报告可靠性产生影响的因素。尽管内部控制三个目标之间存在着重叠，各项控制措施几乎都服务于一个以上的目标，很难确定哪些控制是属于财务报告可靠性的内部控制，但是COSO报告仍然认为，应该对于保证财务报告可靠性的内部控制进行界定以确保对财务报告可靠性的内部控制能满足财务报告使用者的合理预期。

由此可见，财务报告内部控制是专为合理保证财务报告的可靠性这一目标而提出的，既然将财务报告内部控制这一概念单独从内部控制中分离出来，说明在保证财务报告可靠性方面，内部控制的确发挥着不可忽视的作用。

三、内部控制要素与财务报告认定的关系

内部控制与财务报告可靠性的关系，具体体现在内部控制五要素与财务报告的五大认定之间的关系。财务报告中所包含的有关董事会和经理层的认定有以下几个方面。

(1) 存在或发生。所有资产、负债和所有者权益在资产负债表项目中必须存在，并且所有利润表中的收入、费用和盈利都必须在当期发生。

(2) 完整性。财务报告包括所有的交易、资产、负债和所有者权益。

(3) 权利和义务。在财务报告中，公司享有拥有资产的权利和偿还负债的义务。

(4) 估价或分摊。财务报告中的资产、负债、所有者权益、收入、费用、利润和亏损是根据公认的会计准则来估价或分摊的。

(5) 表达与披露。财务报告中记录的数据按照公认的会计原则被合理地分类和披露。

特定的内部控制要素与财务报告认定的关系主要有以下几个方面。

(1) 内部环境与财务报告认定的关系。内部控制中的基础性要素是控制环境，对财务报告认定的实现有重大的影响。如果公司董事会和经理缺乏正直的品格和良好的道德，加上面临改善盈余的内部或外部压力，则公司可能会有意错报，从而影响整个财务报告的认定。相反，如果公司董事会和经理具有正直的品质和良好的道德，则公司会选择公允反映。公司完善的人力资源政策能够确保执行政策和程序的人员具有胜任能力和正直的品行。公司有一套良好的员工雇佣、训练、业绩考评及晋升等政策会导致员工不做有损公司利益的事。董事会和经理对风险的态度可能会影响分公司财务报告的表述。

(2) 风险评估与财务报告认定的关系。如果公司面临重大的经营风险或财务风险，公司与成本、收益有关的经营目标通过努力无法实现时，则负责编制财务报告的员工可能会有意去粉饰实际结果，以达到预算目标。当员工的工资或薪水与预算的有利差异紧密相关时，这种错报的可能性就加大了。在这种情况下，存在或发生、完整性和估价认定的可靠性就值得怀疑。为减少这种可能性，公司必须客观地评估面临的风险，设置的计划和预算指标应满足如下条件：这种计划和预算所设立的目标应是可实现的，并清晰地说明达到目标的可靠性策略，这些目标和策略与负责具体预算的人确实相关。因此，在制定预算时，应仔细评估实现目标所存在的重要风险。

(3) 控制活动与财务报告认定的关系。用于防止和发现财务会计记录差错的控制活动加强了财务会计信息系统的功能，有助于产生更为可靠的财务报告，这些控制活动包括批准、授权、安全控制、职责分工等。安全控制用于保护公司的资产，以确保资产安全和记录可靠，与降低存在或发生、完整性、估价或分摊认定的控制风险有关。

(4) 信息和沟通与财务报告认定的关系。信息的确认和收集保证财务报告所提供信息的完整性；对信息的处理有助于信息的分类和记录，对记录的适当控制有助于估价认定的实现，对分类的适当控制有助于表达与披露、权利和义务认定的实现；信息的报告是企业编制财务报告的过程，影响财务报告质量的各个方面。沟通大大加强了各个认定的可靠性。财务报告有效的沟通还要求明确地将相关职责分配给执行控制程序的员工，使相关的员工清楚如何进行控制，以及自身在内部控制系统中的角色和责任，这同样会增强财务报告的可靠性。

(5) 内部监督与财务报告认定的关系。对内部控制进行内部监督的目的是确保其他内部控制要素如设计时一样得到有效执行。内部监督影响到各个认定的实现。

第三节 内部控制与内部审计

内部控制是为了促进公司的有效运营和防范风险，而内部审计则在于协助董事会和经理评价内部控制系统，适时提供改进建议，以确保内部控制系统得以持续实施。因此，在公司组织中，内部审计与内部控制之间是相互依存的关系，互为基础，互相促进。

一、内部控制与内部审计的关系

内部控制与内部审计的关系问题，一般可归纳为以下三种观点：一是认为，内部控制与内部审计两者相互并存，不存在谁包含谁的问题。二是认为，内部审计本身就是内部控制的一个重要组成部分，内部控制系统包括内部审计。三是认为，内部控制与内部审计相互补充，共同构成公司的监督控制体系。

1. 内部控制与内部审计相互并存论

内部控制是公司由于管理的需要而建立的既相互联系又相互制约的管理体系。内部审计在内部控制中属于内部监督范围，是公司自我独立评价的一种活动，内部审计本身就是一种控制，它按照内部控制要求，通过内部控制系统为其制定的审计程序和方法及要完成的任务、达到的目标，协助公司董事会和经理监督内部控制政策和程序的有效性，来促成良好的控制环境的建立，并为改进内部控制系统提供建设性意见。因此，内部控制与内部审计相互并存。

2. 内部控制与内部审计相互促进论

公司的内部控制为内部审计提供保障，而内部审计促进内部控制的发展。公司内部审计通过分析生产经营管理中存在问题产生的原因和影响，协助董事会和经理完善内部控制,促进内部控制的建设,维护内部控制的有效。而一个良好的内部控制,有助于内部审计工作的开展,有助于提高审计效率,降低审计风险,提高审计质量,更有助于扩大审计领域,加速现代审计方法的变革。

3. 内部控制与内部审计相互补充论

内部控制需要内部审计,同样,内部审计需要内部控制。内部控制环境比任何其他因素更能影响内部审计的发展。没有健全的内部控制系统作为基础,内部审计就无法开展;没有良好的内部控制,财务会计信息会出现失真,经理人员责任会不明确,管理会出现混乱现象等,不仅会加重内部审计工作量,而且会加大内部审计的风险,从而制约了内部审计的发展。同理,内部控制需要内部审计。没有内部审计对内部控制设计和运行的有效性的评审和进一步完善强化内部控制的建议,内部控制也只能原地踏步,造成与现实不符,效果不佳,甚至形同虚设,或因内部控制的局限性,给不法之徒以可乘之机,造成内部控制失效。

事实上,内部控制与内部审计之间存在着一种相互依赖、相互促进的内在联系。内部控制本质上是公司为了达到一定目标所采取的一系列行动和过程,而内部审计的主要目的之一是评价公司内部控制,它通过对内部控制的设计和运行的有效进行评价,以确保揭露公司潜在的风险和运行的经济性达到公司的目标。其本身又是内部控制的重要组成部分。一个公司所提供的会计信息和其他经济信息的真实、完整与否,与该公司是否存在具有规范的内部控制系统有效执行有相当程度的因果关系。内部控制的存在与否,对内部审计方式的选择有着至关重要的意义。由于内部控制是为了促进公司的有效运营,而内部审计则在于协助董事会和经理调查、评价内部控制系统,适时提供改进建议,以使内部控制系统得以有效实施。在通常情况下,内部控制系统规定公司经营管理部门开展工作应遵守的规范,通过内部审计机构评价内部控制系统的有效性。

二、内部审计对内部控制的促进作用

内部审计对内部控制的促进作用,可以概括为以下几个方面。

(一) 内部审计是内部控制系统的重要组成部分

1986年4月,最高审计机关国际组织(INTOSAI)在第十二届大会上发表的《总声明》对内部控制作了权威性解释:"内部控制作为完整的财务和其他控制体系,包括组织结构、方法程序和内部审计。它是由管理当局根据总体目标而建立的,目的在于帮助公司的经营活动合法化,具有经济性、效率性和效果性,保证管理决策的贯彻,维护资产和资源的安全,保证会计记录的准确和完整,并提供及时的、可靠的财务和管理信息。"该解释将内部审计作为内部控制的一个重要组成部分。

由于内部审计与内部控制之间相互依赖、相互促进的内在联系,在公司不断健全、完善内部控制制度的过程中,强化内部审计已成为不可或缺的组成部分,其作用正变得越来越重要,主要体现在评价内部控制,参与重大控制程序的制定与修订、监督内部控制的运行和提供管理咨询。

(二) 内部控制系统是内部审计的工作对象

公司内部控制涵盖范围很广,涉及公司管理活动各个方面。公司内部审计处在公司内部,置身于公司内部控制环境中,对公司内部控制最熟悉,因而也最有能力对内部控制进行评价和提出改进建议。公司内部审计具体参与内部控制评审的内容有以下几个方面。

1. 内部审计参与内部控制的风险评估

根据《企业内部控制基本规范》及应用指南,控制活动的开始是进行风险评估。风险评估过程包括确立公司的目标,识别公司目标相关的风险,评估识别出风险的后果和可能性,针对风险评估的结果,考虑适当的控制活动。从上述过程可以看出,只有评估了风险点,才能设计有针对性的控制程序。实行全面的风险评估,对于一个公司的健康发展已越来越重要。内部审计人员具有丰富的衡量公司实现财务目标的盈利能力及公司生产经营管理的经验,也有审计公司信息系统的经验,由内部审计参与内部控制的风险评估是较为便利的工作。

2. 内部审计参与内部控制的完善

内部控制是一个庞大的系统,它的设计也是一个复杂的过程,通常包括总体设计与具体设计两种类型。虽然内部控制的制定经历了初稿——汇总——修改——实施的过程,但并不到此结束,因为内部控制是一个动态的过程,它是一个在实施中发现问题、解决问题,再对系统不断进行删除和更新的过程。而内部审计正处在内部监督中,对公司的各个方面都比较熟悉,又直接面对各种缺陷与舞弊,正好可以适应这种不断循环运动的特点。因此公司在完善内部控制时,内部审计人员作为主要参与人员,这样才可以起到事半功倍的效果。

3. 内部审计监督内部控制的运行

内部控制是由一系列控制政策、制度与程序组成的整体系统,在这个系统中充分体现了董事会和经理的管理理念、管理风格和对管理目标的追求。为了确保这些政策与程序得到全面、准确地执行,必须要有监督,而内部审计的主要工作就是监督内部控制的有效运行。

内部审计履行监督职能,其直接目标是确保内部控制的有效运行,以使内部控制的目标能够实现。有效的内部控制将合理保证公司的经营管理活动,具体包括遵守国家法律法规的规定;保证公司的经营与公司对营运效率、效果的追求目标相一致;保证资产的完整性与财务报告的可靠性。内部审计将对公司内部组织与个人违反政策、程序事件及时做出纠正或处理,以相对独立人的身份向公司董事会提出报告。

4. 内部审计评价内部控制的有效性

2008年,我国颁布的《企业内部控制基本规范》及随后颁布的三个应用指南,要求公司内部审计机构对内部控制的有效性做出评价,为公司董事会评价内部控制的有效性提供评价报告。在该规范和指南中直接提到内部审计,明确内部审计具有评价内部控制的责任。内部审计在内部控制评价中承担的角色包括:确认关键业务流程,记录其内部控制,并对这些控制开展适当的测试;其评价结果作为外部审计人员的支持资源;与公司其他相关部门和外部审计合作参与内部控制评价和审计工作。

(三) 内部审计造就良好的内部控制环境

公司内部审计通过对内部控制制度的评价,提供纠正错弊、完善内部控制的建议,来促进良好控制环境的建立,进而有效地促进公司的控制目标的实现。

(1) 内部审计提出改善内部控制的建议。内部控制的健全、有效是一个动态的过程,因为公司的经营环境在变化,自身在不断地发展,内部控制制度应适应这种变化并相应进行调整。在这种不断地调整过程中,内部审计的职责是发现管理中是否存在的错弊,因而着重于从内部控制制度的缺陷入手进行审计,这更容易发现其存在的缺陷,进而提出改善的建议。

(2) 内部审计是完善内部控制的主力军。公司内部审计通过对合同执行、工程预决算、费用支出报销的内部控制的评价,完善这些业务流程的内部控制过程。因此,内部审计本身作用的发挥,就是内部审计参与内部控制制度运行各方面、各环节,就影响和决定了内部控制制度有效性。

(3) 内部审计发挥对分支公司的监督。在公司执行分权分层管理的情况下,伴随着分权,公司的部分财产相对独立地受托于公司内的分公司或部门使用。此时,这些财产所有权属于公司,而分公司或部门拥有这部分资产的经营权。为了解这些分公司或部门履行经济责任的情况,独立的内部审计会担当此职,行使确认职能,对其职责履行情况进行确认和评价,促使内部控制的组织保证得到了进一步的加强。

三、内部控制对内部审计的推动作用

内部控制对内部审计发展的推动作用,主要表现在以下方面。

1. 内部控制融合内部审计的发展

公司内部控制融合内部审计的发展主要表现在:一方面,随着公司之间竞争的日益激烈,传统内部审计仅仅局限于以查错防弊为目标的管理要求已经不能适应公司生存的需要,内部审计理论和实践都日益强调依赖内部控制的功效和成果,关注公司的风险。另一方面,有效的内部控制早就融入了有关审计的信息传送、传导这些自我监控与自我评估的重要内容,并把内部审计机制和审计风险纳入了内部控制的综合系统。

2. 内部控制推动内部审计的发展

内部审计作为公司内部管理和控制系统的组成部分,在董事会和经理关注的领域中应该有所作为。在内部控制发展的不同时期,国际内部审计协会(IIA)对内部审计不同时期的定义体现了这一演进过程。

在"内部牵制"阶段,公司内部审计处于财务审计阶段,内部牵制推动内部审计的发展是以内部牵制、相互制衡为主要控制思想,控制的目的是保证财产的安全性。

在"内部控制"阶段,内部控制推动内部审计的发展是引进了科学管理的思想,以会计控制和管理控制为基本内容,控制的目的是保证财产的安全、会计资料的真实可靠,这大大提高了内部审计的地位。

在"内部控制结构"阶段,内部控制推动内部审计的发展是以内部牵制和系统管理为主要控制思想,以控制环境、会计制度、控制程序为基本结构,控制的目标是确保公司业务与管理政策的一致,保护资产,确保记录的完整性。此刻,内部审计已由财务审计转向管理审计,内部审计成为管理审计不可或缺的一部分。

在"内部控制整体框架"阶段,内部控制推动内部审计的发展是将内部牵制与管理理论有机结合,以控制环境、风险评估、控制活动、信息传递和监督为基本要素,以财务报告的可靠性、营运的效率性和效果性、法律法规的遵循性为控制目标,将内部审计由管理审计推向风险管理审计阶段。

可见,内部控制重心的变化,引发了内部审计内容的变化,同时也造成了内部审计工作重心的转移,内部控制的发展对内部审计的工作内容产生了决定性影响,使得内部审计由财务审计发展到管理审计以至风险管理审计。

3. 内部控制与内部审计目标的一致性

公司内部控制不断推动内部审计的发展,将公司内部审计推向风险管理审计阶段,使内部审计与内部控制的目标具有高度一致性——实现公司增值,且以减少公司风险带来的损失和利用风险带来的机会作为实现公司目标的手段。无论从理论上还是实践上讲,内部审计是内部控制系统的一个重要环节,是对其他内部控制环节的再控制,没有内部控制就没有内部审计,内部控制是内部审计的安身立命之本,是风险管理审计进入公司治理、评估改善公司风险管理的基础。

第四节 内部控制描述

为了评价被审计单位的内部控制,必须对其内部控制进行了解和描述。通过参阅被评价单位的规章制度、组织机构设置表和上一年度的审计工作底稿,或通过现场询问有关人员,以及通过内部审计人员的实地观察,可以了解和掌握被评价单位的内部控制系统的详细情况。了解和掌握被评价单位的内部控制系统的详细情况,主要是了解和掌握被评价单位的供产销和人财物等内部控制系统情况。在了解和掌握上述内部控制的详情以后,运用适当的方法将内部控制描述出来,供董事会和经理决策和管理之用,也供内部审计机构制定和修改内部审计计划和程序之用,或供日后查考之用。内部控制描述的方法通常有三种:文字表述法、调查表法和流程图法。

一、文字表述法

文字表述法是指内部审计人员对被评价单位内部控制设计有效性和执行有效性所做的文字叙述。这种文字叙述一般是按不同的业务环节,分别写明各个职务所完成的各种工作、办理业务时所经历的各种手续等,还应阐明各项工作的负责人、经办人员以及由他们编写和记录的文件凭证等。

在采用文字表述法时,内部审计人员通常向被评价单位的工作人员提出一系列问题,如你经办哪些业务和凭证?这些业务是如何发生的?要据以编制什么凭证?它们要经过什么审批手续?处理这些业务和凭证应编制什么会计分录?是否经过复核?如何登记账簿?将这些问题的答案逐一记录下来,并经内部审计人员实地观察和核实,然后整理、串联起来,即可形成文字表述的书面说明,以描述被评价单位内部控制的实际情况。图 5-4-1 是对某企业产成品收发环节的内部控制所作的文字表述。

××公告产成品收发的内部控制

2018 年 12 月

> 产成品仓库由王老五师傅负责。产成品入库时,仓库会同质量检验处根据生产车间入库单的数量、等级验收产成品,并由仓库填写产成品验收入库单。验收入库单一式三联:第一联由仓库留存登记产成品卡片,第二联交销售处登记产成品明细账,第三联连同生产车间的入库单交会计处登记总账。各产成品销售部门均由专人负责签发出库单。产成品发出时,由销售部门填制出库单,凭一式三联的出库单向仓库要求发出产成品。仓库发出产成品后,将第一联出库单留存登记产成品卡片,第二联交销售处登记产成品明细账,第三联交会计处登记产成品总账和明细账。
>
> 产成品的收发采用永续盘存制记录,按计划成本计价。
>
> 销售处每月编制产成品收发存月报,并报送会计处。经管产成品明细账的会计员黄明根据销售处送来的收发存月报,与产成品明细账核对,并编制产成品收发汇总表。黄明根据产成品明细账登记产成品总账,并据以结转产品销售成本。发出和库存产成品的成本差异按月进行调整。
>
> 评价:产成品收发的内部控制系统不够健全。出库单的传递不尽合理,据以登记产成品总账和明细账的都是出库单的第三联,无法起到总账对明细账的驾驭作用。产成品总账和明细账都是由黄明同志登记,不相容职务未进行分离。
>
> 以上两点,说明产成品收发的内部控制系统存在着明显的缺陷。
>
> 审计员:周吉林
> 2018 年 12 月 9 日

图 5-4-1 内部控制文字表述示例

文字表述法的优点是比较灵活,可对被评价单位内部控制的各个环节作出比较深入和具体的描述,不受任何限制。但文字表述法也有缺点:对内部控制的描述,有时很难用简明易懂的语言来详细说明各个细节,因而有时使用文字表述显得比较冗赘,不利于为有效地进行内部控制评价和控制风险评价提供直接的依据。文字表述法几乎适用于任何类型、任何规模的单位,特别适用于内部控制不够健全、内部控制程序比较简单和比较容易描述的小公司。

二、调查表法

调查表法是将那些与保证会计记录的正确性和可靠性以及与保证财产物资的完整性有密切关系的事项列为调查对象,由内部审计人员设计成标准化的调查表,并利用表格形式,通过询问来了解内部控制的强弱程度。

采用调查表法,内部审计人员应根据内部控制的基本原则及其应达到的目的和要求,把公司各经营环节的关键控制点及主要问题,预先编制一套标准格式的调查表。在调查表中,为每个问题分设"是""否""不适用"和"备注"四栏。其中,"是"表示肯定;"否"表示否定;"不适用"表示该问题不适用于被评价单位,还可在"否"这一栏中根据控制差的轻重程度,再细分"较轻"和"较重"两栏;"备注"栏用于记录回答问题的资料来源以及对有关问题的说明。

内部控制调查表中的"问题",是针对内部控制是否有效,综合考虑各方面的因素提出的。问题的拟订应针对各项业务或业务循环的特点,既要抓住要害,又要便于回答。对表中提出的问题,要求被评价单位有关工作人员据实作出"是""否"或"不适用"的回答,借以查明被评价单位的实际情况。内部控制调查表的格式详见表5-4-1。

表 5-4-1　　　　　　　　　　内部控制情况调查表

被调查单位:宏达股份有限公司
调查内容:材料采购、入库的内部控制系统
调查时间:2018 年 12 月 10 日
被调查人:×××、×××、×××等

调查问题	调查结果				备注
	是	否		不适用	
		较轻	较重		
1. 材料采购是否按材料采购计划进行	√				
2. 每次采购材料的数量是否超过规定的储备定额		√			
3. 采购材料不存在舍近求远、质次价高的情况	√				
4. 不存在盲目采购、造成材料长期积压的情况	√				
5. 不存在代私人或单位套购材料	√				
6. 不存在整批购进、整批卖出的材料	√				
7. 材料入库是否有严格的验收制度	√				
8. 采购员与验收员有无明确的分工和相互监督制度	√				
9. 材料验收是否严格把住了数量、质量关	√				
10. 材料入库的凭证传递是否合理		√			

审计员:张扬林

调查表法的最大优点:一是简便易行,即使没有较高专业知识和专业技能的人员也能操作;二是能对所调查的对象提供一个概括说明,有利于内部审计人员分析评价;三是编制调查表省时省力,可在评价项目初期就较快地编制完成,可以减少内部审计人员的工作量;四是调查表"否"栏集中反映内部控制存在的问题,能引起内部审计人员的高度重视。但是,调查表法也存在一定的缺陷:对被评价单位某一环节的内部控制只能按所提问题分别考察,往往难以提供一个完整的、系统的、全面的分析评价;由于调查表格式固定,缺乏弹性,对于不同行业的被评价单位或是特殊情况,往往"不适用"栏填得太多,而使调查表法不太适用。此外,调查人员机械地照表提问,往往会使被调查人员漫不经心,流于形式,失去调查表的意义。

三、流程图法

流程图法是指用特定的符号和图形,将内部控制中的各种业务处理手续,以及各种文件或凭证的传递流程,用图解的形式直观地表现内部控制的实际情况。

现代公司内部各个部门与人员分工明确,协作紧密,均按照职责分工,分别从事各自的业务活动,并根据经合法审批的文件或凭证执行。这些文件、凭证在各部门人员之间的传递,既反映了各项业务的处理过程,又协调了各项业务活动,形成一种连续不断的流转过程。用特定的符号和图形,将这种过程以图解的方式描述出来,就是流程图。一般是每个主要经营环节应绘制一张流程图,将各个经营环节的流程图合并起来,就构成整个公司生产经营的流程图。

绘制流程图一般有两种方法:一种是纵向流程图;另一种是横向流程图。纵向流程图是将业务的处理过程按照先后次序,用一条主线垂直串联起来,并将经济业务发生的凭证编制、传递、记账程序等从上至下用图形符号描绘出来。横向流程图则横向表示业务处理程序,按业务部门设置若干竖栏,将业务处理程序由左到右,由上向下,用图形符号表示凭证的编制、传递、保管、记账、复核乃至编表的过程,并用流程线把各项业务活动串联起来。

无论采用何种方法绘制流程图都必须事先确定图形符号,同时,必须注意如下要求。

(1) 采用平面制图法,图中标明业务处理流程经过的部门及负责人。

(2) 流程图应绘制得简单明了,合乎逻辑,业务处理程序从发生的起点至进入永久性档案的终点应予以充分、完整的表达。

(3) 流程图中少用叙事性说明,多用符号,符号力求标准、统一、直观,尽量使用事先规定好的符号绘图。

(4) 当一个系统分布在几个方面时,应将最主要的路线画在主图上,其他路线画在分开的流程图上或用脚注说明。

(5) 注明各种凭证、账册和报表的名称和份数及归档、保存的情况。

(6) 标明各项业务的关键控制点和核对情况。

用流程图法描述内部控制系统颇受国内外审计人员的欢迎。美国、英国、加拿大、澳大利亚等国家的审计组织将流程图技术广泛应用到审计实务中,还专门制定了一套绘制流程图的方法和标准符号。我国已在审计实务中开始应用流程图方法和技术。

例 4-1

华胜股份有限公司材料收发业务处理手续和程序如下:

该公司设材料仓库一栋。有仓库保管员若干名,负责收料、发料和登记材料明细账。仓库收料时,根据供应科送来的发票和收料通知单验收材料,开出收料单两联,其中一联连同发票送财务科,财务科凭以付款和记账,一联留存据以登记材料明细账。材料明细账定期与财务科的材料总账核对。

车间领用材料,领料员填制领料单,并经工段长审核批准。领料单一式三联,一联交仓库,一联送供应科,一联存查。每月终,仓库盘存材料一次,并编制盘存表两份,一份送供应科,一份留存。

供应科根据仓库送来的领料单,月终编制领料单汇总表,按计划成本计价,然后送财务科转账。

财务科根据收料单和领料单汇总表编制记账凭证并登记材料和其他总账。

根据上述资料,绘制材料收发业务流程图,如图 5-4-2 所示。

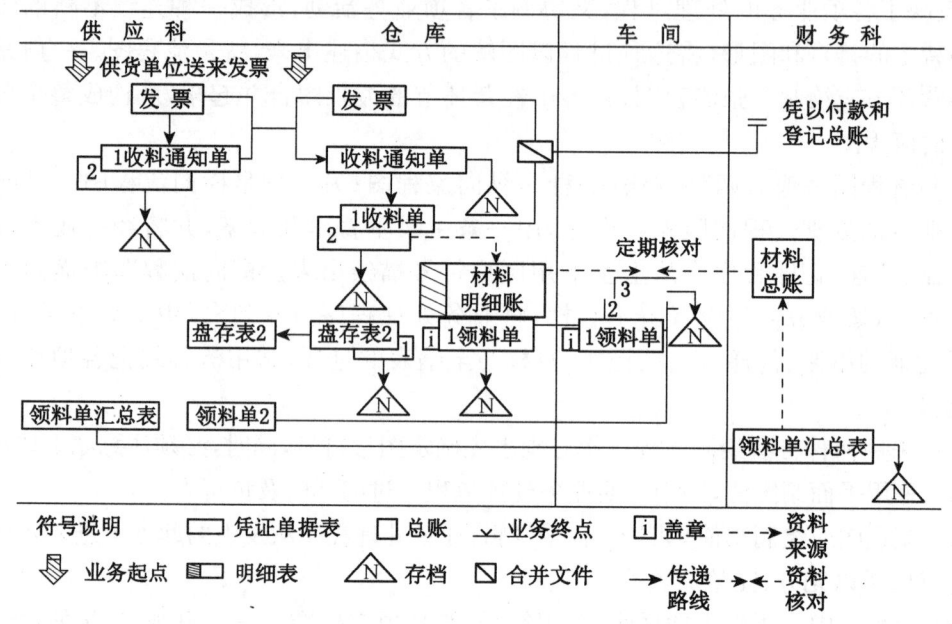

图 5-4-2　材料收发业务流程图

绘制流程图仅是手段,而不是目的,其目的在于评价被审计单位的内部控制。评价的方法有两种:一是用特别符号或特殊颜色将应有而未予设置的控制缺陷在图上标明;二是用文字在图的下端,对控制缺陷加以说明。

用流程图法描述内部控制,其主要优点有流程图从整体的角度,以简明的形式描绘内部控制的实际情况,便于较快地检查出内部控制系统逻辑上的薄弱环节,也便于评价;流程图便于表达内部控制的特征,同时便于修改,在下次评价时,只要根据修改后的内部控制实际情况,稍微变动几根线条、几个符号,就能更新整个流程图。当然,与任何其他方法一样,流程图法也有不足之处,编制流程图需具备较娴熟的技术和较丰富的工作经验,颇费时间;流程图法不能将内部控制中的控制缺陷明显地标出来,在评价时,往往需要与其他两种方法结合使用。

描述内部控制的三种方法并不相互排斥,而是相互依赖和相互补充的。在描述某一单位内部控制时,可对不同业务环节使用不同的方法,也可同时使用两种或三种方法,三者结合使用,往往比采用某一种方法效果更好。

第五节 内部控制评价

按照企业内部控制规范体系的规定,建立健全和有效实施内部控制,评价其有效性,并如实披露内部控制评价报告是公司董事会的责任。公司经理负责组织领导公司内部控制的日常运行。

一、内部控制评价的含义

内部控制评价,是指企业董事会或类似权力机构对内部控制的有效性进行全面评价、形成评价结论、出具评价报告的过程。

对于内部控制评价的含义,可从以下三个方面进行理解。

1. 内部控制评价的主体是董事会或类似权力机构

内部控制评价的主体是董事会或类似的权力机构,是指公司董事会或类似的权力机构是内部控制设计和运行的责任主体。公司董事会可指定审计委员会来承担对内部控制评价的组织、领导、监督职责,并通过授权内部审计部门或独立的内部控制评价机构执行内部控制评价的具体工作,但公司董事会仍对内部控制评价承担最终的责任,对内部控制评价报告的真实性负责。对内部控制的设计和运行的有效性进行自我评价并对外披露是公司董事会解除受托责任的一种方式,董事会可以聘请会计师事务所对其内部控制的有效性进行审计,但其承担的责任不能因此减轻或消除。

2. 内部控制评价的对象是内部控制的有效性

内部控制评价的对象是内部控制的有效性。所谓内部控制的有效性,是指企业建立与实施内部控制对实现控制目标提供合理保证的程度。

从控制过程的角度看,内部控制的有效性可分为内部控制设计的有效性和内部控制运行的有效性。内部控制设计的有效性是指为实现控制目标所必需的内部控制程序都存在并且设计恰当,能够为控制目标的实现提供合理保证;内部控制运行的有效性是指在内部控制设计有效的前提下,内部控制能够按照设计的内部控制程序正确地执行,从而为控制目标的实现提供合理保证。内部控制运行的有效性离不开设计的有效性,如果内部控制在设计上存在漏洞,即使这些内部控制制度能够得到一贯的执行,那么也不能认为其运行有效的。

从控制目标的角度来看,内部控制的有效性可分为合规目标内部控制的有效性、资产目标内部控制的有效性、报告目标内部控制的有效性、经营目标内部控制的有效性、战略目标内部控制的有效性。其中,合规目标内部控制的有效性是指相关的内部控制能够合理保证公司遵循国家相关法律法规,不进行违法活动或违规交易;资产目标内部控制的有效性是指相关的内部控制能够合理保证资产的安全与完整,防止资产流失;报告目标内部控制的有效性是指相关的内部控制能够防止、发现并纠正财务报告的重大错报;经营目标内部控制的有效性是指相关的内部控制能够合理保证经营活动的效率和效果及时为董事会和经理所了解或控制；战略目标内部控制的有效性是指相关的内部控制能够合理保证董事会和经理及时了解战略定位的合理性、实现程度，并适时进行战略调整。

评价内部控制设计的有效性，应包括的内容有：一是内部控制的设计是否做到以内部控制的基本原理为前提，以《企业内部控制基本规范》及其配套指引为依据；二是内部控制的设计是否覆盖了所有关键的业务与环节，对董事会、监事会、经理和员工具有普遍的约束力；三是内部控制的设计是否与公司自身的经营特点、业务模式以及风险管理要求相匹配。

评价内部控制运行的有效性，应包括的内容有：一是相关控制在评价期内是如何运行的；二是相关控制是否得到了持续一致的运行；三是实施控制的人员是否具备必要的权限和能力。

3. 内部控制评价是一个过程

内部控制评价是一个过程，是指内部控制评价要遵照一定的流程来进行。内部控制评价工作不是一蹴而就的，它是一个涵盖计划、实施、编报等多个阶段、包含多个步骤的动态过程。

公司内部控制的评价工作，一般由企业的内部审计机构实施，也可以由类似的相关机构来实施。

公司内部控制评价有助于促进公司全面评价内部控制的设计与运行情况，及时发现公司内部控制缺陷，提出和实施改进方案，确保内部控制有效运行，揭示和防范经营风险。

《企业内部控制评价指引》是为公司董事会对本公司进行内部控制自我评价提供的指引和要求，包括评价内容和标准、评价程序和方法、评价报告的出具和披露等。《企业内部控制基本规范》规定，公司应当结合内部监督情况，定期对内部控制的有效性进行自我评价，出具内部控制自我评价报告。内部控制自我评价的方式、范围、程序和频率，由公司根据经营业务调整、经营环境变化、业务发展状况、实际风险水平等自行确定。

二、内部控制评价的原则和内容

（一）内部控制评价的原则

公司实施内部控制评价，应当遵循下列原则。

（1）全面性原则。内部控制评价工作应当包括内部控制的设计与运行，涵盖公司及其所属单位的各种业务和事项。

（2）重要性原则。内部控制评价工作应当在全面评价的基础上，关注重要业务单位、重大业务事项和高风险领域。

（3）客观性原则。内部控制评价工作应当准确地揭示经营管理的风险状况，如实反映内部控制设计与运行的有效性。

公司应当根据评价指引，结合内部控制设计与运行的实际情况，制定具体的内部控制评价办法，规定评价的原则、内容、程序、方法和报告形式等，明确相关机构或岗位的职责权限，落实责任制，按照规定的办法、程序和要求，有序开展内部控制评价工作。

公司董事会应当对内部控制评价报告的真实性负责。

(二) 内部控制评价的内容

公司应当根据《企业内部控制基本规范》、应用指引以及本公司的内部控制制度,围绕内部环境、风险评估、控制活动、信息与沟通、内部监督等要素,确定内部控制评价的具体内容,对内部控制设计与运行情况进行全面评价。

(1) 内部环境评价。公司应当以组织架构、发展战略、人力资源、公司文化、社会责任等应用指引为依据,结合本公司的内部控制系统,对内部环境的设计及实际运行情况进行认定和评价。

(2) 风险评估评价。公司应当以《企业内部控制基本规范》有关风险评估的要求,以及各项应用指引中所列主要风险为依据,结合本公司的内部控制制度,对日常经营管理过程中的风险识别、风险分析、应对策略等进行认定和评价。

(3) 控制活动评价。公司应当以《企业内部控制基本规范》和各项应用指引中的控制措施为依据,结合本公司的内部控制制度,对相关控制措施的设计和运行情况进行认定和评价。

(4) 信息与沟通评价。公司应当以内部信息传递、财务报告、信息系统等相关应用指引为依据,结合本公司的内部控制制度,对信息收集、处理和传递的及时性、反舞弊机制的健全性、财务报告的真实性、信息系统的安全性,以及利用信息系统实施内部控制的有效性等进行认定和评价。

(5) 内部监督评价。公司组织开展内部监督评价,应当以《企业内部控制基本规范》有关内部监督的要求,以及各项应用指引中有关日常管控的规定为依据,结合本公司的内部控制制度,对内部监督机制的有效性进行认定和评价,重点关注监事会、审计委员会、内部审计机构等是否在内部控制设计和运行中有效发挥监督作用。

内部控制评价工作应当形成工作底稿,详细记录公司执行评价工作的内容,包括评价要素、主要风险点、采取的控制措施、有关证据资料以及认定结果等。评价工作底稿应当设计合理、证据充分、简便易行、便于操作。

三、内部控制评价的方法和程序

(一) 内部控制评价的方法

从内部控制评价本身以及目前的发展情况来看,主要存在详细评价法和风险基础评价法两种方法。

1. 详细评价法

在《企业内部控制——整合框架》中,COSO指出,确定某一公司内部控制系统是否有效是一种在评估五个要素是否存在以及是否有效发挥作用基础上的主观判断,这些要素也是有效内部控制的评价标准。COSO还指出,认定一个公司的风险管理是否"有效",是在对八个构成要素是否存在和有效运行进行评估的基础之上所作的判断,构成要素也是判定公司风险管理有效性的评价标准。在美国证券交易委员会2003年6月通过的实施SOX法案404节的规则(SEC,2003)以及后来发布的董事会评价指南中,都强调内部控制评价的程序必须足以既能评价财务报告内部控制的设计,又能测试运行的有效性。因此,根据这个思路,很多公司和会计师事务所都曾经采用过详细评价法。这种方法的基本思路是:以内部控制框架为参照物,根据内部控制框架的构成要素是否存在评价内部控制的设计有效性,测试内部控制的运行有效性,最后对内部控制的有效性做出总体评价,评估内部控制目标实现的风险,判断是否存在重大缺陷,确定内部控制是否有效。

2. 风险基础评价法

评价公司内部控制的另一种思路和方法,不是从控制到风险,而是从风险到控制,即从内部控制相关目标实现的风险到内部控制。首先,要评估相关目标实现的风险。其次,识别和确定公司充分应对这些风险的内部控制是否存在,即评价内部控制的设计有效性。第三,识别和确定内部控制运行有效性的证据,评价现有的内部控制是否得到了有效的运行。最后,对控制缺陷进行评估,判定是否构成实质性缺陷,确定内部控制是否有效。对于不同的控制目标来说,目标风险的含义、内部控制重大缺陷的含义是不相同的,在评价每一类目标时都需要做具体设定。

我国《企业内部控制评价指引》第十五条规定,内部控制评价工作组对被评价单位进行现场测试时,可以单独或者综合运用个别访问、调查问卷、穿行测试、抽样、实地查验、比较分析和专题讨论等方法,充分收集被评价单位内部控制设计和运行是否有效的证据,按照评价的具体内容,如实填写评价工作底稿,研究分析内部控制缺陷。

(1) 个别访问法主要用于了解公司内部控制的现状,在公司层面评价及业务层面评价的了解阶段经常使用。访问前应根据内部控制评价需求形成访谈提纲,撰写访问纪要,记录访问的内容。为了保证访谈结果的真实性,应尽量访谈不同岗位的人员以获得更可靠的证据。如分别访问人力资源部主管和基层员工,公司是否建立了员工培训长效机制,培训是否能满足员工和业务岗位需要?

(2) 调查问卷法主要用于公司层面评价。调查问卷应尽量扩大对象范围,包括公司各个层级员工,应注意事先保密性,题目尽量简单易答(如答案只需为"是""否""有""没有"等等)。比如你对公司的核心价值观是否认同?你对公司未来的发展是否有信心?

(3) 穿行测试法是指在内部控制流程中任意选取一笔交易作为样本,追踪该交易从最初起源直到最终在财务报表或其他经营管理报告中反映出来的过程,即该流程从起点到终点的全过程,以此了解控制措施设计的有效性,并识别出关键控制点。如针对销售交易,选取一批订单,追踪从订单处理—核准信用状况及赊销条款——填写订单并准备发货——编制货运单据——订单运送/递送追踪至客户或由客户提货——开具销售发票——复核发票的准确性并邮寄/送至客户——生成销售明细账——汇总销售明细账,并过账至总账和应收账款明细账等交易的整个流程,考虑之前对相关控制的了解是否正确和完整,并确定相关控制是否得到执行。

(4) 抽样法分为随机抽样和其他抽样。随机抽样是指按随机原则从样本库中抽取一定数量的样本。其他抽样是指人工任意选取或按某一特定标准从样本库中抽取一定数量的样本。使用抽样法时首先要确定样本总体的完整性,即样本总体应包含符合控制测试的所有样本;其次要确定所抽取样本的充分性,即样本的数量应当能检验所测试的控制点的有效性;最后要确定所抽取样本的适当性,即获取的证据应当与所测试控制点的设计和运行相关,并能可靠地反映出控制的实际运行情况。

(5) 实地查验法主要针对公司业务层面控制,它通过使用统一的测试工作表,与实际的业务、财务单证进行核对的方法进行控制测试。如实地盘点某种存货。

(6) 比较分析法是指通过数据分析,识别评价关注点的方法。数据分析可以是与历史数据、行业(公司)标准数据或行业最优数据等进行比较。比如针对具体客户的应收账款周转率进行横向或纵向比较,分析存在异常的应收客户款,进而对这些客户的赊销管理控制进行检查。

(7) 专题讨论法主要是集合有关专业人员就内部控制执行情况或控制问题进行分析,既可以是控制评价的手段,也是形成缺陷整改方案的途径。对于同时涉及财务、业务、信息技术等方面的控制缺陷,往往需要由内部控制管理部门组织召开专题讨论会议,综合内部各机构、各方面的意见,研究确定缺陷整改方案。

在实际评价工作中,以上这些方法可以配合使用。此外,还可以使用观察、检查、重新执行等方法,也可以利用信息系统开发检查方法,或利用实际工作和检查测试经验。对于公司通过信息系统采用自动控制、预防控制的,应在方法上注意与人工控制、发现性控制的区别。

(二) 内部控制评价的程序

公司内部控制评价程序一般包括制定评价工作方案、组成评价工作组、实施现场测试、认定控制缺陷、汇总评价结果、编报评价报告等环节。

公司可以授权内部审计部门或专门机构(以下简称"内部控制评价部门")负责内部控制评价的具体组织实施工作。

(1) 制定评价工作方案。公司内部控制评价部门应当拟订评价工作方案,明确评价范围、工作任务、人员组织、进度安排和费用预算等相关内容,报经董事会或其授权机构审批后实施。

(2) 组成评价工作组。公司内部控制评价部门应当根据经批准的评价方案,组成内部控制评价工作组,具体实施内部控制评价工作。评价工作组应当吸收公司内部相关机构熟悉情况的业务骨干参加。评价工作组成员对本部门的内部控制评价工作应当实行回避制度。

公司可以委托中介机构实施内部控制评价。为公司提供内部控制审计服务的会计师事务所,不得同时为同一公司提供内部控制评价服务。

(3) 实施现场测试。内部控制评价工作组应当对被评价单位进行现场测试,综合运用个别访谈、调查问卷、专题讨论、穿行测试、实地查验、抽样和比较分析等方法,充分收集被评价单位内部控制设计和运行是否有效的证据,按照评价的具体内容,如实填写评价工作底稿,研究分析内部控制缺陷。

(4) 认定控制缺陷。内部控制缺陷包括设计缺陷和运行缺陷。公司对内部控制缺陷的认定,应当以日常监督和专项监督为基础,结合年度内部控制评价,由内部控制评价部门进行综合分析后提出认定意见,按照规定的权限和程序进行审核后予以最终认定。

内部控制评价工作组应当根据现场测试获取的证据,对内部控制缺陷进行初步认定,并按其影响程度分为重大缺陷、重要缺陷和一般缺陷。

重大缺陷,是指一个或多个控制缺陷的组合,可能导致公司严重偏离控制目标。

重要缺陷,是指一个或多个控制缺陷的组合,其严重程度和经济后果低于重大缺陷,但仍有可能导致公司偏离控制目标。

一般缺陷,是指除重大缺陷、重要缺陷之外的其他缺陷。

(5) 汇总评价结果。公司内部控制评价工作组应当建立评价质量交叉复核制度,评价工作组负责人应当对评价工作底稿进行严格审核,并对所认定的评价结果签字确认后,提交公司内部控制评价部门。

公司内部控制评价部门应当编制内部控制缺陷认定汇总表,结合日常监督和专项监督发现的内部控制缺陷及其持续改进情况,对内部控制缺陷及其成因、表现形式和影响程度进行综合分析和全面复核,提出认定意见,并以适当的形式向董事会、监事会或者经理层报告。重大缺陷应当由董事会予以最终认定。

公司对于认定的重大缺陷,应当及时采取应对策略,切实将风险控制在可承受范围之内,并追究有关部门或相关人员的责任。

(6) 编报评价报告。公司应当设计内部控制评价报告的种类、格式和内容,明确内部控制评价报告编制程序和要求,按照规定的权限报经批准后对外报出。

内部控制评价报告应当分别内部环境、风险评估、控制活动、信息与沟通、内部监督等要素进行设计,对内部控制评价过程、内部控制缺陷认定及整改情况、内部控制有效性的结论等相关内容作出披露。

(三) 公司年度内部控制评价报告

公司年度内部控制评价报告的内容有:

(1) 标题。年度内部控制评价报告标题统一为"××股份有限公司××年度内部控制评价报告"。

(2) 收件人。年度内部控制评价报告收件人统一为"××股份有限公司全体股东"。

(3) 引言段。年度内部控制评价报告引言段应当说明评价工作主要依据、内部控制评价报告基准日等内部控制评价基本信息。

(4) 重要声明。年度内部控制评价报告重要声明应当说明董事会、监事会及董事、监事、高级管理人员对内部控制及年度内部控制评价报告的相关责任,以及内部控制的目标和固有的局限性。

(5) 内部控制评价结论。年度内部控制评价报告应当分别披露对财务报告内部控制有效性的评价结论,以及是否发现非财务报告内部控制重大缺陷,并披露自内部控制评价报告基准日至内部控制评价报告发出日之间是否发生影响内部控制有效性评价结论的因素。

(6) 内部控制评价工作情况。年度内部控制评价报告应当披露内部控制评价范围、内部控制评价工作依据及内部控制缺陷认定标准,以及内部控制缺陷认定及整改情况。

内部控制评价范围应当从纳入评价范围的主要单位、业务和事项以及高风险领域三个方面进行披露,并对评价范围是否存在重大遗漏形成明确结论。如果评价范围存在重大遗漏或法定豁免,则应当披露评价范围重大遗漏的具体情况及对评价结论产生的影响以及法定豁免的相关情况。

内部控制评价工作依据及缺陷认定标准应当披露公司开展内部控制评价工作的具体依据以及进行缺陷认定的具体标准及其变化情况。公司应当区分财务报告内部控制和非财务报告内部控制,分别披露重大缺陷、重要缺陷和一般缺陷的认定标准。

内部控制缺陷认定及整改情况应当区分财务报告内部控制和非财务报告内部控制,分别披露报告期内部控制重大缺陷和重要缺陷的认定结果及缺陷的性质、影响、整改情况、整改计划等内容。

(7) 其他内部控制相关重大事项说明。公司应当在年度内部控制评价报告其他内部控制相关重大事项说明段中披露可能对投资者理解内部控制评价报告、评价内部控制情况或进行投资决策产生重大影响的其他内部控制信息。

公司应当以12月31日作为年度内部控制评价报告的基准日。内部控制评价报告应于基准日后4个月内报出。

案例一

东盛股份有限公司 2018 年度内部控制评价报告

东盛股份有限公司全体股东:

根据《企业内部控制基本规范》及其配套指引的规定和其他内部控制监管要求(以下简称"企业内部控制规范体系"),结合本公司(以下简称"公司")内部控制制度和评价办法,在内部控制日常监督和专项监督的基础上,我们对公司2018年12月31日(内部控制评价报告基准日)的内部控制有效性进行了评价。

一、重要声明

按照企业内部控制规范体系的规定,建立健全和有效实施内部控制,评价其有效性,并如实披露内部控制评价报告是公司董事会的责任。监事会对董事会建立和实施内部控制进行监督。经理层负责组织领导企业内部控制的日常运行。公司董事会、监事会及董事、监事、高级管理人员保证本报告内容不存在任何虚假记载、误导性陈述或重大遗漏,并对报告内容的真实性、准确性和完整性承担个别及连带法律责任。

公司内部控制的目标是合理保证经营管理合法合规、资产安全、财务报告及相关信息真实完整,提高经营效率和效果,促进实现发展战略。由于内部控制存在的固有局限性,故仅能为实现上述目标提供合理保证。此外,由于情况的变化可能导致内部控制变得不恰当,或对控制政策和程序遵循的程度降低,根据内部控制评价结果推测未来内部控制的有效性具有一定的风险。

二、内部控制评价结论

根据公司财务报告内部控制重大缺陷的认定情况,于内部控制评价报告基准日,不存在财务报告内部控制重大缺陷,董事会认为,公司已按照企业内部控制规范体系和相关规定的要求在所有重大方面保持了有效的财务报告内部控制。

根据公司非财务报告内部控制重大缺陷认定情况,于内部控制评价报告基准日,公司发现两个非财务报告内部控制重大缺陷。

自内部控制评价报告基准日至内部控制评价报告发出日之间未发生影响内部控制有效性评价结论的因素。

三、内部控制评价工作情况

(一)内部控制评价范围

公司按照风险导向原则确定纳入评价范围的主要单位、业务和事项以及高风险领域。纳入评价范围的主要单位包括:公司总部的各业务部门、公司家装子公司、公司工装子公司、公司五金子公司和公司木制作子公司,纳入评价范围单位资产总额占公司合并财务报表资产总额的82%,营业收入合计占公司合并财务报表营业收入总额的85%;纳入评价范围的主要业务和事项包括客户承接、工程设计、工程施工、工程质量监督、内部关联交易、工程结算和会计核算;重点关注的高风险领域主要包括工程材料的采购、工程质量与验收。

上述纳入评价范围的单位、业务和事项以及高风险领域涵盖了公司经营管理的主要方面,不存在重大遗漏。

(二)内部控制评价工作依据及内部控制缺陷认定标准

公司依据企业内部控制规范体系及公司内部控制制度和操作手册组织开展内部控制评价工作。

公司董事会根据企业内部控制规范体系对重大缺陷、重要缺陷和一般缺陷的认定要求,结合公司规模、行业特征、风险偏好和风险承受度等因素,区分财务报告内部控制和非财务报告内部控制,研究确定了适用于本公司的内部控制缺陷具体认定标准,并与以前年度保持一致。公司确定的内部控制缺陷认定标准如下。

1. 财务报告内部控制缺陷认定标准

公司确定的财务报告内部控制缺陷评价的标准如下。

(1)定性标准。财务报告内部控制存在重大缺陷的迹象包括:控制环境无效;公司董事、监事和高级管理人员舞弊并给企业造成重要损失和不利影响;外部审计发现的重大错报不是由公司首先发现的;董事会或其授权机构及内审部门对公司的内部控制监督无效。

财务报告内部控制存在重要缺陷的迹象包括:未依照公认会计准则选择和应用会计政策;未建立反舞弊程序和控制措施;对于非常规或特殊交易的账务处理没有建立相应的控制机制或没有实施且没有相应的补偿性控制;对于期末财务报告过程的控制存在一项或多项缺陷且不能合理保证编制的财务报表达到真实、准确的目标。

一般缺陷:未构成重大缺陷、重要缺陷标准的其他内部控制缺陷。

(2)定量标准。符合下列条件之一的,可以认定为重大缺陷。

利润总额潜在错报:错报≥利润总额5%。

资产总额潜在错报:错报≥资产总额1%。

经营收入潜在错报:错报≥经营收入总额1%。

符合下列条件之一的,可以认定为重要缺陷。

利润总额潜在错报:利润总额3%≤错报<利润总额5%。

资产总额潜在错报:资产总额0.5%≤错报<资产总额1%。

经营收入潜在错报:经营收入总额0.5%≤错报<经营收入总额1%。

符合下列条件之一的,可以认定为一般缺陷。

利润总额潜在错报:错报<利润总额3%。

资产总额潜在错报:错报<资产总额0.5%。

经营收入潜在错报:错报<经营收入总额0.5%。

2. 非财务报告内部控制缺陷的认定标准

非财务报告内部控制缺陷综合采用定性和定量相结合的方法予以认定。

(1) 定性标准。非财务报告内部控制存在重大缺陷的迹象包括决策程序导致重大失误;重要业务缺乏制度控制或系统性失效,且缺乏有效的补偿性控制;中高级管理人员和高级技术人员流失严重;内部控制评价的结果特别是重大缺陷未得到整改;其他对公司产生重大负面影响的情形。

非财务报告内部控制存在重要缺陷的迹象包括决策程序导致出现一般性失误;重要业务制度或系统存在缺陷;关键岗位业务人员流失严重;内部控制评价的结果特别是重要缺陷未得到整改;其他对公司产生较大负面影响的情形。

非财务报告内部控制存在一般缺陷的迹象包括决策程序效率不高;一般业务制度或系统存在缺陷;一般岗位业务人员流失严重;一般缺陷未得到整改。

(2) 定量标准。

重大缺陷:直接损失在人民币1000万元及以上。

重要缺陷:直接损失为人民币500万~1000万元。

一般缺陷:直接损失在人民币500万元以下。

(三) 内部控制缺陷认定及整改情况

1. 财务报告内部控制缺陷认定及整改情况

根据上述财务报告内部控制缺陷的认定标准,报告期内公司不存在财务报告内部控制重大缺陷,重要缺陷一个。

重要缺陷为公司年度内将预收客户的收入确认为营业收入。公司已在年终做了调整,并将在ERP系统中修改相关的程序。

经过上述整改,于内部控制评价报告基准日,公司未发现未完成整改的财务报告内部控制重要缺陷。

2. 非财务报告内部控制缺陷认定及整改情况

根据上述非财务报告内部控制缺陷的认定标准,报告期内发现公司非财务报告内部控制重大缺陷两个。

具体的重大缺陷分别为缺陷1和缺陷2。

缺陷1：

(1) 缺陷性质及影响。公司设计人员与施工人员之间没有规范的沟通程序，设计人员设计的方案不考虑能否施工，施工人员不按照设计方案施工，造成客户大量投诉，年度内赔偿损失超过1 000万元。

(2) 缺陷整改情况。公司已开始整改，但整改效果不理想。因为施工人员都是非公司人员，与公司只是合作关系，无法进行实质性控制。施工人员普遍存在不按照设计方案施工，追加工程量，获取高额利润的现象。

(3) 整改计划。拟采取主要施工人员由公司聘用，但会增大公司费用。

缺陷2：

(1) 缺陷性质及影响。公司工程验收采用第三方验收方式，但实际上第三方验收人员与施工人员利益结合在一起，工程验收流于形式。造成客户大量投诉，年度内赔偿损失超过1 000万元。

(2) 缺陷整改情况。公司已开始整改，但整改效果不理想。因为验收人员都是非公司人员，与公司只是合作关系，无法进行实质性控制。验收人员普遍存在收取施工人员好处的现象。

(3) 整改计划。拟采取增加第三方验收单位，工程验收时采用临时抽签方式决定第三方验收人员。

经过上述情况，于内部控制评价报告基准日，公司存在未完成整改的非财务报告内部控制重大缺陷两个。

四、其他内部控制相关重大事项说明

本年度无其他与内部控制相关重大事项需要说明。

董事长：杨金生
2019年3月8日

案例二

江门甘蔗化工厂(集团)股份有限公司2018年度内部控制评价报告

江门甘蔗化工厂(集团)股份有限公司全体股东：

根据《企业内部控制基本规范》及其配套指引的规定和其他内部控制监管要求(以下简称公司内部控制规范体系)，结合本公司(以下简称公司)内部控制制度和评价办法，在内部控制日常监督和专项监督的基础上，我们对公司2018年12月31日的内部控制有效性进行了评价。

一、重要声明

按照公司内部控制规范体系的规定，建立健全和有效实施内部控制，评价其有效性，并如实披露内部控制评价报告是公司董事会的责任。监事会对董事会建立和实施内部控制进行监督。经理层负责组织领导公司内部控制的日常运行。公司董事会、监事会及董事、监事、高级管理人员保证本报告内容不存在任何虚假记载、误导性陈述或重大遗漏,并对报告内容的真实性、准确性和完整性承担个别及连带法律责任。

公司内部控制的目标是合理保证经营管理合法合规、资产安全、财务报告及相关信息真实完整,提高经营效率和效果,促进实现发展战略。由于内部控制存在的固有局限性,故仅能为实现上述目标提供合理保证。此外,由于情况的变化可能导致内部控制变得不恰当,或对控制政策和程序遵循的程度降低,根据内部控制评价结果推测未来内部控制的有效性具有一定的风险。

二、内部控制评价结论

根据公司财务报告内部控制重大缺陷的认定情况,于内部控制评价报告基准日,不存在财务报告内部控制重大缺陷,董事会认为,公司已按照内部控制规范体系和相关规定的要求在所有重大方面保持了有效的财务报告内部控制。

根据公司非财务报告内部控制重大缺陷认定情况,于内部控制评价报告基准日,公司未发现非财务报告内部控制重大缺陷。

自内部控制评价报告基准日至内部控制评价报告发出日之间未发生影响内部控制有效性评价结论的因素。

三、内部控制评价工作情况

(一)内部控制评价范围

公司按照风险导向原则确定纳入评价范围的主要单位、业务和事项以及高风险领域。纳入评价范围的主要单位包括:公司及全资子公司广东德力光电有限公司和广东江门生物技术开发中心有限公司,纳入评价范围单位资产总额占公司合并财务报表资产总额的98.63%,营业收入合计占公司合并财务报表营业收入总额的99.17%。

纳入评价范围的主要业务和事项包括以下内容。

1. 组织架构

公司建立了由股东大会、董事会、监事会以及经营层组成的公司治理结构。股东大会、董事会、监事会、经理各有明确的职责和权限,形成了各负其责、协调运转、有效制衡的法人治理结构。同时董事会下设了审计委员会、薪酬与考核委员会、战略发展委员会、提名委员会四个专门委员会,并制定了相应的工作细则,提高董事会运作效率。

2. 发展战略

公司董事会下设战略发展委员会,并制定了战略管理制度,对发展战略的编制、实施、评估及调整管理实施全程、有效的控制。公司将发展战略落实到年度工作计划中,有效指导重要业务的开展,确保战略规划落实和有效执行,保证了战略管理工作的科学性、有效性和及时性,推动了公司的持续健康稳定发展。

3. 人力资源

人力资源管理是公司经营管理的核心之一。公司围绕发展战略和经营目标制定人力资源规划,制定和实施有利于公司可持续发展的人力资源政策,建立了员工的业绩考核制度并严格执行,促进员工的责、权、利的有机统一和公司内部控制的有效执行。

4. 社会责任

公司按照国家相关法律法规的规定,结合公司的实际情况,在安全管理、质量管理、环境保护、节能环保和员工权益保护方面修订、完善了相关管理制度,有效履行各项社会责任,打造和提升企业形象。

5. 企业文化

公司明确公司发展目标,积极履行社会责任,为员工创造和谐的工作氛围,努力营造积极向上、共同发展的公司文化。

6. 资金活动

公司建立了《融资管理制度》《募集资金管理制度》《资金支付和费用报销管理制度》《网银管理办法》等资金管理制度,对办理货币资金业务的不相容岗位严格分离,相关部门与人员存在相互制约关系,建立了严格的授权审核程序,形成了重大资金活动集体决策和联签制度,规范公司的投资、筹资和资金运营活动,有效防范资金活动风险、提高资金效益。

7. 采购业务

公司建立了采购管理制度,规范原材料、一般材料物资及劳务、服务的采购活动等业务操作,加强对请购、合格供方筛选、采购招标、询价采购及采购合同订立等环节的风险控制,合理控制成本,确保物资采购满足公司生产经营需要。

8. 资产管理

公司在《公司章程》《内部财务管理制度》《闲置资产处置管理办法》《固定资产管理制度》中,对资产管理权限进行了明确规定,公司资产管理的内部控制严格、充分、有效。

9. 销售业务

公司建立了销售业务管理制度,规范纸浆产品、生化产品、LED外延片、芯片等业务的收入确认、收款、坏账管理等业务操作,确保各项收入及时入账和会计记录的真实准确。

10. 工程项目

公司建立了工程管理制度,规范项目投资立项与审批、初步设计、造价控制、工程管理、工程成本和竣工验收等主要控制流程,合理设置了工程项目相关的部门和岗位,明确职责权限,形成了严格的授权审核程序。

11. 担保业务

公司制定了对外担保管理制度,规范了对外担保的基本原则、审批权限、信息披露等程序。报告期内,公司除对下属子公司提供了担保外,未有其他对外提供担保行为。报告期内,公司对外担保的内部控制严格、充分、有效,未发现有违反《企业内部控制评价指引》的情形发生。

12. 生产管理

公司建立了生产管理制度,规范生产计划编制、原材料领用、生产执行、生产设备维护维修及成本管理等业务操作,确保生产计划按规定程序编制,并得到适当的授权审批,符合公司的实际生产能力和发展需求,减少物资浪费、降低生产成本,保证生产经营活动安全、稳定,生产成本核算及时、准确、完整。

13. 财务报告

为规范公司会计核算与信息披露,提高会计信息质量,确保财务报告合法合规、真实完整,保护投资者、债权人及其他利益相关者的合法权益,公司建立了关联交易审批、会计业务处理、会计政策及会计估计变更、财务报告编制与审核等主要控制流程,合理设置了财务报告相关的部门和岗位,明确职责权限,明确了会计核算、报告编制、复核、审批的控制程序及职责分工。

14. 全面预算

公司建立了全面预算管理制度,规范预算编制、预算执行及预算考核等业务操作,确保预算编制符合公司发展战略和目标的要求,提高全面预算管理的质量和经营效率,确保公司发展战略目标能通过预算管理有效实施。

15. 合同管理

公司制定了合同管理制度,建立了合同分级归口管理与有限集中控制相结合的管理体制,通过规范合同的订立与审批、合同履行监督、合同结算、合同变更与解除、合同档案管理等操作流程,提高合同管理质量,提高经营效率和效果,为公司经营管理的有序运行服务。

16. 内部信息传递

公司制定了《信息披露制度》《外部信息报送和使用管理制度》《内幕信息知情人登记管理制度》等内部控制制度及规范性文件,并保证信息沟通渠道畅通,使公司能够及时地收集内部信息,确保信息及时沟通、共享,促进内部控制有效运行。

17. 信息系统

公司规范了信息系统的相关业务操作,增强信息系统的安全性、可靠性和合理性以及相关信息的保密性、完整性和可用性,为建立有效的信息与沟通机制提供支持保障,提高公司现代化管理水平,减少人为失误因素。

18. 内部监督

公司对内部控制的实施形成了多层次的监督机制,公司监事会、董事会审计委员会、审计部等在内控控制设计和运行中发挥着相应的监督功能。公司制定了《监事会议事规则》《董事会审计委员会实施细则》《内部审计管理制度》等制度,明确了各监督机构在内部监督中的职责权限,规定了内部监督的工作程序、方法和要求。

重点关注的高风险领域主要包括销售业务、采购业务、生产管理、资产管理、工程项目管理、资金运营管理、财务报告和合同管理等。

上述纳入评价范围的单位、业务和事项以及高风险领域涵盖了公司经营管理的主要方面,不存在重大遗漏。

(二) 内部控制评价工作依据及内部控制缺陷认定标准公司依据企业内部控制规范体系及《江门甘蔗化工厂(集团)股份有限公司内部控制评价管理办法》组织开展内部控制评价工作。

公司董事会根据企业内部控制规范体系对重大缺陷、重要缺陷和一般缺陷的认定要求,结合公司规模、行业特征、风险偏好和风险承受度等因素,区分财务报告内部控制和非财务报告内部控制,研究确定了适用于本公司的内部控制缺陷具体认定标准,并与以前年度保持一致。公司确定的内部控制缺陷认定标准如下。

1. 财务报告内部控制缺陷认定标准

公司确定的财务报告内部控制缺陷评价的定量标准如下:

重大缺陷指考虑补偿性控制措施和实际偏差率后,该缺陷总体影响水平高于重要性水平(营业收入的0.5%)。

重要缺陷指考虑补偿性控制措施和实际偏差率后,该缺陷总体影响水平低于重要性水平(营业收入的0.5%),但高于一般性水平(营业收入的0.1%)。

一般缺陷指考虑补偿性控制措施和实际偏差率后,该缺陷总体影响水平低于一般性水平(营业收入的0.1%)。

公司确定的财务报告内部控制缺陷评价的定性标准如下。

财务报告重大缺陷的迹象包括公司董事、监事和高级管理人员的舞弊行为;公司更正已公布的财务报告;注册会计师发现的却未被公司内部控制识别的当期财务报告中的重大错报;审计委员会和审计部对公司的对外财务报告和财务报告内部控制监督无效。

财务报告重要缺陷的迹象包括未依照公认会计准则选择和应用会计政策;未建立反舞弊程序和控制措施;对于非常规或特殊交易的账务处理没有建立相应的控制机制或没有实施且没有相应的补偿性控制;对于期末财务报告过程的控制存在一项或多项缺陷且不能合理保证编制的财务报表达到真实、准确的目标。一般缺陷是指除上述重大缺陷、重要缺陷之外的其他控制缺陷。

2. 非财务报告内部控制缺陷认定标准

公司确定的非财务报告内部控制缺陷评价的定量标准如下。

重大缺陷:直接财产损失250万元(含)以上,已经对外正式披露并对公司定期报告披露造成负面影响,被媒体频频曝光负面新闻。

重要缺陷:直接财产损失在50万(含)到250万元之间,受到国家政府部门处罚,但未对公司定期报告披露造成负面影响,被媒体曝光且产生负面影响。

一般缺陷:直接财产损失50万元以下,受到省级(含省级)以下政府部门处罚但未对公司定期报告披露造成负面影响。

公司确定的非财务报告内部控制缺陷评价的定性标准如下:

非财务报告重大缺陷的存在的迹象包括违犯国家法律法规或规范性文件;重大决策程序不科学;制度缺失可能导致系统性失效;重大或重要缺陷长期未得到有效整改;主要管理人员或关键岗位人员流失严重;其他对公司负面影响重大的情形。

其他情形按影响程度分别确定为重要缺陷或一般缺陷。

(三)内部控制缺陷认定及整改情况

1. 财务报告内部控制缺陷认定及整改情况

根据上述财务报告内部控制缺陷的认定标准,报告期内公司不存在财务报告内部控制重大缺陷或重要缺陷。

2. 非财务报告内部控制缺陷认定及整改情况

根据上述非财务报告内部控制缺陷的认定标准,报告期内未发现公司非财务报告内部控制重大缺陷或重要缺陷。针对2018年度公司及子公司在内部控制评价过程中所发现的一般缺陷,公司制定了详细、明确的整改措施和整改完成时间表,并按计划加以实施。

公司现行的内控体系符合公司实际情况,能有效地控制公司经营管理风险。2019年度,公司将结合自身发展实际需要,进一步梳理和完善相关内控制度,优化业务流程,同时加大内控执行情况的核查,规范内部控制制度执行,强化内部控制监督检查,使内部控制与公司的经营规模、业务范围、竞争状况和风险水平相适应,提高公司防范风险的能力和水平,促进公司健康、可持续发展。

董事长(已经董事会授权):胡成中
江门甘蔗化工厂(集团)股份有限公司
二〇一九年三月三日

第六章 公司治理审计

一个有效的公司治理体系是建立在有效的董事会下属的审计委员会、经理、外部审计和内部审计。内部审计作为公司治理的有效手段之一,在完善公司治理中发挥重要作用。各公司在建立有效的公司治理时,都会建立内部审计机构,发挥其在公司治理中的作用。

第一节 公司治理环境和道德规范审计

开展公司治理审计,目的是维护公司利益相关者的合法权益、健全公司治理基础、改善公司经营管理组织、促进提高公司经营绩效。

一、公司治理审计的含义与种类

公司治理审计是指公司内部审计机构和人员依据国家法律、法规、政策和标准,独立、客观地对本公司治理环境、治理程序、道德规范和重要事项进行确认和咨询,提出改善公司治理的意见或建议的行为。

公司治理审计包括股东大会主导的公司治理审计、董事会主导的公司治理审计和监事会主导的公司治理审计。

1. 股东大会主导的公司治理审计

按照委托代理理论,公司经理的利益目标与所有者可能不同。在经理控制公司经营权和信息不对称的条件下,经常会发生道德风险、逆向选择,损害股东利益的行为难以避免。因此,股东要求开展公司治理审计是维护其利益的一种必然选择。股东大会主导的公司治理审计的前提是股东大会可以充分发挥其功能,以股东大会为公司治理核心,由股东和其他利益相关者主导对董事会、经理进行审计,审计信息直接报送给股东和其他利益相关者。

股东大会主导的公司治理审计是由公司内部审计机构开展的审计,包括对董事会、经理实施的管理审计、绩效审计和受托责任审计等,确认其经营管理活动和绩效并向股东大会报告。

股东大会主导的公司治理审计,优点是独立性强,存在的问题是目前缺乏股东大会对董事会代理责任审计这一制度安排。美国COSO委员会在《内部控制结构》中提出要调查控制环境,包含对董事会调查了解,但并未要求将董事会作为一个特定的实体,对其代理责任和绩效进行审计或考核评价。在法律、制度安排上,如果缺乏对董事会代理责任审计,则股东和其他利益相关者利益容易受到损害。正因为如此,各国公司治理原则均提出了对董事和董事会绩效审计的要求,这是公司治理不容忽略的问题。

2. 董事会主导的公司治理审计

在股权日益分散的现代公司中,股东大会的控制力较弱,形成了以董事会为核心的公司治理体系。董事会包括代表股东利益的股东董事和代表其他利益主体的独立董事,董事会既对公司股东承担治理责任和管理责任,又对经理代理责任的完成情况进行评价和考核。董事会主导公司治理审计的前提是董事会在公司治理中具有核心作用,董事会的职责履行到位,董事会与经理之间权力分配合理。在以董事会为核心的控制体系中,可供选择的公司治理审计的模式是:董事会设立审计委员会,直接领导内部审计。董事会主导的公司治理审计主要开展财务审计、风险管理管理审计、内部控制评价和经济责任审计,以落实董事会的各项决策和要求是否贯彻执行,促进公司经营管理更加有效,公司发展更加稳健。

建立董事会主导的公司治理审计,确立新的审计委托关系,通过内部审计实现对经理的控制。由董事会及其审计委员会直接领导内部审计,赋予内部审计机构较大的权力,可以对整个公司财务活动、经营管理活动进行审计,有利于内部审计职能的发挥、改善公司治理效果。在公司治理规范的公司,董事长与经理分设,内部审计由董事会领导是较为理想的模式。

世界各国审计委员会的职责不完全相同,但差异不大,一般包括:对公司财务报告过程进行监督并审查财务报告;选择外部会计师事务所;对内部审计机构负责人进行考核、评价,领导内部审计,向董事会报告工作。以独立董事为主组成审计委员会,目的是协助董事会了解有关风险管理、内部控制和公司内部审计等问题,提请董事把注意力集中到风险管理、内部控制、公司治理等方面,使董事会的作用能得以发挥。由独立董事为主组成的审计委员会开展公司治理审计,是根据公司治理和经营管理需要,以内部审议力量为主的公司治理审计模式。在我国,有许多公司已经认识到审计委员会的重要性,在董事会设立了审计委员会,审计委员会领导的内部审计不断调整其审计战略以达到促进有效公司治理的目的。

3. 监事会主导的公司治理审计

以德国、日本、奥地利、中国等为代表的公司治理体系要求建立双层治理结构,这些国家对于监事会职责的法律规定不完全相同,其中德国公司监事会最具特色。德国的股份公司有监事会、董事会,但不设立审计委员会,是一种双层垂直治理组织结构,由监事会决定董事会人选,是以内部治理审计为主导的审计模式,这与英美等国外部力量为主导的公司治理审计模式完全不同。

德国股份公司以监事会为中心的治理机制,有两大特点:一是职工对公司监控的参与程度很高,使得公司决策比较公开,有利于对经理监督。公司各利益相关者结成长期的契约关系,有助于保持长期合作,成为一种现实而又可行的共同治理模式。二是银行作为公司的主要股东或资金提供者,是公司治理的核心。监事会有权聘任或解聘经理,监事会真正行使监督权与控制权的机构。德国公司监事会是公司治理的中心,因而形成了以监事会为核心的公司治理审计模式。监事会领导内部审计机构,对董事会和经理进行审计,目的是维护股东和职工的利益,从总体上促进公司安全有效经营、保护资产安全完整、保证财务信息真实可靠。

二、公司治理环境审计

良好的公司治理环境包括公司董事会、监事会和经理层之间合理分配治理责任和活动。内部审计首先必须评价董事会、监事会和经理层的职责是否清晰,以保证公司具有改善公司治理的恰当政策。

1. 审计公司总体治理结构和政策

公司治理结构和政策应当具有以下主要特征:董事会各委员会之间持续的交流和联系;在公司层面和分支机构合理分配治理责任和活动;阐明横向及纵向的监督事项;持续可靠的、有效的信息流动可以上达董事会及其各专业委员会;对道德规范和监督政策的总体政策进行清楚地描述和沟通。只有公司具有结构良好的治理环境,公司治理的流程和程序才能有效。内部审计对公司总体治理结构和政策的审计,应确认公司是否真正拥有有效的公司治理、风险控制和合规环境,以帮助董事会和经理不断完善公司治理环境。如果没有完整的治理,内部审计可以通过审计,促进公司建立完善的公司总体治理结构和政策。另外,内部审计还可以帮助促进公司与其治理目标、活动及发现有关的信息在治理结构的各要素之间持续和无障碍的交流。要实现上述目标,内部审计首先必须评价董事会、监事会及其章程的结构,以保证公司具有改善公司治理的恰当政策。其次,内部审计必须证确认所有的公司治理政策都符合法律法规的要求,董事会、监事会和经理的治理活动与组织的重要性次序保持一致。

2. 审计公司的道德规范

公司的道德规范必须符合下列特征:正式的书面形式的行为准则;对公司的道德目标阐述清楚;对行为准则和违规处罚等进行有效的交流;用需求来确定与道德相关的交流的有效性和发现培训需求;在报告违反行为准则事项时具有无障碍的广泛的交流渠道;要求员工确认各自的责任范围;无论涉及的对象是谁,必须进行持续有效的调查,并坚持按规定处理;以及经理关于支持监督活动的明确承诺。为了实现有效的公司治理,公司需要建立健康向上的道德规则。内部审计应当确认公司的道德规范,并揭露与公司治理有关的薄弱环节。内部审计应检查公司的道德规范,并证实它们是否在日常活动中得到有效执行的原因。内部审计应掌握在整个公司中测试该有效性的方法。

3. 评价审计委员会的活动

审计委员会的活动应当具有下列特征:正式的书面形式的审计委员会规则对目的、成员及独立性、会议频率、成员的作用和责任、与经理、内部和外部审计的关系、报告责任进行特别调查的授权等进行阐述;实际的活动与规则的规定相比较;实际的活动与正式的指南和规则相比较;实际的活动与最佳实务相比较;以及审计委员会使用正式的自我评估程序。

审计委员会对保证公司治理结构及其支持程序的有效性负最终责任。因此,将审计委员会的活动与规则中确定的作用和责任,以及外部指南和最佳实务等进行比较就非常重要。内部审计应经常就审计委员会的要求进行这类评价,以证实其遵守了这些规定。当然,内部审计应促进将这些责任和最佳实务整合到公司总体的治理活动中。审计委员会规则还应保证内部审计具有有效执行和遵守审计准则所需的各种资源。内部审计应将这些评价和建议作为向审计委员会提供改善公司治理建议的重要的机会。

三、公司治理程序审计

公司治理程序作为一种制度安排,决定公司治理为谁服务、由谁控制、风险和利益在相关者之间如何分配等程序。公司治理程序界定的是公司股东与利益相关者之间的关系,能防止经理对股东利益的背离,保护股东和利益相关者的权益。

1. 审计公司内部和外部治理报告程序

公司治理报告程序应当关注下列问题:公司治理报告是否符合法律、法规中的报告标准和定义;是否建立了适当的报告标准;报告过程中是否使用了正确的重要性区间;报告的违规之处是否在公司中的适当层次被发现、上报,并得到妥善解决。

公司治理审计应当侧重于证实和评价公司中专门的与公司治理相关的报告程序是否存在。进行审计时,内部审计人员首先应该识别和确认与公司治理有关的报告程序,然后测试所有内外部治理报告的准确性和适当性。有效的公司治理报告必须与财务报告一样准确、完整,以适应股东、监管机构和利益相关者的其他成员不断增加的详细审查。

公司会频繁地发布公司治理报告,以与新的公司治理要求保持一致。在向社会公众披露之前,这些公司治理报告必须接受与财务信息同样程度的内部检查和控制,以发现与公司声誉有关的潜在风险。内部审计机构和人员因而需要对公司治理报告负责,以保证与这一日益重要的领域有关的监督和控制的适当性。

2. 审计公司治理事项的上报和追踪程序

公司治理事项的上报和追踪应当具备下列特征:公司的政策程序规定了公司治理事项的上报和追踪;解决公司治理问题的责任进行了清楚地界定和交流;发现的公司治理事项能够通过治理程序回溯至识别阶段;伴随着董事会的适当参与,治理事项以有效及时的方式得到解决。

公司治理环境有效的公司将具有适当的程序识别和上报与公司治理有关的事项,并对其进行追踪。由于该程序的重要性,内部审计人员应对其进行认真审计。与之相关的审计应当能够对四个主要问题给出明确的答案:是否存在适当的公司治理事项上报和追踪程序?如果存在,这些程序是否能够有效地追踪公司治理事项?这些程序所提供的数据是否有助于提高公司治理事项的识别和追踪?谁负责追踪公司治理事项?另外,确定这些公司治理事项一旦发生,是否能够有效地彻底追查。如果公司没有迅速彻底地按照公司治理事项追踪程序产生的报告采取行动,那么即使存在可靠的治理事项追踪程序,对公司也没有什么用处。在审计上报流程的适当性时,内部审计人员应当确信该上报流程包含了公司董事会及其审计委员会的审核程序。

3. 审计公司治理政策改变和程序

公司治理政策改变和程序应当具备以下特征：公司治理政策改变和程序创新是用来支持新的公司治理政策或改革现有程序；公司治理政策改变的重要性通过持续的培训得到加强。董事会面临的真正挑战在于，没有一套单一的、不变的治理政策和程序。事实上，公司不断出现的新情况和新问题，现有的问题以不可预见的方式发生持续的改变。其结果是，在公司治理领域开发和实施治理政策改变和程序的变化，对公司而言是十分重要。同样，内部审计人员对这些公司治理政策改变和程序创新的有效性进行审计也是很有必要的。

内部审计人员应当识别新出现的、或不断变化的公司治理问题，确认公司有适当的专门方法来发现这些问题，并确认这些创新方法能够实现其预期目的。如犯罪者在持续不断地努力开发新的不可预见的舞弊方式，公司有必要开发一套综合的反舞弊体系，超出了舞弊意识的范畴而强调舞弊预防。在这一背景下，公司为了为反舞弊程序提供有效的支持，必须开发范围广泛的反舞弊政策变化管理和程序变化的相应措施。

4. 审计公司治理支持软件和技术

公司的治理流程和程序是通过使用一系列技术和软件工具实现其目标。公司治理活动的有效性在不同程度上取决于其技术资源的适当性和可靠性。以前，公司并未优先考虑公司风险管理和公司治理技术投资。但在当前信息技术迅猛发展的环境下，获取实时信息变得至关重要。因此，公司治理支持软件和技术成为公司努力提高和衡量其风险管理和公司治理的关键动因。随着公司治理支持软件和技术不断升级，技术成为公司的中枢神经系统，实时地确定风险得到管理，治理活动正在实施。技术有助于通过推进各种风险管理、治理活动的综合、信息流动、绩效和报告来增加透明度、完整性和可说明性。

由于公司治理支持软件和技术对公司治理活动的重要性，内部审计人员应当对关键的技术资源进行定期的审计，以确认其是否充分和是否持续有效。这些审计应当确认公司治理活动正在使用的所有软件和技术，并评估与该技术相关的控制是否适当。内部审计人员应采用一种更为主动、清晰和积极的方法对公司治理支持软件和技术进行审计，为董事会及其审计委员会和股东创造重要价值的治理活动提供技术指南。

四、公司道德规范审计

保持良好的公司治理环境，必须由良好的公司道德规范作保证。因此，内部审计人员应当审计公司的道德规范，并揭露与公司治理有关的薄弱环节。IIA 的实务公告 2130-1 中指出"内部审计应当定期评价公司的道德规范……"。内部审计应审计公司的道德标准和政策，并证实其是否在日常活动中得到有效执行。

(一) 公司道德规范审计的作用

随着中国经济的发展以及公司治理的不断健全，内部审计的重要性越来越受到重视。内部审计在审计公司制定与遵守有关道德标准、行为准则，倡导道德理念，充当道德卫士，促进和评估道德措施等方面为公司道德规范建设中扮演重要角色，从而为改善公司治理发挥重要作用。内部审计作为现代公司治理的基石,应关注公司道德规范环境,充当道德规范的倡导者。

1. 审计公司道德规范是内部审计的重要职责

依照公司法和公司章程,在公司治理过程事务中,董事会负责公司战略计划的制定和实施,开展风险管理活动,坚持公司道德和价值的取向。所以,公司的治理是否有效很大程度上取决于其道德规范,包括董事会的道德取向和公司的道德环境。内部审计通过审计对公司治理起着监督和预防参谋作用。

从公司内部控制系统看,控制环境是公司治理的基础,而控制环境第一要素便是诚信和职业道德价值观,内部控制环境为实现控制系统的基本目标提供了基础和框架。因此,内部控制需要内部审计机构审计公司道德规范。目前,内部审计已经进入了确认、咨询的发展阶段,要关注公司治理、风险发现和风险管理,特别要关注公司治理中的决策风险和经营风险,关注公司发展的前景。内部审计既是内部控制的重要组成部分,又是监督与评价内部控制的主要手段,内部审计通过独立的检查和评价活动,针对控制的缺陷、治理的漏洞,提出切实可行的富有建设性的意见和改进措施,促使董事会和经理进一步改善经营管理,提高公司的盈利能力。

从公司形象信誉上看,一个好公司需要良好的诚信品质和更高的信誉度。公司不只对广大股东和投资者负责,还肩负着众多利益相关者的期望。在美国 2002 年通过的《萨班斯—奥克斯利法案》中,第 406 条职业道德规则要求在纽约所有公开上市的公司要制定"道德规范"。内部审计通过进行一系列的专项审计活动,如通过确认董事会和经理的治理活动,起到反腐败、反舞弊的作用;评价公司目标、精神和经营、治理理念,起到公司文化宣传者的作用;评价公司形象与员工形象以及与业务客户的信誉关系,由此促进公司和员工忠于职守、遵守法律、道德规范和社会责任。

2. 发挥内部审计在公司道德规范建设中的作用

由于各个公司的文化氛围、治理理念和工作目标不同,公司治理的实施也有很大差别。内部审计机构有责任定期审计整个公司的道德规范建设状况,既可以在审计公司的风险管理、控制和治理过程的效果时考虑公司道德规范因素影响,又可以单独开展与道德规范相关的目标、项目及活动的设计、实施及效果的审计活动,从而发挥内部审计活动对公司道德规范的确认、咨询作用,帮助公司改进治理过程。

内部审计机构在开展风险管理审计、内部控制评价等业务过程中,内部审计人员在工作中要保持足够的职业审慎,警惕可能引起舞弊的领域和环节,对预防徇私舞弊的内部控制进行测试和评价,评价公司是否有清晰易懂的道德规范以及相关的说明、政策,包括预防舞弊和腐败的程序以及其他期望员工做到的道德标准;评价董事会和经理是否制定相关规定,要求员工、供应商和客户知道在与公司进行交易时应该遵守的道德行为规范。专项控制环境审计还应评价董事会和经理是否采取积极的措施支持和提高道德规范,对违反道德规范、政策的行为是否得到报告并被调查等。内部审计人员通过审计,建议公司建立明确的职业道德行为规范,培养良好的控制环境。内部审计发现,在商业礼仪、利益冲突、出行和娱乐方面,强调道德规范比严格报销制度更能控制公司不合理的费用支出。

3. 发挥内部审计在倡导公司道德规范中的作用

《内部审计职业道德规范》促进了内部审计职业道德的发展,也是内部审计对公司风险管理、控制和治理作出客观确认以信任的基础。在提请董事会、经理和员工遵守法律、道德规范和社会责任的同时,内部审计人员作为本公司的员工,更应该发挥内部审计在倡导公司道德规范者的作用。

内部审计人员能够经常深入到公司生产、经营第一线,了解到基层单位和部门的先进经验和思想状况,能够及时将信息反馈到董事会和经理,同时利用工作之便推广遵守道德规范的先进经验,宣传好人好事。尤其是在建议公司完善内控制度的同时,倡导良好道德规范,通过健全制度,弘扬正气,提高广大员工的道德水平,使其积极支持与主动配合内部审计工作,形成良性循环的公司治理环境。另外,内部审计人员应以身作则遵守道德规范,要诚实、审慎和尽责地开展内部审计工作;遵守国家法律法规,维护公司利益,对非公开信息保密;廉洁自律,不接受可能会影响其专业判断的任何礼品、礼金;工作及生活作风正派、言行一致、以身作则、谦虚谨慎;发扬团结合作精神,与被审计项目领导、员工积极沟通;不断持续学习,不断提高内部审计工作的熟练性、效率和质量。

(二) 公司道德规范审计的内容

公司道德规范审计与公司社会责任审计有很多相似之处,审计的内容有重叠和交叉,但公司道德规范审计比公司社会责任审计包含更多公司道德规范方面的内容。公司道德规范审计的内容,目前主要对公司社会责任、商业伦理、可持续发展和综合道德表现四个方面进行审计。

1. 公司社会责任审计

所谓公司社会责任,是指公司除了对股东负责、创造财富之外,还对全社会承担一定的责任。它一般被分为经济责任、文化责任、教育责任、环境责任等。社会责任审计是由内部审计机构或人员接受委托或根据授权,按照法规和一定的标准,客观地收集和评估证据,对被审计单位一定时期的社会责任履行情况及财务信息和其他有关资料的真实性、合法性和合规性进行审查,并发表专业意见的确认和咨询活动。我国公司社会责任审计,主要审计公司以下情况:①公司是否存在无视其在社会保障方面应负的责任,是否存在逃避或尽量少承担纳税义务;②公司是否存在将就业包袱甩向社会的情况;③公司是否存在较少考虑环境保护情况;④公司是否存在提供不合格的服务、产品或虚假信息,欺骗消费者的情况;⑤公司是否存在依靠侵占公司职工的收入和福利来为公司经营者谋利的情况;⑥公司是否缺乏社会责任意识,对公益事业不管不问;⑦公司是否缺乏公平竞争意识,极力排斥市场竞争;⑧公司是否缺乏诚信意识。

2. 公司商业伦理审计

"伦理"是指人与人之间以道德手段调节的种种关系,以及处理人与人之间相互关系应当遵循的道理和规范。商业伦理是任何商业组织或生产机构以合法手段从事商业活动时所应该遵守的伦理准则,它对公司从事商业活动的行为方式提出了道德伦理方面的要求。

一方面,它要求公司建立一套符合社会伦理标准的价值观和有效的内部控制制度,健全的内部控制制度又能节约内部审计人员的审计成本,提高审计执业的效率;另一方面,商业伦理也会直接影响内部审计人员的职业道德。公司商业伦理应遵循的准则是所在经营领域的领先者,合乎伦理地开展公司活动;有计划、有步骤、诚心实意、全面地履行公司的社会责任;在国内和国际上有出色的伦理行为表现。公司商业伦理审计主要从以下几个方面进行审计:环境保护问题、妇女待遇问题、少数民族待遇问题、对当地社区的支持力度、员工家庭福利安排、工作环境质量、信息公开度、动物保护等问题。

3. 公司可持续发展审计

可持续发展是指既满足现代人的需求又不损害后代人满足需求的能力,也就是指经济、社会、资源和环境保护的协调发展。公司应建设可持续发展管理系统,制定可持续发展政策与战略。公司制定可持续发展计划和风险管理措施,保障计划与相关措施的切实执行。内部审计机构和人员通过检查与采取纠正行动以获取持续的进步。可持续发展管理系统的设计和执行应由董事会负责,内部审计人员应参与设计并对该系统的充分性和有效性进行评估,监督整个执行过程,以保证其有效运行。为了确保公司可持续发展,内部审计人员应对可持续发展管理系统的充分性和有效性进行定期审计,应当审计产生这种检查信息的过程,测试信息的准确性,评价不可测试信息的合理性,确认内部控制对于确保提供信息与其他用于监控绩效的报告的一致性是有效的。内部审计结果应提供给董事会,但内部审计人员不应当对由这些审计所导致的董事会决策及其影响负责。内部审计结果应尽可能清晰明了,针对可持续发展管理系统的持续改善建议应具可行性。

4. 公司综合道德表现审计

公司综合道德表现分为三个维度:员工与公司之间的道德表现、公司内部各部门之间道德表现、公司与利益相关者之间的道德表现。内部审计机构和内部审计人员应从道德素质评价、行为审查、利益相关者审查、公司道德管理制度和措施审查、解决道德困境方式审查、员工个人品质和所处环境评估六大方面进行审计。公司综合道德表现审计是将公司作为一个伦理实体的道德状况而进行系统的识别、衡量与监控。开展公司综合道德表现审计,有助于利益相关者了解公司道德状况,从而做出各项决策。公司综合道德表现审计能够提供一种约束、监督和准则,敦促公司提升道德水平,在公司和全社会实现经济与伦理良性互动的价值循环。在"道德风险"已成为妨碍公司经营、扰乱经济运行的情况下,公司治理引起国际社会普遍关注的今天,以公司综合道德表现审计为主要手段之一的公司道德治理势在必行。

(三) 公司道德规范审计的方法

公司道德规范审计方法是公司道德审计发展必须解决的关键问题。目前,披露公司道德规范状况的技术与实施审计的技术一样,还远远不够成熟。公司道德规范审计的方法比较单一,技术仍然十分原始,其发展水平还难以适应实际工作需要。公司道德规范审计可以单独进行审计,也可以结合公司治理中的其他事项审计一起进行审计。就目前而言,公司道德规范审计的方法主要可归纳为四种:

(1) 内容分析法。该方法通过对相关的文件和记录进行审计,包括公司内部的各种成文文件、公司外部的公共机构记录及新闻媒体的报道,以获取有关道德评价信息。

(2) 问卷调查法。该方法强调对公司的利益相关者进行问卷调查,获取利益相关者对被审计公司的道德评价信息。美国经济优先权委员会(Council on Economic Priorities, CEP)于1997年成立了经济优先权委员会认可委员会(Council on Economic Priorities Agency, CEPAA,后来改为社会责任国际,即SAI),发起并联合欧美跨国公司和其他国际组织,制定了SA8000社会责任认证体系,其利益相关机构声称:"它是全球首个道德规范国际标准。其标明的宗旨是确保供应商所供应的产品,皆符合社会责任标准的要求,该标准适用于世界各地、任何行业、不同规模的公司。其依据与ISO9000质量管理体系及ISO14000环境管理体系一样,是一套可被第三方认证机构审核之国际标准。"经济优先权委员会设计了一份长达15页的调查问卷,包含10个种类的相关问题,并指定由公司代表回答。

(3) 访谈法。访谈法是通过对特定人群进行面对沟通和对话获取企业道德规范实施现状的有关信息。

(4) 综合审计法。即根据委托人的需求、受托审计主体的能力和程序以及被审计对象的特征,综合采用以上两种或两种以上的审计方法。如公司采用的道德规范审计方法有:一是对公司文件、各种审计数据和公共记录进行审计;二是对员工、经理、供应商、经销商、新闻记者和专家等进行访谈。

目前,对公司道德规范审计的技术方法还远没有成熟。需要指出的是,内部审计人员的主观判断能力在道德规范审计中起着关键作用,内部审计人员自身必须恪守职业道德,并具备充分的资质和经验。随着社会和经济的发展,公司董事会、利益相关者和社会公众会越来越迫切需要了解公司的道德表现和道德水平,公司道德规范审计标准、范畴和内容也会发生相应变化,对道德规范审计的技术和方法也会发生很大的变化。

第二节 公司战略审计

公司战略是公司政策体系的最重要的组成部分,公司战略执行是实现公司健康发展的关键环节,战略的执行效果直接关系到公司的长远发展、经营业务的稳定和技术的进步。公司战略的正确制定和切实执行与良好的公司治理之间具有紧密地联系,但这一联系直到现在才受到公司董事会和内部审计机构应有的重视。因此,公司战略审计是内部审计机构和内部审计人员一个不容忽视的重要领域。

一、公司战略审计的起源和发展

20世纪60年代,受到公司战略管理的影响,内部审计不仅开展经济、效率和效果审计(3E审计),而且开始实施公司战略审计。20世纪70年代,由于公司经营环境不确定性的增强、经营规模的扩大、管理活动的复杂化以及法律和政府对于投资者和社会公众利益保护力度的加大,使董事会和经理的受托经济责任空前扩大,投资者和其他利益相关者产生了对于公司战略监督的需求,并导致了战略管理的兴起。美国一些公司的内部审计开始将3E审计扩展到公司战略审计,认为公司战略审计应确认和评价公司战略选择与实施。这是因为公司战略审计对于公司绩效有着直接的影响,决定着投资回报,所以需要内部审计对战略管理过程进行监督和控制,以确保能够维护投资者利益的战略得到制定和执行;对战略的监督能够帮助董事会减少战略决策的不确定性和失误、缩小战略执行过程中的偏差、降低经营风险并提高公司绩效。

20世纪80年代,西方国家开始研究公司外部会计师事务所实施战略审计的可行性。认为注册会计师在正式开始审计之前,必须了解客户的业务、产业和整体经济背景,而战略审计正是这一步骤的扩展;战略审计有助于注册会计师了解主要的风险领域,从而为审计计划的制定提供更为坚实的基础;注册会计师可以通过战略审计帮助公司董事增强其战略监督功能,他们提供的信息是董事会特别需要的、来自经理层之外的信息。公司战略审计既有可能为公司带来利益,也有可能为公司带来附加成本,是否应该实施战略审计应取决于成本效益的权衡。

20世纪90年代,美国公司将战略审计作为公司治理的重要工具。在公司治理结构中,董事会和经理对于战略管理的视角是不同的,经理总是将战略管理作为自己的"势力范围",主要关注既定战略的执行效率问题;而董事会则为了维护股东利益,主要关注战略本身的合理性问题。董事会对于战略管理的参与,常常局限于CEO离任、公司财务状况恶化或者敌意收购三种特殊情况。再加上董事会的议程安排常常使战略方向的严肃讨论不太合适,以及董事会的大部分成员通常缺少有关行业和公司的专业经验和知识,也缺乏参与战略管理的足够时间,董事会对于战略的监督常常不到位。公司战略审计可以作为一种正式的战略检查过程使董事会切实履行其战略监督责任,可以对董事会和经理同时施加约束。公司战略审计的领导权应集中在审计委员会手中,只有这样它才经得起公司内部权力冲突的考验。通过公司战略审计,可以加强董事会和经理之间的信任,防止董事会随意侵犯经理的职权,也评价经理执行战略决策的责任。

21世纪初,IIA2001年讨论了战略审计的性质及重要作用,认为公司战略审计是公司决策和实施过程中的一种重要的分析和诊断工具,可以发现公司战略执行中存在的问题。传统的内部审计较少地介入公司的战略管理过程,主要是因为其在战略管理过程中的作用没有得到董事会应有的重视和支持。公司战略审计超越了具体职能部门的界限而关注到公司与环境的相互作用及各职能部门的有机联系,能够通过战略分析和评价而减少战略决策中的不确定性并增强战略决策的可行性。我国自21世纪初开始借鉴和实施公司战略审计,将公司管理审计划分为战略管理审计、管理控制审计和业务审计三个不同层次,并且认为战略管理审计的评价重点是董事会所关心的公司与经营环境的关系和公司竞争力问题。中国内部审计协会对公司战略审计的主体、对象、内容和评价标准进行了深入研究,对战略审计实施的条件、机构及评价标准进行了分析。

公司战略审计产生的根源在于董事会的受托经济责任扩大的结果。20世纪70年代以后,正是由于公司经营环境不确定性的增强、经营规模的扩大、管理活动的复杂化以及法律和政府对于投资者和社会公众利益保护力度的加大,使得董事会的受托责任空前扩大,才使投资者和其他利益相关者产生了对于公司战略审计的需求,并导致了公司战略审计的兴起。投资者和其他利益相关者的需求是公司战略审计得以产生的必要条件。公司战略审计的产生还必须具备供给方面的条件,即公司战略审计的"供给者"必须具备提供这种服务的素质和能力。由于公司战略管理活动是一种带有全局性的、风险极高的管理活动,从事公司战略审计的人员必须了解公司整体的运作、熟悉公司内部的文化和利益冲突、拥有战略管理理论和实务的相关经验、有良好的沟通技巧、拥有战略思维。显然,公司外部会计师事务所的注册会计师不具有这些条件,而只有内部审计人员具备良好的战略审计基础、获得董事会充分信任,他们才有可能从事这种高层次的审计活动。从事公司战略审计的人员还必须在公司中有足够高的地位,否则就不会拥有对战略管理过程进行审计的必要权威。因此,当公司在董事会下建立了审计委员会,并建立内部审计部门对审计委员会负责并报告工作的机制,内部审计部门从事整个公司层面的战略审计才有可能。

二、公司战略审计的含义和特点

公司战略审计是指公司内部审计机构和内部审计人员经公司董事会授权,在审计委员会领导下,按照一定程序,根据一定标准,对公司战略的制定和执行情况做出确认和评价,发现问题,分析原因,提出改进建议的过程。从这个定义中,可以看到公司战略审计的含义。

1. 公司战略审计的含义

(1) 公司战略审计是公司制定和实施战略必须实施的工作,包括对于公司内外环境的分析、战略实施效果的评估等。

(2) 公司战略审计是公司战略控制与评估的重要工具,可以用于评估公司战略执行的有效性。

(3) 公司战略审计是一种咨询服务,是公司战略的一种诊断工具。

(4) 公司战略审计是对公司可持续发展的审计,可以提供公司长远发展的综合评价。

(5) 公司战略审计是公司治理过程中的一种正式机制,是正式的公司战略确认和评价过程,它既制约董事会又约束经理。

2. 公司战略审计的要求

(1) 公司战略审计的主体必须具备独立性。公司内部审计机构应相对独立于公司战略的制定和实施过程,与战略管理过程没有直接的利益联系,也不承担相应的责任。没有人能够正确地评价自己的工作,内部审计活动如果丧失了独立性,就不能称之为审计。尽管有的公司将公司经理对于公司战略执行的自我评价也称为战略审计,事实上,那根本不应称作审计。只有符合独立性要求,由公司独立董事为主组成的审计委员会领导,内部审计机构和内部审计人员对公司战略实施的审计,才能称为公司战略审计。

(2) 公司战略审计的对象是董事会和经理的战略管理活动和战略管理的全过程。公司战略审计应能覆盖公司各层次的战略管理活动，特别是公司整体层次的战略管理。战略管理过程一般划分为确定公司使命和目标、明确战略意图、分析公司内外环境以确定公司面临的机会与威胁以及公司相对于这些机会和威胁的优势与劣势、制定并选择战略计划、实施战略计划与评估战略效果。公司战略审计应能深入战略管理过程的每个环节，对于战略选择的合理性的确认、评价和对于战略实施有效性的确认、评价是公司战略审计最能发挥作用的领域，应成为公司战略审计的重点。

(3) 公司战略审计的职能是确认、评价与咨询。确认和咨询是内部审计的基本职能，通过公司战略审计，应能确认公司战略选择合理性和战略实施有效性，确认有关的责任人认真履行与战略管理有关的受托责任，并提出改善战略选择和战略实施的管理建议。将评价列入公司战略审计的职能是因为战略评价对于战略审计有着特殊的重要性，它是战略审计的核心环节，准确地进行战略评价是进行战略确认和咨询的前提。

3. 公司战略审计的特点

(1) 咨询性。公司战略审计主要是从内部审计人员的角度全面确认和评价公司的战略管理状况，内部审计的过程是一种确认和评价过程，更是一种咨询过程，审计的结果主要供股东、其他利益相关者、董事会和经理参考，对公司董事会和经理具有一定的约束力。但是，公司战略管理是一门科学，更是一门艺术，它没有客观的衡量标准，没有对错之分。在战略决策方面，公司的经营理念会对战略导向产生很大影响，而战略导向往往决定决策。公司战略审计不能代替公司的战略决策与管理，因此审计意见不能代替、指挥公司的战略管理，只能作为向董事会和经理提出的咨询意见。

(2) 促进性。公司战略审计与公司战略管理是两种不同的活动，但目的和内容基本相同，从本质上看都是战略管理职能的重要延伸，都是为了公司战略选择合理性和战略实施有效性。公司战略管理与公司战略审计在工作内容和方法上具有交叉性，但在作用发挥上具有相互促进性。

(3) 全面性。公司战略审计的内容涉及公司战略管理的所有方面和所有环节，包括公司战略内容与战略过程、公司环境的分析、内部条件的评估、战略与环境的匹配性、战略决策的制定、战略的实施与调整、决策与管理机制等。

三、公司战略审计的主体和内容

公司战略审计应采取由董事会主导的审计模式。将公司战略审计的领导权集中在董事会，尤其是独立董事的手中，由他们为主组成审计委员会，确定战略审计的内容和依据。公司内部审计机构划归董事会下属审计委员会领导，由其负责战略审计。审计委员会应保证数据收集和审计报告的真实性和连续性；明确应与经理讨论的问题；使全体董事会成员随时掌握公司战略的情况，安排商讨战略问题的定期或临时会议。公司战略审计对董事会和经理都提出要求，董事会是保证股东利益在公司战略中得到反映，董事会的任务是制订战略并监督经理实施，经理负责将战略规划转换成具有可操作性的实践。

公司战略审计的主要内容是对公司战略的确认和评价。通过公司战略审计既可使公司的资源得到合理配置,在实现战略目标的同时,不断获得更多的资源;又可使公司不断适应外部环境的变化,抓住发展的机遇,避免或减少风险。公司战略审计包括事前、事中和事后审计。事前审计是对制订战略的基础、程序进行确认和评价,事中审计是在不断变化的环境中,对战略实施情况进行实时审计,确认和评价原定战略的适当性;事后审计则是对战略实施情况进行总体评价,为以后的战略制订和实施提供参考。具体而言,公司战略审计的内容包括以下几方面。

(一) 战略制定基础的审计

公司战略制定包括公司发展战略的制定和各项职能战略的制定。内部审计人员应确认和评价公司战略制定基础的内容主要有以下几方面。

(1) 审计公司战略是否符合公司目前的发展状态。公司战略的制定应在对公司目标、市场、环境、竞争者和内部资源等内外部环境全面认识的基础上制定。外部环境分析,如顾客分析、供应者分析、竞争对手分析、同盟者分析、行业环境分析、地理位置分析、政治环境分析、技术环境分析、文化环境分析、产业政策分析和国际环境分析。在进行内部实力分析时,要对公司在经营中已具备的和可利用资源的数量和质量,包括人、财、物等有形资源和信息、企业文化、企业形象等无形资源进行实力评估,尤其要对公司现有的管理水平做出客观评价。

(2) 审计公司战略目标是否符合国家宏观经济状况,反映市场的需求,与环境变化趋势保持协调,与公司内部资源的应变能力保持平衡;是否符合国家产业政策和环境保护、资源开采的规定;是否建立在充分的调研基础之上。

(3) 审计公司战略制订的程序是否适当。公司战略一般由公司董事会做出,但战略目标一旦确定后,应让内部各层次都了解自己在战略目标中的地位。内部审计人员应确认和评价该战略确定的经营范围是否与公司的管理控制能力相匹配;是否,处于成长状态时多制定扩张战略,处于衰退状态时多制定收缩战略;公司的现金流供应以及人力资源能否满足新领域扩张的要求。

(4) 审计公司战略目标的前瞻性和实现的可能性。内部审计人员应主要是分析、评价公司战略是否与公司的发展战略保持高度的正相关性,各职能战略之间是否相互支持,制定的战略是否简单易行以及战略是否缺乏实质性内容等;是否有更优战略方案可供选择以及发生战略失败后是否有及时的补救战略等。

(二) 公司战略类型选择的审计

内部审计人员应审计公司采取何种类型战略,其依据何在,客观条件是否具备。战略类型大致可分为增长战略、利润战略、集中战略、转移战略和退出战略。

(1) 审计公司战略目标选择的合理性。内部审计人员应确认和评价公司战略目标是否既有盈利目标又有市场目标,即战略目标的内容至少应能够包括所要实现的市场地位和竞争地位,长短期利润指标,主要财务经营成果及评估战略成败的其他实际指标。

(2) 审计公司增长战略选择的合理性。内部审计人员应确认和评价公司战略是否发生在公司产品或市场发展的成长阶段,公司是否设法获取市场资源、努力融通资金、为对付更加激烈的竞争采取更有效的竞争手段。

(3) 审计公司利润战略选择的合理性。内部审计人员应确认和评价公司战略是否发生在公司产品或市场发展的成熟阶段,公司是否将经营重心从市场开发和筹集资金转向市场细分与资产利用,在此阶段利润指标完成情况。

(4) 审计公司集中战略选择的合理性。内部审计人员应确认和评价公司战略是否发生在公司产品或市场发展成熟阶段及开始衰退阶段,公司是否开始稳妥地压缩经营规模、减少投资把战略重点集中于具有最大优势的细分市场上。

(5) 审计公司转变战略选择的合理性。内部审计人员应确认和评价公司战略是否发生在公司产品和市场的衰退时期,公司是否考虑改善原战略的执行方法,或考虑重新制订新战略方案。

(6) 审计公司退出战略选择的合理性。内部审计人员应确认和评价公司战略是否发生在公司万不得已时,公司是否削减费用、减少资金投放、削减产品、进行清理。

(三) 公司战略实施过程的审计

对公司战略实施过程的审计是一个动态的、连续的确认和评价行为,可结合其他内部审计工作进行。由于各职能战略的制定也是公司发展战略具体实施的重要步骤之一。因此,对公司战略实施过程的审计应判断各职能部门是否制定了与公司发展战略相适应的策略;应检查公司内部是否存在灵活的沟通机制,能否保证各职能策略之间的相互支持;实施过程中各种信息的传递是否畅通,能否将相关信息迅速反馈给战略制定者;相关执行人员是否存在不称职或用人不当现象;战略实施所需的资源条件与现实存在资源之间是否存在较大的缺口等。具体而言,对公司战略实施过程的审计应重点关注以下内容。

(1) 审计公司战略实施过程是否沿着制订战略总目标、分解出战略具体目标、评价和选择战略方案、制订年度目标和财务策略、配置资源、度量和评价业绩的方向进行。

(2) 审计公司战略实施的规划、方法、组织保证及控制和报告系统是否健全并有效实施。

(四) 对战略实施效果的审计

公司战略从制定到实施,必须定期地对其实施效果予以确认和评价,以确定相关人员的功过业绩。国外流行的公司战略实施效果评价方法是"平衡记分卡"法,其核心原则是强调全面、多角度地设计评价指标,高度重视非财务指标的作用,要求将公司的持续创新能力融入实施效果评价系统。我国公司战略实施效果的评价标准应以财务指标为基础,既要将这些财务指标与战略目标进行比较,又要与实施不同战略方案的其他同水平的竞争对手进行比较;还要对公司的社会贡献水平与未来发展能力予以评价。总之,对公司战略实施效果的评价指标应具有综合性、全面性和层次性。

(1) 审计公司增长战略是否带来公司市场份额的增加,是否增强或提高了公司在行业或市场上的地位。

(2) 审计公司利润战略是否带来公司现有资源和经济效益的增长,使利润最大化。

(3) 审计公司集中战略是否带来公司重新安排生产经营规模和财务力量,以提高短期盈利和长期效益。

(4) 审计公司转变战略是否尽快控制或扭转了公司的衰退局面。

(5) 审计公司退出战略是否使公司谨慎退出市场并最大限度地收回投资。

公司战略审计应能覆盖战略管理的各个层次和全过程。因此,公司战略审计的内容应包括所有与战略管理有关的资料,既包括财务会计资料,也包括其他非财务资料,且非财务资料与财务资料相比可能重要性更高。公司战略审计的范围则应包括公司的董事会和经理和所有重要经营事项,重点是评价战略制订所依据资料的可靠性和相关性以及评价既定战略执行的有效性。

四、实施公司战略审计的意义

公司战略审计则是通过确认和评价公司董事会的战略决策和经理的战略执行来促进公司战略目标的实现。现阶段,在我国公司中逐步构建并推广战略审计具有以下积极的意义。

(1) 实施公司战略审计可提高公司战略决策和战略执行的效率。公司战略是公司发展的基础,公司战略失误会给公司带来巨大的损失甚至致命打击。在市场上,这样的实例屡见不鲜。因此,如何避免战略制定的不合理或战略执行的不恰当,提高战略决策和执行的效率,是公司董事会和经理必须解决的重要问题。而公司战略审计通过对战略决策过程进行充分、合理分析,对战略实施过程中的完整性和有效性进行及时确认和评价,并随公司经营环境的变化对公司的发展战略提出改进建议,以实现公司战略的科学性和有效性,提高公司经营管理水平,增强公司的竞争力。

(2) 实施公司战略审计可充分发挥内部审计价值增值的功能。长期以来,我国公司的内部审计受传统思想的影响,大多数仅停留在财务审计阶段,被动地接受经理的一些任务并对公司的部分经济责任进行审计,很少为公司经营决策提供有用的信息,给人们留下了"可有可无"的印象。内部审计是一种独立、客观的确认和咨询活动,其目的是增加组织的价值和改善组织的经营。因此,内部审计自身价值的实现必须以公司价值增值为基础,最大限度地为公司提供经营决策有用的信息和建议。公司战略审计作为内部审计的一项重要内容,通过对公司的战略制定和战略执行的确认和评价,分析存在的问题,提出改进措施,从而避免公司发生战略失误,为其健康发展提供保障,这正是内部审计增加公司价值的根本体现。

(3) 实施公司战略审计可进一步健全和完善公司治理结构。公司治理结构应在财产所有权与管理经营权分离的前提下,在公司各利益相关者之间建立起相互独立、相互制约、权责明确、互相配合的机制,并通过建立科学的决策程序和监督制度,使各自的正当权利得到保障、行为受到合理约束。由于公司的战略制定与执行分别由董事会和经理来实施,而在董事会中又有代表大股东利益的股东董事、代表中小股东利益的独立董事和代表经理利益的执行董事。因此,在战略制定与实施过程中如何实现大股东、中小股东和经理的利益均衡,并区分相关各方应承担的责任,日益成为公司治理结构要解决的问题之一。而公司战略审计机制的建立,正是在信息不对称条件下建立的一套制约各方的监督体系,这一方面可避免受托人在战略制定与实施过程中的"道德风险"和"内部人控制"现象的发生,另一方面也为评价相关各方的业绩提供判断标准。

四、汉王科技战略审计案例

(一)汉王科技公司背景介绍

成立于1998年的汉王科技股份有限公司(简称汉王科技)在文字识别和电子书领域占据很大的市场份额,但随着近几年平板电脑和智能手机的冲击,汉王科技功能单一的终端产品市场份额受到巨大影响。汉王科技股份有限公司2016年度,实现了总收入和净利润的稳健增长。实现营业收入41 562.65万元,归属于上市公司股东的净利润为2 131.92万元。

汉王科技长期发展战略是秉承"专注成就精彩,创新引领未来"的核心经营理念,依托核心技术,以市场和用户为导向,不断深化以模式识别为核心的智能交互技术,开发高附加值产品,建构强大的销售渠道,致力于成为世界一流的智能交互技术、产品与服务提供商,并在人工智能产业中寻求发展与突破。

汉王科技未来五年的发展战略是继续推行和深化合伙人体制、板块化经营,专注于文字识别、人脸及生物特征识别、图像识别、轨迹输入、自然语言理解、数据挖掘、智能空气质量检测与净化、云计算等几大方向,开展产品销售、技术授权、技术服务、行业应用等业务,积极开拓技术与产品在移动互联、教育、金融、安防、汽车、机器人、环保、智慧城市、智能办公、智能家居、大健康等多行业的跨领域应用。

(二)汉王科技发展战略迷失

2008年,汉王科技开始进入电子书市场,根据数据显示,汉王科技2009年销量约27万台。2010年年末,汉王科技董事长刘迎建兴奋地向外界宣布,汉王科技电子书的用户已经超过了100万人。按照汉王科技董事长刘迎建的规划,汉王科技"前三年靠终端,中三年靠平台,后三年靠内容",在终端用户达到百万人之后,汉王科技战略转型达到起爆点,平台支撑战略浮出水面。

在美国市场上,传统书与电子书的比例已经达到了180∶100,刘迎建则认为,中国的电子书行业比美国要相差一年,明年会有更大的销量。也正是在这样的背景下,汉王科技悄然转型。在汉王科技大举进入电子书市场过后,行业的变化非常迅速,然而以科技创新为己任的汉王科技却在两年多的时间里面取得了中国电子书市场70%以上的份额。

1. 内容与产品线

这100万电子书用户对于汉王科技而言,并不仅仅是在终端上面的盈利,更让刘迎建高兴的是,今后这些用户里面,每一个通过其电子书下载书籍的用户,都会为汉王科技贡献利润,用户达到100万人后,就意味着用户量已经上了规模,而每一台终端在刘迎建看来,都是一个渠道。

按照目前的用户量,如果每人每月下载1本付费的书籍,汉王科技便可以取得每月100万本的电子图书销售量。为了让用户能够获得更多的内容,2011年,汉王在书城建设上不遗余力，按照汉王方面的说法，几乎以每天 300 本新书上线的速度更新书城内容。内容对于电子书行业来说，其重要性显而易见，但是终端也同样重要。电子书的内容其实很重要，电子书终端最终需要电子书的内容来维持。

事实上，在电子书推出过后，外界一直认为价格过高，而在这期间，苹果 iPad 的横空出世，也严重冲击了电子书市场。刘迎建说，亚马逊在遭遇了 iPad 过后，曾经出现了一段时间的销量下降，分析机构也下调了预期，但是，在亚马逊调整了价格过后，销量又出现了爆炸性增长。

2. 平台服务战略

"汉王科技未来是一家综合性服务公司。"刘迎建表示，汉王科技电子书在前三年的发展中主要依靠硬件拉动内容的运营模式，在 2010 年电子书终端用户达到百万量级之后，汉王科技电子书将开始一场由质变到量变的过程。他说，未来三年，汉王科技电子书将由产品型转型为数字出版服务型公司，要建立数字平台专家形象。刘迎建很早之前便已经表明了汉王科技电子书的发展计划："前三年靠终端，中三年靠平台，后三年靠内容平台。"

日前，经国家新闻出版总署批准，汉王科技已正式获准从事互联网出版业务，并率先获得了电子出版物经营许可及复制经营许可。有分析人士就此表示，此举意味着汉王科技已经获得了进入内容平台领域的通行证，之后公司在内容平台建设发展步伐无疑会加速。对此，刘迎建表示，此项资质的获得，对于他们非常重要。与传统印刷相比，互联网出版成本很低，终端和各方面配合好以后，今后终端可以成为渠道，在未来产生利润。

之前的汉王在市场策略上与亚马逊有很大的差别，亚马逊被外界看作是以内容养终端，但国内由于环境的不同，汉王采取了以终端养内容的方式，即预装书籍的方式。"未来汉王科技呈现出两大业务的架构，也可以叫'两驾马车'。一驾是电子书终端硬件业务，另一驾是数字出版平台商业务。"汉王未来几年的发展计划逐渐浮出水面。

由于电纸书与传统书有着很大的不同，打造和维护产业链的正常运转也至关重要，而汉王采取了 80% 让利给版权方的原则，在短短的 2 年多时间里，汉王书城已经与 160 多家出版集团和出版社，100 多家报社，300 多家期刊建立了良好的合作关系。

2010 年 3 月 3 日，汉王科技成功登陆深交所中小企业板。上市仅 7 个交易日之后，股价就轻易突破百元大关。2012 年 1 月开始，随之而来的是汉王科技股价连续下跌，汉王科技的股价已经跌至个位数，截至 12 月 31 日收盘，汉王科技股价为 8.75 元。

(三) 汉王科技战略审计

对于汉王科技的急速陨落，可用"如烟花般美丽而短暂"来形容。2010 年 4 月，苹果 iPad 上市 28 天即售出了 100 万台。这一数据相当于汉王科技电子书 2010 年销量的总和，随后 android 操作系统的平板电脑继续冲击着汉王的市场份额。

除在功能方面"完败"平板电脑外，汉王科技的电子书的价格也是影响其市场占有率下滑的重要原因。2011 年 5 月 iPad 一代价格低至 2 888 元，但汉王仍在坚持自己的"高端路线"当时汉王 8 英寸电子书定价在 3 400 元左右。

平板电脑出现前，汉王科技的产品一直以来都走高端路线，然后采用广告轰炸模式，直接切入礼品市场,成功占领了中国七成以上的电子书市场,"礼品"的定位让汉王科技电子书利润大增。

随着平板电脑成为阅读的主流以及盛大公司等厂商的进入,电子书的价格已经被拉下神坛,而汉王并没有及时调整自己的产品定价策略,失去了大量新用户。汉王科技董事长刘迎建此前称:"iPad不过是一个玩具。"在2011年5月18日汉王科技推出TouchPad平板电脑的发布会当天,汉王的两名高管举起两把大锤砸向了晶莹剔透的水晶苹果以表示对iPad的蔑视,但事实证明,汉王科技在终端产品方面的做法是缺乏远见的。

除了在与平板电脑的"抗争"中失败外,汉王科技终端的另一个软肋就是没有为终端消费者提供足够的内容。根据经验,亚马逊Kindle终端的成功是因为亚马逊本身就是一个有丰富内容的分发商,但汉王科技在内容方面积累甚少。据统计,目前"汉王书城"的电子书只有3万本,在内容和平台运营上,汉王科技没有任何优势。而电子书领域的后来者盛大正是抓住了汉王科技的上述软肋才成功从汉王科技手中抢去了一些市场份额。2010年8月,盛大推出电子书终端Bambook,并依托盛大文学的内容资源对汉王发起挑战,此后,电子书市场一家独大的局面被打破。

而随着移动互联网的发展,各种移动终端大融合,单靠硬件来盈利已经十分困难,汉王目前的处境成为国内电子书生产商的一个缩影,在内容为王的时代,汉王科技依然故步自封,导致渐渐被市场抛弃。汉王科技2011年财务报表显示,当年净亏损达到4.97亿元,固守终端的策略已经被证明是一个严重的错误,但汉王科技似乎并没有意识到。

1. 战略制定和环境审计

中国电子书市场2010年处于爆发增长的阶段,也就是用户普及化、规模化的阶段,汉王科技领先中国电子书市场并成功上市,可以说占尽天时地利,汉王科技却可悲地错误判断了市场形势。从2009年下半年起,汉王科技电子书的广告铺天盖地,电视、杂志、户外、专卖店、网络,一片热闹,但是汉王科技的产品定价却出现了错位,汉王科技每本卖3 000元、山寨每本卖1 500元的同性能产品,盛大公司每本电子书直接将价格拉到了1 000元以下。

对于一个还没有跨过用户普及化门槛的行业来说,保持高定价的策略,只会延缓客户群的渗透与培养;同时亚马逊Kindle模式的示范效应,已经可以很明确地看到,内容资源没有绝对优势的硬件(终端)销售价格,是绝不可能得到支撑的,也不符合电子书产业链竞争的本质与趋势。汉王科技不去适应电子书普及化的大潮流,却想通过高广告投入维持产品的高定价、高毛利,这是典型的逆水行舟,最终结果就是花出的广告费唤醒了消费者欲望,却将实际的购买力送到了低价格的竞争对手的腰包里。

高品牌知名度带来的是低产品销售量,汉王科技为电子书行业做了嫁衣裳。这没有任何崇高,只说明汉王的战略错误。汉王科技在电子书产业战略上的失败充分证明:公司战略必须符合行业本身的规则,否则必然被颠覆、淘汰。

汉王科技战从上市后的公司高级管理人员精准股票减持,到降价策略失败,再到大股东疯狂套现,汉王科技从战略到经营管理都面临严重的危机。汉王科技在电子书发展上没有技术积累,没有核心团队,没有明确的发展规划,没有销售,没有品牌,没有渠道,已经没有再次崛起的机会了。

面临重重困难,汉王科技作出战略转型姿态,以期能够挽大厦欲将倾。然而,以当时汉王科技的状况而言,殊为不易。战略转型是一个长期的过程,不是一朝一夕的事情。也许汉王科技并非不知道大势,只是知道并不代表做到,电子书的内容问题,和中国的市场环境这个大环境有关,版权问题、与出版社分账问题、盗版问题,一座座大山短时间内根本让其无处转型。汉王科技曾想做中国的亚马逊,将电子书事业坚持并且发展下去。但是,亚马逊是互联网厂商,汉王是终端厂商,两者的核心不一样,亚马逊的核心在于资源及数据,汉王的核心则在于技术及渠道。相比较亚马逊向平板电脑市场的进军,汉王也早有动作,只是产品研发及渠道能力有限,且把全部精力放在 Windows 平板的研发。这样做,首先战略转移的定位有问题,其次是失去了 android 产品的先发优势。汉王科技在战略转型过程中,没有做好产品选择。

汉王科技已经在重重挫折中迷失了自己的战略,接连不断的打击和冷淡的市场反应,已经让汉王彻底迷茫了。纵观汉王科技一路走来的路线,可以说汉王科技的发展战略自始至终就从未清醒过,开始就缺乏一个清晰的发展战略,2009年抓住了电子书市场发展的一场机遇,便彻底陷入了对利益追逐的盲目,对市场的判断更是不足,大量的库存成了汉王的噩梦。当原始的积累消耗完之后,汉王科技已经无力支撑在错误的路上越走越远的巨大消耗了。此外,汉王科技此前的定位是礼品,降价策略推出以后,目标消费群体又转移到个人,致使汉王自始至终没有固定的消费用户,当汉王出现问题,面临困境的时候,它的客户群会短时间之内迅速消散。

2. 战略目标和赢利模式审计

汉王科技2010年已发展为全国最大的电子书生产商,取胜的主要原因就是占领电子书终端模式。正是依靠这种模式,汉王科技取得了短暂成功。

(1) 战略目标。汉王科技的战略目标是"前三年靠终端,中三年靠平台,后三年靠内容",通过定位于"礼品"电子书,高定价和低成本,降低成本和复杂度,享受到高额利润。正是基于这样的目标,汉王科技成功在证券市场中小板发行上市。

(2) 目标与客户。汉王科技的目标是占领终端电子书市场,希望电子书用户不断下载其内容,成为源源不断的利润来源。汉王科技为以下几类用户提供服务:公司用户(大型及中型公司)、政府及有关机构、民营公司和高端个人客户。汉王科技70%的销售收入来自送礼品的客户。

(3) 产品或服务。汉王科技电子书将由产品型转型为数字出版服务型公司,要建立数字平台。汉王科技采用电子书终端养内容的方式,即预装书籍的方式。汉王科技呈现出两大业务的架构:一是电子书终端硬件业务,二是数字出版平台商业务。从技术上,汉王过分高估了电子书市场的能量,在面对平板电脑的冲击之时,其性能上的单一化和价格上的更高标更让自己陷入困境,而降价又无法实现和有同类功能的多用途电子产品持平,内容上也没有真正实现无限拓展,这都让汉王陷入进也败,退也败的局面。

(4) 赢利模式。"礼品书"和高定价是汉王科技增加销售收入和利润的赢利模式。汉王科技在很多商场设立售货专柜进行直销的营销模式，使得传统渠道中常见的代理商和零售商的高额价格差消失，同时公司的库存成本大大降低。

(5) 核心能力。汉王科技的产品一直以来都走高端路线，然后采用广告轰炸模式，"礼品书"的定位使汉王科技电子书走的不是技术路线。更为关键的是汉王还停留在卖硬件的地步，没有如平板那样走内容为王的市场策略，内容增值策略下，硬件终端可以低价乃至低于成本价甚至1元卖，索尼的PS系列和PSP以及其他游戏机厂商的产品很多就是低于成本销售的。汉王科技电子书终端的另一个软肋就是没有为终端消费者提供足够的内容，在内容方面积累甚少。据统计，"汉王书城"的电子书只有3万本，在内容和平台运营上，汉王科技没有任何优势。

3. 经营风险审计

(1) 公司管控风险。汉王科技推行母子公司集团化管理模式，汉王科技电子书产品销售不畅、产品大量积压导致经营、战略风险的发生，影响汉王科技经营与生存。此类风险主要表现在战略机会丢失风险、流程风险、财务风险、授权风险、技术风险、廉洁风险等方面。

(2) 市场竞争加剧的风险。汉王科技主营电子书市场属于高度竞争市场，市场需求形势及模式转换迅速，公司电子书价高、内容少，面临着各类公司及可替代产品的激烈竞争。汉王科技在电子书销量大幅下降的情况下，开始实行降价策略，但是偏晚。电子书市场大环境受挫，汉王自身的品牌、销售、渠道方面均有不足，对于市场的错误估计，使之前汉王科技电子书存下了大量的库存，降价策略推出之时又急于在市场竞争中胜出，低估了大量的库存之下降价策略所带来的影响。汉王科技降价策略失败收场也就不足为奇了。

(3) 技术开发及技术成果转化风险。汉王科技在技术研发方面没有顺应产品和技术的发展趋势，产品和技术研发偏离市场需求，开发进度拖延，产品成本居高不下，丧失已有的市场份额，使公司面临竞争力下降和发展速度放缓的风险。从技术上，汉王科技过分高估了电子书市场的能量，在面对平板电脑的冲击之时，其性能上的单一化和价格上的更高标更让自己陷入困境，而降价又无法实现和有同类功能的多用途电子产品持平，内容上也没有真正实现无限拓展，这都让汉王科技陷入进也败、退也败的局面。

(4) 人力资源风险。汉王科技面临人员流动大、知识结构更新快的问题，行业内的市场竞争也越来越不利于对高素质人才的竞争，公司发生核心骨干人员大规模流失现象，对公司生产经营带来严重影响。

4. 汉王科技战略审计结论

通过对汉王科技的战略审计，汉王科技"其兴也勃焉，其亡也忽焉"绝非是偶发事件，是公司战略决策的缺失和战略目标的迷失，公司董事长刘迎建有深厚的技术背景和行业积累，但对市场的误判让其屡屡踏错战略节拍。汉王科技的技术并不落后，核心产品电子书进入市场也不晚，但却始终不能突破固有模式。接连的战略失误让汉王科技成为坚守"技术至上"信仰的"殉道者"。汉王科技在发展战略上主要有三大失误。

(1) 客户战略的迷失。汉王科技当时的处境与创始人的背景密切相关。汉王科技董事长刘迎建属于纯技术出身,从部队到大学直至中科院,他钻研的是汉字识别技术,这也决定了他后来办企业走的是"技工贸"模式。"先有技术,再找市场应用"的思维模式影响着刘迎建和汉王科技,其公司章程第十二条经营宗旨是:"在核心技术领域保持持续的创新能力,强化公司在主营业务领域的竞争优势,加快公司经营战略的实施步伐,将公司发展成为国际著名智能人机交互技术提供商与服务商。"

即使 2010 年,汉王在发布其平板电脑 TouchPad 时仍然强调"拥有多项国际领先技术"。虽然当天在发布会上敲碎了一个冰苹果,向全世界宣布自己对抗苹果的决心和信心,但仍然没能挽住其股价的颓势。强调技术领先的逻辑让汉王科技在较大程度上忽略了客户的需求,短缺经济时代因为竞争对手少,这种思维还有市场,在 21 世纪则能招致公司的失败。与此相对,以"顾客体验至上"为宗旨的苹果公司,则把技术作为实现目标的一种手段而不是目标。最终是客户决定公司的成败,没有众多客户的公司,即使技术领先也是无济于事。

(2) 开放战略的迷失。长期以来,有两个问题始终困扰着汉王科技,平台的开放和内容的开放。平台开放方面苹果是成功的例子,它提供给个人或者大型公司发售自己开发出的软件的应用软件商店(app store)。应用开发者成了苹果公司的一部分,提供应用的同时共同盈利,形成了一种共生模式。汉王科技好像一直没有类似"开放"的打算。在外人看来,它还是一家醉心于不断提高自身技术水平的公司。

除了平台之外,内容开放也是个问题。在电子书方面,汉王科技的竞争对手也是行业前辈的亚马逊,则依靠网上书店完全开放内容源,作者可以在平台上写作,而网站让内容与读者对接产生收益。不可否认,内容开放成了亚马逊的"长青之源"。2011 年 5 月 19 日,亚马逊宣布该网站 Kindle 电子书的销售额超过了所有纸质书。靠电子书发家的汉王科技在内容方面则缺乏应有的开放态度。当意识到电子阅读的核心竞争力体现在对"内容源"的把握,而非技术先进之后,汉王科技也试图模仿亚马逊的模式。但当汉王科技把原来定位高端"礼品"的电子书硬件价格降下来的时候,盛大公司等其他电子书品牌也紧随其后,致使汉王科技下降之后的价格完全没有优势,市场份额反而越来越小。更为致命的是,汉王科技没有找有实力的内容提供商合作,而是以"汉王书城"自行搜罗所需要的内容资源。同时,汉王科技始终把内容作为硬件的附属品进行销售,因此也无从建立像亚马逊连接作者与读者桥梁的商业模式。硬件销售的利润大幅下滑,而汉王书城却没有赚到钱,可谓"赔了夫人又折兵"。

从封闭转向开放是市场趋势所在。目前的大趋势是提供平台,与第三方应用开发商形成有效互动的良性产业链,而汉王科技却搞自我封闭,最终是既失去了市场又失去了合作者。

(3) 创新战略的迷失。汉王科技最初的发展是源于不断谋求创新。当初,意识到仅仅靠手写识别技术拓展市场空间有限后,汉王科技加紧研发指纹识别、语音识别等技术,曾同时上马 43 个项目,如手写笔、文本王、名片通等。汉王科技甚至还开展了网络电话项目——"家家易"电话。不断在创新路上的探索终于有了回报,2008 年,在亚马逊和索尼的启示下,刘迎建将产品研发的重心转移到电子书上。随着电子书产品上市,迅速让汉王的收入从 2 亿元变成了 2010 年的 12 亿元。相关资料显示,电子书的产品销量在汉王科技 2010 年度营业收入占比超过 75%。但当汉王科技找到电子书这个赚钱的产品时,孤注一掷,把人力物力都放在了电子书这一个"篮子"里,随着创新架构的收缩,风险却在不断加大,正是这个战略收缩为汉王败局埋下了祸根。

汉王科技找到"救命稻草"电子书之后,在创新路上停止了探索的脚步。为了全力拓展电书业务,仅 2010 年上半年,汉王科技研发中心就增加了近千人。汉王科技还把原本同时开展的一些业务或叫停或收缩,公司资源集中引向电子书业务。硬件的竞争非常激烈,电子书的毛利率从汉王上市之后就逐渐走出了高利润时代,利润率很快从接近 40% 下降到不足 10%。汉王科技 2011 年市场份额达到 59%,与其 2010 年度的市场份额 80% 相比缩水显著。销售收入也由 2010 年的 9.3 亿元下滑至 2011 年的 2.33 亿元,这成了汉王公司业绩亏损的主要原因。

由于缺乏保护创新的机制,当电子书江河日下时,汉王科技拿不出给力的新产品。因此,汉王科技并没有实现公司章程中强调的"持续的创新"。汉王科技在电子阅读器方面的创新让自己赢利,没有保持持续创新的势头让公司走了很长的下坡路。

如果汉王科技发展战略不发生迷失,能始终坚持客户为中心、平台开放并坚持持续创新,或许就不会走到当下的地步了,或许能成为中国的苹果公司或亚马逊公司。

第三节 薪酬政策审计

公司良好的薪酬政策,可以起到奖勤罚懒、提高生产效率和保持人才队伍的稳定,为公司的健康发展奠定基础。但是,不少公司的薪酬政策常常受到严厉批评,给公司的声誉带来了潜在的风险。内部审计机构和内部审计人员有必要对公司的薪酬政策及其流程开展全面地、自上而下的审计。

一、薪酬政策审计的特点

薪酬政策是公司核心的制度和规定,对公司的发展产生重大影响。薪酬政策审计是指按照特定的标准,采用综合性的研究分析方法,对公司的薪酬政策及其管理系统进行全面检查、分析与评估,为改进薪酬政策和管理功能与技术提供解决方案与思路,从而为公司战略目标的实现提供坚实支撑。

薪酬政策的制定权在于公司董事会,董事会制定公司执行董事、经理和全公司的薪酬政策,公司经理根据董事会要求制定公司中层管理人员和员工的薪酬政策。因此,薪酬政策审计既涉及董事会又涉及经理,且与公司员工密切相关。对此,内部审计机构和内部审计人员应在董事会的审计委员会领导下,根据薪酬政策审计的特点,有序实施薪酬政策审计。薪酬政策审计的特点主要有以下几个方面。

（1）薪酬政策审计的保密性。目前，大多数公司实行薪酬保密制度，如果内部审计人员考虑不周、组织不力，实施薪酬审计时就会遇到困难和麻烦。如公司主要领导对薪酬审计的目的认识不清；被审计单位有抵触情绪，提供资料不完整，对审计询问不及时做出答复；参审人员发现自身薪酬待遇和他人相比较低时，因不满情绪导致保密信息泄露等都会影响审计效果。因此，公司各级领导和员工要正确理解薪酬保密制度和薪酬政策审计，通过薪酬政策审计合理解决薪酬制度的公平性，从而减少员工与公司、员工与员工之间的矛盾。薪酬政策的保密性既有优点也有缺点，优点是可以保持和谐的人际关系，保护员工的个人权益，使相对高薪者免受他人的排挤刁难，相对低薪者也不会被人轻视；缺点是薪酬调整不公平、不透明导致收入分配的激励作用降低，影响公司和员工积极性的进一步发挥。实施薪酬审计可以在一定程度上解决这种弊端。涉密条件下实施薪酬政策审计，关键是保证内部审计的独立性和客观性，通过实施严格的保密措施防范和化解泄密等问题的产生。

（2）薪酬政策审计应有明确的授权。由于薪酬政策审计的特殊性，公司内部经济利益的复杂性，决定了薪酬政策审计必须有公司董事会或审计委员会的充分授权，包括审计目的、审计范围、被审计单位应提供的资料等，并召开相关部门特别会议予以明确。特别是薪酬政策审计目的要明确，是审计公司薪酬政策执行的合规性，还是审计企业薪酬政策制定的合理性，或者两者兼具，因为合规性审计和合理性审计的要求不同，合规性审计关注工资分配流程是否符合现行制度，而合理性审计关注现行工资分配制度、绩效考核标准是否合理、分配结果是否公正。显然，合理性审计对内部审计的深度和广度要求更高。

（3）薪酬政策审计要明确审计方式。董事会可以选择由审计委员会组织薪酬政策审计，董事会薪酬管理委员会配合薪酬政策审计，内部审计机构具体实施薪酬政策审计。从审计计划、实施到报告阶段，审计委员会和内部审计机构都应与薪酬管理委员会和人力资源部门建立良好的沟通渠道，并及时向董事会汇报审计情况，争取董事会和经理的重视和支持理解。

（4）薪酬政策审计要遵守严格的规程。内部审计机构应制定严格的薪酬政策审计保密措施和操作规程，严守内部审计职业道德，并应注意以下问题：

一是审计前与被审计单位的人力资源部讨论保密信息的接触问题。例如：人力资源部先将涉密数据调整，涉密的具体部门和人员的名字可用代号进行处理；将薪资审计竖向进行，使每个人尽可能少接触单个人的全部薪资信息，如基本工资和奖金分开审计；涉密资料不得拷贝和带离人力资源部等。

二是配备必要的审计人员，并签订保密协议。内部审计机构应选择业务素质好、职业道德水平高的内部审计人员实施薪酬政策审计，并且签订保密协议。对于公司执行董事和经理层薪酬政策的审计必须由审计委员会成员和内部审计机构负责人实施。

三是必要时限制审计范围。由内部审计机构实施薪酬政策审计，内部审计机构和内部审计人员自身的薪酬将不列入审计范畴；如果仅实行薪酬合规性审计，则各项考核结果以人力资源部为准；如果实行薪酬合理性审计，则可对考核标准和结果的公正性进行适当评估。

四是对可能出现的问题要提前准备预案和拟定应对方案。如对审计期间薪酬政策泄密事件的调查和处理，对员工不满情绪的处理等。

二、薪酬政策审计的方法

薪酬政策审计所使用的方法，既有内部审计经常采用的方法，又有专门针对薪酬政策审计的方法。

1. 全面了解公司薪酬政策

内部审计人员主要是从公司人力资源部取得公司职工信息资料，全面了解公司各类员工的薪酬政策以及计算员工工资应作纳税调整的金额。由于公司人力资源部门很可能对提供给内部审计人员的信息进行过处理，因此，内部审计人员可随机抽取部分部门员工资料进行核对，或者在员工名单中抽取一些人员进行必要的询问，这样可核实公司提供员工人数资料的真实性。根据现行规定，公司需为职工缴纳医疗、养老、失业、工伤、住房公积金等费用，以及对工资超过个人所得税扣除标准的职工代扣代缴个人所得税，缴纳上述费用以及税金的人员信息经过相关部门审核，真实性较高，因此，内部审计人员可将人力资源部门提供的员工信息资料与上述员工信息进行核对，以进一步证实公司提供职工信息的真实、准确性。经过以上核对分析后，内部审计人员可以初步确认公司所有员工的薪酬政策和薪酬发放。

2. 实地查看与询问

在初步确认公司所有员工的薪酬政策和薪酬发放后，对于属于享有安置"四残"人员税收优惠等职工性质特殊的公司，以及存在集中解除与员工劳动关系而确认的预计负债的公司，或传言有解除与员工劳动关系而公司会计账簿上未见由此而确认的预计负债的公司，可采取深入车间、仓库、相关部门等实地查看与随机询问相关人员了解员工情况的办法进行必要的核实；同时，该办法也适用于核实公司提供职工信息准确性与真实性核实。通过实地查看与询问对公司特定性质员工的了解以降低或规避由于公司利用特定人员而进行薪酬政策调节的风险，以及公司隐瞒公司员工人数或虚构员工人数、提前或延迟解除与员工劳动关系等进行薪酬调节而造成的风险。

3. 确认公司不同时期的薪酬政策

当公司经营业绩较差时，公司是否会利用隐瞒员工人数降低员工薪酬来增加利益，这种情况下除通过实地查看与询问方式外，内部审计人员还可关注公司是否存在众多员工借款以及大额拆借款的情况；若有，则很可能是将员工薪酬的支付而未入公司成本费用；当公司经营业绩很好而员工人数大量增加时，除可通过实地查看与询问方式外，还可对公司员工薪酬政策及支付进行跟踪检查，以确认公司员工薪酬是否真正支付到个人或者是否存在支付后又返还等情况。

4. 比较分析与同行业公司的情况

在每一会计期间，公司需在财务报表附注中对应当支付给员工的工资、奖金、津贴和补贴,及其期末应付未付的金额。由此,内部审计人员应对同行业公司间的单位人工产出进行比较分析,确认公司薪酬政策的合理性。众所周知,人的水平和能力及与此相关的薪酬政策是密切相关的。因此,内部审计人员将公司与同行业公司的单位产出以及其波动进行分析,进行横向比较,就可大致了解公司经营业绩的真实性以及公司薪酬政策的合理性和竞争力。

5. 关注公司前后年度职工薪酬的波动

正常情况下,公司如没有劳动效率提高、工艺改进、产品改善、工资提高或物价上涨以及经营能力的大幅度变化等情况下,公司员工薪酬政策及薪酬总额应无重大波动,单位人工产出年度间也应比较均衡。因此,内部审计人员应对公司年度间员工薪酬政策及薪酬总额以及单位人工产出进行分析,分析年度间员工薪酬政策及薪酬总额及单位人工产出波动的原因及合理性。

三、薪酬政策审计的作用

公司薪酬政策审计的作用主要有:从战略层面上,要确保薪酬政策必须与公司的低成本策略、差别化策略和集中化策略的要求保持一致;从功能层面上,要确保薪酬功能不仅与各职能策略保持匹配性,而且这种匹配性必须在公司发展的不同生命周期阶段得以维持,还需要确保薪酬功能与人力资源管理其他功能之间的配套性;从技术层面上,薪酬政策审计要解决的问题是各种不同的薪酬手段在运转方式、实施效果、成功条件,以及面临的风险等方面的共性和不同。

1. 实施薪酬政策审计,确保薪酬政策支持公司发展战略

薪酬政策审计首先要确保薪酬政策支持公司发展战略。支持公司发展战略是薪酬政策制定的依据,也是薪酬管理的最高目标。发展战略管理是董事会的责任,而且这种责任正变得越来越重要,董事会都下设战略委员会。公司的薪酬政策由董事会及其薪酬委员会负责制定和实施,并应支持和促进公司发展战略的实施。董事会薪酬委员会成员仅在职能范围内或可操作的范围内考虑薪酬政策的制定和管理是不够的,应保证薪酬政策的制定、实施和管理有助于促进公司发展战略的实施。现代公司处在复杂的环境中,要求越来越快、越来越有效地制定和调整薪酬政策来应对各种变化。对薪酬委员会的最低要求是,他们必须了解所制定和实施的薪酬政策与公司的发展战略是相互融合的。如果不这样,就会严重地损害发展战略实施的有效性,妨碍发展战略目标的实现。

公司薪酬政策对公司竞争力优势有着重要影响。这种影响可以从薪酬政策的制定和实施中找到从公司目标、战略规划、愿景与价值观,并最终实现公司竞争力优势的一个逻辑发展过程。在这个过程中,公司董事会制定的薪酬政策决定了分公司薪酬政策的方向。因此,在薪酬政策审计中,公司董事会制定的薪酬政策就成为审计基准,以此来判断薪酬政策与公司战略的一致性。薪酬政策审计要确保薪酬政策支持公司的竞争战略,即确保薪酬政策必须与公司的低成本策略、差别化策略和集中化策略的要求保持一致。在低成本策略下,公司的战略目标是覆盖整个市场,公司的竞争优势集中于成本低于竞争对手,薪酬政策

应强调以工作为基础的薪资、低工资成本,达到既要薪酬激励,又不能增大不必要的开支以及用绩效评估作为控制机制,鼓励节约与降低成本。

2. 实施薪酬政策审计,确保薪酬政策与其他职能的匹配

公司薪酬政策审计要解决的问题在于薪酬政策与公司其他职能之间的匹配以及薪酬政策与人力资源管理中的其他功能之间的整合。公司是一个系统,这个系统中的每一个子系统或更小的系统之间必须相互兼容支撑,才能保证公司有效地运转并实现公司的目标。公司薪酬政策不仅要适应于特定的公司发展战略和竞争战略,而且要与业务职能战略相匹配。这些薪酬政策的核心价值在于确定了特定发展战略下薪酬政策与各业务职能领域之间的兼容关系并能够被用作"审计依据"。通常公司有保守型(在较稳定的产品市场中运营的公司)、探索型(不断寻求新技术和新的市场机遇,并愿意冒风险的公司)、解析型(在不同产品市场中运营的公司,一些相对稳定,另一些则易变)等类型。在这些不同公司的类型下,公司的薪酬政策功能应该与产品与市场战略、研究与开发战略、产品战略以及营销战略等职能战略保持一致,并最终能够支持公司的竞争战略。

薪酬政策不仅需要在特定的公司发展战略框架下与各职能战略保持一致性,而且也必须在公司发展的不同生命周期阶段与各业务职能领域保持匹配,这样才能确保薪酬政策在公司的动态发展过程中时刻保持适应性。一个公司在初创期、成长期、成熟期、衰退期的市场、生产、财务等功能方面的要求是不一样的,薪酬政策也不可能"以不变应万变"。在公司的成长期,公司市场功能的重点是建立商标信誉,开拓新销售渠道;生产经营方面关注改进产品质量,增加品种;在财务方面,公司需要妥善积聚资源,以支持生产。基于这些功能的要求,薪酬政策的任务就是激励员工提高生产和技术能力。

薪酬政策审计的另一个关键在于审查薪酬政策与人力资源管理其他功能之间的整合程度。人力资源其他功能之间功能的整合是根植于公司发展战略执行系统之中。通过薪酬政策审计,公司应经常不断地强化整合意识,明确人力资源系统各要素之间应合理匹配。也就是说,公司薪酬政策应加强人力资源各个要素之间的联系,整合各要素之间形成合力。如某公司可能把高于市场的薪酬政策和全面绩效管理系统进行整合,这种整合使得该家公司有一大批才能出众的求职者,培养了一大批高绩效的公司员工,并且认可和奖励那些高绩效的优秀员工。与此相反,当人力资源系统各要素存在冲突时,公司鼓励员工组成团队安心工作,然后根据每个人的贡献大小提供加薪和升迁。

3. 实施薪酬政策审计,确保采用先进的薪酬政策手段

实施薪酬政策审计,首先,内部审计人员应解决好采用各种不同的薪酬手段在运转方式、实施效果、成功条件,以及面临的风险等方面的评估;其次,薪酬政策审计要解决的是不同的薪酬方案的各自特征;最后,人力资源管理实践中所使用的薪酬政策手段和薪酬政策方案是否合适。公司可以采用不同的薪酬政策手段,但应对不同的薪酬政策手段的优缺点有非常清晰的理解,而且也随之确定对各种薪酬政策手段进行审计的技术标准。以长期薪酬政策为例,其操作方式是:以员工3年到5年的表现为基础提供薪酬,采用股票期权,给予员工在一段时间内以某一固定价格购买公司股票的权利;实施背景是有必要吸引并保留公

司内部的高素质人才,需要建立一种同舟共济的氛围,需要与公司股东加强联系;成功的条件是必须建立正确的实施计划,员工愿意接受风险,经理层与员工相互信任;面临的风险是员工的参与积极性可能不高,有时会产生酬劳不均现象,竞争氛围较差。

　　薪酬政策方案是对各种薪酬政策手段的综合运用。公司可以从重视的内容、价值的量化、转化为报酬的机制、薪酬结构、薪酬提升、经理关心的问题、员工关心的问题、程序、优点、局限性等多方面分析员工职位薪酬政策方案、技能薪酬政策方案、能力薪酬政策方案等,为薪酬政策制定和实施提供基准。公司最难的是确定薪酬政策手段与方案对公司的适用性。因此,在薪酬政策制定和实施中,很多方案作为"药方"要么根本不能解决任何问题,要么根本就不能执行,要么可能产生更大的副作用,严重损害了公司的健康发展。公司应把薪酬政策实现的目标放在首位,即重心前移,从而可以极大地提升解决方案的针对性准备基础,有效降低解决方案产生副作用的风险。薪酬政策解决方案是以解决问题为目标的,但仅仅知道问题是不够的,还必须把握问题产生的机理。此外,任何公司薪酬政策解决方案都必须在实施之前进行机理分析,以确定方案能否真正解决公司想要解决的问题以及发生意外的概率与补救措施选择,薪酬政策审计应关注对问题机理与方案机理的审计分析和改进措施的审计建议。

四、国有 GS 银行高管薪酬政策审计案例

　　国有 GS 银行集团公司审计局受集团公司董事会下属审计委员会的委派,对银行行领导进行薪酬政策执行情况审计。集团公司审计局抽调了精干的内部审计人员 12 人,于 2017 年 4 月实施了为期两周的薪酬政策执行情况审计,以下是此次审计的内容和程序。

　　(一)了解国有金融机构高管薪酬管理的有关规定

　　2009 年 2 月,财政部印发《金融类国有及国有控股企业负责人薪酬管理办法(征求意见稿)》,规定国有金融机构负责人税前最高年薪为 280 万元。2009 年 4 月,财政部下发《关于国有金融机构高管薪酬分配有关问题的通知》(财金〔2009〕23 号)规定,国有金融机构在清算 2008 年度高管人员薪酬时,按不高于 2007 年度薪酬的 90%的原则确定;2008 年度业绩下降的国有金融机构,高管薪酬再下降 10%。2010 年 2 月,财政部颁布《中央金融企业负责人薪酬审核管理办法》(财金〔2010〕10 号,以下简称《办法》,后于 2011 年进行修改完善)。《办法》将根据金融机构绩效评价,以基本年薪为基数,综合确定金融企业负责人的收入。同时将高管薪酬与金融机构绩效考核挂钩。2010 年 3 月,银监会发布《商业银行稳健薪酬监管指引》(银监发〔2010〕14 号)规定,银行高管及对风险有重要影响岗位上的员工,其绩效薪酬的 40%以上应采取延期支付的方式,且延期支付期限一般不小于 3 年,其中主要高级管理人员绩效薪酬的延期支付比率应高于 50%。2012 年 10 月,财政部、监察部和审计署联合印发《中央金融企业负责人职务消费管理暂行办法》(财金〔2012〕125 号),列举了中央金融机构负责人职务消费方面 12 条禁止性规定,从而规范了其职务消费行为。2012 年 12 月,财政部下发《国有金融企业年金管理办法》(财金〔2012〕159 号),进一步规范了国有金融企业社会保障制度。这些办法的出台对于社会收入公平分配,切实维护国家和股东权益,

推动国有金融机构完善公司治理结构,促进其健康发展等方面都发挥了积极的作用。

(二)国有 GS 银行高管薪酬的现状

从绝对数额来看,国有 GS 高管薪酬仍处于高位运行。2016 年国有 GS 银行 23 名高管税前人均薪酬为 132.89 万元。其中:基本薪酬人均 38.73 万元;绩效薪酬人均 74.15 万元;"五险一金"及补充保险单位缴存部分人均 20.01 万元。上述高管薪酬中,当年实际兑现人均 86.31 万元;延期支付人均 27.85 万元。另根据国际四大之一的德勤公司发布的《中国企业高管薪酬调研报告》,2016 年银行业高管平均薪酬是农林牧副渔业的 8 倍,也是位居第二位的房地产的 3.3 倍。

从年度情况来看,近年来国有 GS 银行高管薪酬年度变化较小,薪酬水平总体趋于稳定。如 2015 年度国有 GS 银行高管的薪酬同比上升 6%;2016 年度除了行长薪酬略有下降外,其他高管薪酬均有小幅上涨,最高涨幅为 8%。

从横向比较来看,国有 GS 银行高管薪酬相对于非国有金融机构目前处于可控状态。如 2016 年国有银行高管薪酬普遍处于 100 多万元的情况下,股份制商业银行高管薪酬依然看涨。

从薪酬管理流程来看,薪酬管理机制逐步规范。国有 GS 银行按照公司章程规定,高管薪酬方案由董事会薪酬委员会拟定,提交董事会审议通过后执行,董事和监事薪酬方案提交股东大会审议通过后执行。董事会薪酬委员会是董事会专门委员会之一,成员以独立董事为主,由独立董事担任主席。同时,国有 GS 银行聘请外部审计机构对公司薪酬管理信息进行独立审计,并根据监管部门具体要求,报送高管薪酬相关材料。同时,通过年报和补充公告披露高管薪酬政策及薪酬结果。国有 GS 银行 2016 年度高管薪酬具体情况,已于 2016 年 3 月 30 日以年报方式对外披露。2016 年度国有 GS 银行高管薪酬按有关规定及业绩考核情况可增长 5.4%,经董事会研究决定,实际执行的是零增长。

(三)存在的问题

(1)薪酬管理政策执行不到位。对 2016 年国有 GS 银行高管薪酬政策审计中发现,国有 GS 银行存在住房公积金超限额缴存、福利性货币补贴未纳入高管薪酬管理以及高管薪酬增速超过国有 GS 银行在岗职工平均工资增速等突出问题。对于审计中发现的问题,审计局已向国有 GS 银行经理层下达整改通知,经理也已上报整改情况。

(2)相关政策对国有 GS 银行约束力不强。目前,有关政策规定主要对国有和国有控股金融机构有一定约束力,但相关制度规定包括《商业银行稳健薪酬监管指引》对国有银行无具体约束力,国有 GS 银行是否执行"限薪令"主要由其自主决定,执行效果大打折扣。截至 2017 年 3 月 30 日,国有 GS 银行 2016 年报显示,国有 GS 银行除行长外,其他银行高管薪酬均呈现不同程度上涨,最高者同比涨 8%。在当前银行盈利低速增长期,国有 GS 银行高管薪酬增长速度高于营业收入增长速度,易导致国有 GS 银行国有资产的流失。

(3)长期激励机制有待进一步建立健全。国外银行高管薪酬以长期激励为主,高管薪酬与经营风险、银行长期发展以及股东利益关联度更高。而对于国有 GS 银行,高管的长期激励机制仍处于探索阶段,主要通过现金奖金方式强化与绩效的关联,通过延期支付手段进行风险约束,激励不足与约束乏力现象并存,在制度上缺少分享长期经营成果的激励手段和体现风险延后的激励约束机制。

(4) 信息披露不够公开、透明。目前,国有 GS 银行高管人员薪酬信息基本上是保密的,年报中也只是根据证监会的要求披露董事和高管人员的薪酬总额,而对于国有 GS 银行高管的薪酬结构、高管薪酬与其完成的工作和企业绩效如何相关等信息均无披露。对于国有 GS 银行高管薪酬延期支付部分,在当年度年报中没有披露,在以后支付年度年报中也没有披露,这意味着有 40% 的薪酬由于不健全的信息披露体系而被瞒报了。

(四) 进一步加强国有 GS 银行高管薪酬管理的建议

(1) 加强对国有 GS 银行高管薪酬管理的顶层设计。国有 GS 银行高额利润形成主要是行业垄断和政策性扶持的结果,与国有 GS 银行高管的个人贡献关联度不高,国有 GS 银行高管是以行政任命为主,与职业经理人面临的风险和压力不同,其薪酬水平当然不能向市场看齐。而国有 GS 银行长期以来存在"出资人缺位"和"内部人控制"等问题,这种制度缺陷导致国有 GS 银行高管有利用职权任意给自己制定天价薪酬的冲动,因此政府有必要对国有 GS 银行高管薪酬进行监管。在现阶段,要全面地处理好激励与约束、效率与公平的关系,不断平衡和调整国有 GS 银行高管薪酬方案;在注重激励与效率的同时,更要提倡公平和约束。

(2) 完善国有 GS 银行高管薪酬管理及其配套办法。进一步规范国有 GS 银行高管"五险一金"、福利性收入等事项的管理制度,特别要把好住房公积金缴存上限关,防止国有 GS 银行高管通过提高福利性收入等形式增加隐形收入;高管人员薪酬水平与普通职工收入保持合理的比例关系,且前者增速要低于后者,逐步缩小收入分配差距;进一步显现业绩考核的激励约束效果,国有 GS 银行高管人员的薪酬标准应与经营效益挂钩更紧密;要建立考核结果与干部任免挂钩的机制,防止激励有余、制约不足;进一步深化高管选拔任用制度改革,把党管干部与市场选拔经营管理人才有机结合起来。此外,还要发挥税收调节作用,对于薪酬水平过高的,特别是各级高级管理人员,应提高个人所得税累进税率进行调控,缩小收入分配差距。

(3) 审计对象应包括国有 GS 银行高管和重要岗位人员。一方面,从国有 GS 银行的高风险特征以及薪酬的防范风险作用来看,应对国有 GS 银行高管和重要岗位人员纳入薪酬政策审计范畴。国有资产所有者要履行出资人职责,对国有 GS 银行中由其派出高管的薪酬进行监管;金融监管部门要切实履行职责,督促国有 GS 银行全面落实《商业银行稳健薪酬监管指引》等有关监管规定;国有 GS 银行要尽快制定本公司中层管理人员和员工薪酬管理具体办法,促进其薪酬水平合理化、规范化。另一方面,国有 GS 银行薪酬政策审计的对象还应当包括其他重要岗位的人员。可借鉴美国金融机构薪酬政策监管方案的做法,审计对象不仅包括位高权重的国有 GS 银行高管,还要把交易员、信贷员等"可能威胁金融业稳定和健康的人群"一并包括在内。

(4) 将薪酬范围扩大到中长期薪酬。坚持短期激励与中长期激励相结合的原则,提高国有 GS 银行高管薪酬的长期激励部分,综合运用持有股权和股票期权等多种薪酬方式,促使国有 GS 银行高管的效用目标与国有 GS 银行长期发展目标相一致,使国有 GS 银行高管薪酬制度与银行业风险特征和时间跨度相匹配,确保国有 GS 银行稳健运营。

(5) 提高薪酬信息披露的透明度。"阳光是最好的防腐剂",应逐步向社会公众全面公开国有 GS 银行高管薪酬。披露的信息不仅要包括基本薪酬、绩效年薪、延伸支付薪酬、津贴、退休养老计划、长期激励或股权收入等,还应要求国有 GS 银行在年报中专门有项目来说明国有 GS 银行制定这种薪酬的背景是什么,达到何种目的,以何种手段执行,包括具体的考核指标,达到目标后的薪酬以及哪些形式支付等信息,充分发挥新闻媒体和社会公众的监督作用。

(6) 加大监督检查工作力度。在规范国有金融机构薪酬过程中,应由财政部门牵头,协调好纪检监察、审计、税务以及金融监管机构等部门间的分工,形成监督合力,加强日常监管和专项检查力度,构建全方位的监管体系,促进社会收入分配公平公正。

第四节 财务资源与预算管理审计

公司应建立财务资源治理流程,为财务资源合理分配提供依据。财务资源分配、使用流程主要关注下列问题:作为财务资源分配和使用基础的原则和流程是否建立且有效;财务资源分配、使用原则和标准是否得到了有效的沟通;财务资源使用是否达到预期的目标。

一、财务资源审计

(一) 财务资源审计的含义

1. 财务资源

财务资源是指公司所拥有的资本以及公司在筹集和使用资本的过程中所形成的独有的不易被模仿的财务专用性资产,包括公司独特的财务管理体制、财务分析与决策工具、健全的财务关系网络以及拥有公司独特财务技能的财务人员等。

财务资源与资本之间存在着密切的联系,但又不完全等同于资本。财务资源比资本具有更丰富的内涵。首先,财务资源包含资本,资本是财务资源中最原始、最基本的一种形态,其他财务资源的形成均是建立在资本的基础之上。但是由于资本具有最强的同质性,因此,在独特的核心能力的形成过程中,资本的作用只是基础性的与支持性的,而不是决定性的。其次,公司与各相关利益主体之间建立的财务关系也是财务资源的重要组成部分。与资本相比,财务关系的差异性与专用性有所提高,不同公司拥有不同特点的财务关系网络,对公司财务工作的影响也具有不同特点。最后,公司独特的财务机制与具有优秀的特殊素质的财务人员是公司财务资源的高级形式。由于公司的财务机制与财务人员的发展要受到公司的组织形式、公司文化、领导风格等多种因素长期的影响,因此其差异性与专用性在所有的财务资源中是最强的,对公司独特的核心能力与相应的财务能力的形成也具有最强的影响力。

从财务资源的种类及其特点中可以看出,资源的同质性越强,越便于流动,但其专用性则越低,对公司核心能力的形成与发展的作用也越低;反之亦然,资源的专用性越高,其流动性越低,但对核心能力的形成却具有更强的作用。在公司不同的发展阶段,对财务资源的专用性具有不同的要求。在公司的初创期,生存的风险很高,因此必须确保财务资源具有较高的流动性,而不能过分强调其专用性;在公司的成长期与成熟期,一方面,由于公司已经拥有了比较充足的资本,另一方面,竞争的日趋激烈促使公司采取差异化的发展战略,因此公司必须注意逐渐提高财务资源的专用性,以确保形成自身独有的财务能力。

2. 财务资源分配和使用

财务资源分配和使用是指资本在不同形成方式上的组合和在不同经济用途之间的配置。财务资源分配和使用涉及财务活动的两个基本方面:一是对资本的形成进行组合,即融资中的资源配置,资源的配置表现为资本在不同时期之间和不同性质之间的安排,从而形成了融资的核心问题——融资结构的合理安排,包括长期资本和短期资本的安排、债务资本和权益资本的安排;二是对资本的使用进行配置,即投资中的资源配置,资源的配置主要表现为资本的合理分配,从而形成了投资的核心问题——资源流向和流量的调整。可见,财务资源分配和使用是针对资本而言的,它不是单纯的融资或投资概念,而是一个投融资概念,不是单纯的资本量问题,而是资本内在结构的组合和安排问题。

财务资源分配和使用缘于它的稀缺性。财务资源的稀缺性客观上要求人们对财务资源进行合理的分配,即公司在遇到资本稀缺制约的情况下,将有限的财务资源用到最需要的地方。财务资源分配应优化融资结构和投资结构,提高稀缺资源的产出率——资本收益率,从而创造出更多的稀缺资源,促进公司持续稳定的发展。财务资源分配和使用的效率取决于财务资源分配和使用的合理性。从理论上说,财务资源分配和使用的合理性是指公司财务资源的投入使新的资源配置比原有资源配置更合理。在完全的竞争条件下,每一单位生产要素的利用达到边际收益等于其价格的那一点时,资源即达到最优配置状态。当所有用途中的生产要素的边际产量都相等时,社会产出就达到最大。这一理论被称为资源分配的边际定律。资源分配的边际定律以资源分配价格作为资源分配的合理性的衡量标准。在这里,资源分配价格就是在其他资源不变的条件下,每增加一个单位的财务资源投入所带来的收益总量和边际效益。投入效益差,资源分配的价格低;反之亦然,投入效益好,资源分配的价格高;投入无效益或负效益,则资源分配的价格为零或为负。资源分配价格是变化的,因为资源投入后在生产和流通过程中的效益是变化的。资源分配价格不同于市场价格,市场价格反映的是市场供求对价格的影响,不直接涉及投入的效益问题。而资源分配价格反映的是单位资源投入的边际收益,用以考察资源分配的合理性。

财务资源分配和使用的合理性还要考虑单位资源投入对内部经济和外部经济的影响,即要考察它是否增加了内部经济和外部经济,是否减少了内部不经济和外部不经济。在这个意义上,公司财务资源分配和使用的效率问题应当充分考虑两个最基本的约束条件:一是财务资源分配和使用后,公司成本是否降低,收益是否增加;二是财务资源分配和使用后,社会平均成本是否降低,社会平均收益是否提高。这两个约束条件意味着财务资源的优化分配对单位财务资源的投入带来的边际收益要考虑边际成本和平均成本的关系。财务资源分配和使用的效率不仅要考虑平均成本,还要考虑目标收益。从全社会范围看,财务资源分配和使用的微观效率和宏观效率往往是不一致的,财务资源的分配还应考虑社会边际效益问题。

3. 财务资源审计目标

财务资源审计是一项牵涉面广、工作量大、事情繁杂的工作,财务资源审计是公司治理审计的主要工作任务。

财务资源分配和使用的目标就是以公司发展战略为导向,以效益性为核心,将财务资源配置到最恰当、最重要、效益性最好的地方,使其得到充分合理的使用,以保障财务资源供给,节约财务资源,提高财务资源利用效率,最终实现公司的目标。

内部审计机构和内部审计人员应审计公司是否建立了包括明确的政策和标准在内的财务资源分配和使用流程,并对特定的财务资源分配和使用与控制进行审计,从而保证财务资源分配和使用的原则、标准的适当性,重大财务资源分配和使用的有效性,并取得最佳的财务资源使用效益。

(二) 实施财务资源审计的意义

随着中国特色社会主义发展的不断深入,公司所有权与经营权的两权分离,产权结构逐渐趋于多元化,强化公司治理是一种必然选择。在此情况下,为适应股东和投资者的需要,董事会对公司的控制和规划,必然要从经营结果(利润)扩大到经营过程(业务和资金),并进而延伸到经营计划和资本预算。财务资源分配和使用成为公司投资者和董事会重点关注的问题,要求公司内部审计机构和内部审计人员加强财务资源分配和使用审计。

(1) 公司财务性质的转变需要实行财务资源审计。随着市场经济的发展,公司内外部关系发生了显著的变化。公司的财务资源分配和使用活动不再是简单的资金收付,而是包括资金筹措、投资决策与日常管理等多项内容在内的十分复杂的活动。公司财务活动性质的转变,对公司财务资源分配和使用活动的管理无疑提出了更高的要求,迫切需要建立一个与市场经济体制、现代公司财务资源分配和使用性质相适应的财务资源分配管理机制。根据公司治理的要求,实施财务资源分配和使用审计,是市场经济条件下加强财务资源分配和使用管理的有效机制,也是公司治理的客观要求。

(2) 财务资源分配的流程化要求加强财务资源审计。财务资源分配和使用根据公司的发展战略实行流程化管理,通过自上而下、自下而上的"综合平衡"过程,将公司一定时期的财务资源层层分配,落实到各责任单位,将绩效目标分解落实后,各责任单位能否严格执行财务资源使用管理制度,使公司财务资源发挥最大的使用效率。公司的财务资源分配流程是否合理、财务资源使用是否符合要求、财务资源使用效益是否达到预期目标? 有鉴于此,公司董事会必然要求内部审计机构实施财务资源分配和使用审计。

(3) 内部审计的独特功能有助于加强财务资源审计。基于内部审计独特的确认和咨询职能,财务资源分配审计对加强财务资源分配和使用管理有着积极的作用。有利于推动财务资源分配和使用管理体制的改革。在公司实行财务资源分配和使用管理体制的进程中,某些制度和政策有可能存在不尽完善、不尽合理的地方,在具体执行过程中还会产生各种新情况、新问题,需要通过内部审计咨询职能逐步完善、逐步规范。只有通过财务资源审计,才能有助于支持财务资源分配和使用管理体制的顺利运转,从源头上促进公司发展目标的实现。通过实施财务资源审计,有利于促进经理逐步规范财务资源的运作,杜绝挥霍浪费,为公司把好关。财务资源审计通过对经理和各个职能部门的审计,跟踪其支出,从而促使其管好财务资源、用好财务资源。

(三) 财务资源审计的内容

财务资源审计是一个发现问题、解决问题的循环往复的过程,内部审计应在公司整个财务资源管理的全过程发挥应有作用,要在财务资源分配和使用的事前、事中和事后全过程和各重要控制点介入。内部审计机构和内部审计人员的审计目标是促进财务资源分配的合理、规范,并有效控制财务资源使用,保证公司财务资源分配和使用管理制度的贯彻执行,保障公司经营方针的执行和经营目标的实现。

从内容上看,财务预算管理审计主要包括对财务预算管理原则、控制机制、组织体系、财务预算编制、审查、审批、执行、调整、分析和考核的过程审计和执行结果审计。

(1) 财务预算管理原则审计。审核财务预算的决策、编制、执行、考核等管理方面是否遵循遵纪守法、集中统一、讲求效益、综合平衡、制约监督原则。

(2) 财务预算控制机制审计。审查财务预算控制制度的健全性,公司的各项经营活动应全部纳入预算管理,预算管理程序应符合内部控制制度的要求;审查各归口管理部门、直属单位预算管理目标、任务的明确性和预算控制措施的可行性。

(3) 财务预算管理组织体系审计。审查预算管理决策机构的组织健全性,决策程序的科学性,决策的正确、合规性。审查作为预算管理协调机构的预算管理委员会的组织健全性,职责和权限的明确性,管理规章制度的健全性。审查预算管理各归口管理部门和直属单位职责分工的明确性、协作配合的密切性和内部控制的制衡性。

(4) 预算编制审计。预算目标制订的高低是全面预算管理中的核心和焦点问题,过高或过低都会削弱预算的控制管理作用。审查预算的基调与调整幅度的确立是否合理、预算目标与企业总目标是否吻合、各级各层次核算关系是否严谨配套、预算起点的确立是否恰当、预算管理业绩考评的计量标准是否科学、预测和化解审计风险的措施是否到位,尤其是盈利指标的确定等。

(5) 预算执行审计。内部审计人员应审查预算执行中存在的突出问题,检查分析企业资产的保值增值情况。着力于规范化建设,加强前瞻性研究,检查有无有悖于预算严肃性的问题。并坚持收支并重的原则,通过审计,促进优化支出结构,促进建立科学规范的支出尺度,规范资金的分配、管理和使用。

(6) 预算调整审计。内部审计人员主要审查预算调整程序的合法性,预算管理随着企业经营外部环境的变化而调整,调整幅度的制定是否恰当,预算控制是否适度,发现问题能否及时处理,并处理好灵活性与权威性的关系。由于企业环境、市场与政策层面的变化,外部环境变化了,部分预算指标也要变化,如与职能部门的工作产生差异,出现不协调,或执行中发现设计不合理的内容,或企业重要工作与预算管理目标不一致等情况,建立指标追加听证制度。

（7）对比分析审计。主要是在预算执行结束后将预算与执行事实进行对比，找出其中差异，可以运用技术经济分析法对被审计单位的有关经济活动分析，从而提出使效果最佳的各种改进意见，如可用本、量、利分析法，通过业务量（销售量、营业额）、成本与利润之间的依存关系，评价盈利状况与经营业绩以及有关因素变动对利润影响，以正确把握盈亏界限，控制成本，预测目标利润，确定产销规模，促进预算的科学合理等。

（8）管理机制审计。内部审计人员主要从以下四个方面进行深入地审查：第一，预算编制的原则、方法及编制和审批的程序是否符合法律和政策规定，预算编制的严肃性、公开性；第二，收支是否按规定纳入预算管理，是否坚持稳健经营、统筹兼顾、保证重点、激励创新原则；第三，预算调整有无确需调整的原因及明确的调整项目、数额、措施和有关说明，是否符合规定的程序，是否按程序执行；第四，预算执行过程中的内部控制制度是否健全、有效。

二、预算管理审计

预算管理体制对预算管理审计的工作目标、方式方法等方面提出了新的要求，预算管理审计必须围绕公司预算管理体制，加大预算执行审计的监督力度，从而才能不断规范预算管理，提高资金使用效益，促进预算管理体制改革不断深化。

（一）预算管理审计的特征

（1）转变审计思路。内部审计机构和内部审计人员通过预算管理审计，首先，要促进公司逐步健全和完善财务预算管理，促进预算管理的法制化和规范化。其次，要有明确的目标，促进预算管理的合理、准确、规范和有效。再次，监督财务收支，保证预算管理的执行到位，促进财务预算的执行和经营目标的实现。特别是加大支出结构调整的审计，增强预算的透明度和约束力。最后，应有效抑制资金使用中的腐败现象，防范和化解资金管理中违法乱纪现象的发生，维护公司利益。

（2）明确工作职责。应当看到，预算管理不只是公司总部的职责，下属各单位、各部门应当同时实施预算管理。明确各自的工作职责尤为重要，内部审计机构和内部审计人员在公司的预算管理审计中具有举足轻重的地位，发挥着不可替代的作用；财务预算部门作为"操盘手"，在财务预算的编制、执行与控制、调整、分析与考核中不可或缺。

（3）争取董事会支持。董事会的关心和支持是搞好预算管理审计的重要条件，同时，内部审计机构和内部审计人员工作的主动及卓有成效的审计成果也是促使领导重视审计工作的必要保证。因此，要加强对预算管理审计工作的领导，为内部审计机构和内部审计人员营造一个良好的执法环境。在制订审计工作方案前，内部审计机构也应主动听取董事会及其审计委员会的意见和建议，在董事会的关心支持下，建立正常的内部审计工作机制，确定工作重点，使方案尽可能周密细致。审计过程中，发现重大问题应及时向董事会及其审计委员会请示汇报，研究对策，争取董事会的支持。审计结束后，对发现的问题要提出处理意见，并就审计结果向董事会及其审计委员会汇报。这样，既有利于审计工作有条不紊地进行,确保审计质量,又有利于营造一个良好的执法环境,确保审计成效。

(4) 创新审计手段。随着内部审计由财务领域向经营管理领域的扩展,原有的审计手段已经不能适应现实的需要,内部审计人员应力求在审计手段上有所创新。公司应实行预算管理审计信息化。一是财务预算审计软件与财务预算软件、生产经营用软件互联,实现财务预算系统与销售、供应、生产等系统的信息集成和数据共享,使公司生产经营能沿着预算管理轨道科学合理地进行。二是财务预算审计软件与财务应用系统衔接,使财务预算审计可随时汇集财务会计信息,查询子公司资金流向、避免传统手工做法的弊端,保障预算管理审计的质量和速度,有效地促进公司财务预算管理的规范进行。三是通过预算管理审计,推动财务信息与业务流程一体化,努力规避财务风险,提高预算管理审计的水平。

(5) 强化监督力度。公司财务管理实行预算管理体制以后,要求内部审计人员不仅在开展预算管理审计的内容上有所突破,而且要强化预算管理过程审计监督的力度。一是要加强对部门预算编制和执行的审计。即对预算编制的真实性、合理性实施审计,关注那些资金支出数额较大的部门,检查其支出项目是否合理、真实,有无虚列、空挂等现象。二是要加强对各项费用的审计,重点是检查财务支出的结构,看其是否按要求列支及支出的合理性,检查福利、业务招待费等重点子项目。三是加大对部门的延伸审计力度,检查其支出是否符合预算管理要求,防范部门支出违规行为的发生,从而从源头上遏制腐败现象的滋生;四是加强对物资采购的审计,主要审查预算编制程序合规合法性,招标的公开程度和公正性,以及采购价格和质量等。五是健全内部监督制度,强化事前预防和事中控制,保证公司各项经营活动都在预算管理严格的程序下进行。

(6) 提高内部审计队伍素质。内部审计机构应着力强调"以审计创新为动力,以提升审计成果质量为核心,以加强审计业务管理为基础,以'人、法、技'建设为保障,全面提高审计工作水平,基本实现审计工作法制化、规范化、科学化"。在预算管理审计工作中,要提高审计质量,需要内部审计人员具有较丰富的宏观经济知识、较高的政策水平、较强的综合分析能力及处理问题的能力。因此,实施预算管理审计的当务之急是提高内部审计队伍的整体素质。内部审计机构应认清形势,理清思路,采取积极措施,加强内部审计人员的思想业务培训,培养和造就一批复合型内部审计人才,建立一支思想好、作风硬、业务高的高素质内部审计队伍;进而不断提升内部审计的质量和水平,为董事会科学决策提供依据。

(二) 预算管理审计应把握的原则

预算管理是一套系统、精细的管理机制,是一种全方位、全过程和全员的综合性管理系统,具有全面控制和约束力。内部审计机构及内部审计人员,要树立现代内部审计具有管理职能的意识,要深入到经营中去,发挥内部审计的优势,紧紧围绕企业生产经营目标,积极行使内部审计职权。

(1) 全面性。企业预算管理是一项复杂的系统工程,内部审计机构必须从自身实际出发,不断推动完善预算标准和提高基础管理水平,力求做到全面、系统、科学、先进,同时体现可控制、可考核,实现内部审计工作高效率和低成本的要求。

(2) 先进性。实施预算管理审计,必须有信息化管理系统支撑。内部审计机构应依托科技平台,积极开发全面预算管理的软件,不断完善审计业务、财务信息系统,完善全方位的监控体系,这样才能保证预算编制、控制、分析、调整、考核、评价的实时性和有效性。

(3) 促进性。内部审计机构实施预算管理审计应与预算管理理念的创新相结合。预算管理是一个动态的管理活动,内部审计工作的开展应与预算管理紧密结合,通过推进预算管理的科学化、规范化,可以暴露出公司在预算管理过程中存在的问题,从而推动预算管理理念和组织机构的创新工作。

(4) 合作性。预算管理审计需要从全面系统的观点进一步促进企业内部财务和业务管理的改善,需要全员的共同参与和积极支持。在实施全面预算管理过程中,注重效率,讲求实效。综合考虑各部门实际需要,编制兼顾全局和部门的综合预算。各责任中心要严格按照预算规定开支,预算的实施要层层分解,分级负责,落实责任,严格考核。

预算管理是一个系统的动态过程。尽管内部审计是一种控制活动,但考虑到内部审计的独立性,内部审计机构和内部审计人员不能进行直接的预算管理活动,包括预算的编制、调整和执行等。但是,内部审计机构和内部审计人员又要在预算管理中发挥应有的作用,这就要找准预算管理审计的切入点,以达到预算管理审计的目的。

(三) 实施预算管理审计应注意的问题

(1) 明确"以市场为导向,以财务管理为主线,以企业经营责任为目标,以成本控制为重点,以资金平衡为准绳,以预算编制起点选择为基础,以控制点为关口,以信息沟通和预算评价分析为中心"的指导思想。

(2) 把预算管理审计作为绩效考评的基础,使之发挥评价与激励作用。在资源调配、风险控制、降耗节能、降低成本、提高收入策略方面,评价其作用。

(3) 明确一套规范权威的预算管理审计组织构架,并确定具体审计目标,包括制订各项预算编制的方法,以及期间的各部门管理责任。

(4) 确定各项预算管理环节中执行的检查分析、预测方法。

(5) 建立预算管理审计的分析指标,确定预算审计评估体系。

(6) 避免过繁过细,处理好集权与分权的关系,对预算内容或环节控制点过于琐碎的规定,过于复杂的程序,会使各职能部门缺乏适度的自由,从而影响了运营效率和自主能动性的发挥。

(7) 避免目标不相容或目标置换,处理好灵活性和权威性的关系。在建立预算控制指标时,往往由于外部环境因素变化使部分指标与职能部门的工作产生了很大的差异,产生了预算目标与企业总目标的偏离,会出现对职能部门目标激励的不相容,或者企业目标、重要工作与预算管理目标的不一致,甚至本末倒置,或者预算管理目标之间的不相容情况,这时就要适当掌握预算控制的度,使预算具有一定的灵活性。

(8) 避免因循守旧,处理好预算目标高与低的关系。预算目标的高低,是预算管理审计中的核心焦点问题,过高或过低,都会流于形式,产生巨大的负面影响。

第七章 舞弊审计

舞弊审计并非公司内部审计的常规性审计任务，它是一种发现性的审计活动，一般是通过其他审计来发现线索。它在审计主体、审计目标、取证来源、证据充分性等方面与其他常规性审计均明显不同，具有特殊性、困难性、复杂性、风险性等特点。

第一节 舞弊审计概述

一、舞弊的定义

有关舞弊的定义有很多种，法律界、审计职业界以及社会公众对舞弊都有不同的认识。

我国《现代汉语词典》中对舞弊的定义是："用欺骗的方式做违法乱纪的事情。"这主要是从法律角度出发进行定义的。从法律角度来看，舞弊包括了诸多犯罪形式，如挪用、盗窃、诈骗、行贿受贿、逃税逃汇等。

舞弊在审计职业界的定义，其外延要远比法律角度小。如美国注册会计师协会（AICPA）于2002年10月颁布的第99号审计准则公告（SAS. No. 99）"财务报表审计中对舞弊的关注"对舞弊的定义是："舞弊是一个范围很广的法律概念，审计人员不必对一个公司是否存在舞弊做出法律意义上的决定，而应关注是否存在使公司财务报表产生重大错报的舞弊行为。舞弊和错误的区别就在于前者是故意的，后者是无意的。也就是说，对于审计人员负责审计的报表而言，舞弊是指使会计报表产生不实反映的故意行为。"

国际内部审计师协会（IIA）在2001年颁布的《内部审计实务标准》中指出：舞弊指所有具有欺骗、隐瞒或破坏信任特征的非法行为。这些行为不依靠暴力或武力威胁。个人和机构为获取金钱、财产或服务，避免付费或提供服务，或为获得个人或组织私利等目的都可能舞弊。

我国2006年颁布的独立审计准则第1141号《财务报表审计中对舞弊的考虑》对舞弊的定义是："舞弊是指被审计单位的管理层、治理层、员工或第三方使用欺骗手段获取不当或非法利益的故意行为。舞弊是一个宽泛的法律概念，但本准则并不要求审计人员对舞弊是否已经发生作出法律上的判定，只要求关注导致财务报表发生重大错报的舞弊。"

中国内部审计协会颁布的内部审计准则认为：舞弊是指组织内、外人员采用欺骗等违法违规手段,损害或者谋取组织利益,同时可能为个人带来不正当利益的行为。由此可见,舞弊是一个宽泛的法律概念,是一种违法乱纪行为。舞弊可以为机构谋利,即谋取组织利益;也可以给机构带来损害,即损害组织利益。组织机构的内外部人员,无论男女老幼,都有可能发生舞弊行为。

综上所述,可以认为,舞弊是一个非常宽泛的法律概念,它是一个属类名词,包括人们能够设想的所有通过虚报以牟取利益的方法。由于舞弊具有多种形式,因此无法对舞弊进行绝对化的定义,只能将其统称为非诚信的行为。

二、舞弊的种类

针对舞弊的不同状况进行分类,能够使人们对舞弊有更深刻的认识,便于人们分析和寻找、侦查和发现舞弊。舞弊主要有以下几种分类。

1. 按照舞弊的目的划分,可以分为谋取组织利益的舞弊和损害组织利益的舞弊

(1) 谋取组织利益的舞弊,是指组织内部人员为使本组织获得不当经济利益而其自身也可能获得相关利益,采用欺骗等违法违规手段,损害国家和其他组织或者个人利益的不正当行为。具体包括下列情形:①支付贿赂或者回扣;②出售不存在或者不真实的资产;③故意错报交易事项、记录虚假的交易事项,使财务报表使用者误解而作出不适当的投融资决策;④隐瞒或者删除应当对外披露的重要信息;⑤从事违法违规的经营活动;⑥偷逃税款;⑦其他谋取组织经济利益的舞弊行为。

(2) 损害组织利益的舞弊,是指组织内、外人员为谋取自身利益,采用欺骗等违法违规手段使组织经济利益遭受损害的不正当行为。具体包括下列情形:①收受贿赂或者回扣;②将正常情况下可以使组织获利的交易事项转移给他人;③贪污、挪用、盗窃组织资产;④使组织为虚假的交易事项支付款项;⑤故意隐瞒、错报交易事项;⑥泄露组织的商业秘密;⑦其他损害组织经济利益的舞弊行为。

2. 按照舞弊者与组织之间的关系来划分,可以分为内部舞弊和外部舞弊

(1) 内部舞弊是指组织内部的管理人员或者业务操作人员,为了实现其自身私利而损害组织利益的舞弊行为。诸如:员工为完成达标考核任务而弄虚作假的工作量统计,员工出差报销过程中的虚报冒领,库存材料领用过程中的假公济私行为,挪用、贪污、盗窃公共资金与资产等行为。

(2) 外部舞弊是指与组织相关的外部利益主体的舞弊行为,主要是供应商、消费者、竞争对手等,以不正当手段或者非法手段,损害本组织利益的行为。诸如:供应商提供的假冒伪劣材料,消费者无理取闹的高价赔偿,竞争对手采用恶意手段宣传诋毁本组织声誉的行为等。

3. 按照舞弊的行为主体不同,可以分为管理层舞弊和员工舞弊

(1) 管理层舞弊,是指组织内部的各级管理层,为了局部的组织利益而发生的舞弊行为。管理层舞弊可以对组织有利,也可能损害组织利益。管理层舞弊,一般对管理人员有利,但是往往以损害投资人、债权人、职工利益或者社会公众利益为前提,诸如:发布虚假财

务报告信息、偷逃税款、超标排污破坏环境等。财务报表舞弊一般属于管理层舞弊,但是管理层舞弊不一定局限于财务报表舞弊。

(2)员工舞弊,一般是指员工利用职务之便或内部控制制度的缺陷,非法获取组织的资产、资金或其他个人利益的行为。员工舞弊一般是只有员工参与的行为,与组织没有直接关系。诸如:伪造单据、越权处理、共谋串通等行为。

三、舞弊产生的原因

对于舞弊产生的原因,国外有著名的"舞弊三角理论""GONE 理论""冰山理论"等。我们认为,舞弊产生的原因主要在于以下几个方面。

(一)动机

无论何种舞弊,首先是有一定动机的。舞弊行为动机主要有三种:第一是经济动机,就是为了使自身的经济利益最大化;第二是利己动机,是为了追求个人地位、威信或者业绩考核;第三是精神病动机,为舞弊而舞弊,为盗窃而盗窃,通常会导致"惯性犯罪"。其中,经济动机是主要的,也是最常见的。贪婪、欲望、需要都会导致动机的产生。

(二)压力

压力有可能导致舞弊,但并不是舞弊产生的唯一因素,无论是组织中的管理层和员工个人,都会产生压力。

1. 组织中的管理层压力

(1)法律要求。

(2)贷款需要。

(3)发行股票。

(4)上市公司避免戴帽或退市。

(5)减轻税负。

2. 员工的压力

(1)经济压力(诸如生活所迫、贷款买房、奢侈生活、高额债务、经济损失等)。

(2)工作压力(诸如独裁式管理、过于严格的制度、对工作不满、工作业绩得不到充分承认、工资待遇太低、升职机会少、不友善的工作环境、期望过高的预期、害怕失业等)。

(3)恶习(诸如赌博、酗酒、吸毒等)。

(4)其他压力和偶发事件。

(三)机会

机会是导致舞弊行为产生的条件。法律不健全、公司治理结构不健全、内部人控制制度的缺失、监督检查的缺失等。其中最主要的还是内部控制制度的漏洞带来舞弊的机会。另外,受到的信任程度越大、地位权力越大,暴露程度越小,产生舞弊的可能性就越大。

(四)忠诚度的缺失

忠诚度的缺失是指组织内部拥有权利和责任的个人或集体,容易导致舞弊行为的工作态度或道德观念。忠诚性是自始至终都按照最高的道德价值标准来行动的一种能力,是对受托责任尽职尽责的忠诚度。正是由于忠诚性的缺失,动机、压力和机会才导向舞弊。但是人们在舞弊时没有意识到自己忠诚性的缺失,而是寻找许多自我安慰的借口。

研究舞弊产生的原因,是为研究审计对策服务的,通过对舞弊原因的深入分析,寻找审计对策,完善审计建议。培育良好的组织文化,树立正确的世界观、人生观与价值观,完善组织的内部控制制度,关心职工、爱护职工,不断提高职工待遇,制定科学合理的业绩考核指标,多管齐下,从根本上防范舞弊行为的发生。

四、舞弊相关概念辨析

在实际舞弊审计工作中,内部审计人员应正确区分舞弊与错误、舞弊与欺诈等概念的关系,以便合理设计审计程序,得出客观的审计结论。

(一)舞弊与错误

错误,在财务会计中也称为差错,通常是指当事人在计算、整理、制证、填单、登账、制表、保管及其相关业务处理中,由于客观原因与非主观故意所造成的行为。

错误和舞弊往往具有相似的表现:与会计原则相悖;提供错误的数据;不正确的会计估计,造成会计信息歪曲失真等;但错误和舞弊是两种性质根本不同的行为。

舞弊与错误有以下实质性区别。

(1)性质不同。错误属于非故意的过失行为;舞弊则属于主观原因造成的违法违纪行为。

(2)目的不同。错误不以实现错误结果为目的;舞弊是以获得非法利益等为目的。

(3)表现形式不同。错误表现形式一般较为明显;舞弊表现形式则较为隐蔽,难以发现。此外,在一定条件下,两者是可能相互转化的,并且作弊者还可能会利用他人不小心犯下的错误来实施舞弊行为。

(二)舞弊与欺诈

欺诈更多是一个法律术语,民法一般认为,欺诈是指当事人一方故意编造虚假或歪曲事实,使表意人陷入错误,违背真实意思而作的意思表示。构成欺诈有以下三个要件:①须有隐瞒真相、制造假象的欺诈行为;②欺诈行为与表意人陷入错误意思表示有因果关系;③须有欺诈故意。

舞弊与欺诈存在着很多相似之处,但同时两者也存在差别。

1. 舞弊与欺诈的相似之处

(1)从动因分析,两者都有不良动机或企图,都是为了获取不正当利益,在属性上均系故意的行为。

(2)在结构上,两者都具有侵害性与排他性,它们的存在或发生会损害其他组织或组织中其他成员的利益,且都有相关记录的有意歪曲和具体资产的非法占有,两者在性质上均有重要的侵权行为。

2. 舞弊与欺诈不同之处

(1)就范围与时限而言,舞弊往往限于特定组织内部及财务会计报告时期,而欺诈有时还超过特定组织范围并且不受会计资料呈报时间限制。

（2）从审计角度来看，舞弊是指公司或企业故意错报、漏报财务报告的行为，即进行欺诈性的财务报告以及员工对公司资产的侵占行为；欺诈除包括客户内部有关人员的舞弊行为外，还包括保险索赔欺诈、合同欺诈、价格欺诈、信用卡欺诈、虚假性广告、内幕交易、土地及不动产诈骗等发生在公司或企业外部的以坑害他人（包括公司和企业）为目的的错误行为。因而，欺诈往往比舞弊范围大。

在日常生活中，有时舞弊和欺诈不作明确区分，两者混用。

五、舞弊审计的特殊性

1. 舞弊审计及其特点

关于舞弊审计，目前各国的审计准则并没有明确的权威定义。我们从审计实践中初步认知其一些特点，与广大同仁一起探讨。舞弊审计是集会计学、审计学、法学、侦查学、管理学、心理学以及博弈论等众多学科于一身的一个综合学科，是识别与防范各种贪污、盗窃、欺诈、腐败等违法行为而进行的审计活动。舞弊审计并非一种常规审计，而是具有其自身特点。

（1）舞弊审计是一种独立创新的冒险活动，审计过程中没有固定程序与方法。

（2）舞弊审计更多采用侦查方法而非取证方法，思维方法，逻辑推理方法更为突出。

（3）审计的对象重在例外、古怪、违规等方面的特殊事项。

美国注册舞弊审查师协会（Association of Certified Fraud Examiners，ACFE），是一个反舞弊教育与培训的提供者，ACFE会员遍布150多个国家，成立了200多个会员分会，是迄今为止全球一个专门以舞弊风险管理为专业的组织。美国舞弊审查师职业的历史可以追溯到1939年，通过近50年的发展后于1988年分离成为单独的行业，并且拥有了行业自身的组织——注册舞弊审核师协会。协会旨在减少组织的舞弊行为和白领犯罪，帮助会员增强侦察力和稳固力。

2. 舞弊审计与财务审计的区别

（1）审计目的不同。审计目的是指审计所要达到的目标与要求，是审计工作的指南。财务审计的审计目的是保障财政、财务收支的真实、合法及效益，是对被审计单位的会计报表的公允性、合法性及一贯性发表审计意见。而舞弊审计的目的是调查与揭露那些故意歪曲的记录以及非法占有资产的舞弊行为，确定舞弊损失的金额及问题的影响范围，其关注点在于例外、不正常的事项以及潜在的发出危险信号的事项。

（2）审计重点不同。财务审计的审计标准是公认会计准则及审计准则，审计人员只关心会计业务中偏离准则的重大差异事项及其重要性水平。而舞弊审计人员首先考虑的是舞弊行为动机、压力、舞弊机会及内部控制的薄弱环节等方面。

（3）审计重要性水平不同。审计重要性水平是指被审计单位会计报表中错报或漏报的严重程度，这一程度在特定环境下可能影响会计报表使用者的判断或决策。财务审计关注差错和舞弊金额的大小和其性质，而舞弊审计中一旦发现有舞弊行为，一律关注并彻查到底。

（4）审计程序不同。财务审计的常规步骤，首先是制定审计计划，以财务会计制度为标准，按照审计准则的规定程序，然后对被审计单位的内部控制进行测试并作出评价，在此基础上确定审计方法。舞弊审计既可能是在常规审计中的延伸程序，如财务报表审计或经济责任审计的意外发现，也可能是实施的专门审计调查。舞弊审计在较早阶段，一般先是进行初步调查，灵活运用一些审计方法，通过对舞弊暴露的分析，评估舞弊发生的可能性，然后才有重点地开展审计取证工作。

（5）审计方法不同。财务审计更多强调取证方法，大多采用了检查、监盘、计算、函证等准则规定的审计取证方法。而舞弊审计的方法重在发现与防范，因此，舞弊发现方法、审计侦查方法、逻辑推理方法、心理博弈方法、分析评估方法、舞弊防范方法等十分重要。

（6）审计证据的来源不同。财务审计的证据主要来源于财务报表的会计数据。舞弊审计的证据不仅来源于财务数据，还包括由内部文件、公共文件、会议纪要、市场信息、经济合同和会见当事人记录等内容组成的非财务数据，具有广泛性与灵活性。

（7）审计取证要求不同。财务审计在大多数情况下，审计人员强调证据的充分性与适当性。而舞弊审计中的审计人员，为了避免自己所做的舞弊审计结论受到指责，往往强调审计证据链的形成，而且是一个完整的闭环审计证据链，使审计结论无懈可击，所以不考虑获取证据的成本，只要是关键证据，成本再大，也不惜代价。

第二节 管理层、员工舞弊及其表现

管理层舞弊一般指财务报表舞弊，操纵财务报表一般不会导致公司资产的直接损失，受损主要是公司外部人士，如投资者及债权人等公司外部利益相关者；而员工舞弊典型表现就是贪污（包括回扣）、挪用及盗窃，会直接导致公司的资产损失。

一、管理层舞弊及其表现

管理层舞弊是公司内部的各级各类中、高管理层为获取一定利益而实施的欺骗行为。根据目的不同，管理层舞弊又可分为获取公司利益的舞弊和为获取个人利益的舞弊。管理层舞弊从实施者的性质到舞弊的手段，都不同于其他类别的舞弊。管理层舞弊最为常见的形式就是管理当局对于财务报表的舞弊操纵。管理层舞弊的形式多种多样，但从审计角度看，舞弊的具体表现形式是粉饰。以人为的手段改善公司业务经营情况，粉饰公司经营业绩或财务状况，实现相关统计考核指标或经营成果表现良好，误导财务信息使用者。舞弊手法各种各样，但就管理层的财务报表舞弊，常见手段主要是不恰当的收入确认、高估资产、低估费用，利用虚构经济业务和交易事项等调节利润，利用关联方交易进行舞弊粉饰利润，这些早已成为管理层乐此不疲的"游戏"。

管理层舞弊，一般有最高管理层舞弊和中级管理层舞弊。公司最高管理层的舞弊，大多数体现在财务报表和财务收支的舞弊,舞弊的目的可能是为了维护组织的利益,但是会损害国家、政府、投资人、债权人、社会公众等利益,如偷漏税收。组织内部中级管理层的舞弊,大多数体现在业绩考核指标的舞弊,舞弊的目的可能是维护部门的局部利益,但是损害了组织的整体利益,如虚报考核指标完成,从而骗取奖励资金。管理层发生舞弊的动机,大多数还是基于业绩考核的压力,当内部控制制度有漏洞时,舞弊必然产生。

(一) 不同类型公司舞弊动机的分析

不同所有制的公司其最高管理层舞弊的动机是不完全相同的,各有各的目的和动机,实现手段也不一样。

1. 国有公司最高管理层舞弊动机

国有公司最高管理层舞弊的动机主要包括以下方面。

(1) 为了业绩考核而舞弊。
(2) 为了确保职位而舞弊。
(3) 为了获取信贷和商业信用而粉饰财务报表。
(4) 为了隐瞒违法行为而舞弊。

2. 民营公司最高管理层舞弊动机

民营公司最高管理层舞弊的动机主要包括以下方面。

(1) 为了获取信贷和商业信用而粉饰报表。
(2) 为了减少纳税而粉饰财务报表。
(3) 为了隐瞒违法行为而舞弊。
(4) 为了享受政府的优惠政策而舞弊。

3. 上市公司最高管理层财务舞弊动机

上市公司最高管理层财务舞弊的动机主要包括以下方面。

(1) 为了发行股票,符合证监会的相关规定。
(2) 为了配股,前三年净资产收益率的要求。
(3) 为了炒作股票,与证券机构配合,公司出具虚假信息,券商托市。
(4) 为了避免处罚,实现盈利预测、防止停牌或退市。

4. 公司中级管理层舞弊动机

公司中级管理层舞弊的动机主要包括以下方面。

(1) 为了业绩考核而舞弊。
(2) 为了确保职位而舞弊。
(3) 为了获取更多奖励资金而舞弊。
(4) 为了隐瞒违纪违规行为而舞弊。

(二) 公司管理层舞弊案例

某钢贸集团公司审计部在例行的经济责任审计中,意外发现下属子公司的财务报表中,存货余额较大,存货占流动资产的比重较高,同时也发现预付账款金额巨大。内部审计人员的职业敏感性发出疑问:目前我国宏观经济形势下行,钢铁产能严重过剩,国内钢材市场价格持续下降,在这样的情况下这家公司为什么要投入巨额资金大量采购原材料?这显然不符合常理。内部审计人员做了延伸审计:首先检查预付账款与原材料明细账户,发现没有银行汇款凭证,要求该公司财务人员提供相关原始凭证,但是财务人员吞吞吐吐、支支吾吾一直无法提供。内部审计人员的职业怀疑更加剧了。其次,内部审计人员马上到仓库进行监盘工作,验证存货的真实性,仔细核对采购合同、购货发票、验收入库单后,发现账实严重不符。最后,内部审计人员又与该公司的供货商进行了电话联系,询问该公司预付账款的具体情况,对方的答复是没有预收该公司的货款。至此,基本事实已经水落石出,当内部审计人员与该公司董事长交流质询时,该公司董事长道出了其中的原委,他们是为了取得银行贷款,通过虚增资产来达到满足银行贷款的条件。

该事例中,内部审计人员一开始并没有开展舞弊审计,而是在正常的经济责任审计中发现了舞弊的可能性,开展延伸审计后确认舞弊行为。这是一起典型的管理层舞弊,是为了取得银行贷款而发生的管理层舞弊行为。内部审计人员通过对比分析当前国内宏观环境与钢材行业特点,发现重大疑点,综合运用了检查、监盘、询问函证等三种审计方法,形成矛盾证据,使得管理层不得不承认其舞弊行为及其舞弊目的。内部审计及时发现问题,及时防范了欲取得银行贷款可能再次发生的风险。

二、员工舞弊及其表现

1. 员工舞弊手段表现

具体而言,员工舞弊的手段包括但不限于以下几种。

(1) 盗窃公共财产。

(2) 贪污、挪用、私吞公共资金。

(3) 虚假票据报销。

(4) 虚假业务的书面记录。

(5) 相关人员的串通造假。

(6) 公共资金为私人谋利。

(7) 隐瞒真实信息。

2. 员工岗位的舞弊表现

具体而言,员工岗位的舞弊包括但不限于以下几种。

(1) 采购。通过不正确使用采购订单的办法,由组织为个人采购付款;采购员变成了供应商直接提供货物;给予客户特定价格或特殊优惠,或将业务交给其偏向的供货商,目的是获得回扣;采购员收受购物卡,吃回扣等。

(2) 生产。虚构作业量、加班费,工序外包中收受回扣等。

(3) 仓储。以损耗为由监守自盗,将正常物资作为废旧物资,私自变卖废旧物资,多记发出数量等行为。

(4) 销售。截留货款;虚报营销人员;虚构经销商套取费用,侵占陈列费用与样品;没有记录商品销售,同时将现金据为己有;为虚假的客户做索赔申请并返还款项。

(5) 财务。公款私存；挪用公款；各种虚假账目的记录。

(6) 运输。虚构汽车维修费，利用公司车辆对外服务收钱。

(7) 售后。保修期内虚报维修费，保修期外瞒报维修收入。

(8) 人力资源。收取求职人员介绍费；在工薪表上填制虚假的人员名单；提高工作加班时间；员工实际离职日期后的很长时间内，还将员工保留在工薪表上；在工薪表上伪造其他人员名字，将无人索要的工资留下来。

(9) 研发。直接指定供应商采购材料，虚报研发费用和耗材。

(10) 行政管理。虚报开支费用和办公用品。

员工舞弊动机：①为了业绩考核而舞弊；②为了确保职位而舞弊；③为了获取更多钱财而舞弊。

3. 员工舞弊案例

某集团公司审计部对其子公司的成本费用进行专项审计，在抽查工资表进行分析性复核时，发现了许多奇怪现象：一是公司重名的员工很多，二是不同姓名的员工，发放的银行卡号一样。内部审计人员在征得领导同意后，变更审计计划，实施专案审计。

内部审计人员通过调取财务部的工资计算表、人事部的职工档案、车间的考勤记录等，把相关数据资料进行逐一核对，同时通过走访询问相关员工，了解单位工资的发放情况。发现公司员工大多是当地人，重名现象确实存在，同时存在一个家庭几个成员在该公司工作的情况，而且有的员工要求将家庭成员的工资打入一个人的银行卡。内部审计人员仔细核对，排除真实的重名和共用同一银行卡的家庭成员等情况后，发现了许多虚假员工名单。最后查明，该公司某车间的核算员，因为炒股亏空，资金无法周转，又怕家人打骂责怪，于是利用为本车间编制工资表的便利，虚增员工名单，虚增工时记录，并且把虚假员工的工资卡号填写成自己的银行卡，通过这一手段，侵占公司资金。

这是一起典型的员工舞弊案件，由于受到炒股亏空的压力，也发现公司在员工人数和工时统计中的制度漏洞，该车间的核算员实施了舞弊行为。内部审计人员通过实地走访询问，通过人事档案、财务资料、统计资料的相互核对，发现矛盾。世界上怕就怕"认真"二字，任何虚假问题，只要内部审计人员认真、仔细、耐心、细心，一切舞弊均可发现并被揭露。

三、舞弊迹象表现

舞弊是指故意的、有目的的、有预谋的、有针对性的造假和欺诈行为，舞弊必然会在许多的方面表现出各种迹象。

1. 舞弊迹象表现

舞弊迹象一般表现为以下几个方面。

(1) 数据变动迹象。无法合理解释的关系、程序和事项，例如在数量、价格方面的不合理变动。

(2) 会计资料异常迹象。会计资料填写的不完整，会计科目的不合理对应关系，频繁出现的往来账，奇异的红字调整等。

(3) 内部控制缺陷迹象。内部控制度在审批环节的越权审批,重大事项没有集体论证决策,不相容职务没有分离,缺少监督检查环节,或者监督检查流于形式等。

(4) 行为与谈话迹象。行为诡异,表情紧张,说话吞吞吐吐前后矛盾等。

(5) 生活方式迹象。生活水平远远超出其工资收入水平,出现奢侈生活方式,购买豪华住宅,购买昂贵的珠宝或服装,频繁的豪华旅游度假,频繁更换豪华汽车等行为。

(6) 举报与投诉。群众举报相关人员或相关事项。

上述种种情况,应该引起内部审计人员的高度职业怀疑,但是只能是舞弊迹象,而不是证据,更不是结论。针对上述舞弊迹象,可能会有其他的解释:如数据变动异常是因为潜在的经济因素发生了变化,奢侈生活经费的来源可能是购买彩票中奖的奖金,举报的动机可能是为了报复等。审计人员面对舞弊时,必须认真识别舞弊迹象,并对其进行深入调查,直到能够确信舞弊是否发生。

2. 舞弊迹象表现案例

某集团公司审计部在审计下属子公司销售业务,在进行库存商品盘点时,发现有大量存货积压,出现了账实严重不符的现象,而且是实际库存数量远远大于账面数量。当查阅该公司财务报表和销售明细账发现,销售形势非常好,而且都是现销,资金回笼非常快。内部审计人员就十分纳闷了?销售这么好,为什么还有这么多积压库存?内部审计人员又仔细询问仓库保管这些存货的情况,保管解释说,是已经售出但对方尚未领取的货物,是公司代为保管的商品。再仔细查看相关原始单据,发现货物已经代为保管半年多了。面对这一奇怪现象,内部审计人员与相关负责人沟通了解情况,在内部审计人员的多次沟通交流后,该负责人说出了事情的原委:由于产品积压,销售业绩上不去,为了完成集团公司业绩考核指标和得到相应的销售奖励金,业务人员联系了一个实力较强的客户,让其购买库存积压产品,约定让客户先全额支付货款,但是商品以寄存的形式放在该公司的仓库,不需要进行销售运输,以后若有真正第三方需求时,再将该货物购入并直接转售,以原销售金额10%的形式进行返点,补偿该客户的资金占用费。

这是一起典型的管理层舞弊行为,是在考核压力下产生的舞弊行为。其舞弊的迹象是大量的存货积压。内部审计人员在审计盘点时,一般注意账实不符中的短缺现象。而在本事例中,账实不符的现象却是大量的所谓"盘盈",被审计单位解释为已销售未运输的代管商品。这一舞弊迹象的背后实际上却是"买单卖单"的"炒货"行为,其目的是为了实现考核任务,得到销售奖励金。奖金多发了,但是销售业绩并没有增长,最终是部分个人得利而损害了企业的整体利益。

第三节 舞弊审计的程序和方法

当前,国内外的公司高级管理层特别重视开展公司内部的舞弊审计工作,这是因为高级管理层认为内部审计机构和内部审计人员对公司的业务和控制都比较熟悉。与外部审计人员相比,内部审计人员容易发现舞弊问题。另外,内部审计人员在本质上关注的是内部控制,这自然就包括对舞弊的控制在内。因此,实施舞弊审计是内部审计人员的基本职责之一,与公司内的其他职能部门相比,内部审计人有优势发现舞弊嫌疑,而且内部审计人员实施舞弊审计的程序和方法也日臻完善,逐渐形成体系。

一、舞弊审计的程序

内部审计人员应当运用职业判断,实施必要的审计程序,从根源上查明与特定审计业务相关的舞弊。

(一)识别公司经营风险

舞弊产生的根源在于压力和动机,因此,对公司经营风险的识别有助于查明舞弊。如通过对公司所处行业的市场供求与竞争情况的分析,有助于发现公司资产状况及经营结果的异常变化或发现某些管理问题。因此,内部审计人员必须打破财务会计资料的局限,从账内信息扩展到账外信息。内部审计人员只有对公司内外部环境有了深入和广泛的了解后,才能从战略与系统的角度评估公司可能存在的重大舞弊风险。

(二)了解内部控制

内部控制是公司为有效实现其目标而设计的内部制度安排,舞弊的发生往往说明公司治理存在严重缺陷,内部控制失效或形同虚设。因此,内部审计人员应当重视对公司治理的调查研究,了解管理层为防止或发现舞弊而设计、实施的内部控制。如果内部控制可以被处于关键管理职位人员所逾越,那么就存在着对财务信息作出虚假报告或挪用资产的机会,内部审计人员应重点关注管理层舞弊导致的重大错报风险的可能性。

(三)实施进一步审计程序

内部审计人员一旦发现存在需要彻底揭露的舞弊因素,如串通舞弊、伪造证据、管理人员蓄意欺诈、精心隐瞒的贪污行为等,则审计项目组在人员配合和组织上都应随审计难度的加大而变动,在收集审计证据时必须扩大审计程序、增加审计费用。内部审计人员应对舞弊导致的认定层次的重大错报风险的基本思路,应是通过适当调整或改变拟实施审计程序的性质、时间和范围,增强审计程序的效果和审计证据的说服力。

(1)改变拟实施审计程序的性质,主要是指调整拟实施审计程序的类别及组合。

(2)改变实质性程序的时间,包括两层含义。一是为了更有效地应对舞弊导致的重大错报风险,内部审计人员通常需要考虑在期末或接近期末时对某类交易或账户余额实施实质性程序。因为在存在舞弊导致的重大错报风险的情况下,内部审计人员往往很难将本期较早时候实施的实质性程序的结果合理延伸至期末。二是调整拟获取审计证据对应的期间或时点,针对本期较早时间发生的交易事项或贯穿于整个本期的交易事项实施测试。

(3)改变审计程序的范围,包括扩大样本规模,采用更详细的数据实施分析程序等。拟实施审计程序的范围应当能够反映内部审计人员评估的舞弊导致的重大错报风险水平。评估的舞弊风险越高,内部审计人员越有必要考虑扩大样本规模或从更细致的数据层次实施分析程序。

(4) 内部审计人员。在选择进一步审计程序的性质、时间和范围时,应当有意识地避免被公司内部人员预见或事先了解,其目的在于最大限度地避免因进一步审计程序被预见或事先了解而导致的掩盖真相或毁灭证据等行为,从而保证拟执行的进一步审计程序的效果。

二、舞弊发现方法

公司的舞弊是多种多样,不同业务不同岗位,舞弊的表现形式也是不一样的,而且随着时代的发展,经济环境的变化,舞弊的方式方法也在不断更新,所以舞弊审计的发现方法,也是没有固定的。处处留心、事事留意,皆能发现疑点。发现舞弊,不仅强调细节的重要性,更是锻炼内部审计人的主动性与灵活性。舞弊发现的常用方法主要有以下几种。

1. 观察法(账外信息法)

观察法是"跳出"会计资料,从"账外"捕捉信息。该方法没有固定格式,处处留心,发现线索,见机行事,灵活多样。观察生产经营场地,观察业务流程,观察相关人员行为方式的变化,观察被审计单位相关人员的脸色变化。在观察中发现变化,在观察中发现疑点,在观察中发现重要信息。

2. 数据分析方法

数据分析法的一般程序包括以下方面内容。

(1) 选定适当的数据关系。

(2) 分析数据关系。

(3) 识别异常的数据关系和波动。

(4) 调查异常数据关系和波动。

(5) 得出结论。

使用该方法的主要目的在于查明特定项目间是否存在异常波动,如果异常波动的数额较大,就存在舞弊的可能性,内部审计人员必须查明原因,以确定审计范围。"异常波动"并非仅指财务数据存在重大波动,它可以通过与同行业的横向比较;前后期财务数据的分析;非财务信息(经营数据)与财务信息的比较,是否存在冲突;财务信息构成要素之间的钩稽关系等进行比较。

3. 内部控制测试方法

内部控制测评是指内部审计人员通过调查了解被审计单位内部控制的设置和运行情况进行相关测试,对内部控制的健全性、合理性和有效性作出评价。从审计角度来看,舞弊之所以存在与发生,通常缘于管理漏洞、内控的薄弱环节。实施舞弊审计时,必须审查并评价内部控制。内部审计人员有责任通过相应的检查,来评价各个部门存在的可能风险,识别舞弊行为。深入了解被审计单位及其环境,深入了解分析经济情况、行业情况及内部控制情况,寻找舞弊的动机。内部审计人员着重关注可能导致被审计单位舞弊的主客观条件、内外部因素,始终保持"职业怀疑"精神,把内部控制测试贯穿于整个审计过程。

三、舞弊确认的方法

一般情况下,被审计单位及其人员是不可能直接承认自己的舞弊行为。内部审计人员应通过收集各种信息,发现舞弊迹象,并进一步确认舞弊的发生。舞弊确认的方法是多种多样的,主要包括以下几种方法。

1. 勘验鉴定方法

勘验鉴定是运用于检查的专门方法,对于审计事项有关的各种文字材料和实物资产的勘验、检查,包括手写文书、印刷文书、图章印文、材料设备等方面的真伪鉴别。对于材料设备的勘验,由于技术性高,内部审计人员必须聘请专业技术人员进行专业的鉴定。

书面资料的勘验鉴定,内部审计人员可以从以下方面考虑。首先是发票的勘验鉴定,我国的发票种类主要有增值税专用发票、普通发票和专业发票,实际工作中虚假情况有假票虚开、真票虚开、假票真开等三种情况,内部审计人员要从形式上辨别真伪,通过摸纸张、看印刷、辨标志、鉴印章、查号码、询问税务机关等方式进行鉴定,还要推敲经纪业务的实际内容与发票的关联度。其次要鉴定签字,查看签字的完整性与真实性,还要查看签字人与其职责的相符性。再次要关注会议记录,会议记录一般提供重大投资决策、资金筹集与分配、资金使用与管理方法、发放福利与岗位人事调整等重要信息,关注会议记录中发言人的顺序,关注反对意见的人有无相关理由记录,寻找到会人数与应到人数的差异,分析缺席原因,延伸调查未出席会议的人员和参会但没有发言的人员等。

2. 分析判断方法

数据比较判断是内部审计人员运用模拟的原理,把需要判断的项目与类似的项目进行对比,从而分析其差异的判断方法。如实际数据与计划数据、标准数据、上期数据、同行数据等的比较,判断其差异性质。

(1) 因果关系判断。原因和结果是事物、现象之间相互联系的普遍形式之一,客观世界中到处存在着引起和被引起的普遍关系,唯物辩证法把这种引起和被引起的关系称为因果关系,原因的产生有直接原因、间接原因、主要原因、次要原因、内部原因、外部原因等,因果关系的多样性表现在一因多果、一果多因、多因多果等情况。例如物价上涨导致的成本上升;而成本上升的原因有物价上涨、人力资源增加、人工工时增加、管理不善等。

(2) 矛盾律判断。矛盾律的基本内容是,在同一思维过程中,两个互相否定即相互矛盾或者相互反对的思想不能同真,必有一假。例如,在对同一事项的审计询问中,出纳员、会计和财务经理回答的内容完全相反,则可以基本判断其中必有一个人提供了假证据,但也可能都是虚假。所以对同一事项从不同途径获取的证据,可以起到相互印证的作用。

(3) 充足理由律判断。在论证的过程中,任何判断被确定为真时,必须有充足的理由作为依据。其基本要求是理由必须真实、理由必须充足、理由和推断之间有必然联系。当审计报告定性时,审计结论要符合充足理由律,审计证据要充分、相关与可靠。被审计单位及其人员与内部审计人员谈判辩论中常见的逻辑错误是,要么提出虚假理由、虚假证明或虚假人员;要么使理由与推断之间没有必然联系,表现在证据不足、证据与结论不相干、以某人言行为依据、以被审计单位及其人员自己无知为依据等。

　　舞弊确认的最好方法就是勘验鉴定，但是在舞弊审计中，这一方法并不是十分顺利的，在实践中遇到重重障碍和阻力。例如，实物的盘点，由于受到地域距离、存放条件、取证成本等限制而无法进行；专业技术鉴定权威性与可靠性受到质疑，等等。因此，数据对比、分析判断、逻辑推理等方法就显得十分必要。一般情况下，被审计单位及其人员是不可能直接承认自己的舞弊行为。内部审计人通过收集各种信息，发现舞弊迹象，通过严密的分析判断与逻辑推理，以充足理由得出结论，使舞弊者无懈可击；或者通过严密的分析判断与逻辑推理，得出矛盾证据，迫使舞弊者承认舞弊行为。思维方法是一切审计分析判断方法的基础，灵活运用形式逻辑与辩证逻辑十分重要。

四、舞弊确认案例

　　某机器制造公司审计部小李，每天中午吃饭路过厂区大门时，总看到一辆运送废旧物资的车辆进出大门，门卫每次都不检查而且主动放行。小李觉得有点蹊跷。后来在查阅公司的财务资料时中发现这样一个反常现象：公司连续几个月的销售收入呈现持续上升趋势，而财务反映的废旧物资销售的数量却呈现下降趋势。小李知道，最近公司业绩非常好，机器设备也是刚刚更新，但是为什么会出现这么多废旧物资呢？况且在正常情况下，生产过程中发生的边角料等废旧物资应该与生产规模同比例增长或下降，为什么财务数据反映的却是不合理的趋势呢？审计部在小李的建议下，组成审计小组，带着疑问，对公司物资处和仓库的废旧物资的回收、销售、收款等情况进行了重点审计。

　　经审计发现，物资处处长、计划员、办公室主任、仓库主管等人为了小团体的利益，合伙勾结，擅自决定出售废旧物资，并且还把新进的原材料也混入废旧物资私自进行对外销售。在销售这些物资时，他们擅自决定降价销售，并且把销售物资的货款进行了私分，给公司造成了一定损失。他们的具体做法是：与租赁公司厂房的个体经营者串通，擅自将废旧物资混同崭新的原材料一起销售给没有业务来往，也没有签订合同的另一个体经营者，并要求其将销售货款，一部分物资款交财务，另一部分物资款截留下来，交到物资处作小金库。废旧物资出门时，以废旧物资名义办理出门手续，把新旧物资一起拉出厂区外变卖。同时为了能将违规销售的物资顺利办理出门，物资处处长经常给门卫送各种购物卡，致使门卫在物资办理出门时放弃职守，大开方便之门。待事情水落石出时，物资处长说，自己并没有贪污资金。变卖物资的钱，作为部门奖金发给物资处的全体员工了。内部审计人员询问员工时，也得到了印证，物资处确实发放了许多部门奖金，并且还经常组织大家在周末进行了多次旅游活动。大家一致认为这个处长很能干，给员工的福利好，非常拥护。当审计人员询问物资处长为什么这样做时，他为难地说，因为自己刚从外地调入本单位，为了迅速赢得部门员工的信任和支持，更主要的是为了在年终考评中使大家都投自己的票，所以采取这样的做法。

　　该案例中，小李学历并不高，大概只是一个高中毕业，后来在职读大学。但是他很细心，处处留心，发现疑点。发现审计的切入点：在职工都去食堂吃午饭的空档时间，舞弊行为却在悄悄发生了。小李还充分运用了数据分析对比的方法,发现了产品销售收入与废旧物资销售的重大差异现象。该事例还告诉我们,再好的内部控制制度,由于相关人员的串通舞弊,也会失效的。内部控制制度中的考核要求,并一定是好事,也有可能带来负面影响,如何修正考核指标,值得探讨。

五、舞弊审计的特性

舞弊审计与常规审计有很大不同,无论是实施的审计程序还是运用的审计方法都体现其特殊性。

(1)舞弊审计的目标具有局限性。相对于常规的财务审计而言,舞弊审计的目标十分明确而且特别具体,它负责揭露有意歪曲事实记录及非法占用资产的行为的存在。舞弊审计是一种发现性的活动,在实施舞弊审计时,内部审计人员要特别注意寻找与具体的违法行为有关的证据,确定舞弊的具体细节,并确定舞弊行为带来的损失和影响。当然,内部审计人员也会注意到内部控制系统的薄弱环节和效率问题,但在某种意义上,舞弊审计并不是仅仅停留在论断这一阶段,而是把注意力集中在已经发生的事件上,因而可以说,舞弊审计的目标具有局限性。

(2)舞弊审计的性质具有重要性。不论舞弊涉及的金额有多大,在性质上它都被认为是重要的。如果舞弊行为不加以制止,就会迅速蔓延,给组织整体带来严重影响,其后果不堪设想;舞弊行为的存在,意味着组织的内部控制系统存在薄弱环节,如不加以改进,将会影响组织经营目标的实现;舞弊本身就是一种损人利己的行为,它严重地伤害社会公众的利益,如不加以制止,会制约整个社会的正常有序发展,妨碍人们日常的工作与生活。因此,舞弊审计是重要的。在实施这种审计时,不能按照常规审计程序,一定要符合成本效益原则,舞弊审计应当遵循重要性原则。

(3)舞弊审计的时间具有随机性。作为内部审计部门来说,一般的常规审计活动都通过审计计划确定其审计的先后顺序,并以风险评估为主要方法在审计计划的实施过程中一般不调整审计活动的先后顺序,因此,从一定意义上说,常规审计体现了较强的计划性和有序性。但舞弊审计则不然,它要求内部审计人员在从事常规审计的每时每刻都以高度的职业警惕性和较强的专业熟练性注意发现舞弊行为的嫌疑,并随时采取恰当的审计方式进行检测与调查,相比而言,舞弊审计确实具有随机性。

(4)舞弊审计的范围具有广泛性。受经济利益目标的驱使,在当今注重经济发展的形势下,舞弊行为大有蔓延之势。其具体表现便是舞弊涉及人员众多,从政府部门到企事业单位,舞弊现象无所不在。因此,舞弊审计范围广泛,影响力较大。

(5)舞弊审计的方法具有独特性。与常规审计不同,舞弊审计必须执行"风险分析",即对舞弊暴露的分析的方法。这种方法的实质性含义就是"必须比罪犯更聪明"。使用这种方法有助于编制审计计划,特别是在估计舞弊的可能性时,重点突出那些易受袭击的资产。因此,在实施舞弊审计时,常常使用的方法有:发展诚实方案,实施检查特权;"红旗"标志法;制造错误法。上述三种方法在舞弊审计工作中使用得较为普遍,也比较灵活,这是常规审计所不能比拟的。

（6）舞弊审计的过程具有风险性。舞弊审计较大的风险性主要表现在审计的执行过程和审计报告两个主要阶段。内部审计人员在实施舞弊审计时，很难把握审计的深度和审计的职责范围，容易在审计过程中超越审计职权而触犯有关的法律，从而导致审计风险；在编制审计报告时，也往往会忽视舞弊审计报告与常规审计报告程序上的差别，不去征求法律顾问的意见，致使由于措辞或定性不当而使审计报告冒有违法的风险。另外，公司管理当局施加的压力、重要业务审计的难度、关联方面的影响、控制环境的薄弱以及对实物账户的估价等众多因素的存在，也会对审计的独立性造成一定的影响，从而给舞弊审计带来较大的风险。

第四节 审计心理博弈

一、审计心理分析

审计心理分析就是研究审计过程中，审计人员和被审计人员各自的心理表现，包括审计人员与被审计人员各自的感觉、知觉、记忆、思维、想象、动机、意志、能力等多方面内容，分析审计的心理过程和审计的个性心理特征。审计心理学重点研究审计人员的视觉和听觉、空间知觉、时间知觉、运动知觉，研究被审计事项的表象和想象，分析问题的思维方式和逻辑推理方法，研究被审计人员的动机和意志品质，研究审计人员与被审计人员双方的情绪及其调节方法，研究审计人员的能力发展与个体差异等方面。审计心理分析属于社会心理学在审计领域的应用，是审计学与心理学的交叉应用。下面，是一个关于审计心理分析的审计情景：

周一早晨，内部审计人员任英赶到审计现场，按照审计小组组长的要求查看库存现金，要求出纳员打开保险柜进行监盘，当看到出纳员恐慌害怕的眼神时，她记起了原来查看的现金日记账余额，实际监盘结束后，发现实际盘点数与账面不符，并出现大量白条，她心中也想起《现金管理暂行条例》的有关规定，想象推测账实不符的可能性，当听到出纳员喋喋不休、花言巧语地解释原因时，任英特别反感讨厌。突然脑海里想起组长的话："原则在心中，方式要灵活"，为了审计工作顺利进行，她还是忍耐克制了自己的不良情绪……

以上场景中，就有一系列审计心理学研究对象，如"看到、听到"等就是审计心理学的"感觉"与"知觉"；"记起、想起"等就是审计心理学的"记忆"；"想象、推测"属于思维问题；"恐慌、害怕、反感、讨厌"属于情感、情绪；"为了、顺利"属于动机；"忍耐、克制"属于"意志"。

由于舞弊人的动机各有不同，因此其心理表现也是千差万别。被审计人员面对不同的审计环境和审计人员，其心理表现也是各有差异。正确识别被审计人员的心理特征，尊重其心理变化规律，克服审计人员的不良情绪，实时调整审计人员的心态，调控好被审计人员的不良心态，是审计人员提升职业能力的重要体现。

(一) 被审计人员常见心态

被审计人员的常见心态主要有以下几个方面。

1. 配合心态（服从心态）

热情接待、积极配合、大力支持、提供资料、全面真实回答，服从审计结论。

2. 双重心态

表面积极、过度热情、态度和蔼、展示清白、背后设法抵制各种审计。

3. 规避心态（抵触心态、对抗心态）

不主动配合，不理不睬；不提供资料，不配合，不回答问题；避重就轻，百般抵赖；推卸责任，对抗到底。

4. 防范心态

认为审计是挑毛病、专门挑刺的行为。查出问题会影响单位声誉、影响领导个人发展前途。因此对审计人员不信任，心存防范。

5. 应付心态

对待审计不积极配合，也不阻挠反对。按照规定程序进行，不冷不热，听之任之，任其审计，应付了事。

6. 厌烦心态

被审计单位业务繁忙，疲于应付各种检查和审计，对审计产生厌烦心态，因而不积极配合。

7. 干扰心态

转移、隐藏非法资产；拖延拒绝执行审计决定；人情沟通、权力介入、利益交换；对审计结论提出不恰当质疑。

8. 从众心态

被审计单位对于审计整改意见，持观望态度。同类型问题，其他部门怎样整改我们也效仿。

9. 侥幸心态

总认为自己可能不被审计到，即使抽查到了，也不一定就查出问题,；即使查出问题，也不一定处理和追究责任。

（二）审计人员的常见心态

审计人员的常见心态主要有以下几个方面。

1. 冲动心态

审计人员对审计项目了如指掌，热切期待，胸有成竹，跃跃欲试，心情激动。

2. 畏难心态

审计人员对审计项目预期艰难，被审计单位阻力大，心理压力大，对自己审计能力产生怀疑。

3. 拖延心态

鉴于审计对象与审计环境的复杂性，审计人员难以自拔，不知所措。审计人员出于审计责任考虑,往往拖延时间。

4. 速成心态

审计人员对面对熟悉的审计项目急于求成,厌烦急躁,单凭主观判断和经验判断,不注意变化的新情况。

5. 对抗心态

审计人员在审计实施过程中,与被审计单位人员形成对立情绪,主要是面对重大实质问题和原则问题。原则性有余而灵活性不足。

6. 批判心态

对待任何被审计事项,总是以批判眼光看待,总认为不真实、不合法;总认为被审计人员在欺骗,没有提供全部真实资料。

7. 放松心态

审计取证结束,问题已经查清,大功已经告成。不考虑审计结论的沟通,不考虑审计报告的写作和处理意见的提交。万事大吉,彻底放松。

8. 恐惧心态

由于审计项目给审计人员自身带来的人身安全、职位升迁、人际关系等方面的影响而产生恐惧与害怕。

9. 忧虑心态

对待查出的问题,能认真分析单位组织存在的风险,忧虑重重,责任心强,先天下之忧,考虑深层次体制、机制与制度问题。

二、博弈论与情商

在人与人之间存在利益冲突时,当事人所进行的行为选择,我们称为"博弈"。利益冲突是人类社会的永恒问题,即使是在所谓"双赢"状态下,也依然存在着谁赢多、谁赢少的矛盾。审计人员与被审计人员之间,依然存在利益冲突,存在博弈行为。如果被审计人员发生舞弊时,审计人员与被审计人员的博弈行为就更为突出。因为,审计人员代表的是公共利益,而被审计人员如果有舞弊现象,往往有自己的私利需求,公共利益与个人私利之间,可能存在着不可避免的利益冲突。在舞弊审计中,审计人员与被审计人员之间,利益冲突凸显,对立情绪产生,心理博弈行为必然发生。

博弈论是研究决策主体的行为发生直接相互作用时的决策以及这种决策的均衡,也就是说,当一个主体的选择受到其他主体选择的影响,而且反过来影响到其他主体选择时的决策问题和均衡问题。一个完整的博弈应当包括五个方面的内容:第一,博弈的参加者,即博弈过程中独立决策、独立承担后果的个人和组织。在审计活动中,表现为审计人员和被审计人员。第二,博弈信息,即博弈者所掌握的对选择策略有帮助的情报资料。在审计活动中,表现为审计人员掌握被审计人员信息资料。第三,博弈方可选择的全部行为或策略的集合。在审计活动中,表现为审计人员的审计程序与方法。第四,博弈的次序,即博弈参加者做出策略选择的先后。在审计活动中,表现为审计人员提问问题的先后顺序、取得证据的主次安排。第五,博弈方的收益,即各博弈方做出决策选择后的所得和所失。在审计活动结束后,表现为审计人员与被审计人员各自的收益与损失。

情商说的是人对自己的情感、情绪的控制管理能力和在社会人际关系中的交往、调节能力。情商的核心内容可以用五句话概括,即认识自己的情绪,调控好自己的情绪,认知他人的情绪,尊重他人情绪,调控好他人情绪。在审计活动中,审计人员要克制、控制好自己的情绪,充分认知领导的情绪,充分认知被审计人员的情绪,调控好、管理好他们的情绪,从而实现审计过程与审计结果的和谐。审计人员要实现认知他人情绪的目标,就必须进行换位思考,真正的换位思考必然是一个"移情"的过程,要从内心深处站在领导和被审计人的立场,要像感受自己一样去感受他人。审计人员要实现调控他人情绪的目标,就必须增强说服力,说服就是让他人认同自己的观点和想法,并且激励他人给出审计人员自己想要的东西。说服他人的关键前提是,审计人员与他人有一致性的认同,有了一致性的认同,彼此之间才能产生信任,减少拒绝的可能。一致性的认同,需要审计人员自己去不断地发现与创造。说服他人的主要方式是沟通,包括语言沟通、情感沟通与体态沟通。沟通的目的在于,使对方听到、使对方听懂、使对方接受、使对方行动。沟通的主要方式是广泛开展多种多样的审计营销活动。与智慧的人沟通,审计人员要知识渊博;与笨拙的人沟通,审计人员要善辩;与善辩的人说话,审计人员要扼要;与任何人沟通,审计人员都要学会尊重。

高智商且高情商的审计人员,春风得意;高智商且低情商的审计人员,怀才不遇;低智商且高情商的审计人员,贵人相助;低智商且低情商的审计人员,一事无成。

三、审计心理博弈的策略与方法

(一) 审计心理博弈三大基本策略

1. 将心比心,换位思考

审计人员要实现认知他人情绪的目标,就必须进行换位思考,真正的换位思考必然是一个"移情"的过程,要从内心深处站在领导和被审计人的立场,要像感受自己一样去感受他人。审计人员在审计过程中,时刻要站在被审计人员的角度来思考,设身处地为被审计人员考虑他们的顾虑、想法与需求。当被审计人员不积极提供证据时,当被审计人员不接受初步审计意见时,审计人员应该摸清情况,掌握被审计人员的心理状态,积极采取措施,消除他们的后顾之忧。

2. 以心换心,互惠互利

审计与被审计,本身就是一对矛盾。审计人员与被审计人员,作为博弈行为的双方,依然存在利益冲突,博弈行动的后果依然是"双赢"状态。审计人员不可能完全按照自己的意愿,一意孤行。审计人员既要坚持原则,保证审计质量,同时要充分考虑被审计人员的切身利益,积极建言献策,使被审计单位健全制度、提高效益、防范风险,通过审计使被审计单位得到实惠。

3. 以心攻心,斗智斗勇

审计博弈要讲究策略。对待他人的防范心理,要声东击西转移视线。对待他人的抵触对抗心理,要耐心听完对方的抱怨,从而了解对方的真正意图,然后想办法应对。对待反对意见,要同意对方的意见,在小处让步,甚至创造出一个让对方获得小胜利的局面,争取在大局上获得胜利,有时还需要暂时收回自己的意见。对待他人的敌视心理,首先考虑建立私人之间的信任感,其次让对方提出可选方案,以满足其自尊心,给自己一个回旋的余地。

(二) 审计心理博弈方法

1. 尊重对方

尊重被审计单位、尊重每一个人员,时时处处在表情、眼神与动作上尊重对方;赞赏对方的好做法,赞赏对方的好意见,给足对方面子;认真听取对方的想法、意见和建议,做全世界最忠实的倾听者;寻找双方感兴趣的话题,多谈对方的特长,显示出对对方的崇敬;时时刻刻显示自己对对方的在意、坦诚、直爽和敬意,建立私人间的信任感;让对方提出可供选择的方案,调动其积极性,满足自尊心的需要。

2. 细心观察

观察交换名片,感知诚恳与傲慢。在审计开始时,被审计人员先拿名片双手递上表示诚意;被审计人员接收名片但没有交流表示蛮横无理;以名片用完了或忘记带了不给名片,表示对审计人员的轻率或故意;同时有多种名片的人表示社会关系复杂或深谋远虑;不分场合乱发名片的人可能有野心;拿出一大堆别人名片来炫耀自己可能会以我为中心。

观察单手小动作,发现说谎嫌疑。一般情况下,被审计人员用手遮掩嘴部、摸鼻子、摸耳朵、揉眼睛、挠脖子、拉衣领等小动作往往是说谎的行为表现。

观察眼神,辨别状况。审计交谈时,被审计人员视线接触审计人员脸部时间低于全部谈话时间的30%,表示对审计不感兴趣;倾听审计人员说话时几乎不看审计人员的脸部,可能在掩饰真相;被审计人员眼睛闪烁可能做事虚伪或当场撒谎;心理学研究表明:一般人每分钟眨眼睛5~8次,每次不超过1秒钟;1秒钟连续眨眼睛多次,可能是神情活跃、对话题感兴趣;或者是个性怯懦、羞涩不敢直视;时间超过1秒钟的眨眼睛,表示厌烦与藐视;瞪大眼睛直视对方,表示感兴趣有信心。据此审计人员可以在谈话中初步辨别真假状况。

3. 强化说服

《鬼谷子》作为纵横家游说经验的总结,其价值不言自明。纵横家所崇尚的是权谋策略及言谈辩论之技巧,其指导思想是儒家所推崇之忠信仁义。但是历代存在着对纵横之学的偏见和歧视,认为其学说是"阴谋诡计",不讲道德,这其实是一种误解。"游说"与"谋略"在纵横学说的理论中是一个问题的两个方面。"谋略"是内容,"游说"是形式,两者之间是内容与形式的关系。"谋略"重在"隐与匿","谋略"必须在忠信仁义的框架下进行,合乎不偏不倚、内心公正的正道,"游说"才能发挥真正的作用。说话不仅要把道理说清楚说明白,更要说到对方的心理,讲述的道理对对方有用有价值,这就需要说话的艺术、技巧与谋略。审计工作需要大量的沟通协调,说话艺术与沟通技巧,决定着内部审计工作的成败。学习借鉴《鬼谷子》的说话艺术,对于提高内部审计人员的说话水平,大有裨益。

内部审计人员要实现调控他人情绪的目标,就必须增强说服力,说服就是让他人认同自己的观点和想法,并且激励他人给出内部审计人员自己想要的东西。说服他人的主要方式是沟通，包括语言沟通、情感沟通与体态沟通。沟通的目的在于，使对方听到、使对方听懂、使对方接受、使对方行动。与高贵的人说话要有气势；与富有的人说话要高雅；与有过失的人说话要多鼓励。与任何人沟通，内部审计人员都要学会尊重。沟通的主要方式是广泛开展多种多样的审计营销活动。书面沟通、当面沟通、短信息沟通还是邮件沟通，内部审计人员要作出认真地恰如其分的选择，发挥意想不到的效果。

当审计出现意见分歧时，说服显得格外重要，说服的关键是内部审计人员与被审计人员产生一致性的认同，彼此之间才能产生信任，减少拒绝的可能。一致性的认同，需要内部审计人员自己去不断地发现与创造。审计开始时要迅速找到生活与工作中的认同，在审计过程与审计结果方面要迅速找到业务上的认同。一致性的认同，可以是审计工作上观念的认同、观点的认同、看法的认同，也可以是生活中一致性的态度、习惯，甚至是衣食住行的方方面面。有了认同，才有亲近感，才有利于工作的开展。另外多总结一致性观点、避重就轻、转移话题、适时休会、幽默的自嘲、恰当让步等都是化解分歧的有效手段。

学习唐朝名臣魏征的说服技巧。魏征敢于提意见、善于提意见，把道理说清说透，因势利导，充分利用表扬的方式达到帮助皇帝改正错误的目的。他批评皇帝的做法是以表扬为前提。寓批评于表扬之中，容易让他人接受，毕竟他人只有接受之后才能改正错误。魏征进谏，从立意到证据到劝说角度，都有完好搭配。既有利于国家未来发展，又有利于皇帝思考，最后有利于皇帝改正。

4. 心理暗示

心理学研究表明，心理暗示会达到意想不到的效果。对于审计过程和审计结果存在的干扰心态、从众心态与侥幸心态，内部审计人员不要当面指责，强制要求被审计人员如何改正，恰当的从法律制度、红头文件等方面给予暗示，明确领导应该承担的责任，提醒对方违纪违规行为，可能要承担的行政责任、法律责任或产生的不利结果，促使对方自己积极主动改正错误。

5. 巧妙搭配

男女搭配，干活不累。一般来说，男人性格开朗、勇敢刚强、不计较得失、行为主动、逻辑思维能力强；女人文静、细腻、举止文雅、灵活委婉、发散思维能力强。两者结合可以实现优势互补。心理学研究表明人总是在异性面前表现出最好形象，男女搭配可以发挥最大能力，提高审计效率。另外，如果被审计人员是男性出面，审计人员最好是女性来接待，以柔克刚，这样一来便于合作，有利于审计工作的顺利开展，反之亦然。

"黑脸"与"红脸"的巧妙配合。在一个审计小组内部，一定要有一个"黑脸"一个"红脸"。在审计谈判中，一个态度强硬，一个态度温和。一个扮演"好人"角色，也就是说在对方眼中相对的好人，他态度诚恳，不偏不倚，充分考虑双方利益，总是促使谈判顺利进行；另一个扮演"坏人"角色，也就是说在对方眼中相对的坏人，他处处不肯让步，逼迫被审计人员妥协。在这种情况下，被审计人员当然希望与"好人"谈判，而事实上，"坏人"在谈判中起重要作用，如果谈判陷入困境，可以让"坏人"回避，暂时的退让可能换来更大胜利。

6. 审计策略

《孙子兵法》不仅仅是一部兵书，更是大智慧与大战略的体现。它跳跃着生生不息的生命脉搏,闪耀着熠熠生辉的智慧光芒。它是取之不尽用之不竭的百科宝库,是一切有矛盾、有冲突和对抗领域里全胜智慧的体现。通过五事、先知、先处、求势、虚实、奇正、谋攻等策略,实现不战而胜。学习《孙子兵法》,将其策略应用于审计工作中,则无往而不胜。审计过程中常见的策略主要有以下方面。

(1) 出其不意,攻其不备。内部审计人员要充分利用错觉,给被审计单位一个错误判断,使他们不能真正掌握审计的意图和目的,从而给自己留有充足的审计空间和审计时间。在送达审计方式下,主动送回材料,以便查看现场;针对现金或实物资产,可以采用突击检查的办法,迅速发现疑点和问题。

(2) 自食其言,自食其果。心理学遗忘规律告诉我们,一个人面对自己亲身经历的事情,永远刻骨铭心,无论何时提到,描述和回答的结果基本上都是一致的。但是如果是自己编制的谎言,随着时间的推移,每次回答的结果有很大差异。在审计过程中,由不同审计人员在不同时间向同一人提问同一问题,可以发现矛盾与虚假。

(3) 离间同盟、分化瓦解。当面对一个小团体舞弊时,要针对每一个人的地位和特点,展开强烈攻势,分析利弊,寻找他们之间的固有矛盾和利益冲突,从而实现分化瓦解,迫使每个人积极主动检举揭发同伙,积极提供真实可靠证据。

(4) 明知故问,装聋作哑。在审计现场合理安排问题的先后顺序,故意询问已知答案的问题,以验证被审计人员的可信度和可靠度。

(5) 欲擒故纵,静观其变。利用强化规律,鼓励"编造到底",心理学研究:人为达到目的,会采取一定行为作用于环境,当行为后果对自己有利时,这种行为以后就会重复出现,不利时就会减弱消退。正强化包括认可、表扬、奖励,负强化包括批评、处分。如内部审计人耐心听对方后表示:"现有材料没有大问题,基本可以结束审计,但需要提供补充资料完善底稿",从而引出重要证据。

(6) 瞒天过海、麻痹大意。审计过程要内紧外松,谨慎稳妥,避免打草惊蛇。以例行的财务收支检查或经济责任审计为理由,在审计中检查重点关心的问题,使当事人放松警惕,促使其提供的资料更为全面更为真实更为细致。

(7) 以子之矛、攻子之盾。利用逻辑学的判断推理等规律,用被审计人员提供的基本证据,推出相矛盾的结论,从而反证被审计人员的证据不可靠。

(三) 审计心理博弈案例

案例一 某公司审计部在审计采购业务时,采购部经理,一拖再拖,迟迟不提供资料,理由是工作太忙,采购量大,人手少,没有时间提供资料。但是态度非常好,表示会积极配合审计工作,尽快提供资料。后来提供的资料,非常整齐完整,内部审计人员疑惑:既然材料这么整齐,为什么要拖这么久?

审计过程中发现了以下异常情况:一是采购材料的供货商是一家劳务公司,内部审计人员从其公司的名称就产生了职业怀疑:一家劳务公司如何有资质提供钢材的供应?二是发现供应商的注册资金只有几十万元,而提供的钢材金额达到上千万元,这么一家小公司有这么大的供应能力吗?三是发现被审计单位的采购方式,由招标采购更改为邀请招标,为什么要随意更改招标方式呢？当内部审计人员询问为什么要更改采购方式时，对方的答复是因为工期紧、任务重，来不及招标了。

内部审计人员带着疑问，从两个方面开展工作，一是做外围调查，走访钢材市场，调查钢材市场价格，掌握市场信息，评估价格的合理性。二是仔细查阅书面资料，鉴定购货发票的真伪。审计确认，经税务部门确认发票是真的；检查入库单、收货日期、验收员、送货车牌、送货司机签字等，采购业务也是真实的。内部审计人员怀疑采购业务虚假和采购发票虚假的可能性，被一一排除。后经梳理统计分析供应商以及供货金额，把供应商的供货金额，由大到小进行排序，发现这个劳务公司是主要供货商，供货金额所占比重比较大，进一步审阅资料发现，从这家劳务公司采购物资时，出现了支付技术转让费的现象，转让费支付给了另外的咨询公司，内部审计人员又从百度查询这家咨询公司发现，公司规模非常小，注册资金和从业人员都很少，办公地在居民楼。这一切不合理的现象，引起内部审计人的高度怀疑。内部审计人员跟随资金流向，进一步延伸审计，顺藤摸瓜，最终发现是相关采购人员集体舞弊，以技术转让费的名义转移贪污资金。

该事例中，内部审计人员处处留心，发现疑点。大胆假设，小心求证，把一个个怀疑进行排除。无法排除的疑问，就跟踪审计，顺藤摸瓜。内部审计人员还运用了内查外调，分进合击，广泛运用多种审计方法进行相互验证，准确定性事实真相。

案例二　某银行内部审计人员对下属 A 支行进行审计时，发现其给客户 B 贷款增长幅度很大，同时又发现账面销售额并没有大幅度增长，会计报表未经审计，也没有会计人员签字，内部审计人员心中产生了怀疑。内部审计人员与 A 支行钱经理的部分对话如下：

内部审计人员：你们给客户 B 的贷款金额真大啊！（引蛇出洞）

钱经理：客户 B 是我们的存款大户，资金流量大。（自我合理化）

内部审计人员：是黄金客户啊！（顺藤摸瓜）

钱经理：客户 B 基本账户和他们的董事长个人账户都在我们行，日均存款都非常高！

内部审计人员：你们和他们的董事长很熟吧？他们公司产值有多少？（明知故问）

钱经理：这个……

内部审计人员：该公司会计是谁啊？怎么忘记签字了？（装聋作哑）

钱经理：报表不会是假的。

内部审计人员在不动声色中，从多个方面试探了钱经理，发现了很多疑点，得出基本职业判断：银行在不熟悉客户情况下，盲目发放贷款，存在重大风险；个人账户与公司的资金来往值得怀疑；公司年报未经审计，数据可信性值得怀疑。

第五节　舞弊防范

舞弊防范是指采取适当行动防止舞弊的发生，或在舞弊行为发生时将其危害控制在最低限度以内。舞弊防范有两种途径：一是消除舞弊机会，即通过一系列内部控制制度建设遏制舞弊，建立完善的内部审计制度及时防范舞弊，并运用独立的外部审计作为反舞弊的有力手段；二是加大违规成本，即通过制定和实施清晰、完善、严肃、到位的处罚措施加大舞弊违规的惩处力度。

由于涉及舞弊的双方（实施方和受害方）都会受到惨重的损失，因此为了减少舞弊的损失，公司一定要做到"未雨绸缪""防患于未然"，即做足必要充分的措施来防范舞弊的发生。一般来说，舞弊调查的成本非常高，因此防范舞弊就更显得至关重要。然而在实际中，由于成本效益等原因想要绝对地防范舞弊，一般是不可能的，公司只能通过各种措施将舞弊损失减少到最低程度。一个完善的预防舞弊方案同时关注四个方面：舞弊防范、舞弊发现、舞弊调查以及后续法律行动。

作为内部审计机构和内部审计人员，面对舞弊的措施，首先重在事前防范，最好把舞弊行为消灭在萌芽状态。其次，如果事前不能防范舞弊，那么，在舞弊行为发生的过程中，及时发现舞弊，制止舞弊，把舞弊造成的风险损失降到最低。事前防范的措施，不是内部审计机构可以独立完成的，需要公司最高管理层的高度重视和大力支持，需要其他部门的通力合作，需要全体员工的积极参与。舞弊的事中防范，主要体现在内部审计人员的发现能力与判断能力。

一、营造良好的公司文化

营造一种公开、诚实、互助的氛围，离不开创造积极向上的工作环境。积极向上的工作环境并不是自动生成的，而是需要培养和创造。

（一）营造良好公司文化的措施

营造一种公开、诚实、互助的公司文化，需要采用以下措施。

（1）榜样的力量是无穷的，特别是公司高层领导的诚实形象对员工来说至关重要，领导的一言一行对一个公司倡导诚实文化具有导向作用，"上梁不正下梁歪"就是这个道理。

（2）制定合理公平的个人和公司财务分配制度，真正体现按劳取酬，公平合理的政策对营造诚实公司文化至关重要。公开公司所有相关政策，特别是个人财务分配政策，增强分配的透明度。

（3）选用正直诚实的员工，并对员工时常进行舞弊教育，警钟长鸣。

（4）宣传公司道德守则和行为守则，要求员工严格遵守。

（5）创造积极向上的工作环境，增强员工的向心力和凝聚力。

（二）良好公司文化的案例

宁波方太厨具有限责任公司（以下简称"方太"）创建于1996年。方太始终坚持"专业、高端、负责"的战略性定位，以"人品、企品、产品三品合一"为核心价值观，以"让家的感觉更好"为企业使命，以专业驱动厨房科技，致力于帮助每一位员工成功的公司，以"成为受人尊敬的世界一流企业"为宏伟愿景。2008年，方太建立孔子堂，正式开始在企业内部推行儒家思想。笔者曾多次带领研究生到该公司调研学习，并指导学生在该公司实习多年，感触颇深。方太人的工作，从每天早上读经开始。每天早晨的阅读时间大概是一刻钟左右。《方太儒道》《弟子规》《三字经》《千字文》，读完一本，接着下一本。办公室里的书声朗朗，绝不亚于中学的课堂。

方太审计部也不例外，内部审计人员每天都能自觉学习，自觉践行。在审计工作中，与被审计人员沟通时，运用方太儒道解决问题，内部审计人员与被审计人员有了共同的认同感。方太儒道，不仅仅是一种理论和思想，更是一种行为方式，是内部审计人员一种新的工作方式，也是内部审计人员一种新的生活方式。内部审计人员在学习和运用中，不仅提高了审计职业技能，而且还大大提高了自身修养。方太儒道，不仅影响了内部审计人员，也大大影响着他们的家庭。一些在方太公司审计部工作的员工的父母说，自从他们的孩子进入方太公司工作后，简直就像换了一个人，学会了尊重他人，理解他人，沟通说话能力也大大提高了。

方太从来不强制要求每个人必须去学习儒学，但会以"润物细无声"的方式打动员工，最终让他们融进这个氛围里。在公司里也有真正热爱传统文化的员工，他们会在私下组织学习、分享活动。在工作和生活中，大家学习方太儒道，以方太儒道作为行为准则，真正做到了知行合一。走在方太的现代化园区内，让人赞叹的不仅仅有孔子学堂，还有长长的走廊。办公楼、车间厂房、食堂、宿舍、职工活动中心之间，都有长廊联通，无论晴天雨天，员工都不需要打伞，人文关怀体现在每一个人的脚步上。更让人赞叹的是，每一位路过的员工对来访的客人，都能微笑示意，热情问候。公司的使命究竟是什么？是赚钱、享受还是让家的感觉更好？董事长茅忠群认为，如果是为前两者，公司只会沦落为赚钱的工具，而一旦明确方太存在的意义是为用户打造一种健康、环保、有品位的生活方式，为了让家的感觉更好，将会激发员工自我前进的动力。试想，在这样的一个充满儒家文化的公司工作，大家都在享受着暖暖的人文关怀，人人都在践行儒家思想，谁还想去舞弊呢？

二、保证信息公开透明

在社会生活与工作中，每个人每个部门都完全掌握着自己的全部信息，这些信息不为他人所知，从而在某些方面的占有信息优势地位，但是对于他人的信息就知之甚少，从而形成信息劣势地位，这就产生了信息不对称状态。在公司中，由于所有权与经营权的分离，经营者处理公司的日常运作事宜，而公司的所有者无权插手，他们只对关系到公司发展的重大问题作出决策。因此，可以看出在经营者和所有者之间存在着一定的信息不对称。经营者享有的关于公司生产经营的信息远多于所有者，所有者处于信息劣势。在这种情况下，如果经营者具有损人利己、肥私的意图时，舞弊行为就可能会发生。如果经营者发生了舞弊，他们就会刻意隐瞒一些重要信息，从而使信息不对称更为严重。信息准确而及时在公司内部传递，可以提高公司内部运作的效率和透明度，这在一定程度上可以减少信息不对称。众所周知的美国世界通讯案例中，由于经理层对董事会成员信息传递不及时甚至故意隐瞒重要信息，对员工提供的信息不予理睬，以及审计委员会、内部审计与外部审计的安达信事务所之间的沟通不顺畅等，都推动了这一世界骗局的形成。因此，应在公司内部建立信息与沟通系统,十分必要。

三、加强内部控制制度

内部控制的加强主要体现在授权批准、职责划分和独立稽核。授权是保证交易在管理人员授权范围内进行。有授权处理一般性交易的一般授权,也有授权处理非常规交易事件。具体操作时有投资授权、筹资授权、采购授权、赊销授权、经营授权、信用授权、费用限额授权等。如果进行某项活动都得到授权批准,则实施舞弊的机会将大大减少。职责划分是对某项交易涉及的各项职责进行合理划分,使每一个人的工作能自动检查另一个或更多人的工作,避免某个员工完全操纵某项工作。独立稽核是由其他人员或机构对执行人工作的验证,如果人们知道其工作或活动受到其他人的监督,则实施并掩盖舞弊的机会将大大减少。强制休假、岗位轮换和监督复核都是独立稽核的有效方式。

四、开展全员内部控制评价活动

内部控制评价就是确认和评价公司内部控制有效性的过程,包括确认和评价公司内部控制设计和运行的缺陷,分析缺陷形成原因,并且改进内部控制。内部控制评价不仅仅是内部审计人员的事情,而是要全体员工的积极参与。内部控制,人人有责,全员参与,共同控制。内部控制评价,不仅仅是为了满足法律法规的强制性要求,而是对内部控制的再控制,它是公司改善经营管理、提高经济效益的自我需要。

五、预防舞弊的审计案例

浙江上峰集团有限公司创办于1994年,现有员工1 000多人,总资产10亿元,下属6家子公司,是一家以生产瓦楞纸箱、彩印及纸浆模塑为主导产品,集工业、贸易、科研、房地产、实业投资于一体的跨地区、跨行业的民营股份制企业集团,是全国最大的纸包装生产基地之一。公司内部审计工作卓有成效,其预防各种舞弊行为发生的主要做法有:模拟审计、协同审计与开展案例分析。该公司的内部审计工作经验也曾在《浙江内部审计》(2011年第2期)杂志上进行了全面介绍。

(1)开展模拟审计,促进事前整改。模拟审计就是在正式审计之前,被审计单位主动要求内部审计帮助其开展自我检查、提供咨询服务、事前解决问题、实现公司目标的一种方式。自2008年12月份以来,公司内部审计机构创新审计模式,通过模拟审计的方式,帮助被审计单位及时揭露问题,共同解决自身难以解决的问题。在俞建虎董事长的大力支持下,模拟审计在公司全面开展。一方面提升了部门的管理水平,更好地实现部门、公司的管理目标,实现了由立场对立或职能不相关的刚性审计向主动要求、沟通无顾虑、友好合作、共商对策、共谋发展的柔性审计过渡,促进了优化管理和公司的更大发展;另一方面也拓宽了内部审计的视野,拓展了内部审计职能。通过为被审计单位提供咨询服务,扩大了内部审计作用,提升了内部审计工作水平,增强了内部审计的权威,推动了内部审计的发展。

(2)倡导协同审计,提高审计效率。在开展工作的过程中,内部审计人员发现,由于知识面的局限及公司实际情况的影响,单靠审计监察部的力量不能很好地发挥作用。因此审计监察部积极与财务部、品管部、总务部等相关部门或人员建立协同机制,不但节省工作量,提高工作效率,减少被审计对象的麻烦,而且开拓内部审计范围,充分识别风险,提高了内部审计效果。譬如,在物料管理审计中,审计部建立了与财务部、品管部组成的审计组,对物料的入库、领用、保管、报废的控制进行了专项审计,根据各部门的工作特点,有针对性的分工,提高了工作效率,增加了专业化程度,达到了预期目标。另外,审计监察部也聘任了一些资深业务人员为"兼职审计员",在上下流交叉审计中发挥积极作用,取得较好效果。

(3) 编制审计案例,杜绝问题复发。根据审计调查情况,形成审计案例,供大家学习借鉴,杜绝问题重复发生。如针对某彩盒退货事件,审计监察部通过对事件发生的前因后果进行全面调查,对此事件的关键点进行分析,明确各个部门的责任,形成审计案例,提供大家借鉴,有利于相关责任人进行思考,以防止类似事件再次发生。

公司开展内部控制评价工作,不是为审计而审计,更不是为了应付政府监督部门的检查,而是开展批评与自我批评的全员内部教育活动。在内部控制的自我评价中,不断发现缺陷,完善制度,从而防范各种风险,提高公司经济效益,实现公司目标。内部控制评价工作,是一项全体员工参与的群众活动,而不仅仅是内部审计部门的职责。上峰集团在开展内部控制评价中,使全体员工在批评与自我批评中,受到教育,从而自觉执行制度。在工作中开展审计案例的讨论,使大家从中受到警世教育,相互借鉴,增强每一位员工的自身免疫功能。

六、实施员工救助计划

实施员工救助计划,帮助员工减压,有利于较少舞弊行为的发生。实施员工救助计划,首先,建立双向交流机制,经理层与员工之间定期进行双向交流信息,上下沟通思想,经理层对员工要有坦诚的关心,员工之间也相互关心相互帮助。通过这一平台增加员工对公司的理解和归属感,使员工心情愉快压力减轻。一个公司要形成良好的内部人际关系并不容易,需要在长期培养的公司文化氛围中慢慢形成。其次,设立公司内部热线电话,让员工在不透露姓名、身份的情况下,放松地倾诉压力,并把自己对管理当局的批评、建议和要求传达给管理当局。也可以由外部第三方管理热线电话,并将热线电话举报与奖励有机结合起来。再次,建立员工救助服务机构,针对员工个人经济困难、婚姻家庭问题、法律纠纷、赌博、酗酒、吸毒等方面开展援助,减轻员工自身压力。

七、发动群众举报

设立免费举报热线电话,是发现舞弊最常用的群众监督方法。建立良好的举报机制是防范舞弊有效方法,当员工知道他们的同事很容易就能匿名举报可疑情况时,他们在实施舞弊时就会有所顾忌。由于种种原因和顾虑(告密不道德、举报者受到舞弊者钳制、举报没有确凿证据、举报者的下场惨不忍睹等),所以举报者往往犹豫不决。公司应该为举报提供一个开放的、方便的、毫无顾虑的环境,为发现舞弊提供良好机制。

八、加强法律学习

内部审计部门通过自己的审计网站,或者利用审计工作会议,积极宣传法律,特别是学习《中华人民共和国刑法》，使大家敬畏法律，遵法守法，使每一个人从源头上消除舞弊行为。

1. 非国家工作人员受贿罪

《中华人民共和国刑法》第一百六十三条：公司、企业或者其他单位的工作人员利用职务上的便利，索取他人财物或者非法收受他人财物，为他人谋取利益，数额较大的，处5年以下有期徒刑或者拘役；数额巨大的，处5年以上有期徒刑，可以并处没收财产。公司、企业或者其他单位的工作人员在经济往来中，利用职务上的便利，违反国家规定，收受各种名义的回扣、手续费，归个人所有的，依照前款的规定处罚。

2. 为亲友非法牟利罪

《中华人民共和国刑法》第一百六十六条：国有公司、企业、事业单位的工作人员，利用职务便利，有下列情形之一，使国家利益遭受重大损失的，处3年以下有期徒刑或者拘役，并处或者单处罚金；致使国家利益遭受特别重大损失的，处3年以上7年以下有期徒刑，并处罚金：①将本单位的盈利业务交由自己的亲友进行经营的；②以明显高于市场的价格向自己的亲友经营管理的单位采购商品或者以明显低于市场的价格向自己的亲友经营管理的单位销售商品的；③向自己的亲友经营管理的单位采购不合格商品的。

3. 职务侵占罪；贪污罪

《中华人民共和国刑法》第二百七十一条：公司、企业或者其他单位的人员，利用职务上的便利，将本单位财物非法占为己有，数额较大的，处5年以下有期徒刑或者拘役；数额巨大的，处5年以上有期徒刑，可以并处没收财产。国有公司、企业或者其他国有单位中从事公务的人员和国有公司、企业或者其他国有单位委派到非国有公司、企业以及其他单位从事公务的人员有前款行为的，依照本法第三百八十二条、第三百八十三条的规定定罪处罚。

4. 挪用资金罪；挪用公款罪

《中华人民共和国刑法》第二百七十二条：公司、企业或者其他单位的工作人员，利用职务上的便利，挪用本单位资金归个人使用或者借贷给他人，数额较大、超过3个月未还的，或者虽未超过3个月，但数额较大、进行营利活动的，或者进行非法活动的，处3年以下有期徒刑或者拘役；挪用本单位资金数额巨大的，或者数额较大不退还的，处3年以上10年以下有期徒刑。国有公司、企业或者其他国有单位中从事公务的人员和国有公司、企业或者其他国有单位委派到非国有公司、企业以及其他单位从事公务的人员有前款行为的，依照该法第三百八十四条的规定定罪处罚。

5. 贪污罪

《中华人民共和国刑法》第三百八十二条：国家工作人员利用职务上的便利，侵吞、窃取、骗取或者以其他手段非法占有公共财物的，是贪污罪。受国家机关、国有公司、企业、事业单位、人民团体委托管理、经营国有财产的人员，利用职务上的便利，侵吞、窃取、骗取或者以其他手段非法占有国有财物的，以贪污论。

6. 挪用公款罪

《中华人民共和国刑法》第三百八十四条：国家工作人员利用职务上的便利，挪用公款归个人使用,进行非法活动的,或者挪用公款数额较大、进行营利活动的,或者挪用公款数额较大、超过 3 个月未还的,是挪用公款罪,处 5 年以下有期徒刑或者拘役;情节严重的,处 5 年以上有期徒刑。挪用公款数额巨大不退还的,处 10 年以上有期徒刑或者无期徒刑。

7. 受贿罪

《中华人民共和国刑法》第三百八十五条:国家工作人员利用职务上的便利,索取他人财物的,或者非法收受他人财物,为他人谋取利益的,是受贿罪。国家工作人员在经济往来中,违反国家规定,收受各种名义的回扣、手续费,归个人所有的,以受贿论处。

舞弊是一个非常宽泛的法律概念,舞弊的后果可能产生违法行为,从而承担相应的法律责任。内部审计人员在自己熟知法律相关条款的情况下,应积极宣传让全体员工明知,防止犯罪行为的发生。目前,浙江一些民营公司的内部审计部门称为"法务审计部",其工作人员大多数是法律专业毕业,这种安排是有一定道理的。通过内部审计,一方面,防范内部各个管理层和员工舞弊,防止犯罪行为的发生。另一方面,通过专业的法务审计,防范外部的供应商、消费者、竞争对手等给本公司带来的各种法律纠纷与法律风险。

第八章　经济责任审计

公司经济责任审计应当有计划地进行,一般由公司党委会、董事会或公司组织人事部门书面委托内部审计机构负责实施。内部审计机构应当结合党委会、董事会或公司组织人事部门提出的年度委托建议,拟定年度经济责任审计计划,报请党委会、董事会或公司主管领导批准后,纳入年度审计计划并组织实施。

第一节　经济责任审计的含义和发展

一、经济责任审计的含义

关于公司经济责任审计的概念,既可以从广义上理解,也可以从狭义上界定。现代内部审计产生的客观原因是公司治理的客观要求,其主要目的就是为了监控董事会和经理对股东的受托经济责任。因此,从广义上看,现代内部审计就是经济责任审计,也就是说,广义的公司经济责任审计包括任何形式的内部审计。狭义的公司经济责任审计,则是特指我国在近些年来出现的旨在明确公司董事会和经理等主要负责人经营管理责任而进行的一种审计活动,包括任期经济责任审计或者离任审计。因此,经济责任审计是指公司的内部审计机构接受委托,对本公司或下属公司负有经济管理职能的主要领导人履行经济责任情况开展审计并发表审计意见。

经济责任是指企业主要领导人在任职期间对其管辖范围内贯彻执行党和国家经济方针政策和决策部署、推动经济社会和事业发展、管理公共资金及国有资产国有资源、防控重大经济风险等有关经济活动应当履行的职责。企业主要领导人履行经济责任的情况,应当依法接受审计监督。

经济责任审计是一项特殊的审计,与其他审计不同,审计对象是具有一定人、财、物权的公司主要领导人,具有特殊性和复杂性。不仅审计内容广泛、审计时间间隔跨度长,而且要对公司主要领导人的决策行为、经济责任进行确认和评价,事关被审计人的命运前途,审计意义重大。

经济责任审计是对公司或下属公司主要领导人任期经济责任的评价,即公司或下属公司主要领导人任职期间对其所在公司的贯彻执行党和国家经济方针政策和决策部署、推动经济社会和事业发展、管理公共资金及国有资产国有资源、防控重大经济风险以及有关经济活动应当负有的直接责任和领导责任进行确认。

经济责任审计对公司主要领导人的经济责任的审查评价以五年任期为审计周期,一些公司的经验是"一年一小审,三年一中审,五年一大审"。当然,中间如有离任者,还应进行离任经济责任审计。经济责任审计具有较大的权威性和强制性,由公司党委会、董事会或组织人事部门向内部审计机构提出对公司主要负责人进行任期经济责任审计的委托,被审计人必须接受审计,不得拒绝。从上述经济责任审计的特点,可以看出它的艰巨性和复杂性。特别是经济责任审计结果作为奖惩的依据以及升迁、处理的参考,带有很强的政策性,必须严肃认真,一丝不苟,内部审计机构和内部审计人员对此应有足够的认识。

二、经济责任审计的历史沿革

国外没有对人的审计,因为在有效的公司治理环境下,个人是通过董事会和经理等组织发挥作用的,因而也没有经济责任审计这种形式。我国国有公司经济责任审计是伴随着我国建设中国特色社会主义市场经济体制和公司制改革而不断发展的,自 20 世纪 80 年代起,经过三十多年的探索与实践、发展与深化,逐步走上法制化、制度化、规范化轨道,并取得了明显的成效。具有中国特色的国有公司经济责任审计发展基本分为产生、探索、完善等发展阶段。

1. 经济责任审计产生阶段

中国共产党十一届三中全会后,政府对国有公司实行所有权和经营权分离,推行厂长(经理)负责制。在此原则之下,国有公司承包经营制、租赁制、股份制、资产经营责任制等多种经营形式不断涌现。在增加了公司活力的同时,公司经营者的权力也随之越来越大,出现了不少问题。如有的公司经营者(承包者)弄虚作假虚报政绩,有的公司挥霍公款铺张浪费,有的公司侵吞公款中饱私囊。针对这些问题,1985 年,黑龙江省齐齐哈尔市、安徽省淮南市等地的国有公司内部审计机构结合公司实际,开始探索经济责任审计,并取得了良好的成效。

1986 年 9 月,为适应我国国有公司深化改革的需要,中共中央、国务院颁布了《全民所有制工业企业厂长工作条例》,明确规定:"厂长离任前,公司主管机关(或会同干部管理机关)可以提请审计机关对厂长进行经济责任审计评议。"同年 12 月,审计署制定下发了《关于开展厂长离任经济责任审计工作几个问题的通知》,对厂长(经理)离任审计的范围、内容、程序和要求等方面作了规定。

1988 年,国务院颁发的《全民所有制工业企业承包经营责任制暂行条例》中规定:"实行承包经营制,由国家审计机关及其委托的其他审计机构对合同双方及企业经营者进行审计"。这两项规定的颁布实施,成为我国早期内部审计开展经济责任审计的重要依据,标志着经济责任审计由各地公司内部审计机构的自发探索到初步形成。

随着国有公司厂长(经理)离任经济责任审计工作的深入开展,黑龙江、山东、辽宁、安徽、浙江、四川等省、市、自治区先后颁布了地方性法规和政府规章,要求对国有公司厂长(经理)实施经济责任审计。这些地方法规和政府规章的公布,对进一步深化经济责任审计工作起到了积极的推动作用,为经济责任审计工作的规范化、制度化、法制化奠定了基础。同时,经济责任审计已不仅仅局限于对厂长(经理)离任时的经济责任进行审计,逐步发展到任期经济责任审计。

1995年至1997年,山东省菏泽地区在全地区国有公司普遍实行厂长(经理)任期经济责任审计制度,把任期经济责任审计结果作为考核领导干部政绩、兑现奖惩、选拔任用的必经程序,纳入干部监督管理轨道,取得了显著的成效。有135名领导干部未过审计关,其中:82名因虚报成绩被取消受奖资格或荣誉称号;53名因工作平庸、虚报浮夸、吃喝浪费甚至贪污腐化、造成重大损失而受到诫勉、降职、免职处分或由执纪执法机关处理。1997年10月,中纪委调查组赴菏泽实地考察后,对任期经济责任审计工作给予高度评价,认为发挥了"管干部、正党风、促发展"以及"在微观上出思路、在宏观上出规范、在经济上出效益、在廉政上出效应"的作用。

2. 经济责任审计探索阶段

1999年5月,中共中央办公厅、国务院办公厅印发的《县级以下党政领导干部任期经济责任审计暂行规定》和《国有企业及国有控股企业领导人员任期经济责任审计暂行规定》,为开展经济责任审计提供了依据。

此时一些地方和部门在经济责任审计工作实践中积累了一定的经验,但从整体上看,经济责任审计工作仍处于探索阶段,还不够规范,存在一些亟待解决的问题。如开展经济责任审计工作的组织、机构、人员、经费问题,如何界定经济责任审计的内容、程序、评价体系和标准,如何加强相关部门在经济责任审计工作中的协调配合等。为了解决经济责任审计工作中存在的矛盾和问题,党中央、国务院及有关部门陆续出台了一系列文件,推进了经济责任审计工作的深入开展。2001年1月20日审计署、人事部、中共中央纪律检查委员会、监察部、中国共产党中央委员会组织部等中央五部委《关于进一步做好经济责任审计工作的意见》(审办发〔2001〕7号),2003年3月5日中央五部委经济责任审计工作联席会议办公室关于印发《关于进一步加强经济责任审计工作中有关部门协调与配合的意见》的通知(经审办字〔2003〕3号)等文件,提出了加强领导、加强部门之间的配合、健全机构、落实经费、抓好部门管理的领导干部任期经济责任审计工作、扩大审计范围等意见。2003年7月8日,中央五部委印发了《关于党政领导干部任期经济责任审计若干问题的指导意见》(经审办字〔2003〕6号)。上述文件明确了经济责任审计工作的指导思想、管辖范围、实施时间、程序、内容、方法、评价和审计成果利用等,将经济责任审计工作制度化、规范化建设提高到了新的水平。

3. 经济责任审计的完善阶段

2007年11月15日,中国共产党十七大报告中指出:"重点加强对领导干部特别是主要领导干部、人财物管理使用、关键岗位的监督,健全质询、问责、经济责任审计、引咎辞职、罢免等制度。落实党内监督条例,加强民主监督,发挥好舆论监督作用,增强监督合力和实效。"中国共产党十七大报告提出的新要求将经济责任审计工作提升到一个新的高度。

2007年至2010年,中央五部委经济责任审计联席会议办公室连续印发了4个经济责任审计工作指导意见,提出经济责任审计要关注民生、关注发展等国家重大宏观经济政策贯彻落实情况,同时对加强和改进审计计划管理、严格界定审计内容、科学规范评价等提出了要求。

2010年10月12日,中央办公厅和国务院办公厅印发了《党政主要领导干部和国有企业领导人员经济责任审计规定》(中办发〔2010〕32号),以科学发展观为统领,对经济责任审计的对象、组织协调、审计内容、审计实施、审计评价、结果运用等方面作出了明确规定,对经济责任审计工作发展具有里程碑意义。随着这些规范性文件的出台,经济责任审计将步入规范、深化、发展的新阶段。

2014年7月27日,中央纪委机关、中央组织部、中央编办、监察部、人力资源和社会保障部、审计署、国务院国资委联合印发实施《党政主要领导干部和国有企业领导人员经济责任审计规定实施细则》。该实施细则有利于内部审计机构准确把握其内容,全面、客观、公正地对被审计公司主要负责人进行履职评价,加强内部审计规范化建设和健全完善审计结果运用机制,促使国有公司经济责任审计向纵深发展。至此,公司经济责任审计已逐渐完善,发展成为一种专门的审计形式,并具有丰富的内容。

2019年,中央办公厅和国务院办公厅重新修订并印发了《党政主要领导干部和国有企事业单位主要领导人员经济责任审计规定》,对经济责任审计的对象、内容、组织协调、审计实施、审计评价等作出了新的规定。

第二节 经济责任审计的种类和内容

一、经济责任审计的种类

对经济责任审计进行适当的分类,有助于从各种经济责任审计的不同特点出发,加强经济责任审计的针对性,以便突出重点,抓住主要矛盾,客观公正地作出审计结论,分清被审计人的经济责任。

1. 按经济责任审计的内容进行分类

按经济责任审计的内容进行分类,可以将经济责任审计分为目标经济责任审计和破产经济责任审计。

目标经济责任审计,就是对公司主要领导人完成其承担的任期目标等经济责任情况进行的审计。这类审计主要是根据公司主要领导人与上级主管部门、本级政府部门或公司党委会、董事会所签订的合同或目标责任进行审计。审计内容在合同中有明确规定,审计目标、范围明确,重点突出。

破产经济责任审计是根据《中华人民共和国企业破产法》的规定,主要审查和确认公司破产的原因;确定对公司破产应当承担责任的主要领导人;监督破产公司的财产物资,包括破产清算时资产、负债项目的确认,资产价值的评估,破产资财的变卖和分配等。破产经济责任审计可以全面地对公司整个破产过程进行审计,确认公司主要领导人应当承担的经济责任,保证破产清算的顺利进行。

2. 按经济责任审计的实施时间进行分类

按经济责任审计的实施时间进行分类,可以将经济责任审计分为事前经济责任审计、事中经济责任审计和事后经济责任审计。

事前经济责任审计,是指在经济责任关系确立之前,对经济责任关系主体的资产、负债、损益的真实、合法、效益情况进行审计,以保证经济责任关系各方合法、合理、正确地确定有关方案和合同,以保证经济责任的合理性、有效性,维护有关经济责任关系各方的合法权益。

事中经济责任审计,一般是指在公司主要领导人任职期间对其进行的审计。在经济责任的履行过程中,内部审计机构可以根据需要对公司主要领导人经济责任的履行情况进行审查和确认,以确认所在公司的贯彻执行党和国家经济方针政策和决策部署、推动经济社会和事业发展、管理公共资金及国有资产国有资源、防控重大经济风险以及有关经济活动应当负有的直接责任和领导责任,以便及时发现问题,防患于未然,保障资产的安全、完整和保值、增值。事中经济责任审计包括例行的年度经济责任审计和不定期的临时性经济责任审计。

事后经济责任审计,是指在终止经济责任关系或者公司主要领导人调离所在公司后,对其履行经济责任情况进行的审计。如经营合同期满时,对经济责任关系主体的经济活动和经营成果的合法性、真实性、有效性进行审查和评价,确认经济责任履行情况,以解除公司主要领导人所负的经济责任。

3. 按经济责任审计的对象进行分类

按经济责任审计的对象进行分类,可以将经济责任审计分为党政主要领导干部任期经济责任审计和国有企事业单位主要领导人员任期经济责任审计。

党政主要领导干部任期经济责任审计,主要是指对党政机关、审判机关、检察机关等的党政正职领导干部或者主持工作一年以上的副职领导干部任期经济责任的审计。

国有企事业单位主要领导人员任期经济责任审计,主要是指对国有独资企业、国有资产占控股地位或者主导地位的企业的法定代表人或者不担任法定代表人但实际行使相应职权的主要领导人员任期经济责任的审计。

将经济责任审计分为党政主要领导干部任期经济责任审计和国有企事业单位主要领导人员任期经济责任审计,主要是充分考虑到党政机关与国有企事业单位在工作性质、工作内容、管理体制和运行机制等方面的不同特点,以便审计机关能够分层次、有重点地对党政机关和国有企事业单位实施审计。

二、经济责任审计的内容

我国经济责任审计工作是先从地方开展起来的,每个地方的经济责任审计工作又大多立足于本地的实际情况,以致种类较多,做法不一,在目前尚未形成一个统一规范的情况下，只能以公司主要领导人应当承担的经济责任为依据，从与公司主要领导人有关的经济行为、与其有关的经济结果、与其有关的各种内部管理制度等方面出发，合理、系统地归并。内部审计机构应当根据被审计主要领导人的职责权限和履行经济责任情况，结合其所在单位或者原任职单位的实际情况，确定审计内容。

国有企业主要领导人员经济责任审计一般包括以下主要内容。

（1）贯彻执行党和国家有关经济方针政策和决策部署情况。

（2）企业发展战略规划的制定、执行和效果情况。

（3）重大经济事项的决策、执行和效果情况。

（4）企业法人治理结构的建立、健全和运行情况，内部控制制度的制定和执行情况。

（5）企业财务的真实合法效益情况、风险管控情况、境外资产管理情况、生态环境保护情况。

（6）在经济活动中落实有关党风廉政建设责任和遵守廉洁从业规定情况。

（7）以往审计发现问题的整改情况。

（8）其他需要审计的内容。

第三节　经济责任审计的关系人和作用

一、经济责任审计的关系人

经济责任审计的关系人包括经济责任审计委托者、经济责任审计的主体和经济责任审计的客体。

1. 经济责任审计委托者

公司经济责任审计的主要目的是分清公司主要领导人任职期间在本公司或者下属公司经济活动中应当负有的责任，为党委会、董事会和组织人事部门和纪检监察机关和其他有关部门考核使用干部或者兑现合同等提供参考依据。

经济责任审计是一种委托审计，是由党委会、董事会或者公司人事组织部门下达委托书，内部审计机构从事的审计工作。当前，经济责任审计的委托存在问题包括：一是委托时间的随意性和委托数量的不确定性，给内部审计工作的合理安排带来影响，造成内部审计仓促上阵，内部审计人员不能够合理搭配、审计时间不能给予充分保障，因而造成内部审计质量的难以保证。二是委托内容不够具体。将"审计什么、评价什么"等具体问题交由内部审计机构来解决，风险随之转嫁到内部审计机构。现阶段的内部审计工作根据各地区的实际情况及审计的经验在摸索之中，边实践、边总结，各地区存在委托书不够详尽、具体、明确等问题。三是评价标准不明确，评价体系构架尚未搭建，造成经济责任审计非标准化，审计评价说服力差，给内部审计带来不可回避的风险。经济责任审计不同于常规审计的区别之一就是要对审计对象的经济责任进行评价，那么评价什么，如何评价是经济责任审计的重中之重。内部审计机构应根据不同行业、不同单位的特点,制定切实可行的评价体系。

2. 经济责任审计的主体

经济责任审计的主体是专门的审计机构或专职的审计人员。同其他审计一样,经济责任审计也必须由专门的审计机构或专职审计人员来实施,以保证实施经济责任审计的机构和审计人员在工作和经费上的独立性。

从我国开展经济责任审计的实际情况来看,具体承担经济责任审计工作的主要有国家审计机关、内部审计机构和会计师事务所。对党政主要领导干部的任期经济责任审计,一般都由国家审计机关进行审计;对国有企事业单位主要领导人的任期经济责任审计,则通常由内部审计机构进行审计;如果公司内部审计力量不足,则可以聘请会计师事务所进行审计。内部审计机构可以直接进行公司的经济责任审计,也可以聘请会计师事务所进行审计,在经济责任审计工作中,内部审计机构可以利用会计师事务所的审计成果,并应当加强对会计师事务所经济责任审计业务的指导和监督。

3. 经济责任审计的客体

经济责任审计的客体是经济责任人所在公司,审计的内容是所在公司的贯彻执行党和国家经济方针政策和决策部署、推动经济社会和事业发展、管理公共资金及国有资产国有资源、防控重大经济风险以及有关经济活动。经济责任审计的本质是一种综合性的经济确认、评价活动,这是经济责任审计区别公司组织人事部门、纪检监察机关等直接对经济责任人进行考察和评价的根本区别。因此,经济责任审计的客体不仅是经济责任人,而且是其所在的公司贯彻执行党和国家经济方针政策和决策部署、推动经济社会和事业发展、管理公共资金及国有资产国有资源、防控重大经济风险以及有关经济活动的合法性和真实性。

二、经济责任审计的作用

经济责任审计诞生后就显示了其他审计无法替代的作用,无论是在所在公司的贯彻执行党和国家经济方针政策和决策部署,保护公司财产的安全、完整、保值、增值等方面,还是在健全经济责任人的考核和管理,促进廉政建设方面,都取得了显著的成效,发挥了重要的作用。

1. 实施经济责任审计,有利于加强对公司主要领导人的监督管理

社会主义市场经济体制的逐步建立为公司主要领导人施展才干提供了广阔的舞台,但同时也对公司主要领导人考察、评价工作提出了挑战。过去对公司主要领导的考察、评价工作,一般都是通过公司主要领导人自我评价和召开座谈会等形式作些调查了解,很少涉及公司经济行为,对公司主要领导人廉政情况也难以全面准确把握。以前的考察、评价方法很难从深层次的经济活动中了解公司主要领导人的真实情况,以致一些公司主要领导人在任职期间表面上表现不错,但离开岗位后问题就逐渐暴露出来,执行党和国家的重大决策部署不力,经济上负债较多,单位效益低下,出借资金难以收回,使国家、集体受到损失,这类事例屡见不鲜。实施经济责任审计,倡导定性与定量相结合,联系公司主要领导人任

期目标,通过对相关的经济指标等情况进行分析考核,对其任期工作业绩作出评价,能够达到客观、公正地确认其经济业绩,全面评价考核公司主要领导人任期业绩的目的,为正确评价和使用公司主要领导人提供了依据,同时有利于公司主要领导人更好地履行职责,防止短期行为。

2. 实施经济责任审计,有利于规范公司主要领导人的权力行使

经济责任审计立足于对公司主要领导人所在公司的贯彻执行党和国家经济方针政策和决策部署、推动经济社会和事业发展、管理公共资金及国有资产国有资源、防控重大经济风险以及有关经济活动的审计,落脚点在于查明公司主要领导人的经济责任,既对事又对人,而且审计涉及公司主要领导人任职期间,所跨年度一般较长,往往能够发现年度财务收支审计不易发现的问题,有利于揭露和惩治公司主要领导人的腐败行为。另外,经济责任审计着眼于事前防范,通过健全监督制约机制,有利于发现财务管理漏洞,健全财务管理制度,规范公司主要领导人权力行使,提高财务管理水平,促使经济责任人自我约束、自我完善,增强纪律观念,促进了廉政建设。通过全面推行经济责任审计制度,可以进一步加强对公司主要领导人的监督,严肃查处那些无视财经纪律、违法犯罪的公司主要领导人,促使公司主要领导人不断提高管理水平,增强遵纪守法意识和自我约束能力,从政治上关心和爱护公司主要领导人,推动党风廉政建设和反腐败斗争的深入发展。

3. 实施经济责任审计,有利于鉴定公司主要领导人的经营业绩

经济责任审计是以公司主要领导人所在公司和其他相关单位的贯彻执行党和国家经济方针政策和决策部署、推动经济社会和事业发展、管理公共资金及国有资产国有资源、防控重大经济风险以及有关经济活动审计为基础,通过对公司主要领导人任期内的经济指标完成情况、做出的重大决策情况、执行国家的财经法规情况,以及个人遵守廉政纪律情况等方面的核查和评价,可以在一定程度上判断公司主要领导人是否具有从事经济工作所必需的素质和决策水平,也能正确评价公司主要领导人是否正确履行其经济职责,是否严格执行国家的有关财经法纪。经济责任审计立足于公司主要领导人贯彻执行党和国家经济方针政策和决策部署、推动经济社会和事业发展、管理公共资金及国有资产国有资源、防控重大经济风险以及有关经济活动的真实、合法、效益情况,一方面能够摸清家底,有利于继任者了解接任公司的真实情况,明确工作思路,缩短适应期,尽快进入角色;另一方面由于明确了离任者的经济责任,事实上也就划清了前后任的责任,改变了"新官不理旧账,旧官一走了之"的不良状况,有利于工作的交接,保持工作的连续性。

4. 实施经济责任审计,有利于推进依法行政和公司治理

公司主要领导人是否严格遵守国家的法律法规,是否严格执行党和国家政策,是否依法办事、依法决策、依法处理问题,是否按照公司治理的要求行使职责,直接反映出公司主要领导人依法行政和公司治理的能力和水平,关系到依法治国方略能否实现的问题。依法治国的关键是依法行政,严格执法、依法办事是依法行政的具体体现,是社会主义法制建设的关键环节。实行公司主要领导人经济责任审计制度有助于将公司主要领导人权力的行使置于有效的监督之下,防止公司主要领导人失职、越权以及滥用权力,促使公司主要领导

人自觉增强法制观念和法律意识,学会运用法律手段领导经济工作、管理社会事务,规范自己的行政行为,引导公司主要领导人依法用权、依法行政。

第四节 经济责任审计的特点和结果运用

对公司主要领导人的经济责任审计,要围绕"经济""责任"四个字开展。随着我国经济体制改革的深入和公司经济增长方式的转变,公司主要领导人所承担经济责任的内涵和外延也在发展变化。公司内部审计机构和内部审计人员应将经济责任审计工作融入中国经济社会和公司长远发展的大局,以发展的思路和精神推动经济责任审计的发展,提高经济责任审计的质量和服务水平,进一步发挥经济责任审计在推动完善公司治理中的作用。

一、经济责任审计的特点

经济责任审计,是在传统财务收支审计基础上发展起来的,是财务收支审计的深化和提高。经济责任审计从事入手,是审计结果的人格化,是审计技术属性和社会属性的集中体现。我国的经济责任审计,与西方"三 E"审计(经济型 economy、效率性 efficiency、效果性 effectiveness)相比,是一种综合性更强的审计。

(1) 经济责任审计是对公司主要领导人的确认和评估。一般情况下,公司内部审计机构和内部审计人员主要是对事进行审计,而经济责任审计是对人进行审计。经济责任审计既是我国内部审计机构和内部审计人员的法定职能,又是公司主要领导人监督管理的重要环节和组成部分。经济责任审计的结果是组织人事部门选拔、任用、奖惩干部的重要参考依据,在干部管理工作中发挥着重要作用;而其他审计工作作为内部审计机构和内部审计人员的法定职能,通常与干部管理工作没有直接的关联,这是经济责任审计有别于其他审计工作的重要特征之一。

(2) 经济责任审计的基础是财务收支审计。经济责任审计与公司财务收支审计密切相关,既有联系,又有区别。经济责任审计无论从审计对象、审计目标、审计重点、审计评价的方法等方面都与财务收支审计有着显著的不同。但公司财务收支审计是经济责任审计的基础,也就是说,经济责任审计要在公司财务收支审计的基础上,进一步做到:①查清公司主要领导人在财务收支中有无侵占国家资产,违反领导干部廉政规定和其他违法违纪问题;②查清公司主要领导人在任职期间与公司资产、负债、损益目标责任制有关的各项经济指标的完成情况,以及遵守国家财经法规情况,分清公司主要领导人对本公司资产、负债、损益不真实、投资效益差,以及违反国家财经法规等问题应当负有的责任;查清公司主要领导人个人有无侵占国家资产,违反有关廉政规定和其他违法违纪问题。

(3) 经济责任审计由内部审计机构等部门组织。经济责任审计先要由组织人事部门提出审计要求,经公司上级管理部门、党委会或董事会同意后,再由于组织人事部门书面委托公司内部审计机构进行。公司内部审计机构接受组织人事部门的委托后负责具体实施。

在具体审计过程中,组织人事部门有义务协助和支持内部审计机构完成审计工作,内部审计机构应将经济责任审计结果抄报有关部门,作为考核、使用公司主要领导人的参考依据。同时,需要追究公司主要领导人责任的,应由有关部门做出必要的处理。可见,经济责任审计不单纯是公司内部审计机构的工作,而是内部审计机构与纪检、组织、监察、人事等部门共同承担的工作。

(4) 审计评价和责任追究侧重于公司经济责任人。公司经济责任审计,顾名思义,应当侧重于对经济责任人履行经济责任情况的确认和评价,而不是经济责任人所在的公司。公司经济责任人任职届满,或者任期内办理调任、免职、辞职、退休等事项前,以及在公司进行改制、改组、兼并、出售、拍卖、破产等资产重组的同时,应当进行经济责任审计。从理论上讲,对公司经济责任人实施经济责任审计应先审计后离任。但从实践上看,目前内部审计机构还不可能完全达到先审后离的要求,而公司资产重组时的经济责任审计尚未广泛开展,更难达到资产重组时边重组边审计的要求。因此,在经济责任审计工作实践中,较符合实际的做法是实行先审后任,突出重点,力争做到先审后任,即离职后需要再任职的经济责任人,应当力争在其任新职务前完成对前任的经济责任审计。

(5) 经济责任审计确认和评价应运用多种方法。内部审计确认和评价应当依照法律法规、国家有关政策以及干部考核评价等规定,结合公司的实际情况,根据审计查证或者认定的事实,客观公正、实事求是地进行审计确认和评价。这种确认和评价包括进行纵向和横向的业绩比较,运用与公司主要领导人履行经济责任有关的指标量化分析、将公司主要领导人履行经济责任的行为或事项置于相关经济社会环境中加以分析等。内部审计的确认和评价应当重点关注公司发展的质量、效益和可持续性,关注与公司主要领导人履行经济责任有关的管理和决策等活动的经济效益、社会效益和环境效益,关注任期内举借债务、自然资源资产管理、环境保护、民生改善、科技创新等重要事项,关注公司主要领导人应承担直接责任的问题。内部审计机构可以根据审计内容和审计评价的需要,选择设定评价指标,将定性评价与定量指标相结合。对同一类别、同一层级公司主要领导人履行经济责任情况的评价标准,应当具有一致性和可比性。

二、经济责任审计的结果运用

经济责任审计结果是否有效运用,关系到经济责任审计作用的发挥。审计结果运用是经济责任审计的重要环节,关系到内部审计作用的发挥和审计目标的实现。经济责任审计结果的运用受到公司主管部门、党委会、董事会和相关部门的高度重视。

(一) 加强经济责任审计结果运用

公司主管部门、党委会、董事会和组织人事纪检部门根据审计结果,对履行经济责任中存在问题的公司主要领导人,依法依纪给予免职、降职、责令辞职、诫勉谈话等组织处理以及撤职等其他处分;对正确履行经济责任、工作实绩突出的公司主要领导人,给予肯定,并作为选拔任用公司主要领导人的重要依据。被审计公司主要领导人及其所在公司,针对审计发现的问题,积极进行整改,规范内部管理,完善有关制度。加强经济责任审计结果运用,切实提高经济责任审计综合效果,主要应从以下几个方面入手。

(1) 公司主管部门、党委会、董事会和组织人事部门要高度重视经济责任审计结果运用,将经济责任审计结果作为干部考核、任免和奖惩的重要依据,要加强督促落实整改、警示谈话、问责及责任追究等工作,建立健全经济责任审计情况通报、审计整改以及责任追究等审计结果运用制度,切实发挥经济责任审计的作用。

(2) 公司纪检监察部门和监事会等联席会议成员单位要在各自职责范围内,加大经济责任审计结果运用的力度。要充分利用好经济责任审计领导小组和联席会议及其办公室的工作平台,形成经济责任审计结果运用的整体合力。同时,要整合各种力量,积极探索经济责任审计与干部考核、巡视等监督检查工作相结合等经济责任审计结果运用的新机制、新形式。

(3) 公司内部审计机构和内部审计人员要加强审计质量管理和控制,全面提升经济责任审计质量,加强对审计信息的综合分析,提高审计报告的实用性,确保经济责任审计结果可信、可用、可靠。

(4) 公司主管部门要督促被审计公司主要领导人和单位认真整改审计发现的问题,尤其是对审计发现的普遍性、倾向性问题和重大问题,要深入分析原因,切实完善制度和管理。根据有关要求,也可以公开经济责任审计整改结果。

(二) 加强对公司主要领导人的责任追究

对经济责任审计发现的被审计公司主要领导人履行职责过程中存在的问题,应加强对公司主要领导人应承担直接责任和领导责任的追究。

1. 承担直接责任的情形

直接责任是指公司主要领导人对履行经济责任过程中的下列行为应当承担的责任:

(1) 直接违反党章和其他党内法规、国家法律法规、党和国家政策的。

(2) 授意、指使、强令、纵容、包庇下属人员违反党章和其他党内法规、国家法律法规、党和国家政策的。

(3) 贯彻党和国家经济方针政策及决策部署不坚决、不全面、不到位,造成公共资金及国有资产国有资源损失浪费、生态环境破坏、公共利益损害等后果的。

(4) 未完成有关法律法规规章、政策措施、目标责任书等规定的主要领导干部作为第一责任人(总负责)事项,造成公共资金国有资产国有资源损失浪费、生态环境破坏、公共利益损害等后果的。

(5) 未进行民主决策程序或者民主决策时在多数人不同意的情况下,直接决定、批准、组织实施重大经济事项,造成公共资金及国有资产国有资源损失浪费、生态环境破坏、公共利益损害等后果的。

(6) 不履行或者不正确履行职责,对造成的后果起决定性作用的其他行为。

2. 承担领导责任的情形

领导责任是指公司主要领导人对履行经济责任过程中的下列行为应当承担的责任:

(1) 在民主决策时,在多数人同意的情况下,决定、批准、组织实施重大经济事项,由于决策不当或者决策失误造成公共资金及国有资产国有资源损失浪费、生态环境破坏、公共利益损害等后果的。

(2) 违反部门、单位内部管理规定造成公共资金及国有资产国有资源损失浪费、生态环境破坏、公共利益损害等后果的。

(3) 参与相关决策和工作时，没有发表明确的反对意见，相关决策和工作违反党章和其他党内法规、国家法律法规、党和国家政策的问题，造成公共资金及国有资产国有资源损失浪费、生态环境破坏、公共利益损害等后果的。

(4) 疏于监管，未及时发现和处理所管辖范围内本级或者下一级单位违反党章和其他党内法规、国家法律法规、党和国家政策的问题，造成公共资金及国有资产国有资源损失浪费、生态环境破坏、公共利益损害等后果的。

(5) 除直接责任外，不履行或者不正确履行职责，对造成的后果应当承担责任和其他行为。

应当指出，公司内部审计机构对经济责任审计发现问题界定公司主要领导人应当承担的责任，是强化对重大问题进行问责和责任追究的重要前提。根据公司主要领导人对有关问题应当承担的直接责任、领导责任，公司主管部门、党委会、董事会和组织人事纪检部门将依照有关规定对其作出免职、降职、撤职、诫勉谈话、纪律处分等相应处理。此外，公司主要领导人以外的其他人员对有关问题应当承担的责任，内部审计机构也可以适当方式向组织人事纪检部门等提供相关情况。

审计评价时，应当把公司主要领导人在推进改革上因缺乏经验、先行先试出现的失误和错误，同明知故犯的违纪违法行为区分开来；把上级尚无明确限制的探索性试验中的失误和错误，同上级明令禁止后依然我行我素的违纪违法行为区分开来；把为推动发展的无意过失，同为谋取私利的违纪违法行为区分开来。对公司主要领导人在改革创新中的失误和错误，妥善把握事业为上、实事求是、依法依纪、容纠并举等原则，经综合分析研判，可以免责或者从轻定责，鼓励探索创新，支持担当作为，保护公司主要领导人创业的积极性、主动性、创造性。

第五节 经济责任审计的程序

审计程序是审计人员实施审计工作应遵循的工作步骤、顺序，以及所涉及的相关环节及工作内容，对于指导、规范审计各环节的行为，实行审计全过程行为管理和质量控制，提高审计工作效率，防范审计风险，以及实现审计的具体工作目标都具有重要意义。

一般而言，审计程序包括审计计划、审计准备、审计实施和审计报告四个阶段。对于经济责任审计，受其审计目标的导向和制约，对审计成果的充分、有效利用和后续跟踪问效、问责无疑是经济责任审计工作的重要一环。同时，经济责任审计自身的特点和规律决定了经济责任审计在审计计划、审计准备、审计实施及审计报告阶段，与其他类型审计相比，既具有一定的共通性,同时又具有相对独特的内涵,具有与其他种类审计不同或不完全相同的具体步骤和内容。

一、审计计划阶段

经济责任审计计划是内部审计机构在每个审计工作年度开始之前,对计划期内的经济责任审计项目做出的统一安排。与其他审计类型相比,经济责任审计计划的制订有其鲜明的特点。

(一)相关部门提出委托审计计划

党政机关、国有企事业单位出于对主要领导干部监督管理、业绩考核的需要,通常由其组织人事部门或纪检监察等部门根据有关规定,结合本单位干部管理工作实际,对下一年度所涉及的主要领导干部职责岗位的重大调整,于每年年底向内部审计机构书面提出下一年度拟委托安排的经济责任审计计划或建议,以供内部审计机构以此为基础依据提出计划草案。如果上述有关部门甚至公司党委会、董事会认为确有必要,如针对群众反映的被审计领导干部存在的重大经济决策和经济管理等问题或初步掌握的被审计领导干部个人存在的经济违法线索等问题,可由相关部门直接向内部审计机构发出经济责任审计委托书,由内部审计机构据此直接组织安排审计。

(二)内部审计机构编制计划草案

内部审计机构收到相关部门关于经济责任审计委托计划或委托书后,应及时进行研究,充分考虑公司党委会、董事会的总体工作署要求、审计资源等因素,编制经济责任审计年度计划草案,提出拟安排审计的主要领导干部人选名单及时间安排顺序。如果通过整合下属单位相关审计人员、财力等资源能与审计委托计划任务相适应,原则上应将委托计划项目统一列入年度审计项目计划,否则应进行适当调整,优先安排公司党委会、董事会直接委托、拟提拔任用、处于相对重要岗位、群众反映问题较多的领导干部进行经济责任审计。

(三)审计项目正式立项

公司党委会、董事会对内部审计机构提交的经济责任审计年度计划草案,应按规定程序组织进行集体研究,如经济责任审计工作联席会议等,并由主要负责人审定,需要调整的,应责成内部审计机构协商委托部门及时进行调整。内部审计机构根据审定的结果,将其纳入年度审计工作项目计划并据此组织实施。

二、审计准备阶段

经济责任审计准备阶段的主要任务和内容包括组成审计组并开展审前调查、制订审计实施方案、签发并送达审计通知书,为正式实施现场审计做好准备工作。这一阶段工作虽然处于准备阶段,但属于基础性工作,对于做好现场审计乃至顺利完成整个审计项目都非常重要,其中心任务就是制订具有指导性、针对性、可操作性的审计实施方案。具体可分为以下几个环节和步骤。

(一)组成审计组

在审计准备阶段,主要是在每个经济责任审计项目开展前,内部审计机构应根据年度工作计划安排,充分考虑被审计主要领导人所处的岗位及应履行的经济职责、任职期间的长短,其所任职单位包括所属单位财政财务收支及资产规模的大小,经济活动特点,所要实现的具体目标,以及委托部门的特定委托要求等因素,在本系统内合理调配审计人力资源,组成审计组,并指定审计组组长、主审等人员,为审计的实施提供人力资源保障。

(二)初步调查了解

初步调查了解是编制审计实施方案的基础,所涉及的内容非常广泛。内部审计人员应充分发挥熟悉本部门、本单位、本系统有关情况的优势,有针对性地做好审前调查工作,在掌握被审计单位性质、组织结构,财政财务管理体制和业务管理体制,财政财务或经营收支规模,资产总量,以及本行业适用的法律法规的基础上,重点调查和掌握以下几方面情况:

(1)被审计主要领导干部所在单位的职责范围、经营范围或业务范围,在本系统所处的位置及承担的主要工作任务,以及被审计主要领导人的任职期间长短及其所应履行的主要经济职责。

(2)主要领导干部所在单位本级及下属单位内部控制情况,结合对组织结构,财政财务、业务管理体制,经营或业务范围及业务特点的调查,初步分析控制环境、风险评估和相关控制活动,掌握内部控制整体情况并初步确定对相关内容和事项的审计是否依赖其内部控制。

(3)主要领导干部任期内有关重大经济决策事项及进展情况,初步了解重大经济决策事项的总体情况、决策背景、决策程序、所要达到的预期目标、实施情况及初步成效。

(4)调查了解主要领导干部所在单位以往接受外部检查情况,初步收集并查阅相关历史档案资料,掌握外部检查作出的相关结论,单位所采取的具体整改措施及整改结果。

(5)适用的主要领导干部主要业绩评价指标体系,以及与业绩评价指标体系相关的评价标准。

(6)党委会、董事会、组织人事部门和纪检监察部门在委托审计时需要审计重点关注问题的基本情况。

(三)编制审计实施方案

审计实施方案是对审计项目的具体部署和工作计划安排,是现场审计的操作指南,同时也是验证审计成果的主要参考依据。审计实施方案应明确审计目标、范围,审计内容、重点及审计措施,审计组人员职责任务分工,审计项目进度安排及其他相关要求等。在编制审计实施方案过程中,审计人员应对审前调查所收集的资料和掌握的情况进行初步分析和加工,判断可能存在的问题及其重要性,如是否涉嫌经济犯罪,是否属于法律法规、党和国家政策明令禁止的问题,是否存在重大决策失误导致损失的问题,因体制、内部控制不健全或设计缺陷导致系统频发的问题,或因被审计主要领导干部履行职责不到位甚至严重失职造成的问题等。对可能存在的上述较为严重的问题,审计实施方案应针对性地确定审计应对措施,包括评估对内部控制、计算机信息系统的依赖程度,确定是否及如何测试其有效性,确定主要的审计步骤和方法,并明确执行的审计人员分工,对涉及面广、政策性、专业性、技术性较强的问题,确定是否聘请外部专家等。

(四) 送达审计通知书

内部审计机构在实施经济责任审计前,向被审计主要领导干部所在单位及其本人送达审计通知书,同时抄送同级纪检监察机关、组织部门等相关单位。审计通知书的内容主要包括被审计主要领导干部及单位名称、审计依据、审计目的、范围、审计起始时间、审计组组长及其他成员名单和被审计单位配合审计工作的要求。因主要领导干部经济责任审计的特殊性,被审计主要领导干部所在单位除应提供本单位基本情况资料,与财政财务收支相关的财务、会计资料外,被审计主要领导干部及所在单位还应当提供与被审计主要领导干部履行经济责任有关的资料,审计通知书应予以明确,主要包括以下内容:

(1) 被审计主要领导干部履行经济责任情况报告。内容包括主要领导干部个人的基本情况、单位基本情况,主要领导干部承担的主要职责、任职期间、履行职责情况,本人遵守国家财经法纪和执行廉政纪律情况,本单位及主要领导干部取得的主要成绩、存在的主要问题,需要特别说明的情况及工作建议等。

(2) 工作计划、工作总结、工作报告、会议记录、会议纪要、决议决定、请示、批示、目标责任书、经济合同、考核检查结果、业务档案、机构编制、规章制度、以往审计发现问题整改情况等资料。

(3) 财政收支、财务收支相关资料。

(4) 与履行职责相关的电子数据和必要的技术文档。

(5) 审计所需的其他资料。

被审计主要领导干部及所在单位应当对所提供资料的真实性、完整性负责,并作出书面承诺。

三、审计实施阶段

审计实施阶段是指审计组及审计人员实施现场审计、进行调查取证、形成初步成果和结论的过程。科学、有效地组织实施现场审计对于完成审计实施方案所确定的目标、任务具有重要意义。

(一) 召开审计进点会

审计组在正式开展审计工作前应当召开审计进点会议,通报有关情况,对现场工作作出安排并提出要求,为现场审计工作的顺利实施开好头、布好局。因此,审计组要事先与被审计领导干部及所在单位进行充分沟通,对参会人员、会议时间、会议议程进行精心准备并按计划召开审计进点会。

(1) 审计进点会参会人员。一般包括审计机构负责人、审计组组长及全体审计人员;上级主管领导、经济责任审计委托部门有关领导及工作人员;被审计主要领导干部及领导班子全体成员,本单位各部门负责人及所属单位主要负责人,单位职工代表;根据审计需要应参加会议的其他相关人员。

(2) 审计进点会议程安排。审计进点会通常由被审计主要领导干部所在单位主持,特殊情况可由上级主管部门主持。具体议程如下:①由会议主持宣布会议开始,并介绍与会领导及有关人员,宣布会议议程;②由审计机构负责人或审计组组长,也可由上级主管部门有关领导宣读经济责任审计通知书;③上级主管领导及有关部门领导讲话;④审计机构负责人讲话,审计组组长通报领导干部经济责任审计的工作安排和要求;⑤被审计领导干部述职;⑥被审计领导干部所在单位有关领导代表被审计单位讲话。

审计组应当在被审计单位公示审计项目名称、审计纪律要求和举报电话等内容。

(二) 收集相关资料

审计组正式进点后,应按照事先沟通的情况,与被审计主要领导干部所在单位确定的审计联络机构及人员进行协调,就领导干部任职期间的财政财务收支会计资料,有关经济活动形成的档案资料,以及审计通知书列示的有关资料进行交接,安排专人,通常由审计组主审及小组组长做好相关资料的签收、登记和组内分发工作。对于相关电子资料和数据,双方也应当安排专人进行交接,确保电子资料及数据的安全、完整、可用;对于尚未准备好或未能及时提供的资料,应进一步沟通和协调,确定交接的时间、地点和人员,以确保现场审计的顺利实施。

(三) 内部控制评审

内部控制评审既是主要领导干部经济责任审计的一项主要内容,同时也是一项重要的审计程序。作为一项审计和评价内容,其目的主要在于合理界定被审计主要领导干部在本单位制度建设及监管方面所做的工作、取得的管理成效,以及对因内部控制不健全、执行不严格引发相关问题所应承担的经济责任;作为一项审计程序和方法,需要在对内部控制测试的基础上,通过审计人员的职业判断,确定审计的策略。在审计准备阶段,通过对被审计单位内部控制的调查,确定不依赖内部控制的领域应采取有效措施,合理安排人员,直接进行实质性测试,并扩大审计取证范围,确保审计取证量,以充分揭示并反映问题;对于初步调查认为依赖其内部控制的领域,在审计实施阶段,应通过观察、询问、审查资料、穿行测试等方法,对其内部控制从业务和功能两个方面进行控制测试,评价其健全性、有效性,合理确定实质性测试的范围和重点。

(四) 谈话或座谈

主要领导干部经济责任审计的首要目标是全面、客观、公正地评价主要领导干部履行经济责任的情况。要真正实现这一目标,在很多情况下,仅凭审查相关财政财务、业务资料是无法达到的,这是因为主要领导干部实际应承担的经济责任与财政财务、业务资料反映的情况并不完全匹配。如主要领导干部授意、指使、强令、纵容、包庇下属人员违反法律法规、国家有关规定和单位内部管理规定的行为,往往很难在档案材料中发现清晰的痕迹。比较而言,主要领导干部履行职责义务的后果较易显现和认定,而履职过程具有一定的非直观性和复杂性,而有许多"活"的情况,尤其是在一些重大问题上更是如此。因此,谈话或座谈是其不同于传统财政财务收支审计的一个必要环节。在主要领导干部经济责任审计中,谈话或座谈可以达到以下几方面效果:一是有助于审计人员快速、全面地了解被审计主要领导干部及所在单位的总体情况,是做好总体评价的一项基础性工作;二是通过谈话或座谈,可以发现一些问题包括普遍性问题、倾向性问题,甚至一些严重违法违规问题的线索,同时结合对委托部门关心或者群众举报反映的一些问题的交谈,可以更加深入地了解和掌握情况,有利于明确主攻方向并深入现场检查取证;三是就审计已经发现的问题,结合对相关档案材料的审查,通过谈话或座谈,可以进一步了解其背景、决策及执行操作过程,并与审计已经掌握情况互相佐证,有助于审计人员分析、判断主要领导干部所起的作用及所应承担的责任。

谈话或座谈应分不同对象、层次和内容进行。一般情况下,对于单位领导班子成员、被审计主要领导干部直接分管的部门负责人、所属单位主要负责人、有关事项的直接经办人员应分别进行个别谈话,对于其他人员则可以采取座谈的方式集体进行。谈话或座谈前,审计人员应根据实际情况拟定提纲,并指定专人记录,对涉及的一些将作为审计证据的谈话,还需要谈话双方签字予以确认。

(五)检查取证

检查取证是现场审计的主要环节,就是通过检查、观察、询问、外部调查、重新计算、分析等方法向有关单位和个人获取审计证据。在经济责任审计中,检查取证要特别注意两个方面情况:一是要用历史和发展的眼光,就某一事项既要在节点上获得相关结果数据和资料,也要在纵向上(通常指被审计主要领导干部任职期间)获得各时点的数据和资料,以便后期进行对比分析;二是在审计查证问题的基础上,要始终关注被审计主要领导干部所起的作用及应承担的责任,避免审计过程中就问题查问题,草拟报告过程中就责任说责任,造成脱节。在经济责任审计过程中,审计人员应注重实现从静态到动态、从事到人、从后果到责任的有机衔接和转变。

(六)编制审计工作底稿

审计工作底稿主要记录审计人员依据审计实施方案执行审计步骤和开展审计活动的工作记录,是联系审计证据和审计结论的桥梁。审计人员对审计实施方案确定的每一审计事项均应当编制审计工作底稿。审计工作底稿基本要素及编制要符合《内部审计具体准则——审计工作底稿》的规定要求,审计工作底稿记录的审计过程和结论应当包括实施审计的主要步骤和方法,取得审计证据的名称和来源,审计认定的事实摘要,得出的审计结论及相关标准。

在编制经济责任审计工作底稿过程中,审计人员应根据重要性原则确定相关问题的重要程度,每一重要事项其事实摘要应符合主要领导干部经济责任审计的内在要求,能够体现和反映被审计主要领导干部具体履行责任的情况,包括采取的具体措施和实施的具体行为,对存在问题的影响程度、所起的作用及后果,并合乎逻辑地得出客观审计结论,避免生搬硬套,产生问题与主要领导干部应承担的经济责任互相脱节的情况,以增强说服力。另外,在问题定性和经济责任评价标准方面,除依据有关法律、法规、部门规章等条款外,还应依据国家的有关方针政策、公司党委会、董事会制定的行业发展规划及战略目标、领导干部任期经济责任目标,以及党和国家关于领导干部承担具体经济责任的划分标准等。

（七）综合考虑与利用其他检查结果

经济责任审计范围及内容与被审计主要领导干部在本系统所处位置、职责范围、任职期间紧密相关,具有时间跨度长、涉及范围广、目标层次高等特点。在审计人力和时间等资源相对有限的情况下,审计人员不可能也无必要对领导干部管辖所有部门、单位的经济事项从头至尾审查一遍。为在计划时间内完成任务,一个有效途径就是充分利用其他相关检查结果尤其是外部检查结果。这些检查结果一般具有较高的权威性,如能充分合理利用则可以节省有限的审计资源,避免重复检查,提高工作质量和效率,从而达到事半功倍的效果。充分合理利用其他检查结果,可采取以下步骤：

（1）完整收集外部相关检查资料。通过查阅相关外部检查、考核等历史档案资料,如检查通知书、接待检查的方案、形成的书面检查结果文书和单位整改文件资料,包括审计机关、社会审计组织、上级主管部门及本单位组织实施内部审计的相关审计报告、决定,上级主管部门及有关行业主管部门组织实施的专项检查、年度考核、绩效考评等形成的检查、考评报告,纪检监察部门就特定事项检查及对有关人员处理结果,在被审计主要领导干部所管辖范围内公安机关、检察院立案查处的经济案件情况,法院就有关经济事项、涉案人员或经济纠纷的判决情况等。

（2）按照经济责任审计的内容进行归类分析。即,按照审计实施方案确定的审计内容,将外部检查的结果,按其内容及问题性质等,分别归入贯彻落实中央有关宏观调控政策、执行国家相关法律法规、业务或经营活动、日常预算执行和财政财务收支管理、重大经济决策事项、遵守廉政纪律等方面,并结合现场审计发现的问题进行综合分析研究,互相印证。

（3）评价外部结果。一方面,经济责任审计需要评价外部工作包括社会审计及其他社会中介机构的工作质量;另一方面,经济责任审计需要评价外部检查与本次领导干部经济责任审计在目标、范围上的一致性,以此分析判断外部检查结果是否可用、如何利用等。如审计机关的审计结果、上级主管部门的考评结果等均具有较高的权威性,其结果一般可直接利用,但这些年度检查结果,只涉及当年或以往年度的情况,因此,需要在经济责任审计中对其他年度相关事项进行审计,形成完整的审计结果;对有的检查结果和评价指标如上级主管部门的考评结果,可能超出评价被审计领导干部经济责任的范围,则应予以取舍。

（4）补充取证,界定被审计领导干部的经济责任。在归类分析、合理利用的基础上,结合外部检查已经查证的相关事实、结果、处理结论,以及实际整改情况,围绕被审计领导干部所应承担的经济责任,审查并充实完善相关取证资料。如结合法院的有关民事判决书,就有关经济赔偿事项、重大经济损失情况、资产流失情况等,对被审计主要领导干部所应承担的经济责任进一步进行审计和调查取证,分清被审计主要领导干部所应承担的直接责任、领导责任。

四、审计报告阶段

审计报告是内部审计机构及审计人员实施审计后就审计情况及结果出具的书面文件,是发表审计意见、作出审计结论、体现审计成果的主要载体。主要领导干部经济责任审计报告具有评价、鉴证、促进和参考等多方面作用。对于被审计主要领导干部，经济责任审计报告是组织对其任职期间履行经济职责情况、应负经济责任情况出具的具有较高权威性的鉴证文件和结论性文书；对于组织人事等主管部门，是考核、判断领导干部经济业绩、岗位胜任能力、廉政建设情况，以及后续使用干部的重要参考依据；对于主要领导干部所在单位，也是全面摸清家底、加强和改进内部管理、提高资金使用效益的重要依据。因此，主要领导干部经济责任审计报告意义重大，要确保审计报告质量。审计报告应当内容完整、事实清楚、结论正确、用词恰当、格式规范、结构严谨，并体现重要性原则。审计报告基本要素一般包括标题、被审计单位名称、审计项目名称、被审计主要领导干部姓名及所担任职务，以及正文即内容、签章、报告日期等，其中报告的内容是主体部分。审计报告阶段可采取如下步骤。

（一）对审计成果进行汇总和归纳分析

在草拟审计报告前，审计组应对各审计人员审计中所收集的证据材料和工作底稿反映的成果记录进行汇总、归纳和分析，在评价审计目标实现情况、审计事项完成情况、审计证据适当性和充分性的基础上，充分利用其他检查结果，评估本次审计发现及以往检查发现问题的重要性，并按照问题的性质、金额、与被审计主要领导干部的关联程度等进行归类，分类予以反映。同时按照重要性原则，结合组织结构和领导班子成员的分工，对照审计取证材料，对问题形成的过程及原因，尤其是被审计主要领导干部事先参与决策情况、事中所做的指示及参与管理情况、推动执行情况及具体情节、客观上发挥的作用等，更加系统地进行深入研究分析，合理确定被审计主要领导干部应承担的直接责任、领导责任。另外，要对主要领导干部任职期间履行经济职责的情况（包括对以往检查指出问题的整改措施及执行情况）、取得的主要成绩进行分析和归类。在做好这两方面工作的基础上，提出审计评价意见，形成较为系统的审计报告各部分素材。

（二）草拟审计报告

经济责任审计报告是审计组实施审计后，就审计的相关情况及结果向派出审计的审计机构提交的书面报告，是审计成果的主要载体，也是审计机构据此出具经济责任审计结果报告的基础。因此，撰写好经济责任审计报告至关重要。主要领导干部经济责任审计报告要结合有关事项、有关问题说明被审计主要领导干部履行经济职责的情况及应承担的经济责任。总体上，经济责任审计报告内容包括以下部分：

（1）审计依据，即实施审计的依据，包括相关法律法规、内部规章有关条款的规定，组织人事部门的委托书或公司党委会、董事会批准的年度经济责任审计项目计划等。

（2）实施审计的基本情况，包括审计的对象、方位、内容、采取的主要方式、审计的起止时间等。

（3）审计双方的责任表述。

（4）被审计单位的基本情况及被审计主要领导干部的职责范围。

（5）综合评价。主要围绕经济责任的审计内容，审计查证或认定的事实，依照法律法规、国家有关规定和政策，以及责任制考核目标和行业标准等，采取定量与定性相结合的方式,对被审计主要领导干部履行经济职责的主要情况,其所在单位财政财务收支情况,经营发展情况,内部控制的建立和执行情况,重大投资决策情况,遵纪守法及主要领导干部个人执行廉政纪律情况,所取得的成果、效果作出总体评价,并综合分析单位存在的主要问题及被审计主要领导干部所应承担的主要经济责任。

(6) 审计发现的主要问题及被审计主要领导干部应承担的具体经济责任。包括审计发现的问题事实、被审计主要领导干部具体履行经济责任的情况及相互关系、问题定性、责任划分、处理处罚意见等。一般情况下,报告表述应按问题的重要性和主要领导干部所应承担经济责任的情况进行分类和排序。对于被审计主要领导干部应当承担直接责任的问题,应逐项分述;对被审计主要领导干部承担主管责任的问题,可对重要性相对较强的问题进行分述,对次要问题进行综述;对被审计主要领导干部承担领导责任的问题,一般进行综述。

(7) 审计发现的移送处理事项和移送处理意见,但是涉嫌犯罪等不宜扩大知悉范围的事项除外。

(8) 审计建议。主要针对审计发现的违反财经法纪问题,内部控制的薄弱环节,以及涉及体制、机制的问题提出纠正、加强和改进管理的建议,提高资金、资源使用效益的意见和建议。对违法违规和造成损失浪费的单位和人员,提出追究责任的建议。

(三) 口头交换意见

在经济责任审计报告中,因涉及对主要领导干部个人经济责任的评价和界定,所以要十分慎重。审计组对初步拟定的审计报告,在书面征求意见前,应当采取口头的方式与被审计主要领导干部及其所在单位其他相关领导人员初步交换意见。这是因为在审计取证过程中,被审计主要领导干部及相关人员对审计组的全部取证情况并不完全知晓,对审计作出的评价及对问题的定性、对被审计主要领导干部经济责任的界定情况并不完全掌握,对于一些情况、问题及具体情节可能还有商讨、补充、修改、更正的余地,因此,在对审计报告正式征求意见前就有关问题,尤其是审计总体评价、审计查出的问题及定性、被审计主要领导干部应承担的相应经济责任等口头交换意见非常必要,是提高审计质量,防范审计风险的重要一环,也体现了审计客观、公正的原则及组织对个人的负责。口头交换意见应达到三个目的:首先是通报相关情况,使审计各关联方在审计过程中及时地共享相关信息,平等进行充分沟通,保持良性互动机制,减少摩擦和抵触;其次是在充分沟通和交流的基础上,就有关情况、问题、定性达成初步共识,避免在正式征求意见时出现过多反复;最后是对于各方面意见差异较大甚至相左的问题,可以参考各方的意见及时进行补充取证,确保审计工作质量。

(四) 书面征求意见

审计组应结合口头交换意见和补充取证的情况对审计报告的表述、事实、定性等进行修改,形成正式征求意见稿,书面征求被审计主要领导干部及其所在单位的意见。审计组根据工作需要可以征求委托部门及其他有关部门的意见。

被审计领导干部及其所在单位应当自接到审计组的审计报告之日起10个工作日内提

出书面意见;10个工作日内未提出书面意见的,视同无异议。

(五) 修改并提交审计报告

审计组收到被审计主要领导干部及其所在单位的反馈意见后,应及时进行研究,对报告进行修改,将修改后的审计报告连同反馈意见采纳情况的说明一同提交派出审计组的审计机构。

(六) 出具经济责任审计报告和审计结果报告

内部审计机构收到审计组提交的经济责任审计报告后,应当进行审议,向被审计主要领导干部及其所在单位出具经济责任审计报告,向委托部门提交经济责任审计结果报告,同时报送委托部门所在的党委会、董事会。审计结果报告是在审计报告的基础上提炼而成,主要反映审计评价、审计发现的主要问题及被审计主要领导干部应承担的相应责任,为有关部门考核、使用领导干部提供重要依据。

被审计主要领导干部对内部审计机构出具的经济责任审计报告有异议的,可以自收到审计报告之日起30日内向内部审计机构申诉。内部审计机构应当组成复查工作小组,并要求原审计组人员等回避,自收到申诉之日起90日内作出复查决定,复查决定为最终决定。

(七) 下达审计决定

针对审计发现的违反财经法规的问题,内部审计机构可根据审计署关于内部审计工作的有关规定及单位主要负责人、权力机构的授权,在职责范围内向被审计单位作出处理处罚的决定。对审计中发现的涉嫌经济犯罪的案件线索,应报告单位主要负责人并移送司法机关进一步调查处理。

五、后续审计

后续审计是指内部审计机构为检查被审计领导干部及其所在单位对经济责任审计发现的问题及处理决定所采取的纠正措施及实施效果的跟踪审计。后续审计有利于保证经济责任审计应有的成效,促进经济责任的进一步落实。后续审计应体现重要性原则,即主要针对重要性问题的纠正措施和整改情况进行审计,未进行整改或整改不到位的,要进一步查明原因,提出审计意见,并报告公司党委会、董事会。如因被审计单位的外部环境、内部控制等因素发生较大变化,使原有审计决定和建议不再适用时,应进行必要修订,并在上报党委会、董事会的报告中予以说明。

第六节　经济责任审计案例

一、重大经济决策和国有资产监管情况审计

(一) 案例背景

A公司是一家国有大型电力企业,一直以来,该公司领导层高度重视其内部经济责任审计工作的开展,并且深刻认识到经济责任审计在客观评价领导干部任职期间责任履行情况、加强企业经营管理、保证国有资产保值增值中的重要作用。2016年6月,该集团公司审计部接受高级管理层的委托,开展对其二级企业海峰电力有限责任公司(以下简称海峰公司)前任法定代表人王某的经济责任审计,以客观、公正评价王某任职期间所负经济责任的履行情况。王某的任职期间为2010年3月至2015年年末。

(二)审计过程

审计部严格遵循领导干部经济责任审计的有关规定和程序开展工作,在接受委托之后,审计部根据年度工作安排合理调配审计人员组成审计组,积极开展了审前调查,并依据审前调查结果编制了经济责任审计实施方案。在审计实施过程中,审计人员就"制定和执行重大经济决策情况""执行国家法律法规及国有资产监督管理情况"的审计,重点关注了海峰公司与外部企业联合办厂这一重大事项。

通过向该公司索取企业合并、分立、改制、上市、发债、投资、捐赠等重大事项有关资料及企业经营、财务数据资料,审计人员了解到,2010年8月,海峰公司与某民营煤炭企业合作建设2×135MW煤矸石电厂,注册资金3亿元,其中,国有企业出资2.1亿元,民营企业出资9 000万元,分别占股70%、30%。鉴于民营企业资金筹措困难,但在项目的核准、征地等方面具有一定优势条件,海峰公司未报经集团公司批准,向该民营企业借款9 000万元,并约定借款期限为款项汇入民营企业账户起至该公司还清借款之日止,借款利率按照国家规定贷款最高利率确定。

审计人员查阅了该公司管理层的会议纪要,了解到在海峰公司总经理办公会上,其他班子成员均未反对向民营企业借款的事宜。但由于该电厂项目直至2015年年底仍未能建成投产,民营企业提出向海峰公司转让其所持30%股权。2016年1月,海峰公司聘请某中介机构对该电厂项目进行资产评估,评估价格4.33亿元。同年3月,海峰公司总经理办公会经讨论研究,批准以评估价格1.3亿元收购民营企业所持30%股份。民营企业收到上述1.3亿元后,以此偿还了9 000万元借款,并将30%股份转让给海峰公司。

审计人员查阅了关于借款一事的财务会计资料,发现并没有借款利息的记录,而这与审计人员前期的调查不一致。于是,审计人员约谈了该公司财务部门刘某。据刘某所说,2016年4月,王某直接找到财务部门刘某,提出考虑到电厂项目一直处于建设投资期未产生经济效益,民营企业在项目的核准等方面作出了一定的努力和贡献,要求财务部门免除民营企业的借款利息。鉴于财务部门在借款时并未计提借款利息,故免除利息也未进行账务处理。

鉴于上述情况,审计人员进一步调查王某擅自免除借款利息的动机,确定其是否存在商业贿赂等违法犯罪问题。审计人员通过相关外部调查,掌握了一定线索,并约谈了王某,对其晓之以理,重申了问题的严重性。经过审计人员的不懈努力,王某交代了因免除上述民营企业借款利息而接受对方现金、购物卡的违法违纪事实。

(三)审计结果

审计组通过会议讨论,认为此审计事项中主要存在如下三个方面的问题:一是海峰公司未报经集团公司批准向民营企业借款9 000万元。根据海峰公司管理规定,二级企业对外借款必须报集团公司审批,借款期限原则上不超过1年,同时须由对方或其他单位提供质押或担保。对上述违反海峰公司内部管理规定的行为,海峰公司经过集体研究且班子成员均未表示异议,借款事项也没有造成重大经济损失浪费或国有资产流失,上述9 000万元借款本金已全额收回,故王某应负领导责任。二是王某未经集体决策,擅自要求财务部门免除民营企业借款利息。对此,王某擅自授意下属人员违反原总经理办公会的决议免除利息,违反了中共中央办公厅、国务院办公厅发布的《关于进一步推进国有企业贯彻落实"三重一大"决策制度的意见》中的"三重一大"事项的决策程序,造成国有利息收益无法收回,故王某应负直接责任。三是王某在事项中违反了《国有企业领导人员廉洁从业若干规定(试行)》中的有关要求,具有违法违纪问题,审计部决定将该事项移交内部纪检监察部门。内部纪检监察部门最终给予王某党内警告处分。

二、重大资本运作事项审计

(一)案例背景

B集团是一家大型国有全资综合性经营企业,经营范围涵盖能源、化工、制造业,其下属子公司较多。2016年1月,该集团二级企业天力公司法定代表人陆某调离岗位,受集团董事会的委托,审计部对陆某进行离任经济责任审计。审计的时间范围是2011年1月1日至2015年12月31日。

(二)审计过程

审计人员通过审前调查并结合被审计单位天力公司报送的相关财务会计、经营管理资料,遵循"全面审计、突出重点"的原则,对该公司重大经济决策,特别是其中的重大资本运作事项给予了重点关注。陆某任职期间,该企业涉及重大资本运作的事项主要是收购了民营企业龙翔电力设备制造有限公司(以下简称龙翔公司)。

审计人员通过查阅相关文件资料了解到,天力公司于2013年6月收购龙翔公司全部股权时,委托中介机构对龙翔公司的法律、运营、设备、财务等方面进行全方位收购尽职调查。在中介机构出具的尽职调查报告中提示,该公司财务管理较为混乱,大量资产入账依据不充分,存在虚增资产的风险;有较大金额的或有负债,还可能存在较大的潜在、未知或未披露的债务风险;给某电力企业生产的电力设备存在交付延期的可能,面临合同解除及赔偿的法律风险。

审计人员请相关部门介绍了该公司重大资本运作方面的具体操作流程,审查了该企业重大资本运作事项的决策和报批情况,审查了重大资本运作事项实施程序是否合法合规。

通过调阅此收购事项的会议记录,审计人员了解到天力公司总经理办公会讨论收购协议时,认为龙翔公司的收购有利于该企业产业链的完善,对于企业提高核心竞争力、扩大经营规模具有重要作用;且根据行业经验判断,收购价格2.6亿元并不算高,如制定苛刻的风险规避条件将不利于收购事项的完成。因此,经领导班子同意,在收购协议中未对已知及潜在法律风险签署保护条款,也未制定应对债务风险的措施。

审计人员在掌握上述龙翔公司存在严重经营风险这一信息后,立即对其展开了延伸审计工作。通过查阅龙翔公司的财务会计资料,审计人员得知,收购完成后,因无法按时完成电力设备生产,龙翔公司2013年计提合约取消赔偿款1 450万美元,折合人民币9 000多万元;同时,龙翔公司收到法院通知,称该公司2009年为某关联企业进行借款担保,因该企业破产无法偿还,要求龙翔公司承担连带偿还责任4 300万元,龙翔公司据此确认或有负债4 300万元。审计人员对上述调查结果认真做了记录,并编入审计工作底稿。

(三)审计结果

上述事项中,陆某对收购龙翔公司的事项主持总经理办公会议进行了讨论,在班子成员同意的情况下批准实施重大收购事项,但由于决策失误,对中介机构在尽职调查中提示的风险没有引起足够的重视并制定相应的风险防范措施,而是利用经验分析作出武断决策,最终造成经济损失1.33亿元的严重后果。因此,审计组经过讨论认为,陆某对上述决策事项应当承担主管责任。

三、决策合规性审计

(一)案例背景

C集团是一家中央国有企业,根据国务院国资委、财政部印发的《国有控股上市公司(境内)实施股权激励试行办法》,该企业在若干子公司实行了高级管理人员股权激励计划,以激发他们工作的积极性、创造性。

2016年6月,C集团审计部接受委托,对其二级企业远方公司现任法定代表人张某进行任中经济责任审计。

(二)审计过程

审计部成立了审计组,并组织审前学习和调查,据此编制了审计实施方案,通过上述准备,审计人员了解到该公司领导同时在多个下属上市公司享有股权激励。审计人员将上述事项作为重点关注的内容,目的在于确定该公司的此项决策是否符合《国有控股上市公司(境内)实施股权激励试行办法》的规定。

通过查阅相关资料,审计人员了解到,远方公司控股的在香港、上海等地上市的公司共3家,远方公司的班子领导中有4人在1家、2人在2家上市公司同时享有股权激励。审计人员接着调阅了该公司股权激励计划有关的会议纪要,得知2011年以来,远方公司控股上市公司股权激励计划经过公司总经理办公会研究,3家上市公司累计授予远方公司5位领导班子成员股权合计899万股,其中,截至审计时已行权214.5万股,行权收益折合人民币1 700多万元,其中600多万元已兑现给个人,其余1 100万元尚由上市公司代管。

据审计调查,在股权激励计划实施前,公司总经理办公会于2010年6月对此事项进行了专题研究,其中4名班子成员均表示同意,但刘副总经理提出,该事项应当在报经集团公司和国有资产监督管理部门审核同意后实行。但是,法定代表人张某未采纳刘副总经理的意见,提出通过以上决议。最后,该公司没有上报集团公司及国有资产监督管理机构便实施了上述股权激励计划。

(三)审计结果

审计组通过讨论认为,远方公司控股上市公司股权激励计划经过公司总经理办公会研究,由于在刘副总经理提出异议后未得到采纳,存在明显的决策不当情节,符合主管责任的认定要件,因此,张某对此事项应当负有主管责任。

四、公司总经理离任经济责任审计

(一)案例背景

根据中华旅游集团公司董事会的决定,集团审计部离任审计处抽调16人,组成以陈刚同志为组长的审计组,于2015年10月13日至29日,对友谊旅游服务有限公司原总经理郭建华同志在2012年4月至2015年9月任职期间的经济责任进行了离任审计。

(二)审计过程

1. 被审计单位基本情况介绍

友谊旅游服务有限公司(以下简称友谊公司)前身为友谊旅游品服务公司和集团公司旅游品部,2009年4月两家单位合并经营,注册资金6 616万元。友谊公司现有职工89人,内设八部一室一处;下设两家全资子公司:京西旅游品商店、京西经贸公司;三个联营项目:中南海海鲜酒店、中关村保税区旅游品贸易中心、旅游商品开发部;一个基建项目:京西旅游大厦。

截至2016年9月末,友谊公司拥有资产总额61 293.80万元,比组建初期增加204.60万元(其中,固定资产7 211.80万元,增长了20倍);负债总额37 589.40万元,增长了48.9%。资产负债比率为61.6%,比2012年4月的90%有了大幅下降。

截至2016年9月,友谊公司的国有资产总额为23 704.40万元(扣除经集团公司批准增加的800万元国有资本金),国有资产保值增值率达到580%。2015年因超额完成集团公司下达的国有资产保值增值指标任务,受到集团公司的表彰及奖励。

自2012年4月至2016年9月间,友谊公司财务报表反映营业收入,利润总额经济指标完成情况如表8-6-1所示(金额单位:万元人民币)。

表8-6-1 经济指标完成情况表

时期	营业收入	增长率	利润总额	增长率	上缴利税
2012年4月至12月	57 046		3 628		
2013年	81 504	+27.4%	6 018.6%	+49%	
2014年	147 724	+81.2%	10 427.4	+73.3%	
2015年1月至9月	99 684	-9.9%	12 101.2	163%	
合计	385 960		32 176		11 256

2. 审计过程及情况

根据审计计划的时间安排,审计组于2015年10月13日进驻被审计单位,与现任领导交换意见后,审计组采取审阅、核对、分析等方法,对友谊公司年度总体经济效益、主营业务活动以及主要经济资源利用效益进行审计。通过审计发现该单位存在以下问题。

(1)经营中南海酒店存在的问题。2013年3月,友谊公司与九九海鲜酒店联合,作为投资方与南海大凤工贸公司签订了《关于合作经营中南海酒楼的合同》;同时,友谊公司和九九海鲜酒店，又签订了联合投资经营中南海酒楼的合同，友谊公司投资600万元。2014年5月13日对联营合同作了修改、补充。合同规定，九九海鲜酒店全权自行经营、管理中南海酒楼，并负责在项目经营后10个月内归还友谊公司全部出资额。由于友谊公司立项前对项目可行性研究分析不够，友谊公司只出资，不参与经营管理，造成项目管理失控。该项目自2013年12月经营开始至2014年10月停业，累计亏损640万元。2014年8月26日，双方又签订了中止合作合同，友谊公司承担了其中280万元的经营亏损，形成投资损失。目前，友谊公司依据双方之间的合同，欲向九九海鲜酒店追讨扣除承担亏损额后的320万元，但一直没有结果。

(2) 中关村保税区旅游品贸易中心存在的问题。中关村保税区旅游品贸易中心项目，是2009年4月由前友谊旅游服务公司移交的项目。该项目于2008年正式立项，投资规模2 000万元，集团公司投入1 320万元基建贷款（920万元基建基金贷款、400万元建设资金贷款）资金，由友谊公司提供担保。经审计发现该项目未经批准，擅自扩大投资规模，从2 000万元增至4 000万元，其中友谊公司投入1 520万元，民营公司出资2 480万元，由民营公司出任该项目董事长、总经理；截至2015年8月友谊公司投入1 320万元，资金到位率86.8%，民营公司投入680万元，资金到位率仅为27%。在此期间，友谊公司未提请董事会确认该项目的董事长人选，失去了对项目的控制权，造成项目建设资金大部分民营公司法定代表人擅自挪用。目前，项目账面货币资金仅剩余8.20万元。项目的经济合同缺乏严肃性，如签订的《关于经营中关村保税区旅游品贸易中心的合同》的终结日为2012年8月20日，却将终结日写为2013年6月30日。合同终结日期比原合同终结日期长10个月。

(3) 旅游文化衫项目存在的问题。为经营旅游文化衫项目，2014年12月28日，友谊公司与京西工艺美术学院黑天鹅创作组签订《关于联合开发旅游商品的合同书》，但由于黑天鹅创作组作为合同的当事人，未按规定在签订经济合同前依法办理工商注册登记因而不具备签订合同的民事法律权利。

(4) 友谊旅游大厦项目存在的问题。2013年5月，经集团公司批准友谊公司自行建办公楼，2013年7月市建委推荐友谊公司委托京西建筑咨询公司确定了现在的楼址，2014年8月正式立项。前期准备阶段被一些不曾预料、无法避免的原因延误开工日期：2014年12月因友谊公司的施工报批图存在质量缺陷，不得不重新设计图纸；2015年5月出现"扰民问题"，规划局推迟了开工证审批日期。该项目的前期准备工作仍在进行中。

(5) 会计核算及账务处理存在的问题。①会计核算体系不够健全，存在以总账代明细账的问题。如未按规定设置"待摊费用""预提费用""待核销汇兑损益""长期投资"明细账。固定资产明细账未按使用部门、分类、逐项予以明细核算。②会计核算不及时的问题虽有所改善，但仍有5个月的经营情况未纳入会计核算。③一些账务处理存在的违规现象：2014年，国家外汇体制改革，友谊公司形成政策性汇兑收益51 942 771.98元，应作5年直线摊销。经查，友谊公司未严格执行该项制度规定，2014年仅摊销了200万元，2015年仅摊销了400万元。2014年10月，因调整记账汇率而形成的汇兑损失6 633 481.26元未计入当期损益。未严格按规定对职工收入所得税实行代扣代缴。

(6) 财务管理存在薄弱环节的问题。①财务部门不参与部分经济合同的拟定工作,从而不能有效地对公司和各项经济活动实行财务监督。②对子公司财务管理及会计核算出现的问题未作及时处理。如友谊公司对子公司的投资与子公司实收资本相差764万元。下属京西经贸公司长时间将亏损错列资产负债表"盈余公积"栏中。③对联营项目财务管理不严,造成签订经济合同在合规、合法及有效性方面存在问题,致使项目失控,投资受损。

(三) 审计结果

集团公司审计部的一个重要工作内容就是经济责任审计,实践中的经济责任审计主要包括公司及下属公司领导人任期目标责任审计、离任审计等,其目的就是要通过检查、评价公司财务收支及生产经营情况,向集团领导及其他相关人员提供信息,以便解除或追究受托经营者的经济责任。本案例属于离任审计,其审计的重点是受托资产的保值增值、受托管理者遵守国家财经纪律、上缴利税和经济效益等情况。

总体来看,在郭建华任职期间,该公司取得了一定的效益,利润增长率达到163%;但也存在不少问题,这些问题主要表现在投资项目、会计核算和财务管理等方面。针对该公司存在的问题,提出以下分析评价和建议。

1. 财务管理方面

针对财务管理方面存在的问题,要进一步建立健全财务管理制度,完善公司内控制度,使各项经济活动纳入财务监督管理范围。从内部审计中看,与以前年度相比,该公司会计核算滞后的问题虽已有很大改进,但必须严格执行《企业会计准则》的规定,做到核算及时、损益真实。

2. 所属公司方面

针对所属公司存在的问题,要加快对所属公司亏损问题进行处理,研究对策,尽快扭转亏损局面。这要从以下几个方面着手。

(1) 核实所属公司的资本金,尽快解决资金投入与实收资本不符的问题。

(2) 针对所属公司亏损问题,研究对策,尽快扭转亏损局面。

(3) 加强监督检查,做到及时发现问题、及时解决问题。

3. 投资项目方面

针对投资项目存在的问题,要加强对投资项目、基建项目的经营管理与财务监控,做好以下工作。

(1) 清理各种经营合同,采取中止、修改、补充等方法,使各项经济合同合规、合法。

(2) 做好中止合同的善后工作,最大限度地减少投资损失。

(3) 尽快使湖头项目被挪用的资金经过法律程序予以归位,确保专项建设资金安全、完整。

(4) 加强法制建设,增强法律意识。涉及大的经营决策,应进行充分的可行性分析和研究,集体决策,避免造成新的损失。建议友谊公司聘请高水平的法律顾问,以维护公司的经济利益。

4. 会计核算方面

针对会计核算存在的问题，该公司要认真贯彻执行财政部《会计基础工作规范》，严格按照《企业会计准则》及有关财务制度进行会计核算，做好以下工作。

(1) 健全会计核算体系，做到账表、账账、账实相符。

(2) 严格按照权责发生制原则结转各项业务收入、成本、费用，真实反映报告当期损益。

(3) 根据职工宿舍产权隶属关系，对公司所拥有房屋产权和使用权进行正确的核算。

(4) 应严格执行国家有关对于个人收入所得税实行代扣代缴的规定。

5. 对下列会计事项应按规定作调账处理

(1) 2014 年汇率改革形成 5 194 万元汇兑收益，应按规定于 2014 年摊销 11 485 693 元。

(2) 因记账汇率调整形成的汇兑损失 6 633 481.26 元，从"待摊销汇兑损益"科目调入"财务费用"科目。

第九章　信息系统审计

信息技术的发展和公司对核心竞争力的追求,推动了信息技术在数据处理、存贮和交换等方面的广泛应用,信息系统已经渗透到公司生产经营的各个方面,它的高效和程序化给公司带来便利与效益的同时,也出现了计算机犯罪、数据丢失等负面影响,信息系统安全问题日益严峻。信息系统审计作为一种可以确保信息系统的安全、可靠及高效运行的新的审计模式受到世界各国的普遍重视,随着我国公司转型升级战略的全面实施,公司信息化被提到了前所未有的高度,加快发展信息系统审计具有重要意义。

第一节　信息系统审计概述

信息系统在公司管理中的应用使得会计信息的处理逐步电算化,促使信息系统审计的雏形——电子数据处理审计(EDP 审计)的产生和发展。指导信息系统审计的行业组织从传统的国家审计机关和内部审计协会发展成为专业的信息系统审计和控制协会;信息系统审计的内容、依据、准则等也随着信息技术和信息系统的发展而不断发展和完善,由此可看出信息系统审计是公司信息化发展的必然要求。

一、信息系统审计的含义

随着公司信息技术和信息系统的普遍推广和应用,信息系统审计成为审计过程的一个重要内容。

目前,信息系统审计还没有固定通用的定义,美国信息系统审计的权威专家 Ron Weber 将它定义为"收集并评估证据以决定一个计算机系统(信息系统)是否有效做到保护资产、维护数据完整、完成组织目标,同时最经济的使用资源"。

审计署计算机审计实务公告第 34 号发布了信息系统审计指南,在第三条中提出了信息系统审计的概念:本指南所称信息系统审计,是指国家审计机关依法对被审计单位信息系统的真实性、合法性、效益性和安全性进行检查监督的活动。

中国内部审计协会颁布的《内部审计具体准则第 28 号——信息系统审计》第 2 条规定:本准则所称信息系统审计,是指由组织内部审计机构及人员对信息系统及其相关的信息技术内部控制和流程开展的一系列综合检查、评价与报告活动。

有观点认为,信息系统审计是一个通过收集和评价审计证据,对信息系统是否能够保护资产的安全、维护数据的完整、使被审计单位的目标得以有效地实现、使公司的资源得到高效地使用等方面做出判断的过程。

实质上,信息系统审计就是对公司信息系统的规划、建设、使用、更新、管理的审计,涵盖公司 IT(Information Technology)治理和管理的全部流程。

信息系统审计的目标是评价信息系统是否符合公司目标,是否达到了公司制定的 IT 治理和管理目标;揭示存在的问题和风险;提出改进和完善的建议;促进公司更好地建设和使用信息系统,进而优化风险,优化资源,提升效益,实现公司目标。

二、信息系统审计的特点

信息系统审计的特点表现在多个方面。作为公司内部审计特指的信息系统审计,其特点主要表现在以下几个方面。

1. 审计目标的明确性

公司内部审计开展的信息系统审计,根本目标是为实现公司目标服务的。围绕这个根本目标,可以细划为 5 个具体目标:符合性目标、完成性目标、合规性目标、安全性目标、效益性目标。

(1) 符合性目标,是指信息系统战略规划、IT 治理与管理框架是不是符合公司目标。

(2) 完成性目标,是指公司 IT 相关目标的实现程度是不是达到了战略规划和 IT 相关目标的要求。

(3) 合规性目标,是指公司信息系统的建设是否符合外部监管的要求和公司内部的规章制度。

(4) 安全性目标,是指信息系统是否安全可靠,能够有效地揭示、防范、规避、减轻风险,是否符合优化风险的目标。

(5) 效益性目标,是指信息系统的建设是否符合建设程序,是否达到了设计要求,是否有效管理了投资,有无损失浪费,是否符合优化资源、满足利益相关者需要的目标。

总之,公司内部审计开展的信息系统审计,要紧紧围绕实现收益、优化风险、优化资源来安排和展开。

2. 审计对象的多样性

公司信息系统审计面对的审计对象不同,具有多样性的特点。

(1) 从信息系统本身的形态划分,可以分为对现行的已投入运行的信息系统的审计和对信息系统完整生命周期,即开发过程的审计。信息系统生命周期的审计包括公司 IT 治理和管理两大主要流程。治理包括 5 个治理流程,在每一个流程中对评价、指导和监控(EDM)实践予以定义。管理包括四大领域:定位、计划和组织(APO),构建、购置和实施(BAI),交付、服务和支持(DSS),监控、评价和评估(MEA),总共 32 个管理流程。

(2) 从信息系统的控制来划分,可以分为对一般控制的审计和对应用控制的审计。一般控制是从管理的角度对信息系统进行控制。一般控制包括组织管理的控制,数据资源管理的控制,系统环境安全管理的控制、系统运行管理的控制。一般控制的审计主要是检查公司内部是否存在相应的管理措施来实现相应的管理目标。在公司信息系统审计实务中具体化为对安全管理、访问控制、配置管理、职责分离、应急计划等内容的检查。应用控制是从技术的角度对信息系统进行的控制,是在较为具体的技术层面来对信息的输入、处理、输出、数据传输和存储管理进行控制。应用控制审计主要是检查公司信息系统应用系统层面的一般控制、业务流程控制、接口控制、数据系统控制是否健全有效、是否能够实现相应的控制目标。

(3) 从具体的审计事项来划分,有对硬件的审计,有对软件的审计;有对管理制度的审计,有对应用程序的审计;有对纸质文件的审计,有对电子数据的审计;有对物的审计,有对人的审计,涵盖的内容很多。

3. 审计技术和方法的针对性

信息系统是信息技术的实施和应用,带有很强的技术性,开展信息系统审计也需要一套科学的技术与方法。一般控制的审计、应用控制的审计都有与之相应的审计技术和方法。信息系统审计的技术和方法可以分为两大类,一类是通用的,在所有类型的审计中都适用的,如问卷调查法、面谈询问法、实地观察法、文件审阅法等。另一类是信息系统审计特有的、专用的,比如在对一般控制和应用控制开展审计时,要经常采用的矩阵技术;在对应用软件开展审计时,要经常采用的流程图检查法、测试用例法、平行模拟法、源代码检查法、日志分析法;应用软件测试的白盒测试法、黑盒测试法;对结构化数据开展分析的查询分析、多维分析、挖掘分析技术和方法,对半结构化数据开展分析的文本挖掘技术和方法,对非结构化数据开展分析的技术和方法;对通信和网络开展审计的方法,对系统安全开展审计的方法等。

4. 审计人员素质的复合性

这里有团队和个体两层结构,作为公司内部审计团队,要求人才结构合理配置,有长于审计业务的骨干,有长于信息技术知识的专家,有长于信息系统审计管理的专家;作为内部审计人员个体,要求具有复合型的知识,既懂审计业务,又懂信息技术和企业管理,有了复合型的知识和人才才能胜任信息系统审计。

5. 发展快、变化快的动态性

信息技术的发展日新月异、发展迅速。信息系统的更新和升级变化也很快。信息系统审计的内容、技术方法也处在不断地发展变化之中。可以说发展变化,随时随地都有新东西出现是信息系统审计的常态。这就要求信息系统审计必须构建一个开放的框架,能够有效适应这种发展变化的态势。

上述这些特点既是对信息系统审计提出的挑战,同时也增强了信息系统审计的吸引力和诱惑力,吸引着许许多多的审计工作者去研究、去探索。我国的政府审计、注册会计师审计和内部审计都围绕着信息系统审计做了大量开拓性的工作,中华人民共和国审计署、中国注册会计师协会、中国内部审计协会分别都颁布了信息系统的审计准则,许多公司的内部审计在审计实务中进行了可贵的探索,积累了许多案例。美国的最高审计组织从20世纪的 90 年代初就颁布了信息系统审计的准则,并且随着形势的发展及时地进行更新和升级。在所有这些努力当中,ISACA 组织的 COBIT 标准尤其值得公司内部审计高度关注和研究。

ISACA(Information System Audit and Control Association,国际信息系统审计协会,以前曾译为"信息系统审计与控制协会(网址:www.isaca.org),是全球公认提供信息系统(IS)鉴证及安全、公司 IT 治理与管理,以及 IT 相关风险与合规性知识、认证、社群、倡导与教育训练的领导组织,会员遍布逾 190 多个国家和地区,总数超过 100 000 人。成立于 1969 年,是一个非营利性的独立组织。除了主办国际会议,出版《国际信息系统审计期刊》(ISACA® Journal),并制定国际公认的 IS 审计与控制标准,以协助其成员缔造一个信赖可靠、优质的信息系统。它还通过全球著名的注册信息系统审计师(Certified nformation SystemsAuditor®,CISA®)、注册信息安全经理(Certified Information Security Manager®,CISM®)、公司信息科技治理认证(Certified in the Governance of Enterprise IT®,CGEIT®)及风险及信息系统监控认证(Certified in Risk and Information Systems Control™,CRISC™)来提升和证明信息技术技能与知识。ISACA 颁布的一个最有影响力的标准就是 COBIT。

COBIT(Control Objectives for Information and related Technology)是目前国际上通用的信息系统审计的标准,由 ISACA 在 1996 年公布。这是一个在国际上公认的、权威的安全与信息技术管理和控制的标准,目前已经更新至 5.0 版。它在商业风险、控制需要和技术问题之间架起了一座桥梁,以满足管理的多方面需要。该标准体系已在世界一百多个国家的重要组织与公司中运用,指导这些组织有效利用信息资源,有效地管理与信息相关的风险。可以这样讲,COBIT5 是公司信息系统审计的标准框架。

三、公司信息系统审计的标准框架——COBIT5

COBIT5 即以前所称的"信息及相关技术控制目标"(COBIT),现在仅用作其第五迭代的缩略词。这是一套完整的、全球公认的、用于治理和管理公司信息和技术(IT)的框架,该框架支持公司行政层和管理层确定和实现其业务目标和相关的 IT 目标。COBIT 描述了五项原则和七项动力,用以支持公司开发、实施、持续改进和监控 IT 相关的治理和管理实践。

COBIT5 是一个家族,包括的产品如图 9-1-1 所示,一共有四个板块。其一是 COBIT5(框架),这是基础和内核。其二是动力指引,其中详细讨论了治理和管理动力,具体内容包括 COBIT5:启用流程、COBIT5:启用信息、其他动力指引。其三是 COBIT5 专业指引,具体内容包括 COBIT5 实施指南,针对信息安全的 COBIT5,针对鉴证的 COBIT5,针对风险的 COBIT5(开发中),其他专业指引。其四是协作的网络环境,这个环境能支持 COBIT5 的运用。COBIT5 产品家族完整地构成了一个信息系统治理和管理的科学体系,这个体系紧密结合信息和信息技术的发展,及时回答公司信息系统如何建设、如何运行、如何审计评价这些亟待解决的问题,具有很强的指导性和可操作性。在这个产品大家族中处于中心地位的是 COBIT5 框架,其他都是围绕这个框架展开的,是框架的补充和细化。可以这样讲,COBIT5框架既是公司信息系统建设的标准框架,也是公司信息系统审计的标准框架。

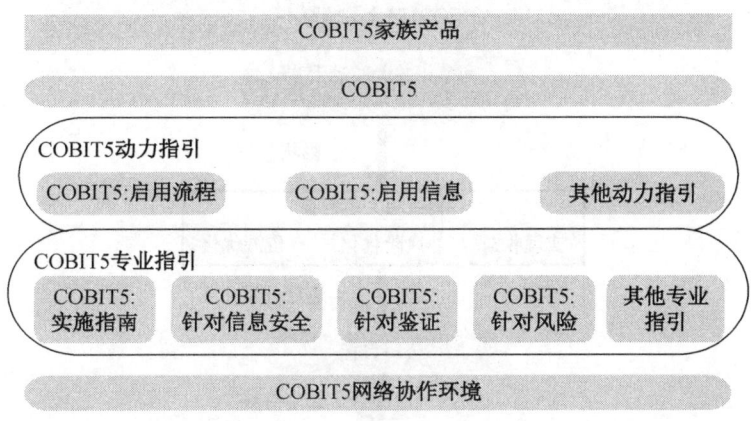

图 9-1-1　COBIT5 家族产品

（一）COBIT5 的五个基本原则

COBIT5 是以五个基本原则为本创建而成的，这些原则详细地涵盖并包括对公司 IT 治理和管理动力的精细指导，如图 9-1-2 所示。

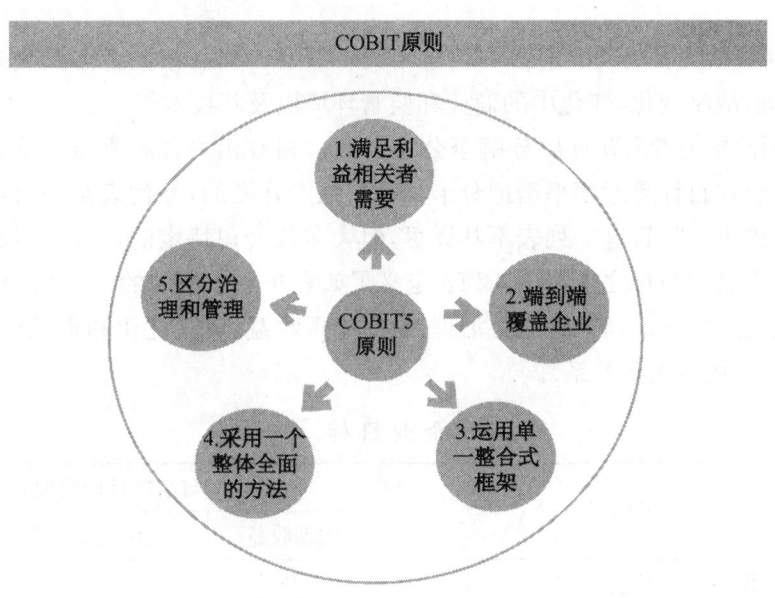

图 9-1-2　COBIT5 原则

1. 满足利益相关者需要

公司的存在就是为了给公司利益相关者创造价值。因此，任何公司，无论是什么类型的，都将创造价值作为核心的治理目标。创造价值就意味着在优化风险的同时，以最佳资源成本实现收益。利益相关者的需要必须转换成公司可行动的战略。COBIT5 建立了一套完善的分层机制，能层层将利益相关者的需要转换成具体的、可行动的和定制化的企业目标、IT 相关的目标和动力目标，如图 9-1-3 所示。

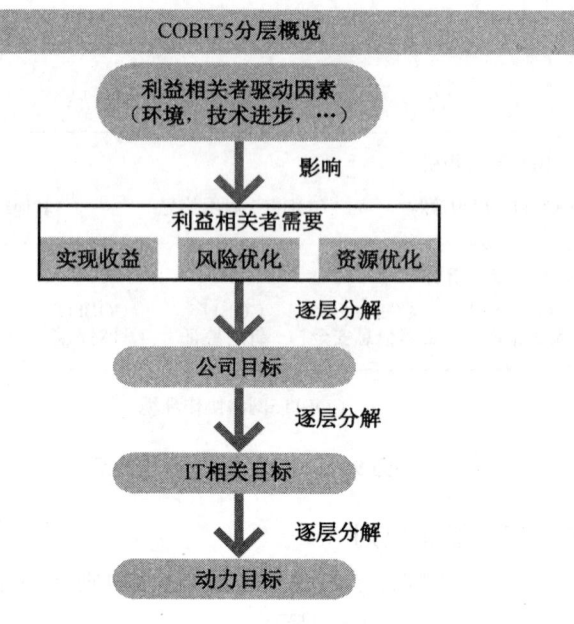

图 9-1-3 COBIT5 目标分层

步骤1：利益相关者驱动因素影响利益相关者需要。利益相关者需要受到多种驱动因素的影响，例如，战略变化，变化中的商业和监管环境以及新技术等。

步骤2：利益相关者需要逐层分解至公司目标。利益相关者需要与一系列通用公司目标关联。这些公司目标是运用平衡记分卡（BSC）维度开发的，并代表某一公司可能自行定义的常用目标列表。尽管这一列表不甚详尽，但大多数公司特定的目标可以轻而易举地映射到一个或多个公司目标之上。COBIT5 定义了如表 9-1-1 所示的 17 项通用目标，包括平衡记分卡维度、公司目标、与三种主要治理目标（实现收益、风险优化和资源优化）的关系（P 代表主要关系，S 代表次要关系）。

表 9-1-1　　　　　　　　　　企 业 目 标

公司目标	与治理目标的关系		
	实现收益	优化风险	优化资源
1. 商务投资的利益相关者价值	P		S
2. 竞争性产品与服务的组合	P	P	S
3. 管理的业务风险（资产保障）		P	S
4. 外部法律法规的合规性		P	
5. 财务透明度	P	S	S
6. 以顾客为中心的服务文化	P		
7. 业务服务的持续性和可用性		P	
8. 对变化的企业环境敏捷的反映	P		S

(续表)

公司目标	与治理目标的关系		
	实现收益	优化风险	优化资源
9. 信息为本的战略决策	P	P	P
10. 服务交付成本优化	P		P
11. 业务流程功能性优化	P		P
12. 业务流程成本优化	P		P
13. 管理的业务变更方案	P	P	S
14. 运营及员工生产率	P		P
15. 内部政策合规性		P	
16. 熟练的有进取心的人员	S	P	P
17. 产品和业务创新的文化	P		

步骤3：公司目标逐层分解至IT相关的目标。公司目标的实现要求若干个IT相关的成果，而这些成果是通过IT相关的目标来体现。在COBIT5中信息及相关技术的IT相关目标是根据IT平衡记分卡(IT BSC)的维度来架构的，定义了17项IT相关的目标，如表9-1-2所示。

表9-1-2　　　　　　　　　　　IT相关的目标

IT BSC 维度		信息及相关技术目标
财务	01	IT与业务战略的一致性
	02	IT合规和对业务的外部法律法规合规的支持
	03	行政管理层对进行IT相关决策的承诺
	04	管理的IT相关业务风险
	05	从IT驱动的投资和服务组合中实现的收益
	06	IT成本、收益和风险的透明度
客户	07	符合业务要求的IT服务交付
	08	应用程序、信息和技术解决方案的充分利用
内部	09	IT敏捷性
	10	信息、处理基础设施和应用程序的安全
	11	IT资产、资源和能力的优化
	12	通过将应用程序和技术整合进业务流程之中来推动和支持业务流程
	13	准时、按预算提交收益和满足要求及质量标准的项目集交付
	14	用于决策之可靠和有用的信息的可用性
	15	IT对内部政策的合规性
学习和成长	16	胜任的有进取心的业务和IT人员
	17	业务创新的知识、专门技术和首创精神

步骤 4：IT 相关目标逐层分解至动力目标。实现 IT 相关的目标要求成功的应用和使用若干个动力。对于每一种动力，可规定一系列具体的相关目标以支持 IT 相关的目标。

通过上述几个步骤的分解就能把公司 IT 相关的目标和公司目标有机地融合在一起，规定各责任主体的有形的、可操作的目标。即使公司在 IT 治理和管理中有所遵循，也使得在公司信息系统审计中有所依据，有了基本的检查和评价标准，具备了可操作性。在强调这种分层的重要性时，也要明确认识到，每个公司的情况不同，这种分层和映射只能作为一种指引，不能以纯粹机械的方式照搬，而是要充分考虑每个公司的具体情况，考虑具体的环境或行业，考虑具体的治理和管理目标，实施分层的映射，确定具体的权重或重要性。

因为在信息化社会企业高度依赖于 IT 的关系，任何公司中利益相关者需要的履行都会提出关于公司 IT 治理和管理的问题。表 9-1-3 列出了常见的治理管理问题。

表 9-1-3　　　　　　　　　关于 IT 的治理和管理问题

内部利益相关者	内部利益相关者问题
董事会	我如何能从使用 IT 中获得价值？终端用户对 IT 服务的质量满意吗？
首席执行官（CEO）	我如何管理 IT 的绩效？
首席财务官（CFO）	我如何才能以最佳方式为新的战略机遇开拓新技术？
首席信息官（CIO）	我如何才能以最佳方式构建和架构我的 IT 部门？
首席风险官（CRO）	我如何依靠外部提供商？IT 外包协议如何才能管理好？
业务执行经理	我如何获取外部提供商的保证？
业务流程所有者	什么是对信息的控制要求？
业务经理	我是否了解了所有 IT 相关的风险？
风险经理	我是否正在运行一种高效的和灵活的 IT 运营？
安全经理	我该如何控制 IT 成本？我怎样才能以最有效的、高效的方式利用 IT 资源？
服务经理	什么是最有效的、高效的采购选项？
人力资源（HR）经理	我是否有足够的 IT 人员？我该如何发展和维护他们的技能，如何管理他们的绩效？
内部审计师	我如何获得 IT 鉴证？
隐私官员	我正在处理的信息是否足够安全可靠？
IT 用户	我该如何通过更为灵活的 IT 环境来改善业务敏捷性？
其他	IT 项目是否未能交付承诺事项？——如果未能，原因何在？IT 是否妨碍着业务战略的执行？
	IT 对于企业永续发展的关键程度如何？如果 IT 不能发挥作用我该怎么办？
	哪些关键业务流程依赖于 IT，这些业务流程的要求是什么？
	IT 运营预算的平均超限是多少？IT 项目超过预算的频率和程度如何？
	IT 成果有多大部分是用于应急而不是推动业务改善？
	IT 资源是否充足，且基础设施是否可用以满足必需的企业战略目标？
	重大 IT 决策需要多长时间？
	整个 IT 投入和投资是否透明？
	IT 是否支持企业符合监管要求和服务等级？我怎样才能知道是否遵循了所有适用法规？

(续表)

外部利益相关者	外部利益相关者问题
业务合作伙伴	我如何才能知道业务合作伙伴的经营是安全可靠的?
供应商	我如何才能知道企业遵循了适用的规章和条令?
股东	我如何才能知道企业维护着一种有效的外部控制体系?
监管者/政府	业务合作伙伴之间是否有可控的信息链?
外部用户	
客户	
标准化组织	
外部审计师	
顾问	
其他	

2. 端到端覆盖企业

COBIT5 是将企业的 IT 治理整合进企业的治理之中,覆盖企业内所有的职能和流程;并不仅仅只关注"IT 功能",而且还视信息及相关技术为资产,这种资产就像任何其他资产一样,可由企业任何人予以处理;所有与 IT 相关的治理和管理动力是端到端覆盖整个企业范畴的。

3. 运用单一整合式框架

信息系统的研究、开发和建设是全世界、全社会共同关心的课题,大家从不同的角度研究和探索,产生了许许多多、多种多样的成果,如国际标准化组织(ISO)、ISO/国际电工委员会、经济合作和发展组织(OECD)、中国的一些组织、美国信息官委员会、英国标准协会等组织都颁布了许多标准、原则、架构、规范、准则、指南等,这是全人类研究企业信息系统建设的共同成果和财富。COBIT5 的难能可贵之处在于它是一个完全开放和包容的框架,保持与其他最新标准和框架一致,从而使公司能够使用 COBIT5 作为首要的治理和管理框架集成者;完整地覆盖整个公司,为使用中的其他框架、标准和实践提供了有效的整合基础;为构建指引材料和生成一致的产品集提供一种简单的架构;将以前分散在 ISACA 各种不同框架中的所有知识整合在一起。ISACA 多年来对公司治理的关键领域进行了卓有成效的研究,并已经开发出诸如 COBIT、IT 价值管理(Val IT)和 IT 风险管理(Risk IT)、信息安全商业模式(BMIS),出版了《董事会 IT 治理简报》(Board Briefing on IT Governance)、信息技术鉴证框架(ITAF)等成果,COBIT5 将所有这些知识都整合在了一起,是名副其实的单一整合式框架。

4. 采用一个整体全面的方法

推进公司的信息系统治理和管理必须要有动力,也就是推动力和促进因素。COBIT5 框架描述了动力的七种范畴,如图 9-1-4 所示。

(1) 原则、政策和框架。

(2) 流程。
(3) 组织结构。
(4) 文化、道德和行为。
(5) 信息。
(6) 服务、基础设施和应用程序。
(7) 人员、技能和能力。

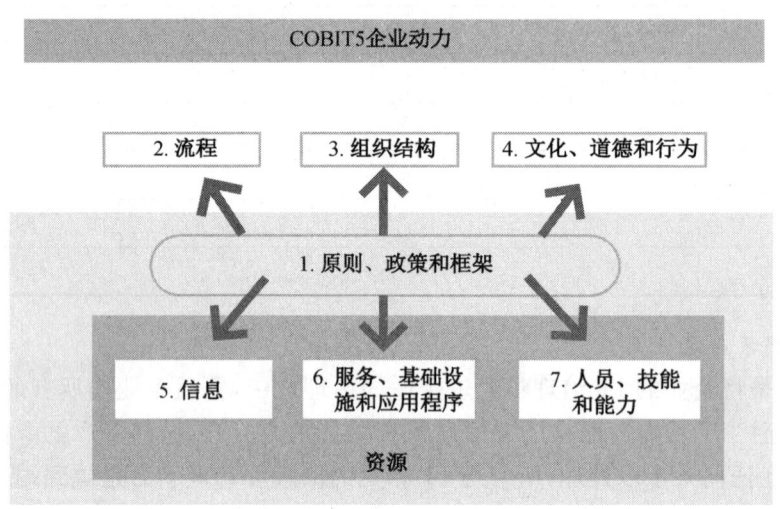

图 9-1-4　COBIT5 公司动力

在论述动力的时候，COBIT5 强调，这七种动力是互为联系的。每种动力都需要其他动力的输入才能完全有效，如流程需要信息，组织结构需要技能和行为；为其他动力提供输入，如流程提供信息，技能和行为使流程的效率更高。因此，当涉及公司 IT 治理和管理时，必须考虑到治理和管理安排的这种系统化性质，才能做出良好的决策。这也就意味着，为满足任何利益相关者的需要，所有相关的动力必须进行相关性分析并在必要时予以处理。这是一种系统化的思维模式，这种思维模式必须由公司高层推动。

COBIT5 建立了一套动力维度。所有动力均有这一套共同的维度。这套维度提供一种共同的、简单的、结构化方式以处理动力，允许一个实体管理其复杂的互动关系，促进动力的成功结果。动力的四种共同维度包括以下内容。

利益相关者——每一种动力都有利益相关者（起到积极作用的或对动力感兴趣的各方），例如，就流程而言，有执行流程活动的各方，或对流程结果感兴趣的各方；对公司结构而言，有在结构中构成各部分的扮演各自的角色或对此感兴趣的利益相关者。利益相关者可能是公司内部或是公司外部的，都有各自的、有时甚至是互相冲突的利益关系。利益相关者的需要转化成公司目标，这些目标继而转化成公司 IT 相关的目标。

目标——目标是动力的期待结果，动力本身的运用或运营。动力目标是 COBIT5 层级中的最终步骤，又进一步细分为固有品质、情境品质和访问与安全。固有品质是指动力精确地、客观地发挥作用，并提供精确的、客观的和规范的结构的程度。情境品质是考虑动力运行的环境。访问与安全是指动力及其结果可访问性和安全可靠程度,当需要时,动力是可用的,结果是可靠的。

生命周期——每一种动力均有生命周期,从运行/使用寿命开始直到处置。生命周期的各阶段由以下内容构成:计划、设计、构建/购置/创建、实施、使用/操作、评价、监控、更新/处置。

良好实践——是指就如何以最佳方式实施动力,或需要何种工作产品或输入和输出等,提供实例和建议。对于每一种动力,均可定义良好实践。

公司都期望能从应用和使用动力中获得积极的成果,为了达到这种结果,要对动力进行绩效管理,对以下问题进行监控,然后按指标予以回答,并应定期进行:利益相关者的需要是否得以满足?动力目标是否实现?动力生命周期是否予以管理?良好实践是否得以应用?前两项处理的是动力的实际结果,用于测评目标实现程度的指标,可称为"事后指标"。后两项处理的是动力本身的实际功能性,其测量指标可称之为"前导指标"。

5. 区分治理和管理

COBIT5 将治理和管理明确区分开来。治理和管理两者包含不同类型的活动,需要不同的组织结构,并服务于不同的用途。从 COBIT5 的角度来看,治理和管理之间的区别如下。

治理:治理确保利益相关者的需要、条件和选项得到评估,以决定平衡、协商一致、需要实现的公司目标;通过优先等级和决策来设定导向;并监控商定的导向和目标的绩效和合规性。在绝大多数公司中,治理是在董事长领导下的董事会的责任。

管理:管理层计划、构建、运行和监控与治理机构设定导向一致的活动,以实现公司目标。在绝大多数公司中,管理是在首席执行官领导下的执行管理层的责任。

从治理和管理的定义来看,很显然它们构成了不同的活动,并具有不同的责任;然而,鉴于治理的作用——评价、指导和监控——因此需要一组治理和管理之间的互动,以形成一种高效和有效的治理体系。这些互动使用动力结构,在高层次上如表 9-1-4 所示。

表 9-1-4　　　　　　　　　　治理和管理的互动

动力	治理—管理的互动
流程	在 COBIT5 流程模型(《COBIT5:启用流程》)中,治理和管理之间存在着区别,包括各自的一系列具体的实践和活动。流程模型还包括 RACI 图,以说明不同组织结构的责任和企业内的角色
信息	流程模型描述从不同流程实践到其他流程的输入和输出,包括治理和管理流程之间交换的信息。用于评价、指导和监控企业 IT 的信息,以流程模型输入和输出的方式描述在治理和管理之间进行的交换
组织结构	每一个企业都会定义若干个组织结构;这些结构可参加到治理空间和管理空间之中,取决于其决策的组分和范围。因为治理是关乎设定方向,互动是在治理结构所作出的决策(如关于投资组合的决策和设定风险偏好)和实施前者所需的决策和运营之间进行
原则、政策和框架	原则、政策和框架是企业内治理决策制度化的载体,因此,也是治理决策(设定方向)和管理(执行决策)之间的一种互动

(续表)

动力	治理—管理的互动
文化、道德和行为	行为也是企业良好治理和管理的关键动力之一,并由高层设定——以榜样为先导——因此也是一项治理和管理之间的重要互动
人员、技能和能力	治理和管理要求不同的技能组合,但对于治理机构成员和管理层而言,一项根本的技能就是理解各种任务以及任务之间的差异
服务、基础设施和应用程序	服务需要并由应用程序和基础设施支持,以为治理机构提供充分的信息和支持评价、设定方向和监控治理活动

COBIT5 在继承 COBIT4.1 的基础上,整合 IT 风险管理(Risk IT)和 IT 价值管理(Val IT)流程,构建了一套完整的流程参考模型。该流程参考模型将公司 IT 治理和管理划分为两大主要流程领域:

治理——包括 5 个治理流程;在每一个流程中对评价、指导和监控(EDM)实践予以定义(在治理领域的环境中,"监控"的意思指治理机构检查为管理层设定的方向的实际应用程度之活动)。

管理——包括四大领域 32 个流程:

——定位、计划和组织(APO),13 个流程;

——构建、购置和实施(BAI),10 个流程;

——交付、服务和支持(DSS),6 个流程;

——监控、评价和评估(MEA),3 个流程。

全套的治理流程和管理流程一共有 37 个,覆盖了公司实施治理和管理的关键领域,真正实现了端到端覆盖公司,如图 9-1-5 所示。

(二) RACI 模型

《COBIT5:启用流程》是 COBIT5 的补充,为 COBIT5 流程参考模型中定义的流程提供了一套详细的参考指南。在启用流程中进一步对 COBIT5 目标分层进行了重点概述和补充;对 COBIT5 的流程予以解释,并对其组件进行了定义;展示出了根据最佳实践、标准和专家意见开发而成的流程参考模型图;——详细具体地列示出了 37 个治理和管理流程的详细信息。

在描述 37 个流程时,每个描述都包括流程识别、流程描述、流程目的说明、流程层级信息、流程目标和指标、RACI 图、流程实践的详细描述、相关指引等详细信息,详尽具体具有很强的指引性和可操作性。其中尤其特别要加以说明的是引入了一个重要的模型——RACI 模型。

RACI 是一个用以明确公司治理和管理过程中的各个角色及其相关责任的直观的模型。治理和管理过程不可能自发或者自动进行,必须有人对其进行作用,促进动力发生变化。RACE 模型对流程的实践划分出了明确的角色和责任,作出了详细直观的规定。

R(执行方 Responsible)——谁在完成任务? 这指在履行列示的活动中承担主要运行职责,并创造出欲达到的结果的角色。

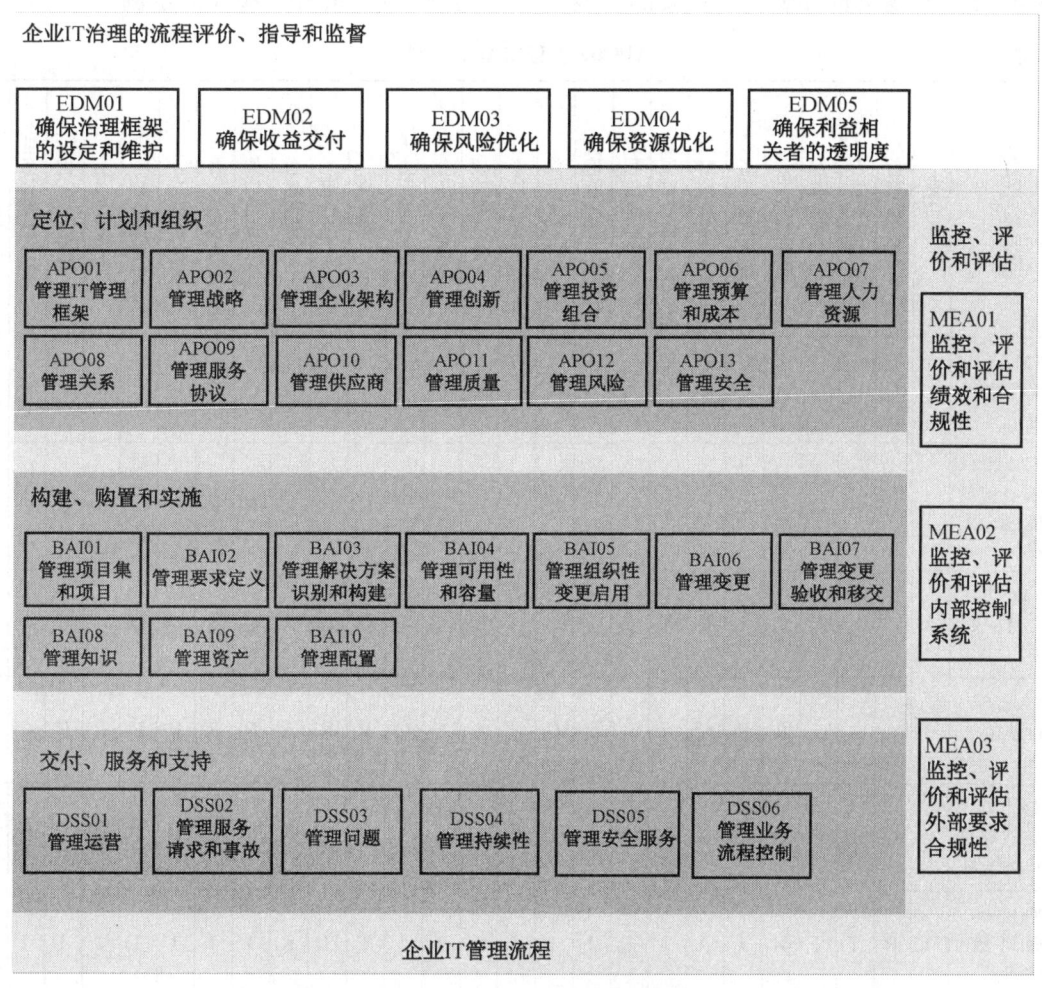

图 9-1-5　COBIT5 流程参考模型

A（责任方 Accountable）——谁对任务的成功负责？这分配了完成任务的整体责任（责任范围的划定）。要注意的是，这里提到的角色是问责制中最低的适合等级；当然，还有较高等级的责任方。为便于公司授权，责任可尽可能细分。

C（商议方 Consulted）——谁提供输入（信息）？这指提供输入信息的关键角色。应注意的是，还要由责任或执行角色从其他单元或外部合作伙伴处获得信息；然而，从列示的角色处获得的输入应予以考虑，并且如有必要，可采取适当的行动逐步升级，这包括流程所有者和/或指导委员会的信息。

I（告知对象 Informed）——谁接收信息？即被告知任务的成果和/或接收可交付项的角色。作为"责任方"的角色应当总是接收适当的信息以监督任务的进程，就像"执行方"角色在其负责的领域中接收适当的信息一样。

把 RACI 模型引入到流程实践当中十分必要，无论对公司信息系统建设过程中，划分角色，明确责任实施治理和管理，还是对信息系统审计中检查每个责任主体的责任，查清谁应当对存在的问题负责都是十分重要的。表 9-1-5 是 APO02 流程 RACI 的示例。

表 9-1-5 APO02 流程 RACI 示例

关键管理实践	董事会	首席执行官	首席财务官	首席运营官	业务执行经理	业务流程所有者	战略执行委员会	项目或项目集督导委员会	项目管理办公室	价值管理办公室	首席风险官	首席信息安全官	架构委员会	企业风险委员会	人力资源负责人	合规部	审计部	首席信息官	架构负责人	开发负责人	IT运营负责人	IT行政管理负责人	服务经理	信息安全经理	业务持续性经理	隐私官
APO02.01 理解企业导向	C	C	C	A	C	C					C	C	C					R	C	R	R			R	R	
APO02.02 评估当前的环境能力和绩效	C	C	C	R	C	C					C							C	C	A	R	R	R	C	C	C
APO02.03 定义目标IT能力	A	C	C	I	R		I				C		C					C	C	R	C	C	C	C	C	C
APO02.04 进行差距分析				R	R	C					C				C	R	R	A	R	R	R	R	R	C		
APO02.05 定义战略计划和路线图	C	I	C	C		C				R		C	C					C	C	A	C	C	C	C	C	C
APO02.06 沟通IT战略导向	I	R	I	R	I	A	I	I	I	I	I	I	I	I	I	I	I	R	I	I	I	I	I	I	I	I

第二节 信息系统审计策略

从上述对 COBIT5 的介绍当中,我们已经体会到随着信息技术的飞速发展,尤其是伴随着大数据时代的到来公司的信息系统越来越系统化,呈现出与公司目标有机融合的整体性,随着信息技术和公司业务发展而不断发展的动态性,包含子系统众多的复杂性等特性,一句话,信息系统越来越复杂了。如现在在很多公司推行的 ERP、SAP 系统,包含的子系统动辄以千计,涵盖公司的供应商、进货、库存、生产、销售、销售商、财务会计、管理会计、人力资源等各个方面,包含的数据表更是数以万计。公司内部审计对如此复杂的系统开展审计,在实务中,会遇到一系列的问题和挑战。按照审计的实务流程来归纳,这些问题和挑战可以分为审计什么、由什么人来实施审计、运用什么样的技术方法、按照什么标准来评价审计线索、审计的质量如何控制、如何宣传审计成果的价值、如何运用审计成果促进信息系统的改进等几个大的方面(详见表 9-2-1)。应对这些问题和挑战,显然需要有一套科学的策略。探索和解决这些问题,是对信息系统审计的推动和深化。下面对其中的六个问题进行一些深入讨论。

表 9-2-1　　　　　　　　　　　审计实务中常见问题

审计阶段	问题		对策	责任方
准备	审计什么? 哪些人来实施审计?	审计质量全过程控制	定义审计边界 组建项目团队	董事会、管理层、项目团队 董事会、管理层
实施	用什么样的技术方法? 用什么标准评价审计线索?		因地制宜 法律法规、相关准则、企业规章制度	项目团队 项目团队
报告	如何宣传审计成果的价值?		写好审计报告汇报沟通信息	项目团队
整改	如何按照审计认定的问题整顿和改进?		落实责任、限定时间	董事会、管理层、相关业务和IT部门

一、审计对象——明确审计的边界

在制定审计计划时,第一位的问题是首先明确审计什么,也就是审计信息系统的哪一个部分,审计的范围如何界定。在对信息系统开展的审计中,有三种情况,第一种是对信息系统生命周期进行同步审计,对每一个流程都开展详细审计。这种情况作为公司内部审计都会遇到,也是公司内部审计的一项职责。尽管如此,对每一个治理和管理流程开展审计时,也要明确的定义好每个流程的边界。第二种情况是对已经开发好、并投入运行的系统开展审计。这类审计的目的是评估信息系统的功能是否达到了公司需要,是否需要更新。这类系统是公司整个信息系统的一个部分,是其中的一个或者几个子系统。开展这种情况的审计时要明确审计的是什么? 是哪一个或者哪几个子系统,把需要审计的对象摘取出来,与审计目的无关的不要涉及。第三种情况,常常是和公司业务审计结合在一起的,如检查公司对供应商管理的审计中,要检查到信息系统中供应商子系统;检查公司人力资源管理时,涉及人力资源管理子系统。在开展这类审计时,要明确业务涉及的信息系统是什么系统,范围是什么,系统的边界如何划分,审计应该审计的内容。处理好上述三种情况,就能在制定审计计划时列出明确的范围,在实施审计时突出重点,有条不紊。在安排审计计划时都要科学划定审计的边界,而不能笼统地对公司整个信息系统都开展全面的审计,因为那样做,会超越审计的实际需要,造成力不从心,无法实施或无力胜任的困境。在公司内部审计实务中还常常会遇到根据公司面临的风险或特殊需要,而安排信息系统审计专项审计的情况,如信息和数据安全专项审计、信息系统建设投资专项审计、外包专项审计、内部控制合规性专项审计等等,遇到这类情况,也要首先明确审计的内容和范围。

明确审计边界、确定审计范围的责任方有两个层面,一是董事会、经理层,属于决策层。决策层根据公司发展的战略需求或者管理需求提出对 IT 相关项目的审计要求。这种要求是宏观性的,是大的方向。如保护公司信息安全是大数据时代公司生存和发展面临的一个非常重要的问题,一旦董事会、经理层决定加强这方面的保护力度,或者发现了问题的隐患,就会提出对信息系统数据、信息安全控制方面的审计。这里提出的就是一个方向。二是内部审计机构,属于执行层面。执行层面要根据公司计划的安排,根据决策层授权提出的方向,明确具体审计的范围和内容。如根据决策层关于数据、信息安全的大方向,需要审计信息系统中的哪些子系统、一般控制的哪些内容、哪些管理制度,都要一一详细、具体明确。

二、实施审计的主体——组建审计项目团队

开展信息系统审计,关键是要组建一个胜任审计任务的项目团队。能否组建好这样一个团队,决定着一个项目的质量高下、成果大小,甚至成败。

首先要选好各类人才,包括审计业务人才、计算机专业人才、信息系统开发建设人才、网络管理维护人才、运用信息系统的业务人才、项目管理人才等等。在选拔人才时,要放宽视野,既要注意从内部审计机构选拔,又要注意从其他技术业务相关部门选拔;既要注意从公司内部选拔,又要善于从公司外部选聘必要的人才。

其次要有的放矢,有针对性地强化对项目团队成员的培训。培训是保证项目顺利实施、按质量完成的重要保证。培训包括审前培训、审中培训、审后培训。审前培训的重点是审计计划、审计方案、实施方案,让每一个项目团队成员明白审计什么?如何审计?分哪些步骤审计?总体要求是什么?我应当做什么?审中培训的重点是对项目实施中发现的问题、积累的经验、应当注意什么问题,及时推广实施中成功的经验和做法,克服存在的问题,纠正出现的偏差,保证审计沿着正确的方向开展。审后培训,是现场审计的后期或结束后开展的培训,重点要培训如何分析、认定审计线索,如何整理归纳审计发现的问题,如何适用法律法规,如何撰写审计报告,如何撰写审计信息发布和宣传审计成果。

最后要组织融合好项目团队。项目团队的成员来自不同的方面、不同的部门,有的要自始至终参加审计的全过程,有的根据需要参加一部分审计。每个成员都要围绕审计项目计划和方案开展工作,施展才华。就像一个乐队,每一个演奏者都是才华横溢的专家,但大家都要服从指挥的统一调度,才能同心协力演奏出一曲好的曲子。

三、实施审计——量身定制,选择最佳的方法

如何实施公司信息系统审计?是一个在审计实务中至关重要的问题。COBIT5构建了信息系统审计的框架,中国内部审计师协会专门颁布的《信息系统审计准则》,对企业内部信息系统审计一般原则、审计计划、风险评估、审计内容、审计方法、审计报告与后续工作都作出了明确规范。这些框架、准则是开展信息系统审计的原则。在开展信息系统项目的时候,应当遵循这些原则。在审计实务中核心问题是要把这些原则具体化,把概念变成具体的内容,把一般性的要求变成活生生的现实。要达到这样的目的,就要深入分析公司的特

点,找出信息系统审计与公司目标、IT 相关目标的契合点,量身定制,选择出最佳的方法,制定好符合公司实际情况、内容具体、步骤清晰、可操作性强的实施方案。由于信息系统的建设和运行是与公司的业务目标,与公司的整体融合在一起的,所以还要高度重视数据审计与系统审计的结合,从结合和对照中相互印证,发现问题。

四、评价和认定审计线索——建立健全信息系统审计法规库

信息系统审计过程中发现的问题线索,收集的审计证据,有的带有较强的技术性,不是那么易于理解;有的侧重于定性,没有量化性的数据,不是那么直观;有的比较生疏,以前从来没有过,不是那么熟悉,如此等等。审计线索发现了一大堆,但这些线索究竟是什么性质?揭示了什么问题?则难以确定。这是在信息系统审计中经常碰到的问题。解决好这个问题,需要持之以恒地抓好几个方面的工作。

(1) 建立健全信息系统审计评价的法律法规库。信息系统审计评价的法律法规库有三个层面:一是国家法律法规层面的,这是最高的层面,包括全国人大常委会、国务院、有关部委颁布的有关信息系统的法律法规。有的是专门颁布的,有的是分散在有关法律法规之中的。二是行业、协会、标准化组织发布的各类技术标准。如 ISACA、ISO 等国际组织的有关原则、指南、标准,COBIT5、有关技术标准,内部审计师协会的《信息系统审计准则》和规范等。三是公司 IT 治理和管理的战略规划、技术规范、规章制度、管理规定等。把这些法律法规、规章制度,分门别类收集起来,建立一个数据库,动态更新和完善。有了这个库,内部审计师手中就有了判断是否、评价优劣的标准,就有所遵循了。

(2) 认真组织学习和培训,提升内部审计人员的专业胜任能力。包括法律法规、审计技术方法、信息系统专业知识等多方面的知识培训;包括案例培训,培训内部审计人员的实际审计能力。

(3) 全面掌握和了解公司信息系统的相关情况。公司内部审计人员应全面掌握和了解公司信息系统的规划、建设、运行和维护情况,全面了了解公司信息系统管理的各项规章制度,熟悉了解 IT 相关目标与公司目标的关联关系,找出技术与经济的联系,从技术指标入手揭示对经济的影响。

五、宣传信息系统审计的成果——写好审计报告

信息系统审计针对的计算机、网络、通信、机器、技术管理和业务人员,具有很强的技术性和业务性,发现的审计线索带有很强的专业性,揭示的问题又带有一定的潜在性、或有性,内部审计人员撰写的审计报告又有一些难懂的专业术语。这诸多因素结合起来,形成的信息系统审计的成果的意义往往不能直观清晰地显现出来,也常常得不到公司董事会和经理层的重视,内部审计人员的劳动得不到应有的重视和尊重。这是许多公司内部审计普遍存在的问题,也是影响公司信息系统审计深入发展的一个严重问题。解决好这个问题需要多管齐下。

(1) 最根本的是要从审计项目团队自身做起,写好审计报告。公司信息系统审计的对

象是信息系统,是物;但看报告的是董事会、是经理层,是人。审计报告是写给他们看的,写给他们的报告,要跳出专业术语的套路,用通俗易懂的语言撰写。对技术问题,要讲明对经济的影响,对公司发展的影响,对定性的问题,有可能的,尽量予以量化表达。把信息系统审计发现的问题,与公司目标联系起来,与公司收益联系起来,与利益相关者的利益联系起来。

(2) 在公司信息系统审计的过程中,要注意与数据审计紧密结合。找出系统中存在的问题对公司经营发展直接造成影响的量化数据。鉴于这个问题的重要性,将在下一节"信息系统审计的流程"中予以举例说明。

(3) 加大对信息系统审计的宣传力度。在信息化发展的大背景下,公司目标与IT相关目标相互融合,相互影响的趋势和现实,在遵守保密规定的前提下,宣传信息系统存在问题会影响公司发展的严重性,尤其是通过一些典型案例来加以说明,就会逐步让公司更多的利益相关者、董事会、经理层认识到信息系统审计成果的价值。

六、保证信息系统审计质量——全过程质量控制

信息系统审计相对于财务收支审计,对公司内部审计人员来讲比较生疏、缺少经验,如何保证信息系统审计质量是一个十分重要的问题。为了确保信息系统审计项目的质量必须对审计的全过程进行质量控制。在审计的实务中应当抓好以下四个环节。

(1) 制定好审计实施方案。把审计计划、审计目标与企业信息系统的实际情况有机结合在一起,明确具体的审计范围、审计内容、审计目标。让每一个项目团队成员明白要干什么?要达到什么目标?

(2) 要制定/遵循严格的操作规范。让每一个项目团队成员,知道面对信息系统如何审计。这里的操作规范,包括COBIT5的相关操作规范、内部审计协会的审计准则,也包括公司制定的操作规程、指南等。

(3) 要学习和使用好信息系统审计的法律法规库,发现线索后明白如何适用法律法规。

(4) 对每个团队成员的工作实行动态管理,具体做法是构建审计现场数字化管理系统。把审计项目的审计任务、项目分解的子项目、时间安排、每个子项目的实施者、项目涉及的法律法规、规章制度都放在系统上,完成的进度、取得的成果、存在的问题、下一步要注意的问题也都动态地放在系统上,为每一个团队成员提供充足的审计资源和信息,使整个团队发挥出最佳的效益。

第三节 信息系统审计流程

在审计实务中,审计流程十分重要。规范、科学的信息系统审计流程是顺利实施信息系统审计的保证,内部审计人员在大量实践的基础上,总结提炼出了公司信息系统审计的五步流程,即系统调查、控制测试、初步评价、分析测试、综合评价。

一、信息系统调查

系统调查是对公司信息系统的治理管理体制、总体架构、规划设计、管理水平进行全面、深入地了解,是进行信息系统审计的基础。调查的内容可以分为以下几个方面。

1. 了解治理、管理体制

对治理、管理体制的了解是从总体上把握公司信息系统治理、管理的基本情况,调查的主要内容包括以下内容。

(1) 工作程序。关注信息系统建设的基本工作程序,参与部门职责,整个工作程序中的控制环节、文字材料,所需文字材料的起草、审核、保存部门。

(2) 相关部门。了解参与部门中负责信息系统的人员,基本工作程序,与其他部门工作衔接方法情况,相关的材料管理、保存情况。

(3) 系统管理。管理制度的建设情况,管理人员、系统管理员和数据库管理员的配备和工作情况等,主要调查与信息系统相关的制度有哪些,从事信息系统管理的人员有哪些,主要职责分工是什么。

通过调查,可以了解信息系统工作由哪些部门负责,每个部门有哪些资料,为进一步调查取证打下基础;同时根据基本的工作程序、部门管理、制度建设、人员管理等方面从宏观层面初步判断公司对信息系统的重视程度、总体发展水平,以便心中有数,合理安排工作。

2. 了解总体架构

概括地讲,了解总体架构主要是完成对公司有什么类型的信息系统,每个系统有多少子系统,信息系统分布在哪些部门,信息系统之间有什么关系的调查,了解总体架构的工作主要包括以下内容。

(1) 系统分布。企业信息系统的数量、规模和分布,绘制信息系统分布图。

(2) 类型数量。信息系统的主要类型和数量,即生产信息系统、管理信息系统和财务信息系统的数量。

(3) 系统关系。各信息系统的基本情况和系统之间的关系情况。

(4) 总体水平。信息系统在本部门、本单位生产业务和经营管理中的涵盖程度,对企业的生产、管理、财务核算产生的影响,信息系统的总价值。

绘制完整、详细的信息系统分布图是了解总体架构中常用的工作方法。例如在一家航空公司的内部审计中,内部审计人员根据对公司信息系统总体架构的了解,绘制出如图9-3-1 的信息系统分布图。

在了解总体架构的过程中,应把对信息系统之间关系的调查作为工作重点之一,认真调查分析,以此分析结果指导计算机数据审计中的多项工作。信息系统之间的关系实质是数据之间的关系,一般来讲可以分为关联关系和核对关系。

具有关联关系的信息系统,一般是指两个或多个处于公司业务生产的不同环节的信息系统,其包含的数据反映业务生产的不同方面,相互补充。通过对信息系统之间关联关系的了解,可以明确数据之间的关联关系,作为创建审计中间表的重要依据。

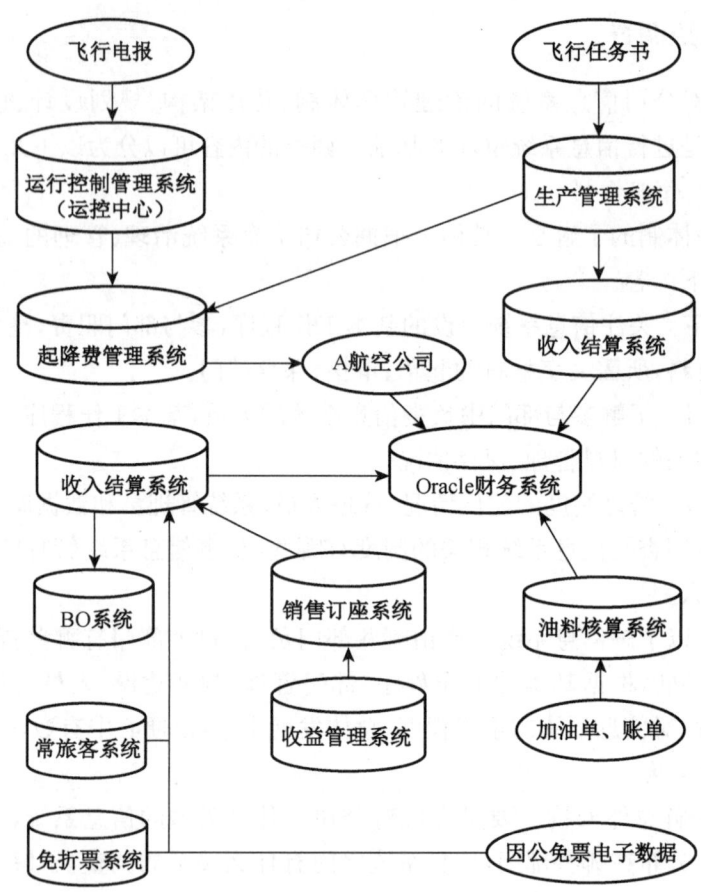

图 9-3-1　某航空公司信息系统分布图

具有核对关系的信息系统，一般指两个或多个处于公司业务生产的关键环节，其包含的数据之间存在钩稽关系，可以相互印证的信息系统。

3. 了解规划管理

了解规划管理是对信息系统建设、使用、管理情况的调查，应完成的主要工作包括四项。

(1) 规划：信息系统发展规划以及规划的落实情况。

(2) 建设：信息系统建设程序、建设进度、建设投入以及在建项目和完工项目数量。

(3) 使用：使用的管理制度、使用率、使用中出现的主要问题。

(4) 维护：信息系统维护的人员、费用、效果。

关于规划建设情况的调查了解主要关注信息系统的发展水平是否符合公司现有的发展水平，发展规划是否符合公司的发展趋势；信息系统的建设过程是否有科学规范的程序和完善的相关材料。

关于使用情况的调查了解主要是关注系统管理制度是否科学健全，执行是否严格到位，并通过对调查了解所掌握情况的分析指导计算机数据审计工作的开展。例如数据录入制度、备份管理制度的建立、执行情况将对数据采集的方法产生影响。

在使用情况的调查了解中,公司的信息系统使用效果和更新升级情况是两个关注的重点。要通过信息系统的使用效果的分析,评价信息系统可行性研究是否科学充分,查找是否存在盲目投资的问题。同时依据使用效果,结合建设投入、人员费用及系统价值,分析信息系统效益。信息系统更新升级情况涉及信息系统功能的变化,对信息系统更新升级情况的了解,主要通过更新升级前功能存在的缺陷以及因此可能对系统数据产生的影响来开展,将此作为计算机数据分析的重点。

二、信息系统控制测试

实施信息系统内部控制测试,内部审计人员应了解和掌握控制测试的内容和控制测试的方法。

1. 控制测试的内容

信息系统的控制测试是对调查了解内容的系统总结和提炼,概括地说,测试的内容主要包括环境测试和功能测试两部分。

所谓环境测试是指对信息系统运行的硬、软环境的测试。硬环境主要指系统运行的物理环境,包括机房的建设、安全设备的配备等;软环境主要指信息系统运行的制度环境,包括人员管理、数据管理等。所谓功能测试主要侧重于对信息系统校验功能的测试,是指系统对数据正确性、完整性的校验功能的测试,对系统功能的处理逻辑没有太多的涉及。

2. 控制测试的方法

填写控制测试表是进行信息系统控制测试的基本方法。信息系统控制测试表可以分为基本表和附加表两种类型。

基本表又称为通用表,是内部审计人员在总结大量信息系统基本情况的基础上形成的,具有较强的通用性,可满足对信息系统的初步测试。基本表主要包含以下九张表,如表9-3-1 至表 9-3-9 所示。

表 9-3-1　　　　　　　　　组织管理的控制测试矩阵

序号	控制措施	控制目标		备注
		职责分离	人员管理控制	
1	是否制定了职责分离的规章制度	√	√	
2	业务人员的工作职责明确清晰	√	√	
3	信息技术部门只负责信息系统的开发和维护工作,日常的业务操作只能由相关业务部门的工作人员来进行	√		
4	信息技术人员未经批准不能接触备份的数据,不能在无监督的情况下进行数据备份和恢复的工作	√		
5	系统的输入人员与复核人员不能相互兼任	√		
6	业务操作人员不能保管除操作手册以外的系统技术文档	√		

（续表）

序号	控制措施	控制目标 职责分离	控制目标 人员管理控制	备注
7	业务操作人员不能管理系统产生的重要的业务档案	√		
8	聘用人员与工作岗位是否相符		√	
9	对因工作需要接触秘密数据的工作人员签订保密协议书		√	
10	对关键性业务配备了后备人员		√	
11	定期对工作人员的工作进行考核		√	
12	定期对信息系统人员进行培训		√	
13	关键技术有多人掌握		√	
14	人员离岗后，信息系统中的账号和口令及时删除		√	
15	人员离岗后，及时归还所有的报告、文档和书籍		√	

表9-3-2　　　　　　　　数据资源管理的控制矩阵

序号	控制措施	控制目标 数据安全性	控制目标 数据完整性	备注
1	定期备份重要的数据	√		
2	在对数据资源进行重要的处理（如结账）之前，对数据进行备份	√	√	
3	备份的数据异地存放	√		
4	备份的数据由非技术人员的专人保管	√		
5	信息技术人员未经批准不能接触备份数据	√	√	
6	数据库备份和恢复工作需要在有监督的情况下进行	√	√	
7	系统的维护工作需要在有监督的情况下进行	√	√	
8	由专人负责重要数据的备份和恢复工作	√		
9	备份数据的存放和领用要有相应的记录	√	√	
10	需要授权才能领取备份的数据	√	√	
11	对备份或恢复工作日志进行了记录	√	√	
12	明文规定了数据备份和恢复工作的规范步骤	√	√	
13	备份数据的恢复工作需要得到批准	√	√	
14	对系统的操作人员实施密码控制，防止无关人员使用系统	√	√	
15	业务报告或报表要经过批准才能产生	√		

(续表)

序号	控制措施	控制目标		备注
		数据安全性	数据完整性	
16	对系统的操作人员实施权限控制,保证不同权限的人员只能操作权限规定的功能或只能访问权限规定的数据	√	√	
17	对操作人员的管理建立日志,记录有关操作人员的增加、删除以及对操作人员的口令或权限的更改的详细情况	√	√	
18	对操作人员的工作建立审计日志,记录进入系统工作的人员、时间、调用的功能模块、访问的数据、所作的操作等情况	√	√	
19	操作人员未经批准不能擅自拷贝数据	√		
20	对高度敏感的数据以加密的方式存储和传输	√		
21	存放数据的房间能够防潮、恒温、防毒和防止强磁场干扰	√		
22	定期检查并记录存放数据的介质是否存在故障	√		

表 9-3-3　　　　　　　　系统环境安全管理的控制矩阵

序号	控制措施	控制目标						备注
		防止火灾	防止水灾	防尘防潮恒温	防止电源变化	防止非法侵入	防止计算机病毒	
1	计算机房或数据存放中心应远离加油站、储气站、蓄水池	√	√	√				
2	制定了火灾、水灾应急计划	√	√	√	√	√	√	
3	计算机房制定了防止火灾、水灾、防尘和防潮的规章制度	√	√	√				
4	计算机房或数据存放的房间配备了干粉灭火器	√						
5	计算机房或数据存放的房间设置了火灾探测器和水灾探测器	√	√					
6	计算机房或数据存放的房间设置了火灾警报和水灾警报	√	√					
7	定期对计算机房空气进行净化处理			√				
8	计算机房具有防潮和恒温设备			√				

（续表）

序号	控制措施	控制目标						备注
		防止火灾	防止水灾	防尘防潮恒温	防止电源变化	防止非法侵入	防止计算机病毒	
9	计算机房配置了备用电源或独立的备份供电				√			
10	计算机房配置了电源稳压装置				√			
11	计算机设备的电源与空调、照明和其他动力用电的电源相互独立				√			
12	制定了人员出入机房的制度					√		
13	机房和数据存放地设置了门禁系统和门卫					√		
14	人员出入机房和数据存放地时使用门禁卡并进行登记					√		
15	安装了闭路电视或成像系统、报警系统等监视装置					√		
16	重要的设备使用了电磁屏蔽，防止重要数据通过电磁辐射泄漏					√		
17	重要的数据采用加密传输和加密保存					√		
18	重要数据的备份由专人负责存放					√		
19	生产机或存放有重要数据的计算机设备不能直接与公网（如 Internet）相连					√	√	
20	明文规定禁止下载或使用来历不明的软件						√	
21	在重要的机器上使用软盘或移动硬盘时，先用查毒软件查杀病毒，确认无病毒后才使用						√	
22	使用外来的软件和数据之前，先查毒再使用						√	
23	定期对信息系统中的计算机系统进行查毒或杀毒						√	

表 9-3-4　　　　　　　　　　　系统运行管理的控制矩阵

序号	控制措施	控制目标			备注
		确保系统正常运行	确保系统的文档、日志的安全和完整	确认系统的硬件和软件的兼容性和安全性	
1	制定了信息系统的上机守则	√			
2	操作人员经过培训	√			
3	对不同的操作岗位,定期进行轮换	√			
4	任何外来的数据源(磁盘、光盘、网络等)必须经过批准才能输入信息系统	√			
5	定期发布病毒公告并安装相应的补丁程序	√			
6	定期检查信息系统的运行和性能并向管理部门汇报	√			
7	配备有专门的系统维护技术人员	√			
8	每天记录系统的运行日志	√	√		
9	记录出现故障的情况和相应的维护日志		√		
10	系统记录了操作人员的操作日志和各程序的运行日志		√		
11	信息系统具有以下重要文档:工作计划和日程安排,系统或软件的使用手册和操作指南,系统设计文档,数据库设计文档,软件的概要设计文档,软件的详细设计文档		√		
12	技术人员调离岗位时应收回其拥有的技术文档		√		
13	业务人员调离岗位时应收回其拥有的操作文档		√		
14	信息系统中重要的技术文档和业务文档由专人保管		√		
15	信息系统中重要的文档只有通过授权才能阅读		√		
16	对信息系统中重要的文档进行了备份		√		
17	购买硬件设备时应考虑新设备与原设备的兼容性			√	
18	记录硬件的升级或更新日志			√	
19	记录计算机软件的升级或更新日志			√	
20	信息系统中重要软件及其文档资料应有专人保管			√	
21	对信息系统中重要的软件及其文档资料进行了备份			√	
22	信息系统中重要的软件只有经过授权才能拷贝			√	

表 9-3-5　　系统输入的控制矩阵

序号	控制措施	控制目标				备注
		输入数据的正确性	输入数据的合理性	输入数据的安全性	输入数据的完整性	
1	只有批准的人才能进行输入操作并要作操作日志记录			√		
2	对输入的数据进行程序校验或人工复核	√	√		√	
3	对输入数据的格式、类型、范围进行检查	√	√			
4	对输入数据的完整性进行检查,如果输入的数据不完整则应拒绝接受不完整的数据,并提示错误				√	
5	如果信息系统要求数据不能重复,则当输入重复的数据时提示错误,并拒绝接受重复的数据		√		√	
6	输入的界面应当简单、清晰、一致	√	√		√	
7	当输入出错时应能提示错误信息,拒绝接受输入的数据并让操作人员重新输入	√	√		√	

表 9-3-6　　系统处理的控制矩阵

序号	控制措施	控制目标				备注
		输入数据的正确性	输入数据的合理性	输入数据的安全性	输入数据的完整性	
1	只有批准的人才能执行信息系统中数据的处理工作			√		
2	在进行处理之前程序自动检查处理条件是否满足	√	√		√	
3	使用程序对处理结果的正确性进行自动检查	√				
4	在进行处理之前程序自动检查待处理的数据是否合理	√	√			
5	在进行处理之后程序自动检查处理的结果是否合理	√	√			
6	在程序中采取措施防止数据经过处理以后发生丢失的情况	√			√	
7	在程序中采取措施保证所有需要处理的数据都被处理	√			√	
8	在程序中保证需要处理的数据不会被重复处理	√			√	
9	在进行数据处理之前,保证将要处理的数据确实是需要处理的数据	√				
10	在处理过程中如果发生错误,信息系统必须中止处理,向操作人员提示出错,并把信息系统内部数据的状态恢复到处理之前的状态,并记录错误信息	√	√	√	√	

表 9-3-7　　　　　　　　　　系统通信的控制矩阵

序号	控制措施	控制目标			备注
		数据的正确性	数据的保密性	数据的完整性	
1	对敏感的数据进行加密通信	√	√	√	
2	对敏感的数据在通信之前进行了数字签名			√	
3	在通信的数据中插入校验码	√			
4	在数据通信过程中使用了超时重传机制	√		√	
5	对通信线路和设备的运行情况进行监控和分析	√	√	√	

表 9-3-8　　　　　　　　　　系统数据库的控制矩阵

序号	控制措施	控制目标		备注
		数据安全性	数据完整性	
1	用户的标识与鉴别	√		
2	对数据库中的数据进行存取控制	√		
3	对数据库中高度敏感的数据加密保存	√		
4	定义了完整的约束条件来保证数据库中数据的完整性		√	
5	对数据库的并发操作进行控制		√	
6	将数据库中的数据定期备份到磁盘或其他存储介质上	√	√	
7	对数据库的所有更新操作进行日志记录	√	√	
8	对数据库的所有操作进行审计记录	√	√	

表 9-3-9　　　　　　　　　　系统输出的控制矩阵

序号	控制措施	控制目标					备注
		输出信息的正确性	输出信息的完整性	输出信息的及时性	输出信息的安全性	输出信息的格式符合用户要求	
1	只有批准的人才能进行显示、打印、传输或拷贝数据的操作				√		
2	对各种纸质的输出数据妥善保管,只有授权的人员才能阅读				√		
3	对输出保存在磁盘、磁带或光盘上的重要数据进行访问控制,只有授权的人员才能阅读				√		

(续表)

序号	控制措施	输出信息的正确性	输出信息的完整性	输出信息的及时性	输出信息的安全性	输出信息的格式符合用户要求	备注
4	对敏感的电子数据应加密以后再输出				√		
5	信息系统进行输出之前检查是否满足输出的条件	√	√				
6	输出之前进行数据正确性的检查	√					
7	数据不完整的情况下应拒绝输出并提示出错		√				
8	输出数据的格式必须要满足使用部门的要求					√	
9	输出的格式要简单清晰、易读易懂					√	
10	数据及时输出给用户			√			
11	在输出过程中如果发生故障,信息系统应能提示出错	√	√				

上述九张表分别从不同角度对信息系统及相关制度进行测试,测试的主要内容、目标、方法如表 9-3-10 所示。其中测试目标中涉及与计算机数据审计衔接的部分,是指表测试的内容对计算机数据审计工作的开展具有一定的指导作用。例如表 9-3-2 中涉及对数据备份的测试,如果通过测试发现被审计单位数据备份的管理制度科学严格,审计项目组进行数据采集时就可直接利用被审计单位已经备份的数据,而无须重新备份采集,以减少采集的时间,提高效率。

表 9-3-10　　　　　　　　　调查目标、方法明细表

表号	测试主要内容	主要关注点	主要测试目标	推荐测试方法
1	制度建设、人员管理	职责分工	与计算机数据审计衔接;评价系统安全性	查阅制度、现场测试
2	数据备份、人员操作权限、备份数据存储	什么时候备份、谁负责备份、谁可使用备份数据、什么方式备份、有没有监督和记录	与计算机数据审计衔接;评价系统、数据安全性	查阅制度、现场查看
3	系统运行物理环境、数据安全	防火、防水、防潮设备,防毒、防泄密措施	系统、数据安全性	现场查看、查阅制度
4	系统运行情况的管理	重要文档的产生、保存、使用	系统运行安全性	查阅制度及相关文档
5	系统输入数据管理	系统对数据正确、完整的校验	与计算机数据审计衔接	现场测试、查阅制度

(续表)

表号	测试主要内容	主要关注点	主要测试目标	推荐测试方法
6	系统处理数据	系统处理数据之前的校验功能	数据真实、完整、安全性	现场查看、调阅系统日志及处理结果
7	数据通信	数据传输的加密措施	数据安全性	查阅制度
8	数据库管理	操作人员管理、人员操作记录	数据真实、完整、安全性	现场查看、查阅制度
9	系统数据输出管理	结果数据的产生、使用、存储	数据安全性	查阅制度、抽查处理结果

附加表是根据被审计单位特点和审计人员判断设计出的针对性较强的表，附加表一般根据对被审计单位的核心业务的特点，找出关键控制点，进行测试。

控制测试的调查表是进行信息系统初步评价的主要基础，填写中应做到制度要读，功能要试，设备要查。所谓制度要读，是指在涉及制度建设的测试中，应认真阅读分析制度；功能要试，是指在关于功能的测试中，要尽可能地通过各种方法测试系统的功能，不可只听介绍；设备要查，是指涉及物理环境建设的测试，要现场查看。

三、信息系统初步评价

初步评价是对系统调查和控制测试的系统分析，评价的内容主要包括三个方面：信息系统安全性，信息系统包含数据的真实、完整性，信息系统中的薄弱点。

(1) 信息系统安全性。信息系统安全性关注系统运行环境和系统数据的安全性，包括数据的产生、传输、存储的安全性。对系统安全性的评价主要依据系统调查和控制测试掌握的情况来完成，信息系统分析测试中将不再涉及此项工作内容，因此信息系统初步评价中对信息系统安全性的评价将直接在信息系统的综合评价中反映。

(2) 信息系统包含数据的真实、完整性。数据真实、完整性的评价是指通过对信息系统功能及相关制度的关注，评价信息系统中包含电子数据的真实性、完整性。电子数据是信息系统审计的切入点，对电子数据真实、完整性的评价是计算机数据审计中数据采集方案制定、数据验证方法选择、数据分析重点确定的重要依据。

(3) 信息系统中的薄弱点。发现信息系统的薄弱点是指发现系统之间关联关系的建立、系统运行管理控制等方面存在的薄弱环节。发现被审计单位信息系统中的薄弱点是为公司改进治理和管理，防范风险提出合理化建议的需要，也是为计算机数据审计确定重点的需要。

信息系统初步评价的工作应该在计算机数据审计开始之前完成。

四、信息系统分析测试

信息系统分析测试的主要目标是发现信息系统中存在的漏洞、功能的不足以及可能存在的非法模块。信息系统分析测试的主要内容包括：①信息系统功能分析；②信息系统数据处理逻辑分析;③信息系统数据对比分析;④数据跟踪分析。

1. 信息系统功能分析

信息系统功能分析是指将业务特点和需求与信息系统具有的功能进行对比,分析功能存在的不足。功能分析的重点是要对业务的特点和需求有清晰的认识,另外也可通过信息系统的使用情况来分析信息系统功能能否满足业务需求。

2. 信息系统数据处理逻辑分析

信息系统数据处理逻辑分析是对信息系统处理数据来源是否正当,数据处理方法是否科学合法的分析,包含以下内容和步骤:①信息系统的数据来源;②信息系统的数据处理过程,包括数据处理逻辑、方法和数据处理流程;③信息系统的数据流向,包括与相关信息系统之间的关系和信息系统的数据通信情况。

信息系统数据处理逻辑分析的核心是对信息系统数据处理方法是否科学合法的分析,在审计实践中这是一个较为复杂的过程,需要采用灵活多样的方法。下面通过一个案例介绍一种通过对信息系统数据逻辑关系的测试,发现系统处理逻辑存在问题的方法。

表 9-3-11 和表 9-3-12 是在 B 海关开展的内部审计项目中两张中间表的表结构。

表 9-3-11　　　　　　　　主表_进口报关单表头

字段名称	数据类型
报关单号	bigint(8)
进出口岸	smallint(2)
运输工具名称	varchar(30)
经营单位名称	varchar(30)
货主单位名称	varchar(30)
贸易方式	smallint(2)
征免性质分类	smallint(2)
申报日期	smalldatetime(4)
放行日期	smalldatetime(4)
…	…

表 9-3-12　　　　　　　　补充表_卡口放行数据

字段名称	数据类型
报关单号	int(4)
航名班次	varchar(20)
提单号	varchar(20)
件数	int(4)
收货单位	varchar(30)

(续表)

字段名称	数据类型
进出口标志	varchar(2)
放行日期	smalldatetime(4)
卸货地点	varchar(4)
操作备注	varchar(10)
…	…

表 9-3-11 是从某海关通关作业管理信息系统中取得并经过清理、转换的一张中间表的表结构,该表记录的是公司向某海关申报的进口货物的相关信息,是内部数据。表 9-3-12 是从港口的卡口取得的放行数据表的表结构,记录的是卡口已经放行的货物信息,是外部数据。正常的业务流程应该是货物运抵港口后,由货主向海关申报并缴纳相关税费并提供其他合法放行依据后,海关向港口发送放行信息,货主持海关签章的纸质放行单据到港口提货,港口的卡口在电子信息和纸质单据核对一致后放行货物。

根据上述业务流程,合理的逻辑关系应该是表 9-3-12 记录的已放行货物信息都应该包括在表 9-3-11 的报关信息中。如果"补充表_卡口放行数据"中已记录的信息在"主表_进口报关单表头"不存在,则结果必须引起审计人员的高度重视。可以用如下的 SQL 语句来筛选:

select * from 补充表_卡口放行数据 where 报关单号 not in (select 报关单号 from 主表_进口报关单表头)。

如图 9-3-2 所示的是测试结果的部分数据。

进出口标志	航名班次	提单号	件数	收货单位	报关单号	放行日期	卸货地点	操作备注
I	*****/112W	*****XM0202T	592	某某**企业有限公司	3007354	20030130	110	ADD
I	*****/0308	*****/0308/025	10	飞机工程有限公司	3000399	20030128	110	ADD
I	*****/348W	*****348W623	404	**服装有限公司	3089685	20031206	110	ADD
I	*****/311W	*****311W630	8	**光电(某某)有限公司	3021675	20030331	110	ADD
I	*****/231P	*****00775	1840	某某**股份有限公司	3038343	20030530	110	ADD
I	*****/0332	*****-11	13	某某市人民政府	3001901	20030517	18	ADD
I	*****/03074	*****603074007	160	**(某某)球业有限公司	3035160	20030517	110	ADD
I	*****/03098	*****03098010	560	某某**股份有限公司	3046820	20030630	110	ADD
I	*****/235P	*****0300841	1680	电子进出口某某公司	3040297	20030606	110	ADD
I	*****/235P	*****300838	1800	某某**股份有限公司	3040821	20030607	110	ADD
I	*****/03092	*****3092006	3700	某某**股份有限公司	3043005	20030616	110	ADD
I	*****/03094	*****3094017	1917	某某**股份有限公司	3044065	20030619	110	ADD
I	*****/03096	*****03096002	1814	某某**股份有限公司	3044814	20030623	110	ADD
I	*****/N014	*****512	1	某某塑胶工业有限公司	3045228	20030628	110	ADD
I	*****/0350	*****0350012	1792	某某**股份有限公司	3045605	20030626	110	ADD
I	*****/0354	*****354007	3334	某某**股份有限公司	3048836	20030707	110	ADD

图 9-3-2 卡口放行测试结果

在对 B 海关"主表_进口报关单表头"和"补充表_卡口放行数据"两张表进行测试的结果,发现有一些数据在"补充表_卡口放行数据"中存在,而在"主表_进口报关单表头"中不存在,经过落实也确实证实有一批货物已进口却没有在海关申报纳税。数据分析发现这一问题后,经过对系统的进一步审计,发现在该海关的通关作业管理程序中,走私犯罪份子偷偷嵌入了一个非法模块。走私分子的货物到达港口后,货主即时将信息通报给该犯罪分子,由其将货物的相关信息通过非法模块录入系统,绕过征税、查验等相关环节,直接将放行信息传递至港口的卡口,货物放行后该犯罪分子再将相关数据从通关作业管理数据库中删除。这是一起典型的利用信息系统走私犯罪的案例,有关部门的内部审计在维护国家利益方面发挥了重要作用。

3. 信息系统数据对比分析

信息系统数据对比分析应包含以下内容和步骤:①掌握信息系统的数据输入和输出情况;②结合数据审计,筛选问题线索;③对比分析信息系统的输入、输出数据以及问题线索,查找信息系统自身存在的问题。

信息系统数据对比分析的重点是依据计算机数据审计中发现的问题线索,反推信息系统存在的问题,这是信息系统审计中与计算机数据审计的重要结合点,也是常用方法之一,下面结合案例来说明。

(1) 数据分析,发现问题线索。在航空公司中,收入结算不仅是一个重要的业务环节,而且与财务核算密切相关。公司内部审计人员将票务结算的业务数据和财务数据进行了对比分析,发现集团下属的某航空公司的财务系统以收入结算系统生成的运输报告进行结算,而运输报告上反映的不是机票的销售面额,而是小于面额的机票金额,经过审计,发现该航空公司存在机票销售暗扣问题。

(2) 跟踪业务过程,发现暗扣代码文件。确认上述问题后,内部审计人员进一步探究问题的产生过程,将关注的重点放在了该公司产生运输报告的收入结算系统上。国家和集团公司的有关法规都规定,收入确认应当按实际收入核算,为什么该航空公司的系统能够按照扣除折扣后的净额生成运输报告呢?这预示可能在这个系统中存在着违反国家和集团公司有关规定的非法模块。为了查找系统原因,内部审计人员首先对收入结算系统涉及的业务过程进行了跟踪,如图9-3-3所示。

在收入结算环节,围绕收入结算系统开展的业务主要有以下4项:一是数据信息的输入,即由录入人员和数据采集人员将纸质或电子的机票信息输入到收入结算系统中;二是数据审核,主要有销售审核(根据销售报告对机票会计联信息进行审核)和配比审核(对配比有差异的会计联和乘机联进行审核);三是系统主文件维护,由维护人员对系统的各个主文件进行及时的更新和维护,确保系统运行所需要的基础数据完整、正确;四是财务记账,由财务人员依据系统定期生成的运输报告,确认运输收入。

在对上述业务跟踪的过程中,内部审计人员发现在维护人员维护的主文件中,除了运价信息、航线信息、代理人信息等文件外,还有一个暗扣信息文件。经过查看、询问,得知该文件中包含了各个代理人的暗扣代码信息,如图9-3-4所示。该公司通过对此文件的维护,可以将各种暗扣信息输入到系统中。

(3) 跟踪数据处理流程,发现暗扣处理模块。发现暗扣代码文件后,为了进一步弄清该系统是如何使用暗扣代码信息,又如何将面额转变为毛额乃至净额等关键问题。内部审计人员对该系统的数据处理过程进行了跟踪。通过跟踪和分析,发现了该系统中存在非法暗

第九章 信息系统审计

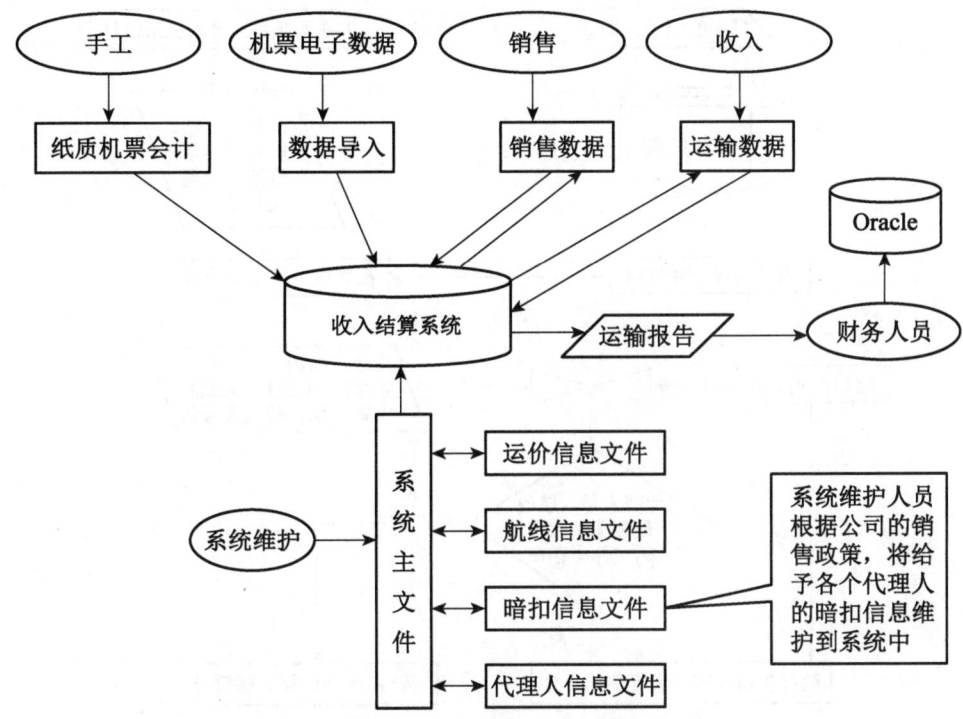

图 9-3-3 收入结算环节的业务过程

图 9-3-4 暗扣代码文件

扣处理模块。收入结算系统对国内机票数据的处理流程,如图 9-3-5 所示。

发通过手工录入或数据导入方式进入系统中的原始数据(机票信息)主要有"票号""面额""航线""代理人号"等信息。

系统提取主文件中的票价分摊信息,对上述原始数据进行处理,将面额按航段分摊规则分解为毛额1和毛额2。

将分解后的数据信息,与暗扣代码信息对比。如果数据中的代理人号、航段等信息在暗扣代码文件中存在,那么,系统内的暗扣处理模块就依据暗扣代码文件将暗扣代码翻译为具体的暗扣比例,并用此比例计算出相应的暗扣金额;如果不存在,则系统按正常的比例计算代理人的销售手续费。

系统对有销售暗扣的机票数据,由毛额减去暗扣得到净额;对没有销售暗扣的机票数据,净额等于毛额。

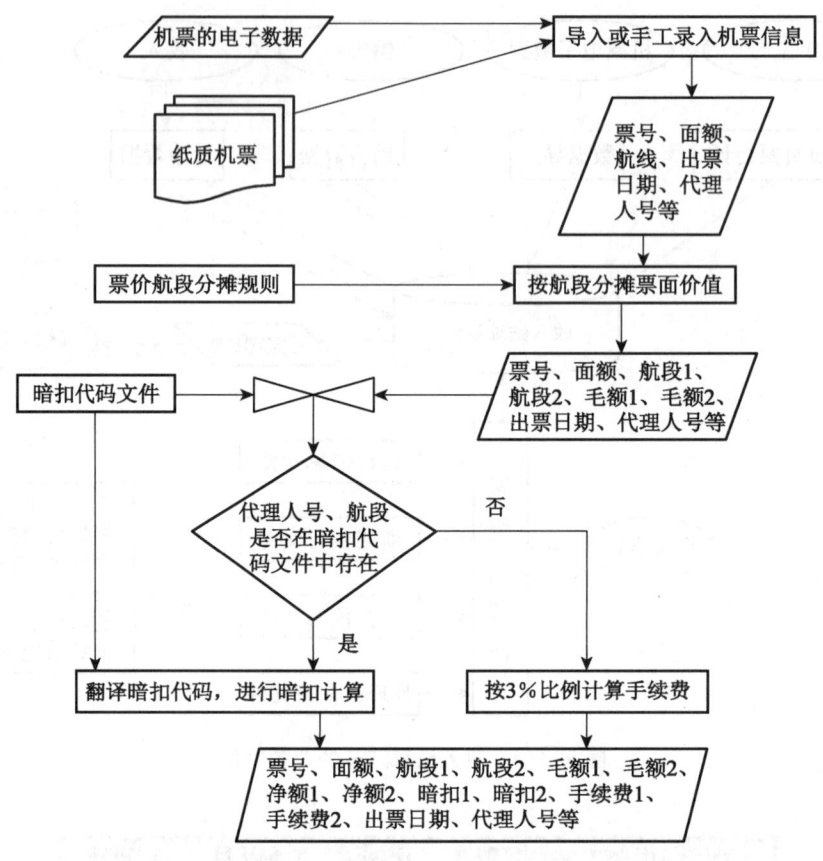

图 9-3-5 收入结算系统的国内机票数据处理流程

经过上述处理，进入系统的原始数据就由面额逐步转变为毛额和净额，系统以最后的净额与代理人结算，并生成运输报告传递到财务系统确认收入，从而实现了航空公司的暗扣销售和净价结算。这样的处理违犯了国家关于企业收入确认的法律规定，造成了会计信息失真，偷逃了税金。

4. 数据追踪分析

数据追踪分析方法是通过选取典型数据，追踪处理结果，进而判断系统处理的功能是否正确有效的一种审计方法。

数据追踪分析一般应包含以下内容和步骤：①向有关人员询问或查阅系统的文档资料，了解被审计信息系统应有的处理和控制功能；②针对系统应有的功能和数据处理特点，选取部分典型数据；③跟踪数据处理过程和处理结果；④分析数据处理结果的差异原因。如在某住房公积金审计项目中，内部审计人员做出的检查公积金个人账户利息计算的分析流程图，如图 9-3-6 所示。

数据追踪法的关键是要选取典型数据，选择的数据既要符合该系统处理的数据的特点，又要具有突出的特征能够发现问题，更要注意防止数据输入以后产生死循环。下面，通过一个案例加以说明。

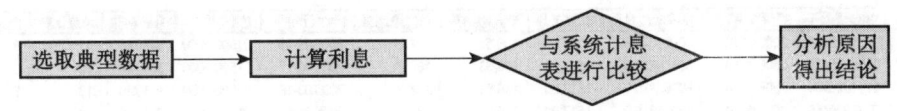

图 9-3-6 数据追踪分析流程图

在对某市的住房公积金审计项目中,审计项目组了解到住房公积金个人账户的利息计算是由信息系统自动完成的,那么在审计住房公积金个人账户计息问题时,就要重点关注信息系统是否正确地进行计息。

(1) 选取典型数据。在计算公积金个人账户的利息时,主要涉及"主表_公积金缴存明细表"和"补充表_利息表",其表结构分别如表 9-3-13 和表 9-3-14 所示。

表 9-3-13 主表_公积金缴存明细表

字段名称	数据类型
职工社会保险号	nvarchar(18)
投保年月	smalldatetime
投保单位代码	nvarchar(10)
有效基数	decimal(14,2)
住房储蓄金个人缴纳额	decimal(14,2)
住房储蓄金单位缴纳额	decimal(14,2)
操作日期	smalldatetime
基数段	nvarchar(15)
月缴存额	numeric(16,3)
…	…

表 9-3-14 补充表_利息表

字段名称	数据类型
职工社会保险号	nvarchar(18)
年度	decimal(4,0)
当前本金	decimal(14,2)
当前利息	decimal(14,2)

为简单起见,我们选取了公积金正常缴存并且在被审计年度内未提取过公积金的,社会保险号为"＊＊＊＊＊2731025466"的个人记录作为典型数据进行利息复算。缴存明细表的部分记录如图 9-3-7 所示。

(2) 对数据进行复算。按审计当时《住房公积金管理条例》及中国人民银行的规定,住房公积金利息计算方法,是在每年 6 月 30 日计算利息,当年归集的公积金的利息按当期活

	职工社会保险号	投保年月	投保单位代码	有效基数	个人缴纳额	单位缴纳额	操作日期	基数段	月缴存额	单位比例	个人比例
1	*****2731025466	2005-01-01	60056875-9	1517.00	136.53	197.21	2005-01-19...	01500-2000	333.740	13	9
2	*****2731025466	2005-02-01	60056875-9	1517.00	136.53	197.21	2005-02-17...	01500-2000	333.740	13	9
3	*****2731025466	2005-03-01	60056875-9	1517.00	136.53	197.21	2005-03-16...	01500-2000	333.740	13	9
4	*****2731025466	2005-04-01	60056875-9	1517.00	136.53	197.21	2005-04-14...	01500-2000	333.740	13	9
5	*****2731025466	2005-05-01	60056875-9	1517.00	136.53	197.21	2005-05-16...	01500-2000	333.740	13	9
6	*****2731025466	2005-06-01	60056875-9	1517.00	136.53	197.21	2005-06-15...	01500-2000	333.740	13	9
7	*****2731025466	2005-07-01	60056875-9	1517.00	136.53	197.21	2005-07-18...	01500-2000	333.740	13	9
8	*****2731025466	2005-08-01	60056875-9	1517.00	136.53	197.21	2005-08-15...	01500-2000	333.740	13	9
9	*****2731025466	2005-09-01	60056875-9	1517.00	136.53	197.21	2005-09-15...	01500-2000	333.740	13	9
10	*****2731025466	2005-10-01	60056875-9	1517.00	136.53	197.21	2005-10-13...	01500-2000	333.740	13	9
11	*****2731025466	2005-11-01	60056875-9	1517.00	136.53	197.21	2005-11-15...	01500-2000	333.740	13	9
12	*****2731025466	2005-12-01	60056875-9	1517.00	136.53	197.21	2005-12-14...	01500-2000	333.740	13	9

图 9-3-7　公积金缴存明细表部分记录

期利率计算,往年缴存的公积金的利息按当期 3 个月定期存款利率计算。但是通过查询"补充表_利息表"的相关数据,我们发现该公积金管理中心是在每年的 12 月 31 日计算利息。内部审计人员选取 2005 年作为进行比较的年度,首先计算出当年应当计算的利息,然后再与实际计算的值进行比较。

① 计算 2004 年 6 月至 2005 年 6 月应当计算的利息(2004 年和 2005 年的活期存款年利率 0.72%,3 个月定期存款年利率 1.71%)。

$$定期存款利息 = 2004 年 6 月的账户余额 * (1.71/100)$$

活期存款利息的 SQL 语句如下:

select sum(月缴存额 * datediff(day,操作日期,'2005-6-30') * (0.72/100/360))as 活期利息求和 from 主表_公积金缴存明细表

　　where 职工社会保险号='* * * * *2731025466'

　　　　and 操作日期>'2004-06-01'

　　　　and 操作日期<'2005-06-30'

经计算,定期存款利息为 475.01 元,活期存款利息为 21.24 元,所以 2004 年 6 月至 2005 年 6 月应当计算的利息是 496.25 元。

② 计算 2005 年 7 月至 2005 年 12 月应当计算的利息。

$$定期存款利息 = 2005 年 6 月的账户余额 * (1.71/100/12 * 6)$$

活期存款利息的 SQL 语句如下:

select sum(月缴存额 * datediff(day,操作日期,'2005-12-31') * (0.72/100/360))as 活期利息求和 from 主表_公积金缴存明细表

　　where 职工社会保险号='* * * * *2731025466'

　　　　and 操作日期>'2005-07-01'

　　　　and 操作日期<'2005-12-31'

经计算,定期存款利息为 281.45 元,活期存款利息为 3.69 元,所以 2005 年 7 月至 2005 年 12 月应当计算的利息是 285.14 元。

③ 计算 2004 年 7 月至 2004 年 12 月应当计算的利息

定期存款利息＝2004 年 6 月的账户余额 * (1.71/100/12 * 6)

活期存款利息的 SQL 语句如下：

```
selectsum(月缴存额 * datediff(day,操作日期,'2004-12-31') * (0.72/100/360))as 活期利息求和
from 主表_公积金缴存明细表
where 职工社会保险号='*****2731025466'
    and 操作日期>'2004-07-01'
    and 操作日期<'2004-12-31'
```

经计算，定期存款利息为 237.50 元，活期存款利息为 4.74 元，所以 2005 年 7 月至 2005 年 12 月应当计算的利息是 242.24 元。

$$2005 \text{ 全年应当计算的利息} = ① + ② - ③$$
$$= 496.25 + 285.14 - 242.24$$
$$= 539.15$$

(3) 跟踪处理结果。在公积金中心的信息系统的计息表中，社会保险号为"*****2731025466"的个人的利息情况如图 9-3-8 所示。

	职工社会保险号	年度	当前本金	当前利息
1	****2731025466	2002	19497.90	1067.21
2	****2731025466	2003	25136.94	1471.88
3	****2731025466	2004	30419.58	1987.02
4	****2731025466	2005	34424.46	2684.68

图 9-3-8 利息表部分记录

2005 年当年产生的利息 697.66 元(2 684.68－1 987.02)，与审计组复算的结果不一致。

(4) 分析原因。据此，审计项目组对系统功能进行分析，查找错误产生的原因，发现该公积金管理中心在每年 12 月 31 日计算利息时，当年归集的公积金按当期活期利率(年利率 0.72％)计算，往年缴存的公积金的利息按当期 1 年期定期存款利率计算(2002 年按 2.25％计算，2003 年至 2005 年按 1.98％计算)，如当年发生支取业务，以支取后的余额为基数，按 3 个月定期存款利率(年利率 1.71％)计算利息；上年利息不计入下年计息的基数。审计项目组在了解中进一步发现，系统不但计息错误，并且系统设计没有把计息表与个人信息表关联，每年底未就计算出的利息计入个人账户余额中进行账务处理，职工提取公积金时也没有支付利息。

第四节 信息系统生命周期审计

正如同任何事物一样，信息系统也有一个孕育、诞生、成长、成熟、衰亡的生存过程。这

个过程就叫作信息系统的生命周期。信息系统的生命周期按时间可划分成系统的开发阶段和系统的运行与维护阶段。其中开发阶段的工作包括对信息系统的规划、分析、设计、编码、测试和试运行，系统的运行与维护阶段的工作包括系统的日常运行和系统的维护。为了保证信息系统设计和实现能满足预定的要求，提高信息系统运行的有效性、高效性和安全性，需要对信息系统的生命周期进行审计。信息系统的规模越大、复杂程度越高，信息系统生命周期的审计就越重要。在信息化环境下，公司的发展与信息技术的发展应用紧密融合在一起，对信息系统进行建设和升级成为一种常态，而且内部审计机构和内部审计人员要自始至终参与信息系统生命的全周期的确认和评价。

一、信息系统生命周期概述

信息系统的生命周期由系统分析、系统设计、系统实施以及系统维护四个时期组成，每一个时期又进一步划分成若干个阶段。

1. 系统分析

系统分析，也叫系统的调查与分析，是信息系统生命周期的第一个阶段，也是最重要的一个环节。系统分析时期的任务包括确定信息系统必须完成的总目标，确定工程的可行性，导出实现工程目标应该采取的策略及系统必须完成的功能，估计完成该项工程需要的资源和成本，并且制定工程进度表。系统分析时期通常进一步划分成三个阶段：问题的定义、可行性研究和需求分析。问题定义阶段的主要任务是确定所开发的信息系统要完成的目标是什么，如果不知道信息系统的目标就试图开发信息系统，显然是盲目的，只会白白浪费时间和金钱。可行性研究阶段的主要任务是分析达到信息系统的目标是否存在可行的办法。可行性研究的结果是信息系统的负责人做出是否继续进行这个信息系统的开发决定的重要依据。一般说来，只有投资可能取得较大效益的那些信息系统才值得继续进行下去，及时终止不值得投资的工程项目，可以避免更大的浪费。需求分析阶段的主要任务是确定目标系统必须具备哪些功能以及系统正常运行时应满足的性能指标。

2. 系统设计

系统设计是信息系统生命周期中另一个重要阶段。系统设计的主要目的就是为下一阶段的系统实施制定蓝图。系统设计包括两个方面的内容：首先是系统总体设计，总体设计的任务是提供信息系统的概括的解决方案，主要内容包括信息系统的功能模块的划分，功能模块之间的层次结构和关系。其次是系统详细设计，详细设计的任务是把系统总体设计的结果具体化。这个阶段的任务不是编写程序，而是设计出各个功能模块的详细规格说明，如信息系统各个模块的处理流程，系统的数据流程和数据库逻辑结构的设计。

3. 系统实施

系统实施是新系统开发工作的最后一个阶段。所谓实施指的是将上述系统设计阶段的结果在计算机上的实现，将原来纸面上的、类似于设计图式的新系统的设计方案转换成可执行的应用系统。系统实施阶段的主要任务是：按总体设计方案购置和安装计算机网络系统；建立数据库系统；程序设计与调试；整理基础数据，培训操作人员和试运行。

4. 系统维护

系统维护是系统投入正常运行之后一件长期而又艰巨的工作。维护时期的主要任务是使系统持久地满足企业的需要。具体地说,系统维护的任务包括当系统在使用过程中发现错误时应该加以改正;当环境改变时应该修改系统以适应新的环境;当企业有新的需求时应该及时改进信息系统以满足企业的需求。每一次维护活动本质上都是一次压缩和简化了的系统定义和开发过程。

信息系统的生命周期是周而复始进行的,一个系统开发完成以后就不断地评价和积累问题,积累到一定程度就要重新进行系统分析,开始一个新的生命周期。一般来说,不管系统运行的好坏,每隔一定的时期也要进行新一轮的开发。信息系统生命周期如图9-4-1所示。

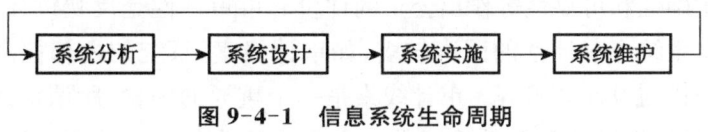

图 9-4-1 信息系统生命周期

另外需要注意的是,信息系统的生命周期并不等于信息系统软件的生命周期,信息系统的生命周期审计的对象包含了组成信息系统的软件和硬件,具有更多的内容。但由于信息系统的大多数功能一般是通过软件来实现的,因此,信息系统的生命周期和信息系统软件的生命周期的联系又是十分密切的。

二、信息系统生命周期的审计目标

对信息系统生命周期的审计,是指由公司内部审计机构和内部审计人员,以信息系统开发过程以及在这一开发过程中所形成的有关文档为对象所进行的审计,也即内部审计人员对系统开发过程中各项活动以及由此产生的各种文档资料按照公司目标和IT治理和管理的目标,对照有关的法规、标准和要求所进行的,用以判断系统开发活动及产生的文档的合规性、合法性、合理性、有效性所进行的确认和评价。进行这种审计的目的在于以确保新系统实施后能得以正常运行,实现利益相关者的要求。

1. 审查系统的可行性

如果系统在开发之前已进行必要的可行性研究,则内部审计人员必须对可行性研究资料进行研究。看其是否从技术上、经济上分别进行了分析,分析是否全面,特别是在估计系统运行以后可能产生的效益时,是否有估计过高的现象,硬件与软件能否满足本系统的要求。如果在开发之前没有进行可行性研究,则内部审计人员要与公司用户及有关人员共同对系统进行可行性研究,在保证能达到系统的目标和系统运行后的效益远大于投入的成本时才能开发系统。

2. 审查系统的合法性和合规性

信息系统的设计必须符合国家有关的法律、法规和政策,必须符合公司的发展目标和规章制度等。因此,在设计系统的过程中,内部审计人员要对设计给予适当的监督、指导,对系统的设计文档资料进行审查,保证系统的功能要符合外部监管和内部规章制度的要求。

3. 审查系统内部控制的适当性

信息系统内部的控制措施是信息系统的重要组成部分。内部审计人员要监督设计人员在进行系统开发过程中遵循应有的系统开发控制,同时也要监督设计人员在系统内部建立必要的内部控制。当然,片面强调内部控制,则会降低系统开发和运行效率。因此,内部审计人员还要注意审计系统的内部控制是否恰当以及控制带来的效益是否大于控制的成本,如果某项控制带来的效益小于控制的成本则可取消这项控制。

4. 审查系统的可审计性

所谓可审计性,是指有能力、有资格的内部审计人员,能够在一个合理的时间和人力限度内,对系统的正确性和可靠性等作出公正的评价。可审计性是反映审计复杂性的一个重要指标,影响信息系统可审计性的因素较多,如审计线索、系统的内部控制、系统的输入与操作方式、系统分析与设计技术等。审计线索是一个重要的因素,所谓审计线索,是指有可能为内部审计人员提供发现问题的途径的一系列经济业务活动的历史记录。基于计算机的信息系统的审计线索既容易被销毁,也容易被篡改,若设计时考虑不周,甚至可以不留下任何审计线索,这样就很难进行事后审计。因此,内部审计人员在进行系统开发审计时,要注意审计系统是否保留了足够的审计线索。必要时,在系统设计过程中,可设计在应用程序嵌入审计程序,以便日后开展信息系统审计。

5. 审查系统的测试是否全面

每一个设计好的信息系统,在正式投入运行之前,必须进行最后的测试和调试。内部审计人员在审查试运行的系统时,要重点审查系统的测试工作是否满足以下要求:测试工作是在与公司生产环境完全相同的条件下进行的;测试数据不仅覆盖正确的业务,而且覆盖错误的业务;正确的业务能否被系统正确地处理,错误业务能否被系统拒绝接受,并输出错误信息等。内部审计人员通过对上述各种测试的问题进行审查监督,只有信息系统在合法、功能、性能、安全等方面经过测试均达到系统目标以后,才算通过测试进入下一个阶段的工作,否则,要与有关人员共同分析存在问题及原因,督促其加以改进。

6. 审查系统文档资料的完整性

系统的文档资料是信息系统必不可少的一部分。每一个信息系统在正式投入使用之前,都应该编制好规范的书面文档资料,这样才能增强系统的可维护性和可审性。信息系统的文档资料应包括可行性研究报告及其批准资料,系统分析与设计资料,程序设计资料及操作手册,系统测试报告。

三、信息系统规划及其审计

信息系统规划的审计涉及的范围广泛,关系到整个公司的运作,是一个十分复杂和困难的过程。

(一) 信息系统规划

信息系统规划的主要任务有:①确定信息系统的目标,给出它的功能、性能、可靠性以及接口等方面的设想;②研究完成信息系统开发任务的可行性,探讨解决问题的方案,并且对可供使用的资源(如计算机软件、硬件、人力等)、成本、可取得的效益和开发的进度作出估计。

信息系统规划包含问题的定义和可行性分析两个主要的内容。

1. 问题的定义

问题的定义为系统规划和需求分析提供功能与性能的依据。问题定义的内容包括:问题的背景,系统的现状,开发的理由与条件,确定系统要完成什么目标,必须达到多大的性能,开发的条件,运行环境的要求。

系统分析员要深入到问题的现场,听取系统用户对开发系统的要求,调查开发的背景理由,阅读用户书写的报告,并与用户和负责人反复讨论,澄清模糊的地方,改正不正确的地方,写出双方都满意的系统定义文档,确定是否可进入系统的可行性分析阶段。

2. 可行性分析

可行性分析的目的就是要用最小的代价在尽可能短的时间内确定问题是否能够解决。可行性分析的实质是要进行一次大大简化的系统分析和设计的过程,也就是在较高层次上以较抽象的方式进行的系统分析和设计的过程。

在信息系统开发之前对项目进行可行性论证是非常必要的。花费在这种可行性论证上的精力是不会白费的,只有认真进行了可行性论证,才会避免或者减轻项目开发后期可能出现的困境。可行性研究的结果可能导致取消一个信息系统项目的开发计划。

可行性研究集中在如下三个最为敏感的方面:①经济可行性:分析在给定的人力、资金和时间范围内,达到预期目标是否现实,从经济上考虑是否值得。②技术可行性:从技术上分析达到目标的可能性,检验有无重大技术障碍阻碍信息系统的目标的实现。③法律可行性:确定所开发的系统是否会违反国家的法律,是否会违反外部监管的要求,是否会违反公司的目标和规章制度。

典型的可行性研究过程有下述一些步骤,充分了解可行性研究的步骤,有助于内部审计人员对信息系统规划过程的跟踪和审计。

(1) 复查系统的规模和目标。系统分析员访问关键人员,仔细阅读和分析有关的材料,以便对问题定义阶段书写的关于规模和目标的报告书进一步复查确认,改正含糊或不确切的叙述,清晰地描述对目标系统的一切限制和约束。这个步骤的工作,实质上是为了确保系统分析员正在解决的问题确实是要求他解决的问题。

(2) 研究目前正在使用的系统。现有的信息系统是信息的重要来源,新系统必须能够解决旧系统中存在的问题。此外,使用旧系统所需要的费用是一个重要的经济指标,如果新系统不能增加收入或减少使用费用,那么从经济的角度来说新系统就不如旧系统。

系统分析员除了仔细阅读并分析现有系统的文档资料和使用手册之外,也要实地考察现有系统。应该注意了解这个系统能做什么以及使用这个系统的代价。另外,系统分析员还应该注意了解并记录现有系统和其他系统之间的接口情况,这是设计新系统时重要的约束条件。

（3）导出新系统的高层逻辑模型。通过前一步的工作，信息系统分析人员对目标系统应具有的基本功能和约束条件有了一定的了解，能够使用数据流程图描绘数据在系统中流动和处理情况，从而概括地表达他对新系统的设想。通常为了把新系统描绘得更加清晰准确，还应该有一个初步的数据字典，定义系统中使用的数据。数据流程图和数据字典共同定义了新系统的逻辑模型，以后可以从这个逻辑模型出发设计新系统。

（4）重新定义问题。新系统的逻辑模型实质上表达了分析员对新系统必须做什么的理解。有必要和用户一起再次复查问题的定义以及工程的规模和目标。这次复查应该把数据流程图和数据字典作为讨论的基础。

（5）导出和评估供选择的方案。系统分析员应该从逻辑模型出发，导出若干个较高层次的物理模型以供比较和选择，并从经济、技术和法律三个方面进行比较和筛选。

（6）推荐行动方针。应该根据可行性研究的结果做出一个关键性的决定，即是否继续进行信息系统的开发。系统分析员必须清楚地表明他对这个关键决定的意见，并说明理由，并对所选方案进行相应成本与效益分析。

（7）草拟开发计划。系统分析员应该进一步为推荐的系统草拟一份开发计划，除了工程进度表之外还应该估计对各种开发人员（系统分析员、程序员、资料员等）和各种资源（计算机软件、硬件等）的需要情况，应该指明什么时候使用以及使用多长时间。此外还应该估计系统生命周期每个阶段的成本。

（8）书写文档提交审查。应该把上述可行性研究的各个步骤的结果写成清晰的文档，请用户和使用部门负责人仔细审查，以决定是否继续信息系统的开发以及是否接受系统分析员推荐的方案。

（二）系统规划审计

在系统规划阶段，内部审计人员要重点审计以下几个方面的内容。

（1）信息系统的规划过程中是否制定了系统开发的长期及短期计划，这些计划是否得到主管领导的认可。

（2）可行性研究报告中是否详细说明了信息系统开发任务的可行性，并估计可取得的效益和开发的成本。

（3）系统开发计划中是否明确说明了信息系统的目标以及它的功能、性能、安全性、可靠性等方面的设想。

（4）系统开发计划中是否提供了可能的开发方案，并且对需要的资源（如计算机软件、硬件、人力等）、资金、时间进行估计。

（5）系统开发计划中是否明确说明了系统开发过程中组织变动、业务改变时的有关对策。

四、信息系统分析及其审计

正如任何一件工作着手以前首先必须明确目标一样，信息系统的开发工作在进行系统设计之前应该弄清楚要开发的系统应该具有哪些功能，应达到什么性能。这就是信息系统分析阶段的目标。明确了需求,就得到了系统设计的依据。表面看来,这个道理非常简单,也容易做到。其实不然,信息系统开发的实践表明,做好需求分析并不是一件轻而易举的事。系统的开发人员和用户往往未能全面、准确地理解需求,或是未能恰当地表达这些需求,以致把需求分析阶段的遗留问题隐藏起来,并把它带到开发工作的后期阶段,最终酿成不良的后果。

(一) 信息系统分析

信息系统分析阶段的任务具体分为两个部分,首先是全面理解用户的各项需求,但又不能全盘接受所有的需求。这是因为并非用户提出的全部要求都是合理的。对其中模糊的要求要澄清,然后才能决定是否可以采纳。对于那些无法实现的要求应向用户做充分的解释。其次要准确地表达被接受的用户需求,只有经过确切描述的要求才能成为设计的依据。

信息系统分析的工作可分成获取用户需求、问题分析、需求描述和需求复审四个阶段。

1. 获取用户需求

获取用户需求是信息系统分析中的基础工作,为了做好用户需求的调查研究,应从以下方面着手。

(1) 阅读需求文档。系统分析人员需要仔细阅读用户对开发系统的需求说明书,掌握用户在系统的功能、性能、安全、可靠性、运行要求、开发时间、开发成本等方面的要求。

(2) 访问用户。从用户那里取得的信息常常有助于系统开发人员对系统需求的理解,并可通过与用户交换意见使得文档中的模糊的需求得到验证和澄清。

(3) 观察用户的工作流程。除了阅读文档和访问用户以外,如果可能的话,实际观察用户的工作流程也是一种行之有效的获取需求方法。

(4) 技术调查。调查现有的类似系统能完成哪些功能,能达到什么性能,采用了什么技术手段。

2. 问题分析

在问题分析阶段,分析人员通过对系统目标的理解、分析和综合,清除用户需求的模糊性、歧义性和不一致性,并在用户的帮助下对相互冲突的需求进行折中。在这一阶段,系统分析人员应该将自己对系统原始目标的理解与系统开发经验结合起来,以便发现哪些需求在现有的技术、资金和时间条件下是不可行的,哪些是用户尚未提出但是具有真正价值的潜在需求。由于用户群体中的各个用户往往会从不同的角度、在不同的抽象级别上阐述他们对目标系统的理解和需求,因此有必要对目标系统建立模型。这种模型一方面用于精确地记录用户从不同角度,不同的抽象级别上对目标系统的理解和需求,另一方面帮助系统分析人员发现用户需求中的不一致性,排除不合理的部分,挖掘潜在的需求。这种模型往往包含了目标系统中所涉及的信息流、处理功能、用户界面、行为模型和设计约束,它是形成需求规格说明、进行系统设计和实现的基础。需求建模的方法有结构化分析方法和面向数据流图的分析方法等。

在问题分析阶段,系统分析人员需要确定信息系统的需求,也就是要决定被开发的系统能够做什么,做到什么程度。这些需求包括以下内容。

(1) 功能需求。列举系统应完成什么样的功能,这是最主要的需求。

(2) 性能需求。说明系统运行时能达到什么样的性能指标,如每秒能处理多少字节的信息,每秒能传输多少字节的信息,输入数据后系统的响应时间,故障消除后系统恢复正常工作的时间,处理的精确度等等。

(3) 可靠性需求。对系统投入运行后不发生故障和错误的概率提出要求,使开发出来的信息系统能够高度可靠地稳定运行,避免故障和错误带来的损失。

(4) 安全需求。对信息系统中的硬件的安全性以及软件和数据的安全性的要求。

(5) 运行需求。系统运行时对硬件(如处理机的速度、内存空间大小、处理机的数量等)、软件(如操作系统平台、数据库管理系统等)、数据资源、系统的使用期限、系统的大小、重量、工作电压/电流、温度、湿度等的要求。

(6) 开发费用和开发时间的要求。

功能性需求的分析是人们普遍关注的,但人们常常忽视对性能、可靠性、安全、运行、开发费用和进度这些非功能需求进行分析。事实上,非功能需求也是衡量一个系统是否优良的重要指标。一个信息系统如果只能够实现预定的功能,而在性能、可靠性、安全、运行方面达不到要求,就不能成为一个成功的系统,这样的系统是不能使用的,否则会给用户造成损失。

需要说明的是,并不是用户提出的所有要求都要接受,需求的确定要有一个慎重选择的过程。通常可从以下几个方面来进行选择:①从技术上分析满足需求的可能性,检验有无重大技术障碍阻碍系统目标的实现;②在给定的人力、资金和时间范围内,是否能实现用户的需求,从经济上分析是否值得;③用户的需求是否会侵犯他人、公司或国家的利益,是否违反了有关的法律制度。

上述对用户需求的可行性研究的结果应当有两种:一种是肯定的,或者经过局部的需求修改后仍然是肯定的;另一种是否定的,得到的结论不合算或是有重大的问题难以解决。只有可行性研究的结果为肯定的那些需求才能被接受;对于拒绝接受的需求,应向用户作出详细的解释。

3. 需求描述

应该对已经确定接受的需求进行清晰、准确的描述。通常把需求描述的文件称为软件需求规格说明书。另外,为了确切地表达用户对软件的输入、输出要求,需要编写初步用户手册。将初步的用户手册作为需求分析的文档之一有助于系统分析人员从用户的角度考虑系统的需求,并鼓励用户尽早开始对系统开发活动进行检查和评估。

4. 需求复审

在编写好需求规格说明书以后,必须进行需求复审。复审工作应由开发人员和用户代表组成的专门小组完成。如果在复审过程中发现系统需求规格说明书存在错误或缺陷,应及时更改或弥补,重新进行相应部分的初步需求分析和需求建模,修改规格说明书,并再进行评审。

衡量系统需求规格说明书质量好坏的标准分别是正确性、无歧义性、完整性、可验证性、一致性、可理解性、可修改性、可追踪性。这些衡量标准的主要内容包括以下方面。

(1) 正确性。需求规格说明书中对系统的功能、性能、可靠性、安全、运行以及开发费用和进度的描述必须与用户对信息系统的期望一致。

(2) 无歧义性。对于用户、系统分析人员、设计人员和测试人员而言，需求规格说明书中的任何语法单位只能有唯一的语义解释。确保无歧义性的一种有效措施是在需求规格说明书中使用标准化的术语，并对术语的语义进行显式的、统一的解释。

(3) 完整性。需求规格说明书不能遗漏任何用户的需求。具体地说，目标系统的功能需求、性能需求、可靠性需求、安全性需求、运行需求、开发费用和开发时间的需求都应完整地包含在需求规格说明书中。

(4) 可验证性。对于规格说明书中的任何需求，均应存在技术和经济上可行的手段进行验证和确认。

(5) 一致性。需求规格说明书的各部分之间不能相互矛盾。这些矛盾表现为术语使用前后不一致、功能和系统运行行为特征的描述存在矛盾等。

(6) 可理解性。需求规格说明书应清晰易懂，便于用户、系统设计人员和测试人员阅读理解。

(7) 可修改性。需求规格说明书的格式和组织方式应该保证能够比较容易地接纳后续的增加、删除和修改，并使修改后的系统需求规格说明书能够满足正确性、无歧义性、完整性、可验证性、一致性、可理解性、可修改性、可追踪性的要求。

(8) 可追踪性。需求规格说明书必须将分析后获得的每项需求与用户的原来需求清晰地联系起来，并为后续开发和其他文档引用这些需求提供便利。

(二) 信息系统分析审计

在信息系统分析阶段，内部审计人员要重点对以下方面的内容进行审计。

(1) 系统需求规格说明书是否满足正确性、无歧义性、完整性、可验证性、一致性、可理解性、可修改性、可追踪性的要求。

(2) 数据需求规格说明中是否清楚准确地描述了信息系统在功能、性能、可靠性、安全性、系统运行、开发费用和开发时间方面的要求。

(3) 需求分析阶段提交的文档是否得到开发方和用户的认可。

(4) 是否根据需求分析的结果对以前制定的系统开发计划进行了修改。

(5) 用户是否参加了需求分析的工作。

(6) 为确保系统的可靠性、安全性和效率性，是否对各种机器和技术进行了比较选择。

(7) 是否制定或探讨了既能达到系统目标又现实可行的代替方案。

(8) 是否对因信息系统停止运行或运行出错而造成的影响和损失进行了分析。

(9) 是否对因使用信息系统发生的数据错误、数据泄露、数据破坏、数据篡改、数据的非法使用以及隐私侵犯而造成的影响和损失进行了分析。

(10) 是否对信息系统有关的法律、制度等进行了全面调查。

(11) 是否对由于系统建立后可能受到影响的业务、管理体制、各项制度以及这些方面的修改意见进行了研究。

(12) 文档是否齐全,需求分析阶段需要提交系统规格说明、数据需求、初步的用户手册、用户系统描述和修改过的系统开发计划。

(13) 执行系统开发计划时所必要的资金、人员、设备、时间等是否得到保证。

(14) 执行系统开发计划时任务分配及责任体制是否妥当。

五、信息系统设计及其审计

信息系统的开发工作经过系统分析阶段,弄清了需求,较好地解决了要让所开发的信息系统"做什么"的问题,并且已在软件规格说明书中详尽和充分地阐明了这些需求。进入了设计阶段,将着手解决"怎么做"的问题。

(一) 信息系统设计

信息系统的设计阶段主要解决的是信息系统的总体结构和处理细节。通常把信息系统的设计阶段分成两步:概要设计(也称总体设计)和详细设计(也称过程设计)。概要设计的基本目的是回答"概括地说,系统应该如何实现"这个问题。详细设计是在概要设计的基础之上确定系统具体实现的细节,如程序采用的算法和数据结构,数据库模式的详细设计,操作界面的详细设计等。系统的详细设计应该给出系统的精确描述,从而在编码阶段可以把这个描述直接翻译成用某种程序设计语言书写的程序。

概要设计的任务是划分出组成系统的元素如程序、文件、数据库和文档等,但是每个物理元素的具体内容将放在详细设计中进行仔细的设计。概要设计阶段的另一个重要任务是设计系统之中软件的结构,也就是确定系统中每一个软件是由哪些模块组成的,以及这些模块之间的相互关系。信息系统概要设计的典型过程有如下九个步骤。

1. 选取最佳的方案

在信息系统概要设计开始时只有系统的逻辑模型,系统分析员应该设想该模型的各种可能的物理实现方案,从中选取若干个合理的方案。在判断哪些方案合理时应该考虑系统的目标、工程规模、时间安排,可供使用的资源以及用户的意见。系统分析员综合分析对比各种合理的方案的利弊,从其中推荐一个最佳的方案供项目负责人、用户和使用部门负责人评估。如果他们都接受了推荐的方案,则可进入系统概要设计过程的系统功能分解和结构设计阶段。

2. 功能分解

一个信息系统往往要完成复杂的功能,在概要设计时系统分析员需要对系统的复杂功能进行层层分解,直到所分解的子功能容易实现为止。通过功能分解,把原来复杂的问题简化了。系统分析员可以确定系统这些复杂的功能是由哪些子功能组成的,并由此设计系统应分成哪些部分,各个部分之间应完成的功能和相互之间的联系。

3. 软件结构设计

软件是实现系统功能的主要工具,通常需要把软件划分成模块,软件中的一个模块完成一个适当的子功能。把软件划分成模块的原则如下。

（1）内聚性要强，耦合性要弱，提高模块的独立性。

（2）把模块的作用范围保持在模块的控制范围之内。

（3）模块的接口要简单，以便降低复杂性、冗余度。

（4）尽可能把与硬件相关的部分集中在一起，比如放在一个模块内或几个模块内。

（5）建立公用模块，尽可能消除重复工作，减少冗余。

（6）一个模块的调用模块或被调用模块的个数最好不要超过五个。

（7）合理设置模块的大小。模块的大小以多少为宜，没有定论，须视具体情况而定，一般说来，行数为 50~100 行的高级语言程序是比较容易阅读和理解的。

另外，还应该把程序模块组织成良好的层次结构。程序的层次结构如图 9-4-2 所示。其中方框代表程序模块，箭头表示调用关系。顶层模块调用它的下层模块以实现程序的完整功能，每个模块再调用更下层的模块，从而完成程序的一个子功能，最下层的模块完成最基本的功能。

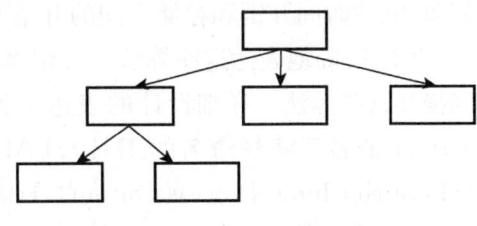

图 9-4-2　程序的层次结构图

4. 数据库设计

对于需要使用数据库的那些应用领域，系统分析员应该在需求分析阶段对系统数据需求进行分析的基础上进一步设计数据库。数据库设计内容包括数据字典的描述，数据库的实体——关系模型，数据库安全性和完整性，数据库的优化方法，数据库管理系统的选择等。

5. 制定初步的测试计划

在系统开发的早期阶段考虑测试问题，能促使系统设计人员在设计时注意提高系统的可测试性。

6. 书写文档

在概要设计阶段要注意详细地记录概要设计的结果，在这个阶段应该完成的文档通常有下述几种。

（1）概要设计说明书。包括系统的组成结构，成本/效益分析，软件的结构，系统模块之间的关系，软件模块之间的关系等。

（2）用户手册。根据概要设计阶段的结果，修改更正在需求分析阶段产生的初步的用户手册。

（3）单元测试计划。包括测试目的，测试方案和测试进度计划等。

（4）数据库设计结果。如果目标系统中包含数据库，则应该用正式文档记录数据库设计的结果。通常包括数据字典、数据库的实体——关系模型、安全性，完整性以及优化方法、数据库管理系统的选择等。

7. 概要设计审查和复审

在以上工作完成以后，应该对概要设计的工作成果进行严格的技术审查，在技术审查通过之后再由使用部门的负责人从管理角度进行复审。

如同建筑工程中的结构设计只考虑了建筑物的布局和框架一样,概要设计只解决了系统的总体结构的设计问题。经过了概要设计,整个系统的构造,模块怎么划分,包括每个模块的功能,模块之间的联系和模块的接口描述都已确定下来,接下来便要着手解决具体怎样实现每个模块功能的问题,这就是详细设计的任务。详细设计阶段还不是具体地编写程序,而是要设计出程序的"蓝图",以后程序员根据这个蓝图写出实际的程序代码。详细设计的步骤如下。

(1) 决定各个软件模块的处理算法和数据结构。这个问题与所开发的系统的具体要求和对每个模块规定的功能密切相关,设计的具体原则是要正确实现应有的功能,处理逻辑简单,软件时间开销和存储空间的开销要尽可能少。

(2) 精确地表达这些算法。决定算法和数据结构以后,需要采用合适的表达工具来精确描述这些算法。详细设计的表达工具有处理流程图、N-S 图(以发明者 Nassi 和 Shneiderman 的名字缩写命名的工具)、PAD 图(Problem Analysis Diagram,PAD)、HIPO 图(Hierarchy Input-Process-Output, HIPO)、判定表、判定树、PDL(Program Design Language,PDL)等。这些工具各有长短,要根据具体情况选择使用。选用详细设计表达工具的一般原则是易于学习掌握、易于表达处理流程、能有效地表达各种数据结构、便于修改、体现了结构化的要求、使用普遍。

(3) 确定模块的接口细节。包括模块之间的接口,模块与硬件的接口,模块与用户界面的接口的细节,如接口参数的个数、类型以及模块返回的类型等。

(4) 数据库模式的详细设计。把概要设计得到的数据库的实体——关系模型转换成某一个数据库管理系统的关系模式,并决定数据库的存储结构。

(5) 书写文档。在详细设计阶段要提交的文档主要是系统的详细设计说明书。内容应包括各个模块的功能,模块的调用关系,各个模块的输入项和的输出项,各个模块的处理流程和数据结构,各个模块接口的详细说明(如输入/输出数据的类型、个数和格式等),数据库中各个数据表的关系模式,用户界面的组成结构和规范等。

(6) 详细设计的评审。在以上工作完成以后,项目负责人应该对详细设计的工作成果进行严格的技术审查,在技术审查通过之后再由使用部门的负责人从管理角度进行复审。一旦详细设计的结果得到他们的认可,就可安排程序员按照系统设计的说明书进行编码工作。

(二) 信息系统设计审计

在信息系统设计阶段,内部审计人员要重点对以下方面的内容进行审计。

(1) 从开发规模、时间、系统特性等观点看,系统开发顺序是否适当。

(2) 系统的设计说明书和用户手册是否得到主管人员和用户的承认。

(3) 系统的概要设计说明书是否详细提供了系统的组成结构,系统各模块之间的关系,软件的结构,软件各模块之间的关系。

(4) 系统的详细设计说明书是否详细提供了各个模块的功能,模块的调用关系,各个模块的输入项和的输出项,各个模块的处理流程和数据结构,各个模块接口的详细说明(如输入/输出数据的类型、个数和格式等),数据库中各个数据表的关系模式以及用户界面的组成结构和规范。

(5) 系统的设计说明书(指概要设计说明书和详细设计说明书)中是否考虑了信息系统的故障或错误对策。

(6) 系统的设计说明书中是否包括确保信息系统安全而设置的各种控制措施。

(7) 系统的设计说明书中是否考虑了数据库的安全性、完整性、一致性和规范化要求。

(8) 系统的设计说明书中是否考虑了系统的软件、硬件和网络在系统运行负载处于高峰时期的运行要求。

(9) 系统的使用界面和数据的输出格式是否清晰明了,便于用户使用。

(10) 系统设计是否考虑让系统能够提供足够的审计线索。

(11) 系统设计是否考虑在系统内部实施职责分离等内部控制措施。

(12) 系统的单元测试计划中是否提供测试的目的,测试方案和测试进度安排。

六、信息系统编码及其审计

信息系统的开发工作沿着生命周期的顺序逐步推进,最终需要得到能实现信息系统目标的在计算机上运行的程序,我们通常称它为源程序。把信息系统的设计作进一步的转换,产生源程序的过程,称为编码阶段。编码工作只是把详细设计得到的算法描述转换成某种语言表示的程序,相对而言,编码要比前面几个阶段的工作容易得多。

(一) 信息系统编码

为了保证信息系统编码的质量,程序员必须深刻地理解、熟练地掌握并正确地运用程序设计语言的特性,如一些语法规则和语义的细节。只有语法上没有错误的程序才能通过编译程序的语法检查。然而,在信息系统的编码阶段,绝不仅仅要求源程序语法的正确性,也不只是源程序中没有各种错误,它还要求源程序具有良好的结构和良好的程序设计风格。因此,在信息系统的编码阶段,并不是源程序写得正确就完全达到要求了。

1. 对源程序质量的要求

(1) 正确性。程序员编写的程序是要实现信息系统的某种功能,如果编写的程序执行不正确,包括不能完成预定的功能甚至出错,则编写出来的程序是毫无用处的。

(2) 可读性。程序员编写的源程序除了要实现信息系统的功能外,还必须让人能够容易看懂。这一点作为软件产品来说是一个必不可少的要求。如果一个软件的源程序在其他方面都十分完美,只是不容易被人们看懂,那还不算是一个好的软件。假如程序员写出的程序结构清晰,可读性好,那么在软件的测试或运行过程中发现错误,很容易修改,并且还能在运行环境中,根据用户的需要比较容易地扩充其功能,改善其性能。

(3) 效率。程序的效率主要指运行的时间和所占用的存储器的容量。一个好的程序不仅要完成需要的功能,而且运行时间要尽可能少,程序运行时占用的存储器的容量也要尽可能少。但是提高程序的效率并不是以牺牲程序的可读性为前提的,效率是靠好的设计来提高的。

2. 源程序的编码

编码是利用编程语言编写程序的过程。为了提高程序结构的清晰性和程序的可读性,可采用如下措施来对编码过程进行控制。

(1) 对程序控制结构的要求。在程序编写过程中大量使用无条件转向语句(GOTO 语句)容易造成程序结构的混乱,致使程序质量下降,所以在代码编写时强调使用三种基本的控制结构:顺序结构、选择结构和循环结构,具有这样结构的程序是好结构的程序。这三种基本控制结构的控制流图如图 9-4-3 所示。

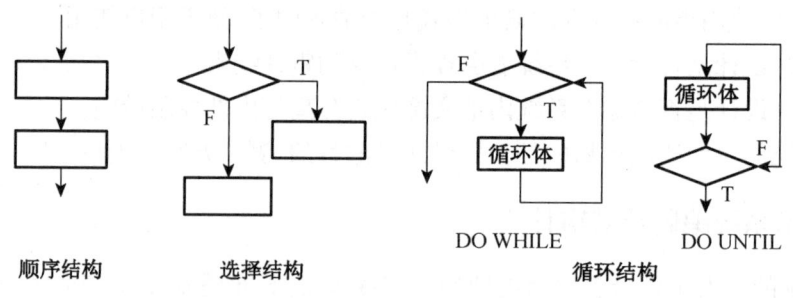

图 9-4-3　程序的三种基本控制结构

图中的箭头代表程序的执行方向,矩形框代表程序语句,菱形框代表条件判断,T 代表菱形框中的条件成立,F 代表菱形框中的条件不成立。由上图不难看出,选择结构的功能类似于程序语句"IF…ELSE…"。循环结构有两种:"Do While"和"Do Until"类型。"Do While"类型先执行条件判断,如果条件成立,则进入循环体(循环体可看作是循环执行的一组语句)执行,然后再返回条件判断,重复上述执行过程,如果条件不成立,则不执行循环体,执行循环体的下一条语句;"Do Until"类型先执行一次循环体,然后进行条件判断,如果条件不成立,则重复执行循环体,否则执行循环体的下一条语句。

(2) 对程序设计的要求。在整个程序设计的过程中提倡采用自上向下和逐步求精的原则。它把整个程序设计问题按层次由粗到精逐步划分,然后加以解决。每一步是在前一步的基础上进行的,是前一步工作的细化和具体化。照这样逐步分解下去,直到最后的问题变得容易解决为止。这种做法的思想是把一个原来复杂的大问题,划分成多个容易解决的小问题,通过逐步解决这些容易的小问题最后使整个问题得到解决。

(3) 程序设计的风格。在编码阶段,使用某种程序设计语言编写的源程序通常是很不直观的,我们如果不特别注意采取一些措施提高它的可读性,往往很难看懂这些程序的背后隐藏着什么意图。因此,在编写源程序时,保持良好的程序设计风格,是提高程序可读性的有力措施。要想得到具有良好风格的程序,应解决好以下几个方面的问题。

使用有意义的符号名,在程序开发中经常要遇到为符号命名的问题,如变量、常量、标号、子程序、模块等。最好采用一些有实际意义的标识符,使其能够见名知意。

在程序中使用注释,许多程序设计语言允许使用注释行,使用它的目的完全是让读者更容易理解程序。程序的注释分成两种,即序言性注释和功能性注释。序言性注释一般在程序或模块的开头,它对于理解程序或模块具有引导作用。序言性注释的内容包括程序标题、程序功能、引用的子程序、调用形式、调用参数的意义、输入数据、返回数据、编者、日期等。功能性注释一般夹在执行语句中说明其后的语句或程序段是在执行什么操作。

恰当地使用空格、空行和缩进,一个程序如果写得密密麻麻,分不出层次来常常是很难看懂的。优秀的程序员可利用空格、空行和缩进来使程序的层次分明、结构清晰。

语句结构,为达到程序清晰,便于阅读和理解的目的,应做到每一行只包含一个语句,不要多句一行;尽量不使用 GOTO 语句;尽量多使用顺序结构、选择结构和循环结构;复杂的表达式最好利用括号表明运算的优先级;避免使用浮点数作相等的比较;充分利用库中现有的函数。

输入和输出信息,输入和输出信息是与用户的使用直接相关的,输入和输出的方式与格式应当尽可能方便用户的使用。程序中的输入和输出应做到:输入数据的格式要力求简单、清晰、一致,并具有完备的出错检查和错误恢复措施。输出的数据的格式要简单、清晰,容易解释。

(二)信息系统编码审计

在信息系统编码阶段,内部审计人员要注意对以下方面的内容进行审计。

(1) 编写程序是否按照系统详细设计说明书的要求进行。
(2) 编写程序的任务分工是否适当,管理人员是否确实掌握工作进度。
(3) 编写程序的任务是否按系统开发计划完成。
(4) 源程序是否具有较好的可读性。
(5) 源程序是否满足上述良好的程序应具备的风格。
(6) 源程序的设计工作是否按照自顶向下与逐步求精的结构化程序设计原则。
(7) 源程序代码的管理是否规范。
(8) 源程序的编写格式、变量的命名和数据的说明格式是否遵循统一的规范。

七、信息系统测试及其审计

信息系统的开发过程在经历了计划、需求分析、设计和编码以后,已经取得了一些阶段成果,但是这些阶段成果能不能真正满足用户提出的需求,或者说它能在多大程度上满足用户需求,这些都是信息系统的开发人员、管理人员和用户都十分关心的问题。然而,信息系统开发的大量实践表明,这些成果常常是很不理想的。如信息系统的程序中可能存在语法错误,信息系统运行出错,信息系统不能达到预期的功能,信息系统运行的性能达不到要求等。因此,经过编码阶段以后,为了提高信息系统的正确性,还需要尽可能发现和消除信息系统开发过程中隐藏的各种差错。这个过程就是信息系统的测试过程。

(一)信息系统测试

查找信息系统的差错是测试工作的目的。但必须注意信息系统的测试并不等于程序测试。在信息系统的测试阶段我们应该集中精力查找进入信息系统开发以来可能发生的各种错误,因此,需求分析、概要设计、详细设计以及程序编写等各开发阶段所得到的开发资料,包括需求规格说明、概要设计说明、详细设计说明以及源程序都是信息系统测试的对象。程序测试只是信息系统测试的一部分,信息系统的测试不应限制在程序测试的狭小的范围之内。另外,人们常常把测试和调试混为一谈,实际上它们具有完全不同的含义。测试是确定程序中是否有错误的过程,不包含改错的工作。调试是在完成测试以后,准确判断错误位置以及具体的出错情况,继而进行修正,以排除错误的过程。调试有时又称为排错或纠错。

1. 信息系统测试的错误类型

信息系统测试过程中遇到的错误类型是各种各样的,按错误的性质和范围划分,包括以下五类。

(1) 功能错误,由于功能规格说明书不够完整,或是叙述得不够确切,致使系统在实现时对功能有误解,如给出了错误的功能、缺少某些功能或是多出了冗余的功能。

(2) 系统错误,包括与外部打交道的协议出错、参数调用错误、程序调用错误、中断处理出错等。

(3) 过程错误,如初始化错误、设计的逻辑错误等。

(4) 数据错误,如数据内容、结构与属性错误。

(5) 编码错误,如语法出错、变量名错、程序逻辑错误等。

2. 信息系统测试过程的要素

(1) 测试的对象,包括系统需求规格说明书,设计说明书以及源程序等。

(2) 测试的配置。这是测试必不可少的信息,包括表明测试工作如何进行的测试计划,测试数据以及测试所用的程序和工具。

信息系统测试一般是按照测试计划来进行的。测试的过程是首先要确定测试的目的和对象,然后在此基础上构建测试的环境,在测试环境中应用测试数据对测试对象进行测试,最后把测试结果与预期结果进行比较后可发现系统中是否存在错误。接着根据出错的迹象,找到错误的准确部位,进行排错,同时修正相关的文档。修正后的系统一般需要经过再次测试,直至测试通过为止。

信息系统的测试方法主要包括黑盒测试和白盒测试两种方法。黑盒测试又称为功能测试。用这一方法进行测试时,系统被看作不能打开的黑盒,它检查信息系统的功能是否能按照需求规格说明书的规定正常使用。与黑盒测试相反,白盒测试的前提是可以把系统看成装在一个透明的盒子里面,也就是完全了解系统及其程序的结构和处理过程。白盒测试又称为结构测试,它按照信息系统程序内部的逻辑来进行测试,检查程序中的每一条通路是否都能按预定的要求正确工作。

3. 信息系统的测试步骤

信息系统的测试步骤分成单元测试、集成测试和系统测试三个部分,它们之间的顺序如图 9-4-4 所示。

(1) 单元测试。单元测试又称为模块测试,这是针对每个软件模块进行正确性检验的测试工作。其目的在于发现各软件模块内部可能存在的各种差错。

(2) 集成测试。在每个软件模块完成单元测试以后，需要按照设计时作出的结构图，把它们联结起来，进行集成测试。集成测试有非渐增式测试和渐增式测试。非渐增式测

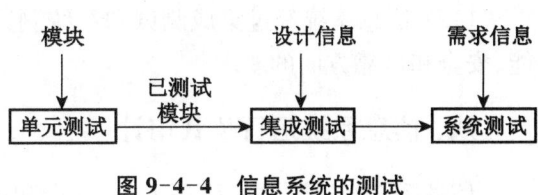

图 9-4-4　信息系统的测试

试方法是先分别测试每个软件模块，再把所有软件模块按设计要求放在一起结合成所要的程序，把联结后的程序当作一个整体进行测试。渐增式测试是把下一个要测试的模块同已经测试好的那些模块结合起来进行测试，测试完成以后再把下一个应该测试的模块结合进来测试。

(3) 系统测试。系统测试是把信息系统中的软件和硬件结合起来组成一个完整的系统，检查整个信息系统是否达到了需求规格说明的要求。有六种系统测试的方法：①功能测试。功能测试检查整个信息系统是否能完成需求规格说明书中的功能要求。②性能测试。性能测试检查整个信息系统在能完成预定功能的前提下是否达到规定的性能指标，如数据的处理速率、数据的传输速率是否满足预定的标准等。③恢复测试。恢复测试是要采取各种人工干预的方式使信息系统出错，而不能正常工作，进而检查系统的从错误中恢复的能力。④安全测试。安全测试的目的在于验证信息系统内的安全保护机制事实上能够对系统进行保护，使之不受各种干扰和破坏。⑤强度测试。检验信息系统的处理能力最高能够达到什么实际限度。进行强度测试时，要让系统的处理负载处于一定的强度。⑥验收测试。验收测试是由用户参与或主持的测试，目的是要确认信息系统是否达到需求规格说明书中的功能、性能、安全和可靠方面的各项要求。

（二）信息系统测试审计

在信息系统测试阶段，内部审计人员要注意对以下方面的内容进行审计。

(1) 是否根据系统的需求规格说明书的内容来制定集成测试计划和系统测试计划。

(2) 集成测试计划和系统测试计划是否制定了测试进度安排。

(3) 是否制定集成测试和系统测试的测试方案并设计出测试数据和预期结果。

(4) 测试的内容是否覆盖了系统需求规格说明书中所有的功能、性能、安全和可靠方面的要求。

(5) 是否按测试计划进行测试。

(6) 是否由编程人员以外的人执行测试。

(7) 用户是否参加了测试。

(8) 是否对程序的测试结果进行完整的记录。

(9) 测试结果记录和测试数据等是否得到妥善保管。

(10) 测试工作完成以后是否提交测试报告，测试结果是否得到了开发部门和用户负责人的承认。

(11) 验收测试环境是否与信息系统运行的实际生产环境相同。

(12) 信息系统经过集成测试和系统测试是否满足系统需求规格说明书中所有功能、性能、安全和可靠方面的要求。

八、信息系统运行及其审计

信息系统经过测试确认是正确、安全和可靠的以后,就可投入运行使用。

(一) 信息系统运行

信息系统的运行从严格的意义上分成试运行和实际运行两个阶段。信息系统开发出来后,往往并不立即投入生产性运行,而是要经过一段时间的试运行,以检查系统在实际运行过程中是否还存在错误。试运行实际上是系统测试和调试工作的延续。试运行过程的任务如下。

1. 制定试运行计划

试运行计划的内容包括试运行的时间安排,试运行的方案,试运行的内容等。

2. 系统的初始化

系统的初始化包括系统的安装,对系统进行设置,输入各种业务数据。

3. 对系统的运行结果进行评估

这是系统试运行最主要的任务。在系统投入试运行后,需要及时跟踪系统的运行情况,包括系统的输入、处理和输出情况,把系统的处理结果与正常的处理结果进行对比,如果新系统的试运行是与旧系统的运行并行进行的,则还需要核对新旧系统的处理结果。在上述过程中如果发现差异要追查原因,发现错误后要协助系统开发人员及时纠正,需要注意的是修改后的系统一定要重新测试。

4. 培训人员

让操作人员熟悉系统的使用,减少系统投入生产性运行后误操作的发生。

系统经过试运行确信为正确、安全和可靠的以后,可以投入生产性运行,此时信息系统才真正为用户服务。

(二) 信息系统运行审计

在信息系统运行阶段,内部审计人员的审计要点可划分成系统试运行阶段的审计要点和系统生产性运行阶段的审计要点两个部分。在系统投入生产性运行后,内部审计人员的审计的内容实际上就是我们前面介绍的系统的一般控制和应用控制,在此不再赘述。在系统试运行阶段,内部审计人员要注意对以下方面的内容进行审计。

(1) 信息系统试运行的环境是否与实际使用时的环境一样。

(2) 信息系统试运行时是否达到系统需求规格说明书中所有的功能、性能、安全和可靠的要求。

(3) 对试运行阶段发现的问题,系统开发人员是否及时进行修改,对经过修改的系统,是否与用户一起进行重新测试。

七、信息系统维护及其审计

信息系统维护是信息系统生命周期最后一个阶段,也是持续时间最长代价最大的一个阶段。

(一)信息系统维护

信息系统的维护指已完成信息系统的开发工作,交付使用以后,对信息系统所进行的一些改进和提高的活动。信息系统的维护工作不仅能排除故障,使它能够正常工作,还可以使它扩充功能,提高性能,为企业带来显著的效益。通常认为,维护工作包括以下四个方面的内容。

1. 改正性维护

系统的测试不可能找出一个大型系统中所有潜伏的错误,所以,任何信息系统在使用期间,仍将有可能发现错误。把诊断和改正系统在使用过程中出现的错误或故障的过程称为改正性维护。

2. 适应性维护

适应性维护是使信息系统能适应外部环境的变动而进行的维护工作。信息技术发展得越来越快,计算机的软件和硬件技术都在发生变化。随着新的计算机硬件系统的不断更新,外部设备和其他部件也要经常修改和改进;同时,新的操作系统或者操作系统的新版本经常出现,应用软件更是层出不穷。因此,信息系统的软件和硬件也要跟上发展的新形势,使之不会因为不能适应新的软、硬件而影响正常的工作。

3. 完善性维护

完善性维护是为了扩充系统的功能或提高原有系统性能而进行的维护工作。当信息系统投入使用以后,用户可能会提出增加新的功能,修改已有的功能,提高某些处理的性能等,为了满足用户的要求,就要进行完善性维护。

4. 预防性维护

预防性维护是为改进将来的可维护性和可靠性而进行的维护工作。

维护过程本质上是修改和压缩了的系统开发过程,而且事实上远在提出一项维护请求之前,与信息系统维护有关的工作已经开始了。系统的维护过程如图9-4-5所示,分成六个步骤:

(1)接收用户提出的维护请求。

(2)对用户维护请求的内容进行分析,对维护内容进行分类。维护内容分为改正性维护,适应性维护和完善性维护(预防性维护暂不列入考虑的范围)。适应性维护和完善性维护的维护流程相同,但并不是用户提出的所有的适应性维护和完善性维护的请求都要列入维护计划之中,需要对所提出的这些请求进行评估,只有符合条件(如时间条件、人员条件和成本条件等)的请求才纳入维护工作的范围。对于改正性维护,先对现有系统进行调查分析,估计错误的严重程度或对维护工作的优先级进行考虑,确定维护工作的轻重缓急和维护工作修改的范围。

(3)分配维护人员修改现行系统。

(4)先对修改部分进行测试,然后对整个系统进行测试,最后对整个系统再次进行试运行。

(5) 对维护工作进行评估。
(6) 修改后的系统投入正常的使用。

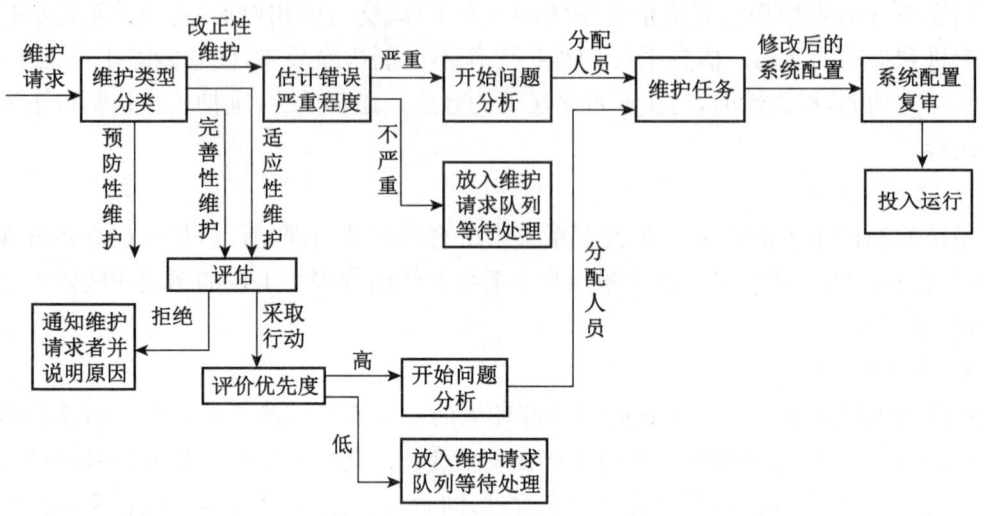

图 9-4-5　信息系统的维护流程

(二) 信息系统维护审计

在信息系统维护阶段,内部审计人员要注意对以下方面的内容进行审计。

(1) 信息系统是否配备了维护人员。

(2) 维护工作是否有详细的维护计划,包括维护的要求、维护的性质和范围、所需要的资源、维护的进度安排等。

(3) 对信息系统功能的修改、增加、删除是否在得到负责人的批准后按规定手续进行。

(4) 系统设计报告、软件设计说明书等,是否按维护计划进行了修改,是否得到了维护和用户负责人的认可。

(5) 是否按修改后的软件设计说明书对信息系统的软件进行修改。

(6) 对修改后的系统在投入使用之前是否进行详细的测试和试运行。

(7) 用户是否参加了系统维护后的测试工作。

(8) 对修改后的系统在投入使用之前是否得到开发、运行、维护及用户负责人的认可。

(9) 是否有详细的维护日志记录。

(10) 旧信息系统的废除是否得到了运行及用户负责人的认可。

第五节　应用软件审计

在信息技术全面普及、快速发展的今天,公司目标和公司的 IT 目标紧密融合在了一起,IT 应用与公司目标端到端实现了全覆盖。在这种已经无处不在的信息系统中,起核心作用的是应用软件。公司用户须臾不可离开,每时每刻都要运用以处理业务问题的也是应用软件。在公司内部审计发现的大量案例中，一些违纪违规行为也是由于应用软件舞弊、设计缺陷、管理漏洞所造成的。应用软件质量的好坏直接影响着信息系统的合法、正确、安全和高效，而且与操作系统和系统软件明显不同的是，应用软件大部分都是公司根据自身的情况和需要自行开发或者二次开发的，这种"定制"的特性更应当引起关注。为了确保信息系统的合法安全、可靠高效，内部审计机构和内部审计人员应对信息系统中的应用软件进行审计。对应用软件的审计不是对应用软件开发过程的各个阶段进行审计，而是指对信息系统中已经存在的应用软件进行审计。应用软件审计的目标主要是要全面评价一个应用软件，包括软件实现的功能是否与规格说明书一致，软件功能是否正确，软件是否存在恶意舞弊和欺诈、安全性漏洞和缺陷，软件处理逻辑是否正确，软件是否合法、符合外部监管和内部规章制度的要求等。

一、应用软件审计概述

应用软件审计，是指公司内部审计机构和内部审计人员通过各种软件检查方法，检查测评公司信息系统中的应用软件，客观地评价应用软件在合法性、正确性、安全性、性能等方面是否符合要求。通过应用软件审计，公司内部审计机构和内部审计人员了解应用软件的现状，发现软件中存在的错误、非法处理、漏洞或缺陷，揭示和惩处利用计算机应用软件进行欺诈与舞弊的行为，揭示风险，健全制度，完善内部控制系统。

对应用软件审计的方法主要有四种：一种是查看应用软件的文档资料，检查应用软件是否合法、正确、安全和可靠；二是程序代码检查，它是指内部审计人员获得被审计程序的源程序清单后仔细阅读程序，然后对程序代码的合法性、正确性和质量进行评估；三是软件测试，它是指内部审计人员设计出测试数据样本，交给被审计程序进行处理，然后对输出的结果进行检查以判断程序的合法性、正确性；四是代码比较，它是指内部审计人员对同一个程序两个版本的源程序或目标程序进行比较（其中一个版本的功能或其他特性是内部审计人员已知的），然后检查出另一个版本的程序是否具有同样的功能或特性。

上述四种技术可以独立使用，也可以综合使用，如图9-5-1所示。在综合使用的时候，可分为五个步骤。

（1）内部审计人员通过审查文档资料和源程序代码，初步判断被审计程序代码是否存在缺陷（如舞弊、错误或低效）。

（2）设计测试数据来测试被审计程序，并根据测试的结果检测上述初步判断是否正确。

（3）内部审计人员对通过软件测试检查出的缺陷进行改正。

（4）内部审计人员重复上述三个步骤直至被审计程序的质量符合要求，此时所得到的程序版本称为可靠的版本，可以用作同一程序比较的样本。

（5）内部审计人员把当前的程序与相应的可靠版本的程序进行比较，检查当前程序的版本是否正确。

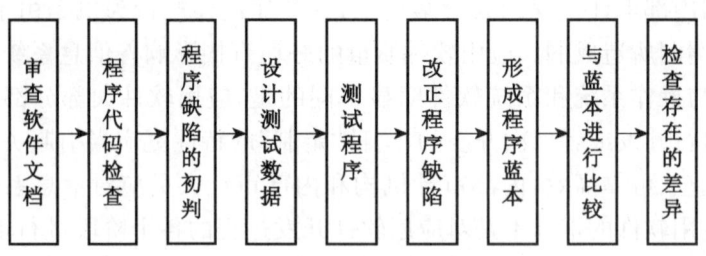

图 9-5-1　应用软件审计技术的综合使用

二、软件文档资料审计

软件的文档资料是软件内部结构和外部功能的书面反映。软件开发维护过程中产生的一系列文档如开发计划、需求说明书、概要设计报告、详细设计说明书、软件的测试报告、使用说明书以及软件日常运行过程中所产生的文档如记账凭证、财务报表等都属于重要的文档资料。

内部审计人员可以通过检查软件的文档来对软件进行初步的审计。在对软件的文档资料进行审计的时候,内部审计人员应注意检查如下要点。

(1) 审计软件的需求说明书,检查软件的功能是否违反了国家的法律法规。

(2) 对比检查需求说明书和功能说明书,判断所实现的软件在功能上是否已达到用户的要求。

(3) 仔细审计软件的概要设计报告和详细设计说明书,检查程序设计中是否存在违法违规的代码。

(4) 审计应用软件日常运行过程中所产生的凭证、报表等文档,来检查应用软件中是否存在欺诈的行为,如利用应用软件进行舞弊、提供虚假会计信息等。

在利用文档来审计软件的时候,内部审计人员要确保所审计的文档是反映软件最新变化的最新版本,否则审计结果可能不正确,达不到审计的目的。

三、程序代码审计

有时审计软件的文档资料不能发现应用软件中存在的问题,例如软件中是否存在错误的代码,是否存在违反安全规定的非法代码等,通过审计软件的文档是很难回答的。此时,审计人员可以采取对软件的源程序代码进行审计的方法。程序代码审计是审计应用软件的一种重要的方法,内部审计人员并不只是通过审计程序的输入和输出来评估程序的质量,相反,他们通过仔细审计源程序代码的内部运行逻辑来发现所存在的问题并对程序的质量作出判断。

程序代码审计的目标主要包括以下几个方面。

1. 发现错误代码

错误的代码是代码质量下降的主要原因,内部审计人员需要通过程序代码的审计来判断程序代码是否存在错误以及程序是否符合程序说明书中所规定的要求。

2. 识别非法的代码

非法代码是一种未经允许的非法嵌入程序中的代码,非法代码在特定的条件下被触发运行,从而进行破坏和欺诈的行为。如一个不诚实的程序员可能在程序中加入一段非法代码,使得当他的账户出现透支时不被发现,或者他修改已有的程序使得具有某些账号和日期的交易不经过正常的数据检查过程。内部审计人员如果不直接审计程序的代码,那么很可能发现不了程序中的非法代码。现在越来越猖獗的病毒实际上就是一种非法代码。识别非法代码的方法也是审计在应用软件中是否被植入了木马等病毒的有效方法。

3. 发现无效的代码

内部审计人员有两种方法可以审计程序是否存在无效代码,第一种是审计程序代码是否符合程序说明书的要求,第二种方法是审计程序代码是否符合用户的要求。

4. 发现低效的代码

内部审计人员可以通过程序代码审计来发现低效的代码,如程序在处理大量的交易记录时,如果交易记录是按序排列的,那么程序的处理效率将比交易记录没有按序排列时要高得多。此外,内部审计人员还可以通过程序代码审计来发现程序中在现有的软硬件平台上运行效率低的代码段。

5. 发现不规范的代码

不规范的代码具有不同的表现形式,如程序中变量的取名不符合公司内部的规定,或程序代码的编程方法没有采用结构化的方法或面向对象的方法等,都属于不规范的代码。不规范的代码容易导致程序质量的下降并且可维护性很差。

在实际的审计工作中,程序代码审计不一定要完全达到以上所有的五个目标,而是根据审计工作本身的目标和审计的中间结果有所侧重。如审计工作主要关注账务数据的完整性,那么程序代码审计的重点在于发现错误代码和非法代码;如果内部审计人员确信他们所审计的代码不存在盗用款项的风险,那么他们在程序代码审计时可能忽略对非法代码的审计只仅仅注意是否有错误代码的存在。

程序代码的审计涉及七个步骤,它们分别是选择要审计的程序,审计公司内部的编程规范,理解程序说明书,获取源程序代码,考察所用的编程语言,审计源程序代码,初步了解程序中可能存在的错误和缺点。

1. 选择要审计的程序

源程序代码的审计是一项费时的工作,特别在公司中应用软件包含成百上千的程序的情况下更是如此。内部审计人员不可能也没有必要对所有的程序进行审计,因此,内部审计人员在进行代码审计之前需要进行选择。选择的过程中需要注意如下两点。

(1)围绕实现审计目标来选择审计的程序,不选择与审计目标无关的程序。

(2)源程序代码不仅是重要的而且还应具有可读性,否则内部审计人员将很难发现代码中的缺陷。

2. 审计公司内部的编程规范

内部审计人员可以通过审计公司信息系统开发部门的内部编程规范中的缺陷,预测在代码中什么地方可能出现缺陷。如编程规范中没有规定程序的长度,那么内部审计人员可以知道有的程序模块可能很长,内在逻辑复杂,因而最易出错。另外特殊的应用系统除了受编程规范约束外,还受附加的规范约束。如实时系统的程序是十分复杂的,因此要求程序员在所编写的代码中增加更多的注释,如果程序员不遵守这一规范并且这些程序开发完成以后经常进行修改,那么内部审计人员可以预测这些程序中可能存在错误的代码。因为程序员不遵守增加注释的规范,维护人员在修改这些程序时可能根本弄不清程序的运行机制而导致错误的修改。审计公司内部的编程规范之前,内部审计人员要确定对源程序代码的审计要求,如变量或常量的定义方法、程序的结构、注释的格式等。

3. 理解程序规格说明书

通过充分理解程序规格说明书,内部审计人员可以回答"程序是否能执行所要求的功能"。内部审计人员应采取两种方法去理解程序规格说明书:一是阅读程序员开发程序时所用到的程序规格说明书。采用这种方法,内部审计人员可以从程序规格说明书与程序执行的相符程度来发现程序规格说明书中是否存在不足,如程序规格说明书中没有包含一个重要的控制功能。二是通过广泛的咨询,了解程序应执行的功能。如内部审计人员采访程序的使用者来了解他们所需要的程序的功能,然后内部审计人员可以判断源程序代码所反映的功能是否真正满足用户的需求,通常这种方法比前一种方法花的代价要大。

4. 获取源程序代码

当内部审计人员要对源程序代码进行审计的时候,他们应当确认所获得的源代码是当前的版本而并非过时的版本。否则,内部审计人员可能发现不了源程序代码中存在的重要缺陷。如果源程序代码版本管理规范,那么,内部审计人员可以很容易了解他们所得到的源代码是否是当前的最新版本;如果对源程序代码的控制不足,那么,内部审计人员在开展进一步的检查之前必须仔细确认所得到的源代码是当前的最新版本。

5. 考察所用的编程语言

由于现在的编程语言种类繁多,内部审计人员不可能掌握各种编程语言,所以内部审计人员常常面临检查用他们不熟悉的语言来编写的源程序代码的情况。出现这种情况时,内部审计人员要么自己学习这门编程语言,要么委托另外的人来执行代码的审计工作。如果内部审计人员采用委托另外的人来执行代码的审计工作,当对所提供的检查结果持有怀疑时,可以选择别的方法作进一步的审计。

各种编程语言在实际使用中有一定的侧重面,如 COBOL 语言适用于编写商业方面的应用;C 语言和 C++ 语言适用于编写系统程序;FORTRAN 适用于科学计算;PACAL 语言适用于教学等。但这种侧重并不是绝对的,如利用 C 语言和 C++ 语言既可以编写系统程序,又可以编写商业应用程序或用于教学。编程语言的选择通常要以实际的需求为标准,如果公司所选择的编程语言与公司本身的实际应用不适应,那么公司内部信息系统的程序可能会异常复杂,因此代码存在错误的概率很高,内部审计人员审计代码的工作量也会增大。

6. 审计源程序代码

审计源程序代码的一个方法是采用程序结构图法。结构图是程序内部各模块之间层次以及各模块之间接口的图形表示。如果所审计代码的资料齐全完备,那么代码的结构图可能已经是现成的,可不进行此项工作,但需要确定结构图不是陈旧的。图 9-5-2 所示为一个程序的结构图,图中的方框代表源程序代码内部的模块。

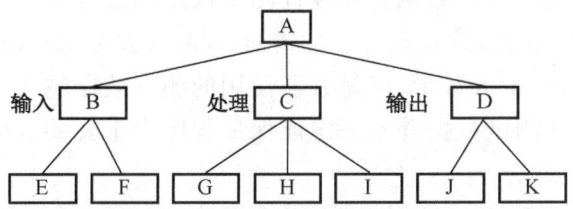

自上而下的检查:A,B,C,D,E,F,G,H,I,J,K
按先序的顺序检查:A,B,E,F,C,G,H,I,D,J,K
按输入、输出、处理的顺序检查:A,B,E,F;D,J,K;C,G,H,I

图 9-5-2　程序结构图

内部审计人员可以利用程序结构图来系统地检查源程序代码,有三种方法可使用。

(1) 从程序结构图的最高层模块一直检查到最低层模块,如上图中自上而下的检查顺序是"A,B,C,D,E,F,G,H,I,J,K"。这种方法的优点是内部审计人员可以先了解程序的大致内容,然后在检查的过程中逐步了解程序的处理细节;缺点是内部审计人员要审计和了解的内容太多。

(2) 内部审计人员在程序结构图中按先序遍历的方式来顺序检查各个模块,也即是说先检查结构图最左边的分枝,然后按从左至右的顺序检查一直至结构图的最右边分枝。如本图中按先序遍历的检查顺序是"A,B,E,F,C,G,H,I,D,J,K"。这种方法的优点是内部审计人员在检查的过程可逐步了解程序的处理细节,缺点是这种方式不一定能让内部审计人员很好地理解程序的源代码。

(3) 允许内部审计人员按任何能使他们能更好地理解源程序代码的方式去审计结构图上的各个模块,如内部审计人员认为他们需要先理解输入模块,然后是输出模块,最后是处理模块,他们可以按照这种方式去检查结构图中的模块,如在本图中按输入、输出、处理顺序检查的顺序是"A, B, E, F, D, J, K, C, G, H, I"。

7. 初步了解程序代码中存在的错误和缺陷

如果内部审计人员在所审计的源代码中没有发现一个错误或缺陷,那么他们可以认为源程序代码是可靠的。在这种情况下,内部审计人员可以减少后续的审计范围。如果内部审计人员认为在代码中可能存在错误或缺陷,那么他们可以采取进一步的方法(如使用测试数据)来深入地调查所存在的错误或缺陷。

四、应用软件测试

通过测试来评估程序的质量是一项常用的审计技术,它的基本原理是先将测试数据输入被审计的应用软件,经程序运行处理后产生输出结果,然后将输出结果与预期的结果相比较,从而确定软件的控制及处理逻辑是否正确。在审计源程序代码的过程中,内部审计人员一般不会对整个程序进行审计,而只审计他们认为是重要的并且容易出问题的代码。与审计源程序代码类似,使用测试数据的时候,内部审计人员一般也不会对整个程序的所有流程进行测试,他们只对程序中关键的和重要的部分进行测试。在对应用软件进行测试的时候,关键是设计好相应的测试数据。在设计测试数据的过程中,内部审计人员的主要目标是要让测试数据尽可能发现应用软件中的错误,同时又要考虑经济成本。内部审计人员所设计的测试数据要有一定的数量,但是并非使用的测试数据越多,对程序的审计就越全面。事实上,数量巨大的测试数据并不一定能保证程序中重要的部分都被检测到,也不能保证测试工作是最经济的。

内部审计人员可以采用的测试数据主要有以下几类。

1. 实际业务数据

利用公司现有的实际业务数据来测试应用程序。使用这种方法时,测试数据并不是随机地从业务数据中选择,而是按照设计的测试方案来从业务数据中选择,一般有两种选择的方法。

(1) 直接从业务数据中提取符合测试要求的测试数据。

(2) 如果整个业务数据中的数据不满足测试要求,那么可以选择那些最接近测试要求的业务数据,然后再进行修改。

当内部审计人员利用业务数据来产生测试数据时,要注意程序中有一些路线是业务数据很少运行到的,容易在测试过程中被忽略掉,因此内部审计人员还需要考虑对这些路线的测试。

2. 用户的测试数据

内部审计人员还可使用公司内部的测试数据来测试应用程序。有时,公司开发机构内部准备有一些测试数据,内部审计人员可从中选择数据作为自己的测试数据,但是要保证选择的数据符合测试数据的设计要求。

3. 内部审计人员测试数据

当从业务数据或开发机构的测试数据中找不到符合要求的测试数据时,内部审计人员必须自己设计一些测试数据对软件进行测试。

设计测试数据的方法有两种,一种称为"黑盒法",另一种称为"白盒法"。"黑盒法"不考察程序内部的运行机制,而只关注程序的输入和输出。"白盒法"则要详细地考察程序内部的运行机制。"黑盒法"基于程序的功能说明书来设计测试数据,而"白盒法"则基于被测试程序的内部结构来设计测试数据。它们的原理如图 9-5-3 所示。

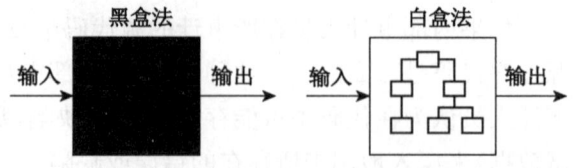

图 9-5-3 黑盒法与白盒法的原理

(一) 黑盒法

当内部审计人员重点关注程序是否达到所需求的功能时,可以采用黑盒法来设计测试数据。黑盒法设计出的测试数据除了可以检查程序功能上的错误或缺陷之外,还可以审计出如用户界面有错、与外部系统或数据库的接口有错、效率问题、初始化错误和终止错误等问题。当内部审计人员采用黑盒法时,他们首先要确定一个所审计的程序或者程序中的某个部分能完成什么样的功能。他们可以从程序使用者那里了解到情况,也可以通过审计程序的功能说明书获得有关的信息。当内部审计人员完全掌握一个程序的功能需求以后,他们就可以开始设计测试数据来审计该程序是否能满足相应的功能要求。

黑盒法又可细分为很多种,包括等价类划分法和边界值分析法两种常用的方法,通过这两种方法进一步掌握和利用黑盒法设计测试数据的原理。

1. 等价类划分法

在实际工作中,穷尽的测试需要的测试数据数量太大,通常是不现实的。等价类划分法把所有可能的输入数据划分成若干个等价类(所谓的等价类是指一组输入数据的集合,其中的一个典型数据在测试中的作用与这一集合中的其他数据的作用相同),选取其中的一部分有代表性的数据作为测试数据,以期用较小的代价检查出较多的程序错误。因此,可以从每个等价类中选取少数代表性的数据作为测试数据,这样就能以较小的测试数据数量尽可能发现程序中的错误。使用等价类划分法设计测试数据要经历划分等价类和设计测试数据两个步骤。

(1)划分等价类。使用等价类划分法设计测试数据时首先需要划分输入数据的等价类,为此需要研究程序的功能说明,确定输入数据的有效等价类和无效等价类:①有效等价类,有效等价类指的是合理的输入数据所构成的集合。②无效等价类,无效等价类指的是不合理或无意义的输入数据所构成的集合。

如何划分等价类,是使用等价类划分法的一个重要的问题。可以通过以下方法来划分等价类。

如果规定了输入值的取值范围,则可以划分出一个有效的等价类(输入值在此范围之内)和两个无效的等价类(输入值小于最小值或大于最大值)。例如某银行的ATM自动取款机程序规定客户持信用卡支取的金额每次不低于50元,但最多不超过3 000元,则测试这个功能的时候可取有效等价类为"50≤支取金额≤3 000",无效等价类为"支取金额<50","支取金额>3 000"。

如果规定了输入数据的个数,则可以划分出一个有效的等价类(输入数据的个数在规定的范围之内)和两个无效的等价类(输入数据的个数小于规定的最小值或大于规定的最大值)。例如某银行ATM自动取款机程序规定,客户持信用卡一天之内支取现金的次数不超过3次,则测试这个功能的时候可取有效等价类为"1≤支取次数≤3",无效等价类为"支取次数>3"和"支取次数<1"(即不发生支取现金的行为)。

如果规定了输入数据的一组值,而且程序对不同输入值做不同的处理,则每个允许的输入值是一个有效的等价类,此外还有一个无效的等价类(任何一个不允许的输入值)。例如某银行储蓄业务程序能够统计各负债类科目的余额,则测试这个功能的时候可取有效的等价类为"所有负债类科目",无效等价类为"非负债类科目"。

如果规定了输入数据必须遵循的规则,则可以划分出一个有效的等价类(符合规则)和若干个无效的等价类(从各种不同角度违反规则)。如某银行 ATM 自动取款机程序规定客户支取的金额必须为 100 的倍数,则测试这个功能的时候可取有效等价类为"支取的金额是 100 的倍数",无效等价类为"支取的金额小于 100 元","支取的金额大于 100 元但不是 100 的倍数"。

(2) 设计测试数据。划分出等价类以后,设计测试数据时主要参考如下步骤:①设计一个测试数据,使其尽可能多地覆盖尚未被覆盖的有效等价类,重复这一步骤直到所有的有效等价类被覆盖。②设计一个测试数据,使其只覆盖一个无效的等价类,重复这一步骤直到所有无效等价类都被覆盖为止。

如某银行 ATM 自动取款机程序规定客户支取的金额必须为 100 的倍数,则可取有效等价类为"支取的金额是 100 的倍数",无效等价类为"支取的金额小于 100 元","支取的金额大于 100 元但不是 100 的倍数"。根据上述规则,我们可选取"支取金额=1 000"(覆盖有效等价类),"支取金额=60"和"支取金额=820"(覆盖无效等价类)作为测试数据来进行测试。

2. 边界值分析法

边界值分析法的基本原理是基于一个来自实际经验的结论:即处理边界情况时程序最容易发生错误。如许多程序错误出现在下标、循环等的边界附近。因此设计使程序运行在边界情况附近的测试数据,暴露出程序错误的可能性更大一些。按照边界值分析法,选取的测试数据应该刚好等于、稍小于和稍大于边界值。

边界值分析法和等价类分析法并不是互相独立的技术。通常设计测试数据的时候,总是联合等价类划分和边界值分析两种技术,在联合使用等价类划分和边界值分析法设计测试数据时,应该注意遵循以下几条原则。

(1) 分析程序功能规格说明,找出程序的输入数据的边界条件。

(2) 如果规定了程序输入数据的取值范围为(L,H),其中 L 是该范围的最小值,H 是该范围的最大值,则应选取属于以下范围的数据作为测试数据:稍小于 L,等于 L,大于 L 但是小于 H,等于 H,稍大于 H。如某银行的 ATM 自动取款机程序规定客户持信用卡支取的金额每次不低于 50 元,但最多不超过 3 000 元,即持卡用户支取金额的范围为"50≤支取金额≤3 000"。为了测试该功能是否正常,联合等价类划分和边界值分析法可设计如下的测试数据:①稍小于该范围的最小值:支取金额=49;②等于该范围的最小值:支取金额=50;③大于该范围的最小值但小于该范围的最大值:支取金额=500;④等于该范围的最大值:支取金额=3 000;⑤稍大于该范围的最大值:支取金额=3 001。

(3) 如果规定了输入数据的个数,则应选取属于以下范围的数据作为测试数据:稍小于最小个数,等于最小个数,大于最小个数但小于最大个数,等于最大个数,稍大于最大个数。如某银行 ATM 自动取款机程序规定,客户持信用卡 1 天之内支取现金的次数不超过 3 次,即持卡用户每天支取金额的次数"1≤支取次数≤3"。为了测试该功能是否正常,联合等价类划分和边界值分析法可设计如下的测试数据:①稍小于最小个数:支取次数=0(即不发生支取业务);②等于最小个数:支取次数=1;③大于最小个数但小于最大个数:支取次数

=2；④等于最大个数：支取次数=3；⑤稍大于最大个数：支取次数=4。

（4）如果程序的输入数据是个有序的集合，则应选取有序集合的第一个和最后一个元素作为测试数据。例如某银行的储蓄业务程序在6月30日按照账号的大小顺序对所有储户的余额结计利息，为了测试此功能，可以设计如下测试数据：①账号最小的客户的余额；②账号最大的客户的余额。

（二）白盒法

当内部审计人员主要关注在程序中是否存在错误的执行路线时可以采用白盒法。白盒法是从程序内部的逻辑结构出发选取测试数据的方法，它的原理是通过审计程序中的所有的执行路线来发现程序中存在的错误和缺陷。白盒法分成如下三个步骤。

（1）内部审计人员首先确定哪些程序或程序中的哪些部分是要使用白盒法来进行审计。

（2）内部审计人员研究相应程序的源代码来了解源程序代码中的控制结构（因为源程序代码中的控制结构反映了程序中不同的执行路线）。

（3）内部审计人员根据源程序代码中的控制结构设计出能够遍历程序中执行路线的测试数据。

使用白盒法要求内部审计人员对程序的逻辑结构有清楚的了解，甚至要能掌握源程序的所有细节。当内部审计人员使用白盒法来设计测试数据时，根据测试数据的覆盖目标有如下三种设计方法。

（1）语句覆盖，即设计的测试数据覆盖所有的语句。按照这种方法设计的测试数据应该使程序中的每个语句至少执行一次。这种方法设计的测试数据与另外两种测试方法相比，对程序中错误或缺陷的检查能力是最弱的，原因是当程序中包含大量的分支和循环时这种方法不能检查到程序中的一些执行路线。如下面的语句：

IF AGE < 18
A=A+B

当内部审计人员使用 AGE 小于 18 的测试数据时，上面两个语句都要执行，因此覆盖了所有语句。但内部审计人员却仍不知道当 AGE 大于或等于 18 时，程序的执行是否是正确的。所以按这种方法设计的测试数据有一定的局限性。当然这种方法也不是一无是处，它的主要优点是所花费的代价与其他两个方法相比要小得多。

（2）分支覆盖，即设计的测试数据覆盖程序中所有的分支。按照这种方法设计的测试数据应使每一个语句和每一个分支路线都至少执行一次，如图 8-5-2 所示。虽然这种设计方法比第一种覆盖所有语句的方法检查的效果要好，但也有局限性。它的缺陷在于有时不能检查出分支条件语句中错误的条件，如下面的语句：

IF A = 1 OR B > 3
A=A+B

如果测试数据满足(A=1,B=1)，上述语句 A=A+B 可以被执行到；但如果条件判断语句错写成 B<3，则运行上述测试数据仍能使语句 A=A+B 被执行，错写的条件不能被

发现。

(3) 路径覆盖,即设计的测试数据覆盖程序中的所有可能的路径。按照这种方法所设计的测试数据应能使程序中的每条路径都至少执行一次。这种设计方法是最理想的,但实际应用中行不通,原因是有的程序中的路径总数可能很大,按照此方法设计测试数据代价很大或根本不可能,在实际应用中所设计的测试数据往往只能覆盖程序中有限的路径。

三、应用软件测试的策略

不同的测试数据的方法,使用每一种都可以设计出一组有用的测试数据。但是这些方法各有优缺点,因此对应用软件进行测试的时候,应该综合使用各种方法。通常的做法是用黑盒法设计基本的测试数据,再用白盒法补充一些必要的测试数据。具体说,可以采用下列方法。

(1) 在任何情况下都应该使用包括输入数据和输出数据的边界值分析法。实践表明,用这种方法设计出的测试数据发现程序错误的能力很强。

(2) 采用等价类划分法进行补充。

(3) 依靠专家经验,针对输入数据组合的情况下程序中可能存在的错误和容易发生错误的特殊情况补充测试数据。

(4) 根据测试要求,按照语句、分支或路径覆盖,补充测试数据。

四、软件测试的工具

由于设计、生成和使用测试数据常常需要花费大量的时间,而且容易出错,因此人们开发了大量的辅助工具来帮助内部审计人员完成设计、生成和使用测试数据的工作。现在已出现的辅助工具能够完成以下功能。

1. 自动产生测试数据

这类工具主要用来自动生成测试数据和测试文件。如内部审计人员指定程序中条件语句的条件边界值,然后测试数据产生工具生成三个相应的测试用例:一个等于指定的条件边界值,一个略大于指定的条件边界值,一个略小于指定的条件边界值。

2. 捕获和重放

捕获和重放工具可以从真实的业务数据中抽取一部分数据供内部审计人员测试使用。通常这些捕获的数据反映了程序在特定条件下的运行情况。内部审计人员可以使用捕获和重放工具来抽取运行系统中导致出错的那些数据流,然后进行分析,也可以对这些数据流进行适当的修改来测试程序在运行条件改变以后的性能。

3. 路径覆盖和执行监测

这种工具把源程序代码作为输入,经过处理以后,在输出的源程序代码内部标记哪些语句和分支是测试数据能够到达的。内部审计人员把经过上述处理的源程序代码进行编译生成相应的目标代码,然后使用测试数据来测试目标代码,当测试完毕以后,上述目标代码会报告哪些语句或分支被执行到或未被执行到。

4. 输出比较

输出比较工具可将一组测试数据的测试结果与另一组测试数据的测试结果相比较,也可将运行同一组业务数据的两个版本的程序的输出进行比较。由比较的结果的异同,内部审计人员可以发现存在的问题。

5. 静态分析

静态分析工具是设计测试数据的辅助工具。静态分析工具不需要执行被测试的程序,它仅仅扫描应用软件源代码,从中寻找可能导致错误的异常情况,例如使用了一个尚未赋值的变量;实参和形参的类型或个数不符,程序中哪些部分是永远不可到达的等。

实际的测试工具往往集成了上述一个或多个功能,由于现在信息技术的发展越来越快,技术工具的更新升级也日新月异,处在不断的变化中。本书对这些工具不作具体的推荐,有兴趣的读者可以根据需要自行选择。

五、程序代码的比较

程序代码的比较是将被审计的程序代码与正确版本的程序代码进行比较,以审计程序代码的正确性。

程序代码的比较在内部审计工作中有两个重要的用途。

(1) 通过程序代码的比较,内部审计人员可以确认他们所获得的是正确版本的程序。如内部审计人员想要通过审计源程序代码来审计当前运行的某个应用程序时,为了提高内部审计质量和避免无效的劳动,他们首先要确信所获得的源程序代码是版本正确的源代码,即所要审计的应用程序是否由所获得的源程序代码生成。通过把所获得的源程序代码编译生成的程序代码与当前运行的程序代码的比较,内部审计人员就可以判断是否获得了正确版本的源代码。

(2) 通过程序代码的比较,内部审计人员可以确定所使用的审计工具的版本是否可靠。如公司内部曾经使用某种审计软件收集到一些审计数据,当内部审计人员想利用这些审计证据来做出审计结论时,他们需要确信审计工具提供的这些审计证据是否是可靠的。这时内部审计人员可把这个审计软件的当前版本与此前经过严格审计过的可靠的版本(即他们以前曾经作过全面的检查并且认为可靠的版本)相比较,如果经过比较两者一致,内部审计人员可以确信这个审计软件是可靠的版本,它收集到的审计数据是可靠的。否则,内部审计人员就可以发现确信这个审计软件不是可靠的版本,其中可能包含实施舞弊的非法的代码,它的可靠性需要重新经过严格的审计才能证实。

程序代码的比较有两种类型:源程序代码的比较与目标程序代码的比较。在程序代码的比较过程中,应把经过严格审计过的可靠的源程序代码称为可靠版本的源程序代码,由可靠的源程序代码经过编译生成的目标程序代码称为可靠版本的目标程序代码。

内部审计人员可以通过操作系统提供的命令来对源程序代码进行比较。目标程序代码是由源程序代码经过编译而生成的机器代码,是一种只有计算机才能理解而人很难或不能读懂的代码,人们不可能直接列出两个目标程序代码内部的不同之处。通常可以采用如下两种方法来对目标程序代码进行比较。

1. 通过功能对比来进行比较

分别运行被审计程序的目标程序代码和相应的可靠版本的目标程序代码,比较两者在功能上是否存在差异。这种方法只是一种粗略的比较方法,它的缺点是成本高,所花费的时间较多,并且不能发现两个版本的目标代码中存在的一些隐蔽性强的差异,所以建议审计人员不采用这种方法。

2. 通过操作系统提供的命令来进行比较

比较的方法与上述对源程序代码的比较完全相同,只是命令执行的结果不像源程序代码比较那样详细,只显示目标程序代码是相同还是不同。这种方法效率高,成本低,比较结果准确,哪怕目标程序代码之间有细微的差别都能检查出来,建议内部审计人员使用这种方法。

源程序代码的比较与目标程序代码的比较并不是互相独立的两种技术,在实际的审计过程中,内部审计人员往往综合使用这两种比较技术,比较的步骤如下。

(1) 内部审计人员首先通过编译可靠版本的源程序代码生成相应的目标代码,然后把此目标代码与被审计软件当前运行程序的目标代码进行比较。如果比较结果相同,则说明被审计软件当前运行程序的目标代码是可靠的版本,程序的比较工作结束。

(2) 如果上面比较的结果不同,内部审计人员再对生成被审计软件当前运行程序的目标代码的源程序代码和相应的可靠版本的源程序代码进行比较,检查导致差异的原因。

六、应用软件审计方法的优缺点

检查软件文档资料的优点是内部审计人员可以快速地对软件的质量进行审计,审计开销较小。但这种检查软件文档的方法审计能力有限,只能对软件的质量做出粗略的估计,往往不能发现软件内部所存在的问题,并且这种方法要求软件的文档与软件的版本严格匹配,否则审计结果就不准确,甚至错误。

审计源程序代码的优点是可以让内部审计人员更加深入地了解程序内部的运行情况,而其他的方法只是基于对程序的测试结果来推测程序的质量。通过这种方法,内部审计人员可以直接对程序的源代码进行审计,如果没有发现错误或缺陷,就可以更加确信程序的质量是可靠的。如果内部审计人员发现源代码中存在错误或缺陷,他们可以更准确地了解这些错误或缺陷对于程序质量的影响。审计源程序代码的缺点主要是代价高,代价的高低与很多因素有关,如源程序代码的可读性,内部审计人员对程序编码语言的熟悉程度,程序的复杂程度等。

采用软件测试的优点是能直接审计源程序代码的质量。一组良好的测试数据不仅能够审计程序的功能是否与程序功能规格说明书一致,还且还能审计出源程序代码中是否存在错误的执行路线。因此,使用测试数据以后,内部审计人员就可通过比较测试数据的实际结果与预期结果来判断程序的质量。采用软件测试的缺点主要是设计测试数据和搭建测试环境需要的时间较长,经济成本高,不过随着自动化测试技术和测试辅助工具的普及,这些缺点将被逐渐消减。另外，有人认为采用应用软件测试的最大优势是对内部审计人员的计算机知识要求不高。这种观点不完全正确。事实上，只有在测试的程序非常简单的情况下，才可能对计算机知识要求较低；而对于复杂的程序，正如本章所描述的，设计和使用一组高质量的测试数据需要内部审计人员掌握较多的计算机知识。

程序代码的比较是一种检查程序代码版本是否正确的简单方法。程序代码比较的优点是拥有现成的工具，比较方法简单，执行的开销不大，能够发现程序之间的任何改变。它的缺点是对内部审计人员的知识要求较高，当发现程序之间存在差异以后，弄清楚程序代码之间差异的原因，要求内部审计人员对程序的业务处理逻辑、程序设计的知识，以及所使用的编程语言有充分的了解，并且所花费的时间成本可能比较大。

第十章 现代内部审计技术的发展

随着公司经营管理和财务管理信息化的飞速发展,停留在原始的手工技术层次上的内部审计的审计技术和方法已远远满足不了现实的需要。在互联网、云计算、大数据、物联网和智能化的推动下,现代内部审计技术已取得突飞猛进的发展,内部审计机构和内部审计人员应以新的理念、新的举措,狠抓审计新技术的研究和使用,把坚持使用审计新技术作为推动整个现代内部审计工作创新和发展的基本条件,有力推进公司内部审计效率和质量的提高。

第一节 联网审计

联网审计又称非现场审计,或称持续审计,是近年来兴起的一项现代化审计技术,它是指通过网络与被审计单位信息系统进行互联后,在系统测评和数据动态采集分析基础上,对被审计单位财务收支及相关资料的真实、合法和效益进行实时、远程监督的行为。联网审计给内部审计人员提供了前所未有的审计数据,审计领域空前扩大,对于促进审计预警机制建立、实现审计关口前移起着重要的作用,充分发挥现代内部审计"全覆盖"的功能。

一、联网审计的特征和作用

联网审计是在充分获取被审计对象相关信息数据的基础上,运用信息技术手段开展非现场监测和分析,发现其经营管理中存在的问题和潜在的风险,并将检测分析结果用来服务各项审计活动的审计工作方式。

(一) 联网审计的特征

与传统现场审计相比,联网审计有以下特征。

(1) 实现实时审计。公司内部审计机构和内部审计人员通过网络连接被审计单位经营管理和财务信息数据库,缩短了每次检查活动的相隔期间以及检查时间,对于具体的财务收支事项,既可以在该事项结束后实施审计,也可以在该事项进行过程中适时进行审计,从而实现了事后审计与事中审计的结合,静态审计与动态审计的结合。

(2) 实现远程审计。联网审计中,公司内部审计机构和内部审计人员可以通过网络远程访问被审计单位的经营管理和财务管理系统及其数据库或数据库备份,随着被审计单位信息化程度的逐步提高,通过远程访问完成审计的程度也将得到提高,实时性特征也因此而更加明显。

(3) 实现高效率数据审计。数据采集和分析的效率是采集和分析的数据量与时间的比,在传统现场审计中,内部审计人员利用计算机辅助实施审计数据的采集和分析,在数据量上受到所携带设备、审计范围的限制;在时间上受到现场组网和审计进度的影响。联网审计中,网络连接一次性完成,其数据采集和分析的数量,基本不受设备限制,审计范围在事前确定为最大可能的范围,审计时间不受现场组网时间与审计期间影响。因此,联网审计具有更高的审计数据采集和分析效率。

(4) 实现信息系统审计。在联网审计中,由人、计算机硬件、软件和数据源组成,负责收集、加工存储、传递和提供决策所需信息的信息系统,成为内部控制的新内容,涉及内部控制的各个要素。在网络互连的方式下,信息系统是经营管理和财务数据源的必然载体,因此它不仅决定了内部审计人员对财务和其他经济信息的依赖程度,更重要的是决定了是否可以依赖。在传统现场审计中,内部审计人员通过内部控制测评,完成对财务和其他经济信息的可依赖性、控制风险水平对实质性测试的性质、范围、时间和重点的影响等情况的确定。在被审计单位为小规模单位、相关内部控制不存在、内部控制存在但并未有效执行、内部控制测试和控制风险评估的工作量可能大于其所能减少的实质性测试工作量等情况下,内部审计人员无须对相关内部控制进行测评。正是因为传统现场审计与联网审计所需数据来源的上述区别,信息系统审计在联网审计中是必须具备的审计环节。概括而言,信息系统审计是通过收集和评价审计证据,对信息系统是否能够保护资产的安全、维护数据的完整、使被审计单位的目标得以有效地实现、使组织的资源得到高效地使用等方面作出判断的过程。

(二) 联网审计的作用

开展联网审计,实现对被审计对象的动态监控,辅助内部审计人员及时发现和反馈问题,取得良好的联网审计的效果和效益,充分发挥联网审计的作用。

(1) 实施联网审计,可以提高内部审计的全面性。联网审计依托高科技手段,通过远程调集所属机构的业务数据,进行持续监测,有助于全面把握分支机构和各项业务的风险程度和内控状况,克服了传统现场审计不能全面审计的弊端。目前,我国大中型公司在供产销和人财物等方面普遍实现了信息化和数字化,有的集团公司已经建立了财务共享服务中心,进入全世界、全国数据大集中时代,为公司内部审计机构和内部审计人员开展实施实时、全面审计提供了广阔的舞台。

(2) 实施联网审计,可以增强内部审计的时效性。联网审计借助计算机和网络系统,连续不断地收集数据并及时发现问题,有助于将风险隐患消灭在萌芽状态,降低风险,减少损失,弥补了现场审计问题查找滞后的缺陷,填补了现场审计两次审计间隔期间审计对象的风险得不到监控的空白。目前,大中型公司的ERP系统和财务管理系统等的建设都在不断推进,在审计对象的不断信息化、网络化条件下,内部审计机构和内部审计人员要有效地履行内部审计监督职责,必须顺应这种形势的发展,积极探索内部审计的新途径和新方法。

从联网审计的特征看,它已经成为新形势下开展内部审计工作的必然选择,随着网络环境的不断成熟与内部审计实施系统的不断开发完善,这种方式将发挥更大的作用。

(3) 实施联网审计,可以提高内部审计的效率。联网审计可以分析经营管理的数据和资料,找出问题、疑点和异常,提供给现场审计,使其有针对性地跟进检查、核实。联网审计还提供与现场审计有关的数据和资料,使其事先能够及时了解审计对象各方面情况,有的放矢地安排工作计划,减少现场审计次数,缩短现场审计时间。内部审计机构可以利用联网审计实时审计、高效率数据采集与分析的特征,将现场审计的时间、项目集中的审计工作进行分解,避免因时间紧、任务重导致审计效率低下、质量低劣。正是由于联网审计在审计资源配置与提高审计效率方面的强大优势,借助于联网审计,有利于内部审计机构更为有效、准确地处理好一般与重点的关系,处理好现阶段任务与长远目标的关系,在抓重点中处理好数量与质量的关系,促使"全面审计、突出重点"的内部审计工作方针在新的形势下将进一步得到贯彻落实。

(4) 实施联网审计,可以促进内部审计的科学性。目前,很多公司都实行了垂直领导的内部审计领导体制,客观上要求进一步提高内部审计管理的科学性和规范化。运用联网审计技术,可以综合各方面因素,对所属分支公司和各项业务进行评估,把握其风险状况,有助于准确选择审计重点,科学制定审计计划,合理配置审计资源。开展联网审计,可以使内部审计工作从事后审计转变为事后审计与事中审计相结合,从静态审计转变为静态审计与动态审计相结合,从现场审计转变为现场审计与联网审计相结合。这些转变,能够使一些违纪违规问题被及时发现和纠正,能够在动态的监督中关注资金与项目的效益,能够及时、准确地为决策部门提供决策信息,从而提高内部审计的科学性,充分发挥审计监督的作用。

(三) 联网审计的局限性

联网审计在现代内部审计工作中发挥重要的作用,具有明显的优势,但也有一定的局限性。由于联网审计主要依据经营管理和财务数据和资料来发现存在的问题,并未去实地查证,证据不够充分,判断有时是基于经验推理或推测,发现的问题可能确实存在,也可能只是疑点和异常。另外,受目前业务条件和信息化程度的限制,联网审计无法取得相关明细数据,致使对问题的判断难以进一步具体、深入和明确。

(1) 联网审计的数据真实性难以保障。联网审计模式下,内部审计的主要资料来源是从被审计单位信息系统采集的原始数据。而这些数据的真实性主要是依赖于被审计单位信息系统的安全性和准确性。而信息系统的安全性和准确性一方面取决于系统本身的性能,另一方面取决于被审计单位信息系统内部控制的有效性。换言之,如果没有可靠的系统支撑和有效的内部控制制度来保证数据信息的真实性,那么联网审计工作都将建立在不真实的信息之上,会给内部审计工作带来极大的审计风险。

(2) 联网审计的数据接口难以满足需要。联网审计的基础是数据,内部审计人员从被审计单位信息系统采集到数据后需要经过一定处理后导入审计软件。数据接口应运而生,用来连通数据和审计软件,简捷快速地将原始数据导入审计软件,转换为便于理解的数据。

被审计单位使用的管理和会计软件种类繁多,然而并不是每种管理软件和会计软件的备份文件都有数据接口,一旦没有相应数据接口,内部审计人员就需要花费大量时间和精力用于导入数据,降低了审计效率,增加了审计成本。

(3) 联网审计的安全性难以确保。公司信息系统的网络化和开放性威胁着联网审计的安全,信息系统的网络化和开放性,使得信息资源在极大的范围内得以共享和交流,使得重要信息被非法截取或恶意修改的可能性大大增加,加之计算机病毒和网络"黑客"的侵入,使信息系统的安全性受到威胁。如存放于主机内的数据被他人非法拷贝和篡改,数据在传输过程中被截取或恶意篡改,计算机病毒可能会破坏程序的正常执行及数据的完整,导致信息系统瘫痪。这无疑将联网审计工作置于一种极大的风险之中。这些问题如果处理不好,会极大地阻碍联网审计的发展。

(4) 联网审计的法律地位难以取得。互联网的出现和广泛应用对传统内部审计技术和方法产生了强烈的冲击,联网审计是内部审计领域出现的新生事物,现有的法律法规体系和内部审计准则体系已不能完全适应、指导和规范联网审计的实践。目前,我国有关互联网活动的法律法规还处于不断探索和完善阶段,难以完全解决互联网活动中出现的所有新问题、新纠纷,这就给内部审计人员进行联网审计带来了极大的不便。

(5) 联网审计的人才需求难以满足。在联网审计模式下,为了保证审计过程的顺利完成,内部审计人员对审计过程完成的各个环节,如数据采集、传输、分析都应有足够的了解,需要是网络、软件、硬件、数据库等方面的专家。这些技术要求往往超出现有内部审计人员的知识范围,需要对内部审计人员进行培训,补充和更新知识。内部审计人员不仅要掌握会计、审计、经济管理、法律等方面的知识,还要掌握计算机、网络信息系统等方面的知识和技能,要懂得计算机管理信息系统的功能和特点,要能够利用计算机网络进行审计。目前,实施联网审计的人才严重不足,限制了联网审计的发展和广泛实施。

联网审计与现场审计方式不同,两者各有优势,各有局限。内部审计人员弥补局限的有效办法就是将两者有机结合、互为补充,统一于完整的内部审计体系之中。联网审计能帮助制定科学的审计计划,提供审计线索;现场审计保证审计计划的有效执行。联网审计有广泛的覆盖面与现场审计有针对性的审计特点相结合,形成完整的审计监督网络,共同促进审计监督职能的有效实现。随着互联网的发展,金融电子化水平的不断提高,审计对象、审计环境等已发生了较大变化,要求审计方式必须与时俱进,以信息化的审计对应信息化的审计对象,非现场审计与现场审计方式相结合、非现场审计技术与审计经验相结合必将成为银行内部审计方式的发展方向。

二、联网审计的审计程序和方法

实施联网审计,内部审计人员应利用计算机技术、网络技术对被审计单位的数据进行实时采集、加工、存储、分析和传输,从而得到及时、科学和完善的审计数据和审计分析结果,使内部审计工作从事后审计转变为事后审计与事中审计相结合,从静态审计转变为静态审计与动态审计相结合,充分发挥内部审计的积极作用。

(一) 联网审计的审计程序

联网审计涉及被审计端、传输端和审计端三个环节,各联网单位作为被审计端,其业务数据、财务数据经联网采集后,通过公司内部审计机构的"联网审计系统"按照一定的周期自动传输到审计端,审计数据中心接收到数据后,首先按照预定的程序对数据进行清洗、装载,然后依据审计数据规划进行基础表的加工处理,最后内部审计人员依据基础数据表构建各类审计模型,完成对公司的审计,出具审计报告。

1. 数据采集和整理

数据采集是开展联网审计的前提。一般联网数据采集通过两种方式实现:局域网内部数据采集和广域网数据采集。通常数据采集方式使用的是广域网数据采集,在被审计单位安装数据采集前置机。被审计单位定期对各个业务系统进行全库数据备份,然后通过人工操作的方式,将备份的数据库文件通过转输端上传至前置机(FTP 服务器),通过预编写的自动恢复命令对其传输的备份数据恢复。内部审计中心按照预定设置的周期对前置机上的数据进行自动采集、清洗、转换处理,然后将数据装载到内部审计数据规划基础表中,此过程为人工触发,自动完成。如银行联网审计是利用银行各种信息系统和其他信息资源,通过计算机网络、磁介质、纸介质等信息传输渠道,收集各项业务经营管理数据及有关文字资料。目前,银行联网审计主要通过总账传输、城综网、柜面业务、信贷管理信息、人力资源管理等系统及有关业务部门采集数据,主要数据信息包括总账、信贷、资金、财务、存款、房地产金融等数据。按照一定的方法和标准对调集到的信息进行加工整理,产生联网审计分析所需的特定数据和资料。

2. 数据分析和建模

根据整理得到的基础数据和资料,采用各种方法监测业务经营管理状况,分析、查找违规行为、潜在风险及异常情况,并进一步对经营管理状况进行风险评估。内部审计人员根据联网审计平台构建出的内部审计方法业务模型,完成对问题的审计。目前,内部审计人员主要有四种数据分析的方式:直接查询分析、预警模型分析、通过已构建的审计模型分析、新建模型进行分析。

(1) 直接查询分析:内部审计人员可通过审计终端,使用 SQL 语言直接对审计数据进行查询分析。

(2) 预警模型分析:联网审计系统通过对审计数据周期性的自动扫描检查,对符合一定特征的数据进行分析,达到预警的作用。

(3) 通过已构建的审计模型分析:内部审计人员可使用系统内已构建好的内部审计模型,对审计数据进行直接分析。

(4) 新建模型进行分析:内部审计人员可将一些复杂的审计过程,制作成联网审计系统内的审计模型,以便将来重复利用,从而达到降低工作量,提高工作效率的作用。

3. 问题质询和评价

内部审计人员通过联网审计就发现的疑点、问题及异常,采用多种方式,向审计对象提出质询,根据反馈结果做出审计判断。实施质询程序,能够突破数据来源的局限,使内部审计触角延伸到公司的所有方面,便于掌握细致而直接的信息,从而做出较为准确的判断、评价和结论。

4. 出具内部审计报告

内部审计人员根据问题查找、风险评估、问题质询的结果,按照联网审计和其他有关工作需要形成报告。联网审计报告形式多样,有综合报告、专题报告、风险评估报告、审计线索和资料报告等。

(二) 联网审计的数据采集和处理方法

数据的采集是实现联网审计的关键步骤。内部审计人员要实现联网审计,必须研究如何采集被审计单位的数据,从而保证能采集到被审计单位完整的数据,并能保证数据的一致性与可操作性。

1. 数据采集方式

如何确定数据采集方式,如何保证数据采集的完整性、可靠性、安全性,如何处理数据以减少数据冗余、规范数据格式是联网审计数据采集研究的重点。在数据的采集方式上,有以下三种选择:①远程采集。远程采集是指内部审计机构和内部审计人员直接远程访问被审计单位数据库,采集所需的电子数据。②直接复制。直接复制是指内部审计人员将审计数据不经过转换,直接全部复制到数据采集的前置机上,然后传输到内部审计机构的服务器中。③采集并转换。采集并转换是指数据采集前置机采用数据迁移软件,根据内部审计分析的需要,采集被审计单位的电子数据,并转换成所需的格式,然后再传输到内部审计机构的服务器中。

在以上三种数据采集方式中,第一种方式涉及被审计单位数据库的安全性与保密性,因而建议不采用这种方式,而第二种方式由于采集到的数据量过大,且各单位数据库中数据格式可能不一致,从而对内部审计机构数据库的要求过高,同样不可取。只有第三种方式可以通过前端数据采集机进行数据采集,并转换成内部审计所需的格式再传输到内部审计机构的服务器中,这样可以减少数据冗余,规范数据格式,因而采用前置数据采集机通过其中的数据迁移软件采集并转换数据是较好的数据采集方式。如果不能采集到真正的内部审计数据,则会得出错误的内部审计结果,正所谓"垃圾进,垃圾出"。

2. 数据采集的方法

在联网审计中,数据的采集子系统在被审计单位中采用一个前置机分别连接通信设备和业务数据库,由前置机对审计数据进行采集,并同时做出一定的预先转换,然后,通过公司内部网络把采集到的电子数据传输到内部审计机构的服务器中。系统要求对传输的数据进行压缩、加密,由于在传送的数据中会大量出现重复数据,因此要求加密算法与代码次序有关。在采集数据时,要根据内部审计分析的需要,把采集到的数据转换成内部审计分析所需的格式。

数据采集软件可采用数据迁移技术来实现。采用数据迁移技术设计数据采集软件的过程通常可以通过制定数据迁移策略、确定数据迁移的范围、确定数据迁移的环境、确定数据迁移的技术;考察原始系统数据结构,包括原始系统数据结构的描述、原始系统数据结构的依赖关系;考察新系统数据结构,包括新系统数据结构的描述、新系统数据结构的依赖关系;建立对照关系,即建立原始系统数据结构和新系统数据结构的对照表;确定数据迁移的顺序列表;编写数据迁移脚本;整体数据迁移测试;数据迁移正确性确认;整体数据质量检验。

由于被审计单位数据库和内部审计分析模型数据库在结构上可能会有不同,所以,在数据迁移过程中,要想实现严格的数据库等价转换是比较困难的,首先要确定两种模型中所存在的各种语法和语义上的冲突,这些冲突可能包括:①命名冲突。比如,被审计单位数据库结构中的标识符可能是内部审计分析模型数据库结构中的保留字;被审计单位数据库结构中的标识符为汉语拼音,而在内部审计分析模型数据库结构中为英文,这时需要重新命名。②格式冲突。同一种数据类型可能有不同的表示方法和语义差异,这时需要定义被审计单位数据库和审计分析模型数据库数据模型之间的转换函数。总之,在完成数据迁移后,一方面,被审计单位数据库中所有需要共享的信息都要转换到内部审计分析模型数据库中,另一方面,这种转换又不能包含冗余的关联信息。

3. 联网审计的数据处理方法

采用联机分析处理(OLAP)以及数据挖掘等技术来分析内部审计数据,是内部审计信息化发展的必然结果过程。联机分析处理是使分析人员、管理人员或执行人员能够从多角度对信息进行快速、一致、交互地存取,从而获得对数据的更深入了解的一类软件技术。数据挖掘是指从数据库或数据仓库中提取隐含的、未知的和潜在的有用信息的非平凡过程。数据挖掘技术主要包括关联规则发现、分类、聚类分析、泛化、预测和孤立点检测等。其中,孤立点检测是数据挖掘中的一个重要方面,用来发现数据源中显著不同于其他数据的对象,它常常应用在电信和信用卡欺骗检测、贷款审批、气象预报和客户分类等领域中。由于内部审计中的可疑数据错误往往表现为孤立点,所以,通过检测被审计数据中的孤立点可以达到内部审计的目。因此,可以采用孤立点检测的相关算法来处理审计数据。

采用联机分析处理以及数据挖掘等技术来分析审计数据具有以下优点:首先,利用联机分析处理的快速性、多维性,可以随机、快速、准确地输出全部或任何一项监管指标的分析结果。其次,可以进一步提高对风险的预测能力,实现全过程的动态监督,使得内部审计机构在审计过程中处于主动地位。最后,可以充分使用基于复杂数学方法的内部审计模型对各种审计指标进行有效的预测,为及时防范和化解风险提供科学的依据。

4. 联网审计的模块化

联网审计模块化是一种处理联网审计复杂系统分解为更好的可管理模块的方式。联网审计模块化有多种属性,分别反映其内部特性。联网审计模块化用来分割、组织和打包联网审计软件。每个联网审计模块完成一个特定的子功能,所有的联网审计模块按某种方法组装起来,成为一个整体,完成整个联网审计系统所要求的功能。联网审计模块具有以下几种基本属性:接口、功能、逻辑、状态,功能、状态与接口反映模块的外部特性,逻辑反映它的内部特性。

(1)远程通信模块。该模块的主要功能包括建立与被审计单位服务器或主机的线路对接,身份及密码确认,数据加密、解密,传输控制,实时通讯以及解除连接等。其目的是建立一条安全可靠、稳定通畅的数据传输通道,保证内部审计资料传输的保密性和高效性。

(2) 数据采集模块。数据采集是联网审计的基础,被审计单位及内部审计机构通过已加密的传输通道来上传和接收数据。该模块将来自被审计单位的数据(如财务报表、总账数据等)按照一定的内部审计要求和计划,导入到内部审计机构的系统中,并经过整理和转化,形成便于内部审计人员分析和查询的数据格式。该模块还可将原始数据加入相应的数据库中,以备核查和其他功能模块共享。

(3) 审计分析模块。该模块是联网审计系统的核心,主要功能是对从被审计单位采集来的数据进行分析,查找审计对象潜在的问题、疑点和异常情况,并得出初步意见。在分析、统计抽样等一些功能上与现场审计软件有相似之处,但又有不同,联网审计更多的是提供现场审计的线索和决策参考,因而,该模块更侧重于潜在问题和可疑数据的提取和分析,而不是定下结论。

(4) 系统管理模块。该模块包括系统维护、参数修改、权限及密码设置(能防止非法用户进入系统和非授权用户进行非法操作)和身份管理等功能。

三、完善联网审计的若干措施

近年来,随着联网审计发展不断加快,内部审计机构和内部审计人员加大了联网审计应用力度,完善了联网审计的功能,联网审计取得了长足进步。但开展联网审计仍然存在联网审计的基础差、数据采集方法不完善、审计风险突出、人才队伍建设不足等诸多问题,应采取多方面措施不断完善联网审计系统建设。

(1) 营造良好的联网审计环境。由于联网审计的基础数据来源于信息系统,审计人员需要通过对信息系统的合规性、安全性、可靠性和有效性进行审计来评价被审单位信息系统中输入、处理、存储、输出的电子数据的真实、完整性;查找被审单位信息系统管理制度不规范的环节,各系统间关联对比关系不完善,缺少系统的自身校验功能等薄弱环节;通过信息系统审计发现传统审计难以发现的问题,也可以通过传统审计发现的问题,反推信息系统中存在的非法功能和漏洞。联网审计是内部审计信息化建设的一个组成部分,应以内部审计现有的信息系统为基础构建,涉及审计业务管理、质量控制等各方面,是一个复杂的系统工程,要形成建设合力。内部审计机构和内部审计人员要积极开发联网审计软件,借鉴西方国家成熟做法,进行适应性改造,快速与国际审计先进审计方法接轨,另一方面应不断增加对审计信息化建设的经费投入,加强联网审计的审计硬件建设,不断扩大审计信息化建设投入,快速提高审计信息化建设水平。

(2) 完善联网审计的体制机制。公司完善联网审计体制的措施有:一是要合理设置内部审计机构和其他内部机构,科学划分职责权限,形成相互制衡机制;二是要规范内部操作制度,保证公司内部机构、岗位及其职责权限的合理设置和分工,确保不同机构和岗位之间权责分明、相互制约、相互监督。内部审计机构要建立联网审计建设长远规划,制定分期实现目标,推进联网审计体制建设快速有序发展。内部审计人员要加大内部审计流程创新,促进联网审计与现场审计的有效融合。首先,内部审计人员应充分利用联网审计手段,实施有效的审前准备,准确定位被审计单位存在的问题和风险点,排查可疑线索,实时定位被审计单位经营业务和账簿数据。其次,内部审计人员应利用现场审计审前准备的成果,完成相关疑点线索的取证,最大限度地降低现场审计成本的消耗。最后,明确现场审计人员和联网审计人员在审计流程中的职责定位,加强联网审计与现场审计的有机结合,充分发挥两方面内部审计人员协调促进作用。

(3) 提高联网审计安全意识。在互联网环境下,网络的安全、可靠成为联网审计中审计风险防范和控制的重点。实施联网审计时,应该对被审计单位网络结构进行分析与评价,检查被审计单位的系统安全管理体制和安全保密技术,是否设置外部访问区域,是否建立防火墙和实时监控程序,以确认其防范黑客侵入的能力,同时还应该对被审计单位的系统安全管理体制和安全保密技术等作深入的了解,以评价其系统安全性的等级,从而有效地控制审计风险。此外,审计人员应提高安全防范意识,重视联网审计系统中的身份确认、防火墙、审计数据的传输及反病毒措施等环节,确保审计数据传输的安全及保密,以防范联网审计系统的安全性风险。进一步统一会计软件数据接口标准,制定和实施统一的会计核算软件数据接口规范,对被审计单位采集的数据实现一键式导入,进行有效的联网审计。

(4) 制定联网审计的准则和法规。内部审计准则是内部审计工作应遵循的规范和尺度,是评价内部审计工作质量的权威性规则。联网审计对象、线索、方法、流程、结果等各方面相对于传统内部审计都发生了变化,以往的内部审计标准和准则已经不能完全适用,所以应加快新的内部审计准则的制定以指导联网审计工作实践的深入。联网审计立法是保障联网审计正常发展的关键措施,对于电子证据、电子签名、电子合同、电子货币等网络经济工具的合法性及其使用规定,都需要立法来加以明确,使联网审计工作有法可依。关于联网审计技术应用的审计立法是一项复杂的、技术性很强的系统工程,不仅要在内部审计领域修改完善内部审计法律、法规和内部审计准则,使联网审计技术在内部审计中的应用合法化;而且,联网审计技术在内部审计中的应用还涉及多个部门、多个行业,既需要跨领域的合作,又需要跨部门的协调配合。因此,联网审计技术应用的配套工作,应该放在整个社会信息化进程中的立法需求大背景下进行,应从国家层面,以系统的观点研究联网审计技术相关的立法需求。在国家层面的系统框架基础上,按照循序渐进的原则,内部审计行业根据其内部审计工作的特点,完善自身相关的法律、法规和内部审计准则。

(5) 培养联网审计的复合型人才。一支精通网络、计算机及审计业务的审计队伍是联网审计能否得以顺利实施的关键因素。目前,我国内部审计队伍主要由财经类专业人员构成,计算机知识和技能尚不能达到联网审计所要求的水平,而内部审计队伍中的计算机专业人员,又普遍缺乏相应的财会和审计业务知识,尚不能独立开展联网审计工作。除了做好内部审计人员和计算机人员的人力资源整合,充分实现资源优势互补,还要加强内部审计人员的计算机网络知识与技能培训,培养掌握联网审计技术的新型复合型人才队伍,是推进公司联网审计发展的根本出路。一是加强计算机辅助审计队伍的人才培养。加大科技、审计以及财会专业知识的综合培训,打造计算机审计团队的复合型人才。二是加强审计系统内部科技人才的横向交流,每年从公司科技部门交流科技方面的专业人才到内部审计机构参与联网审计业务,不断提升联网审计水平。三是做好现有审计系统的普及工作,达到人人会操作、个个会应用的要求。四是为计算机审计人才创造发展平台。给予那些既懂审计又能掌握信息技术的复合型人才更多的奖励和提拔晋升的机会,以此激励内部审计队伍进一步强化信息化思维,积极探索信息化环境下新的审计方式、程序和质量管理模式,全面推进内部审计系统信息化建设。

第二节 云 审 计

当今,随着互联网、云计算、大数据技术和方法的发展,正在对全球经济社会产生巨大的影响。云计算改变数据架构,大数据改变公司商业运作模式,大数据与云计算相互依托互相促进、共同发展。云计算给现代内部审计提供了新的技术和方法,要求人们把握云计算的特点,变革现代内部审计的思维与技术和方法,推动云计算时代内部审计思维与技术和方法的发展。

一、云计算的含义与特征

云计算(Cloud Computing),是一种基于互联网的计算方式,通过这种方式,共享的软硬件资源和信息可以按需求提供给计算机和其他设备。云计算是继20世纪80年代大型计算机到客户端—服务器的大转变之后的又一种巨变。用户不再需要了解"云"中基础设施的细节,不必具有相应的专业知识,也无需直接进行控制。云计算描述了一种基于互联网的新的IT服务增加、使用和交付模式,通常涉及通过互联网来提供动态易扩展而且经常是虚拟化的资源,它意味着计算能力也可作为一种商品通过互联网进行流通。

(一)云计算的含义

云计算由一系列可以动态升级和被虚拟化的资源组成,这些资源被所有云计算的用户共享并且可以方便地通过网络访问,用户无需掌握云计算的技术,只需要按照个人或者团体的需要租赁云计算的资源。云计算是继20世纪80年代大型计算机到客户端—服务器的大转变之后的又一种巨变。云计算的出现并非偶然,早在20世纪60年代,麦卡锡就提出了把计算能力作为一种像水和电一样的公用事业提供给用户的理念,这成为云计算思想的起源。在20世纪80年代网格计算、90年代公用计算,21世纪初虚拟化技术、SOA、SaaS应用的支撑下,云计算作为一种新兴的资源使用和交付模式逐渐为学界和产业界所认知。

继个人计算机变革、互联网变革之后,云计算被看作第三次IT浪潮。它将带来生活、生产方式和商业模式的根本性改变,云计算将成为当前全社会关注的热点。云计算(Cloud Computing)是分布式计算(Distributed Computing)、并行计算(Parallel Computing)、效用计算(Utility Computing)、网络存储(Network Storage Technologies)、虚拟化(Virtualization)、负载均衡(Load Balance)等传统计算机和网络技术发展融合的产物。

"云计算"概念产生于谷歌和 IBM 等大型互联网公司处理海量数据的实践。2006 年 8 月 9 日,Google 首席执行官埃里克·施密特(Eric Schmidt)在搜索引擎大会(SES San Jose 2006)首次提出"云计算"的概念。2007 年 10 月,Google 与 IBM 开始在美国大学校园,推广云计算的计划,这项计划希望能降低分布式计算技术在学术研究方面的成本,并为这些大学提供相关的软硬件设备及技术支持。

目前,对云计算的定义很多,不同的公司根据自己的商业目的给出符合自己利益的定义。如果从局部角度来分析,这些定义都有道理,就像盲人摸象一样,每个人的描述都没有问题。所以无论是微软、IBM、Google、Intel、亚马逊等公司提出的概念,或者网络百科上给出的狭义和广义云计算定义,或者是一些组织机构给出的定义,都是有道理的。"云计算"是基于互联网的相关服务的增加、使用和交付模式,是通过互联网来提供动态易扩展且经常是虚拟化的资源。美国国家标准技术研究院(NIST)2009 年关于云计算的定义是:"云计算是一种按使用量付费的模式,这种模式提供可用的、便捷的、按需的网络访问,进入可配置的计算资源共享池(资源包括网络、服务器、存储、应用软件、服务等),这些资源能够被快速提供,只需投入很少的管理工作,或与服务供应商进行很少的交互。"

云计算的核心思想,是将大量用网络连接的计算资源统一管理和调度,构成一个计算资源池向用户提供按需服务。提供资源的网络被称为"云"。狭义云计算指 IT 基础设施的交付和使用模式,指通过网络以按需、易扩展的方式获得所需资源。广义云计算指服务的交付和使用模式,指通过网络以按需、易扩展的方式获得所需服务。这种服务可以是 IT 和软件、互联网相关,也可是其他服务。它目前主要包括三个层次的服务:基础设施即服务(IaaS),平台即服务(PaaS)和软件即服务(SaaS)。云计算服务通常提供通用的通过浏览器访问的在线商业应用,软件和数据可存储在数据中心。

(1) 云基础设施即服务(IaaS)。云基础设施即服务这个阵营中的公司负责提供基建,比如存储设备、网络设备等,通过云计算操作系统,令移动计算的变革得以实现。

(2) 云平台即服务(PaaS)。云平台即服务是一种部署在云基础设施之上的向客户提供开发语言和开发工具的能力,这个层次主要针对 IT 公司。

(3) 云软件即服务(SaaS)。云软件即服务是云软件的使用者使用云软件,比如说现在有的手机上按流量收费的导航服务,消费者根据需要按流量付费使用。IT 产业开始从卖产品向卖服务转变。

(二) 云计算的特征

根据美国国家标准技术研究院对云计算的定义,可以看到云计算的特征主要表现在以下方面。

(1) 云计算是一种计算模式。它具有时间和网络存储的功能,基本上不需要与云计算服务提供商进行交互就可以实现。云计算把大量计算资源集中到一个公共资源池中,通过多主租用的方式共享计算资源。虽然单个用户在云计算平台获得服务水平受到网络带宽等各因素影响,未必获得优于本地主机所提供的服务,但是从整个社会资源的角度而言,整体的资源调控降低了部分地区峰值荷载,提高了部分荒废的主机的运行率,从而提高资源利用率。

(2) 云计算是一条接入路径。它通过广泛接入网络以获取计算能力,通过标准机制进行访问,通过移动电话、便携式计算机或 PDA 等异构的客户端平台使用。虚拟化层将云平台上方的应用软件和下方的基础设备隔离开来。技术设备的维护者无法看到设备中运行的具体应用。同时对软件层的用户而言基础设备层是透明的,用户只能看到虚拟化层中虚拟出来的各类设备。这种架构减少了设备依赖性,也为动态的资源配置提供可能。

(3) 云计算是一个资源池。云计算服务提供商的计算资源,包括存储、处理、内存、网络带宽的虚拟机,通过多租户模式为不同用户提供服务,并根据用户的需求动态提供不同的物理的或虚拟的资源。云平台管理软件将整合的计算资源根据应用访问的具体情况进行动态调整,包括增大或减少资源的要求。因此,云计算对于在非恒定需求的应用,如对需求波动很大、阶段性需求等,具有非常好的应用效果。在云计算环境中,既可以对规律性需求通过事先预测事先分配,也可根据事先设定的规则进行实时分台调整。弹性的云服务可帮助用户在任意时间得到满足需求的计算资源。

(4) 云计算是一系列伸缩技术。在信息化和互联网环境下的计算规模可以快速扩大或缩小,计算能力可以快速、弹性获得,提供的计算能力似乎是无限的。目前,主流的云计算平台均根据 SPI 架构在各层集成功能各异的软硬件设备和中间件软件。大量中间件软件和设备提供针对该平台的通用接口,允许用户添加本层的扩展设备。部分云与云之间提供对应接口,允许用户在不同云之间进行数据迁移。类似功能在更大程度上满足了用户需求,集成了计算资源,是未来云计算的发展方向之一。

(5) 云计算是一项可计量的服务。云计算资源的使用情况可以通过云计算系统检测、控制、计量,以自动控制和优化资源使用。作为云计算的代表按需提供服务按需付费是目前各类云计算服务中不可或缺的一部分。对用户而言,云计算不但省去了基础设备的购置运维费用,而且能根据公司成长的需要不断扩展订购服务,不断更换更加适合的服务,提高了资金的利用率。

(6) 云计算使用成本低。由于"云"的特殊容错措施可以采用极其廉价的节点来构成云,"云"的自动化集中式管理使大量公司无需负担日益高昂的数据中心管理成本,"云"的通用性使资源的利用率较之传统系统大幅提升,因此用户可以充分享受"云"的低成本优势,经常只要花费几百美元、几天时间就能完成以前需要数万美元、数月时间才能完成的任务。云计算可以彻底改变人们未来的生活,但同时也要重视环境问题,这样才能真正为人类进步做贡献,而不是简单的技术提升。

(7) 云计算具有潜在的危险性。云计算服务除了提供计算服务外,还必然提供了存储服务。但是云计算服务当前垄断在私人机构(公司)手中,而它们仅仅能够提供商业信用。对于政府机构、商业机构(特别像银行这样持有敏感数据的商业机构)对于选择云计算服务应保持足够的警惕。一旦商业用户大规模使用私人机构提供的云计算服务,无论其技术优势有多强,都不可避免地让这些私人机构以"数据(信息)"的重要性挟制整个社会。对于信息社会而言,"信息"是至关重要的。另一方面,云计算中的数据对于数据所有者以外的其他用户云计算用户是保密的,但是对于提供云计算的商业机构而言确实毫无秘密可言。所有这些潜在的危险,是商业机构和政府机构选择云计算服务、特别是国外机构提供的云计算服务时,不得不考虑的一个重要的前提。

云计算可以有三种部署模式,即公共云、私有云和混合云。

(1) 公共云。公共云是指为外部客户提供服务的云,它所有的服务是供别人使用,而不是自己用。目前,典型的公共云有微软的 WindowsAzure Platform、亚马逊的 AWS、Salesforce.com,以及国内的阿里巴巴、用友等。对于使用者而言,公共云的最大优点是,其所应用的程序、服务及相关数据都存放在公共云的提供者处,自己无需做相应的投资和建设。目前最大的问题是,由于数据不存储在自己的数据中心,其安全性存在一定风险。同时,公共云的可用性不受使用者控制,这方面也存在一定的不确定性。

(2) 私有云。私有云是指公司自己使用的云,它所有的服务不是供别人使用,而是供自己内部人员或分支机构使用。私有云的部署比较适合于有众多分支机构的大型公司或政府部门。随着这些大型公司数据中心的集中化,私有云将会成为它们部署 IT 系统的主流模式。相对于公共云,私有云部署在公司自身内部,因此其数据安全性、系统可用性都可由自己控制;但其缺点是投资较大,尤其是一次性的建设投资较大。

(3) 混合云。混合云是指供自己和客户共同使用的云,它所提供的服务既可以供别人使用,也可以供自己使用。相比较而言,混合云的部署方式对提供者的要求较高。

(三) 云计算与大数据的关系

近年来,云计算受到学术界和工业界的热捧。随后,大数据横空出世,更是炙手可热。其实,云计算与大数据是相互依存的关系。

(1) 从整体上看,云计算与大数据是相辅相成的。云计算主要关注"计算",关注 IT 架构,提供 IT 解决方案,强调的是计算能力,即数据处理能力。大数据主要专注实际业务,着眼于"数据",提供数据采集、挖掘、分析的技术和方法,强调的是数据存储能力。如果没有大数据的数据存储,那么云计算的计算能力再强大,也难以找到用武之地;如果没有云计算的数据处理能力,则大数据的数据存储再丰富,也终究难以用于实践中去。

(2) 从技术上看,大数据依赖于云计算。海量数据存储技术、海量数据管理技术、MapReduce 编程模型都是云计算的关键技术,也都是大数据的技术基础。而数据之所以会变"大",最重要的便是云计算提供的技术平台。数据被放到"云"上之后,打破了过去那种各自分割的数据存储,更容易被收集和获得,大数据才能呈现在人们眼前。而巨量的数据也只能依靠云计算强大的数据处理能力,才能够"淘尽黄沙始得金"。

(3) 从侧重点看,云计算与大数据的侧重点不同。云计算主要通过互联网广泛获取、扩展和管理计算及存储资源和能力,其侧重点是 IT 资源、处理能力和各种应用,以帮助公司节省 IT 部署成本。而大数据的侧重点是各种数据,广泛、深入挖掘巨量数据,发现数据中的价值,迫使公司从"业务驱动"转变为"数据驱动"。云计算使公司的 IT 部门受益,而大数据使公司的业务管理部门受益。

(4) 从结果看,云计算与大数据带来的不同变化。云计算是将信息存储、分享和挖掘能力极大提高,更经济、高效将巨量、高速、多变的终端数据存储下来,并随时进行计算与分析。通过云计算对大数据进行分析、总结与预测,会使得决策更可靠,释放出更多大数据的内在价值。大数据对社会经济带来的变化是巨大的,涉及各个领域。大数据已经与资本、人力一起作为生产的主要因素影响着社会经济的发展中。数据创造价值,而挖掘数据价值、利用数据的"推动力"就是云计算。

二、云审计的含义和特征

云审计是指在云计算的基础上搭建一个平台,通过数据的云存储,实现各类审计信息的数字化,使各种审计资源,包括审计人员、程序和相关的硬件设备,通过云来协同工作,使审计资源得到充分优化利用,以促进信息的交流和共享。云审计是利用云计算,通过数据的云存储,使得各种审计资源(参与审计的人员、程序和相关的硬件设备)通过云来协同,从而为内部审计人员提供更富有效率,更科学的审计过程。在这个过程中,内部审计人员无需关注采用何种计算机程序、也无需关注数据的存储、共享和工作时效性问题,唯一需要关注的就是审计任务本身。因而,通过云审计,可以大大降低内部审计人员简单劳动的强度,降低审计软件的技术壁垒并实现在技术和硬件上具备较高水平。更进一步地,随着人们对云审计的不断深入认识,有可能从根本上改变审计的基本理论框架,建立基于信息社会基础上的全新的审计框架。

云计算技术运用到内部审计过程中,产生了"云审计",促成内部审计技术的重大变革。不仅因为云计算实质上是计算机技术和互联网技术的结合,综合运用了到目前为止的所有重大技术进步和创新,而且由于云计算可以让用户完全专注于内部审计任务本身,摆脱对某一具体硬件或程序的依赖,从而能够将精力集中于审计信息的获取、分析与报告的系统工程上。在云审计过程中,审计人员可以按照自己的时间、方式进行审计,无需关注使用何种计算机程序,也无需关注数据的存储、共享和工作时效性问题,需要关注的就是审计任务本身,而云端看不见的繁琐技术全部留给技术后台来解决,并不需要知晓后台是如何运作的,关键是前台的使用是否便捷,是不是得心应手。这也是信息时代发展中的一种必然变化,也已经成为新时期下内部审计信息化的一种需求。

在云审计过程中,利用第三方提供的云计算基础平台、数据和程序都在"云"中,审计项目小组成员可以在地理上非常分散,甚至于不一定都要来自同一个内部审计机构,所有的作业协同和数据共享通过云技术来实现。云审计不仅可以归集和管理审计所需的各类资料和数据,对容纳的数据时时更新和有机集合,而且能够智能控制对审计模型的选择和使用,保证审计过程的质量。因此,云审计不同于传统内部审计,有着传统内部审计方式所无法比拟的特征。

(1)实现审计时间的节约。在现行审计过程中,被审计单位的信息系统缺乏应有的审计接口,使得内部审计人员将大量的时间花费在数据的采集、资料的收集上,甚至收集转换审计资料上花费的时间远远超过审计发现问题的时间。在云审计过程中,被审计单位相关数据存储在"云"中,内部审计人员无需再把数据导入自己的办公电脑。通过云服务,将大量原本应由本机进行的计算推送到服务器端,由服务器将计算任务分配到整个云网络的空闲计算机上,迅速得到结果并返还给本地计算机,可以大大节省等待时间。

(2) 实现审计软件相互兼容。在云审计过程中,数据和程序是存储在"云"中,审计程序的设计、维护和升级不再由各内部审计机构独自承担,而是完全交由专业的云软件服务商来进行,从而大大提高审计软件兼容性;同时,内部审计机构只是作为一个用户来使用软件,因此不同级别的内部审计机构可以无视基础设施的投入,获得同样先进、一致的审计软件操控体验,基于同一审计软件进行的审计过程的可比性也将大大提高。

(3) 实现审计资料充分共享。内部审计人员收集的各项资料,采集、生成的各种数据,不再分块存储在每位内部审计人员手中,而是分类存储在同一个资源平台上;内部审计人员通过云审计平台,可以随时查阅审计组收集到的各项数据和资料,及时分享审计信息,避免重复劳动。

(4) 实现审计信息实时交流。内部审计人员能够及时了解内部审计任务进展情况。并根据实际情况进行审计重点和人员调整;及时了解领导者的工作思路和要求,并将任务执行过程中遇到的问题及时向管理者反馈;及时地了解相互的工作情况,方便实现线索、方法的共享。

(5) 实现审计全过程质量控制。通过云审计,管理者能及时、完整地了解每个内部审计人员的工作,有的放矢地进行指挥,并实时监督每个人的工作情况;审计人员之间也能互相监督,确保审计质量的提高。

三、云审计的基本框架

在云审计中,审计所需要的数据和程序都储存在"云"里。在云端,云平台商会为各个公司内部审计机构建立一个公共云审计中心,为整个内部审计行业服务。相对于资金雄厚的公司内部审计机构私有云服务中心来说,这种面向所有公司内部审计机构的云平台被称为公共云平台。在该平台下,云平台服务商会提供强大的技术支持,包括存储、硬件、服务器和网络设备。它们拥有这些资产的所有权,并负责日常的运行和维护。该平台不仅能够整理和收集与内部审计有关的数据和资料、对存储的数据进行实时更新,还提供了智能审计模型供内部审计人员应用,使内部审计变得更科学、更高效。在该平台下,整个内部审计行业的技术水平可以快速提升并达到均衡,大大降低了内部审计人员的重复劳动,提高了其内部审计的专注度。

云审计是审计在云端的一个系统集合,它至少应包括三个方面的内容:一是依托第三方服务商提供的或专业建设的"云计算"基础平台,即"云审计平台",对审计数据进行采集、存储、传输,并保障数据的安全;二是利用云计算专业技术对审计数据进行处理,实现内部审计手段智能化;三是审计资源通过云来协同,实现内部审计工作业务协同,促进信息共享及沟通。

(一) 建设云审计平台

公司内部审计机构要实施云审计,应建设云审计平台。传统的审计方式下,各公司内部审计机构孤立地完成审计项目,审计的数据来源一般局限于具体被审计对象所拥有的数据,在利用这些数据开展审计时,一般会存在数据不完整、数据核实困难、数据关联性差、无法进行横向对比分析等弊端。在云计算环境下,云审计平台依托系统云平台,将大量数字化的审计信息在一个平台上统一管理和调度,不仅可以归集和管理内部审计所需的各类资料和数据,对容纳的数据实时更新和有机集合,而且能够智能控制对审计模型的选择和使用,保证内部审计过程的质量,提高内部审计工作效率和效果。此外,公共云审计平台可以大幅度降低云服务用户购买和维护服务器设备及软件方面的开支,云服务商只需维护既定程序和软件,即可满足众多云服务用户的需求,从而降低全社会的平均审计成本。构建专业的、系统的云审计平台还可以避免目前现场审计携带笔记本电脑容易造成数据泄露的风险。

为满足公司内部审计机构云计算环境下信息化审计平台建设需要,云审计平台应是一个完整、全面的审计信息化网络,达到实现内部审计信息化的综合目标。基于内部审计的特殊性,云审计平台只能由公司内部审计机构行业主管部门负责建设,并聘请独立第三方软件商做技术开发和维护。公司各级内部审计机构均建有自身完善的信息系统和基础数据库,通过联网审计系统向被审计单位进行数据采集、审计。其中,包括公司各级内部审计机构各自建立局域网,或者直接以客户端的形式,并通过审计专用网络与云审计平台连接。公司内部审计机构对下级内部审计机构直接发出业务指令,下级内部审计机构对上级内部审计机构直接做工作汇报。根据云计算的 IaaS、PaaS、SaaS 的有效管理信息资源服务模式,结合目前云审计平台应用的实际情况,云审计平台应由公司内部审计机构统一部署,以下一级内部审计机构为单位,构建 IaaS、PaaS、SaaS 相结合的,最终实现各级内部审计机构的硬件资源、软件资源、服务共享的混合服务模式公共服务平台。

现阶段,我国内部审计信息化水平不高的一个重要原因就是数据没有标准化。在云审计模式下,通过互联网实现云审计平台与被审计单位数据进行高速无障碍互通的基本前提就是两者要有统一的数据标准。目前,物联网在云审计中的应用,又赋予了内部审计新的内容。所有的审计都必须对相关项目的存在性、真实性、完整性、估价和披露进行认定。在云审计模式下,可以对所有事物形态的资产和票据贴上电子标签,通过物联网、利用传感技术进行访问和追踪,对其进行实时检验和数据的上传。这就需要云审计平台和物联网之间具有标准兼容性,能够解决审计专用传感设备的互联访问问题。

(二) 实施云审计工作流程

在云审计平台模式下,内部审计的主体就可能发生改变,由原来公司内部审计机构的某个审计项目小组的内部审计人员变为跨项目小组甚至跨内部审计机构的内部审计人员群。这些内部审计机构在接受内部审计任务后,通过云审计平台的标准化接口将被审计单位的文字化标准数据信息传输到云端。同时,通过物联网,追踪企业贴有电子标签的实物资产和票据,使其信息通过无线传感技术接入标准化的云审计平台。然后分别对收集到云端的文字和实物信息进行任务分配、协同作业,最后由内部审计项目负责人来进行汇总和报告。标准数据下的云审计过程避免了大量的人工操作、信息转换过程。信息的收集和整理过程都是通过云审计平台来完成的,并且云端还提供了审计所需的软硬件和程序,使得内部审计人员不用为审计程序的设计、维护和升级而担忧,实现了便捷的信息交换和工作的高效协同。内部审计机构通过建设云审计平台实现。

(1) 云审计平台运用 Internet 高效、可信及统一的虚拟计算环境,使计算机审计系统从封闭、静态、可控的运行模式逐步发展为开放、动态、具有柔性及适应性的计算机审计运行环境,在开放、动态和多变的网络环境下实现公司信息系统与计算机审计系统的共享和集成。

(2) 被审计单位在云审计平台环境下也作为一个开放的系统,单位治理、内部控制、内部审计与其他子系统之间相互作用,并为了实现同一个公司目标而相互支持、帮助,由此产生了内部的协同效应。

(3) 公司内部审计是在公司董事会领导下的公司"一盘棋"工作,并不能由一个机构独立完成,需要各级内部审计机构和业务经营单位共同协作,内部审计具有协同效应。协同审计模式应是以业务协同为基础,以提升审计效能为目标,依托云审计平台的资源协同,建立以服务公司治理目标为导向,在公司内部审计机构的统一指挥下,各级内部审计机构积极参与,以协作为特征,协调多元的内部审计监督协同结构,包括管理协同、资源协同、业务协同。

管理协同。公司内部审计机构通过组织协调各种管理程序、措施,实现管理最佳效率状态和资源最优配置状态的程度,包括业务管理协同、项目管理协同、信息管理协同。通过业务管理协同,依托云审计平台的协同效应,使得各级内部审计机构之间实现一体化的审计管理,共享公司文化建设、制度规范建设、业务政策和内部审计动态,加强信息交流,降低内部审计系统内部交易费用,使内部审计资源在审计治理过程中实现绩效最大化,从而推动内部审计系统整体绩效的提升。项目管理协同是指在存在多项目任务的环境下,通过系统调配内外部资源、信息共享,权衡和协调项目开展,以达到审计项目管理的有序状态。项目协同内部审计模式强调协同治理审计目标的实现,通过实施审计行为,进一步实现审计功能,建立协同治理审计机制。信息管理协同是指在内部审计治理中,通过信息传递、交流等形成的一种内部审计信息有效共享的机制。依托云审计平台,建立信息共享平台,促进内部审计信息共享,充分发挥内部审计制约功能。

资源协同。根据云审计平台 PaaS 层的资源管理系统,负责整个资源池的管理和调度,通过资源管理、资源监控、资源统计分析实现资源共享、按需分配、动态扩展、标准服务等运营。具体做法是:在云审计平台的基础上,按平台部署多个用户,资源协同管理平台根据各级内部审计机构和应用系统对不同资源的运用需求,将资源划分为不同的子集合,并在安全、网络等方面进行必要的物理或逻辑隔离,形成资源分区,不同资源分区间的资源可灵活调整。资源协同管理系统负责对各种内部审计资源进行部署、操作、回收、监控、统计分析,对资源池系统内部的各类物理设备进行运维管理。同时负责与资源池外部实体的交互以及资源池系统内部各资源系统之间的控制与交互,还负责用户的资源监控与虚拟机访问实现,获得资源的合理利用,提高资源利用率。

业务协同。云计算环境下的内部审计业务协同是借助云审计平台以及云计算技术建立一个协同工作的环境,将分布在不同地点的内部审计人员召集起来,共同完成一项审计任务,可以消除或减少项目组成员在时间和空间上相互分隔的障碍,节省内部审计成员的时间和精力,提高群体工作质量和效率。根据协同审计工作的特点,云审计平台要采用同步协同模式,各级内部审计机构终端用户的操作要更加注重响应时间的设定,从而保证群体操作的有序性。业务协同审计的程序为:数据采集→协同数据预处理→数据协同分析→协同经验交流→协同审计评价→得出审计结论。

(三) 建立云审计标准

云审计标准是指实施云审计的基本准则和实施依据。制定权威的、公认的云审计标准,是实现云审计工作规范化、明确云审计责任、保证云审计质量的可靠保障。没有标准,云审计的发展就难以得到规范健康的发展,难以推动内部审计的一体化协同发展。目前,各国内部审计行业组织等正在积极着手云审计标准的研究、制定工作。但是,云审计标准研究尚处于起步阶段,内部审计行业尚未形成相关云审计标准。云审计标准至少应包括认证标准、数据接口标准、数据安全标准、风险评估标准等。通过认证技术、加密技术、授权技术保证数据接口安全,确保接口的强用户认证、加密和访问控制的有效性,避免利用接口对内和对外的攻击,避免利用接口进行云服务的滥用。通过发展数据安全与隐私保护、多租户身份管理、数据丢失防护等安全产品及在线电子证据保全、第三方安全审计、云计算安全等级划分与测评、安全监控与运维和安全应急响应等安全服务能力,同时建立安全等级评价指标,对云计算服务环境中的数据传输安全、存储安全、审计安全提供量化评价,将有助于提升用户对云计算服务的信任度。

(四) 确保云审计安全

随着云审计的产生与应用,使得内部审计安全云端化。安全审计是确保信息系统运行安全、管理安全的有效技术途径,是内部审计参与公司治理、强化内部审计确认和咨询职能的内在要求。因此,实施云审计一定要把安全放在首要的位置,联合专业的安全设施厂商和第三方云服务商,加强云审计平台和应用端的云审计安全技术研发,采取有效措施加强云审计系统下的风险控制。

(1) 采用新技术、新方法构建系统安全。在云计算环境下,为了保证数据安全,应该采取最优的方法和最新的技术手段,研究构建云审计安全防御系统。安全防御系统至少应包括异常监控、故障监测、漏洞扫描、风险预警等功能。为了提高系统的可靠性和稳定性,应采用应用层面的检查点、重启技术、并行计算,增强系统安全性。

(2) 建立统一身份认证保护登录安全。统一身份认证是通过一个适合于所有应用系统的、唯一的认证服务系统为认证接口提供唯一访问点的认证模块,各应用系统只需要遵循统一认证服务调用接口,即可实现用户身份的认证。为了解决同一网络中多应用系统之间的复杂登录问题,可以建立在统一身份认证基础上的单点登录技术。同一用户只需要强制认证一次,就可以在不同的授权系统之间进行转换而不必重新登录,而系统的身份认证操作则在后台自动执行。这样可以提高用户的访问效率,避免了系统开销。

(3) 采用加密技术保护数据安全。加密技术包括两个元素:算法和密钥。算法是将普通的文本(或者可以理解的信息)与一串数字(密钥)结合,产生不可理解的密文步骤;密钥是用来对数据进行编码和解码的一种算法。在云审计数据传输和存储过程中,可通过适当的密钥加密技术和管理机制来对审计数据进行加密保护,即使数据误传到别人的数据中心,没有解密密码也不能打开和使用数据。

(4) 制定行业标准和法规保护使用安全。因为云计算服务涉及个人、公司、国家的重要敏感信息安全,所以需要政府相关监管部门的参与,通过统一行业标准和协议、制定完善相应的法律法规,对数据隐私保护、数据主权归属、服务协议保障、风险责任认定进行法规界定,对云计算服务提供商、云计算服务进行规范、监督、审计,保障云计算应用服务和数据信息的安全。

(五) 承担云审计责任

云审计过程使传统内部审计中的主客体二者的关系变成了主体、客体和中间云审计平台服务商三者之间的关系。相应的,内部审计的具体责任也发生了变化。与传统内部审计相比,在云审计下,内部审计人员的数据信息来源于中间的第三方云审计平台服务商,所以与数据采集存储相关的问题也就不再由内部审计人员负责,进而增加了第三方云审计平台服务商的责任。同时,内部审计的主体也由公司内部审计机构的审计项目小组成员变为来自公司各级内部审计机构的多名内部审计人员。在这种多方协作进行审计的过程中,各方的责任更应该明确。由于云审计下的责任主体较多,所以各个主体不能因为审计方式的变更而减轻或者规避自身应当承担的责任。只有各个内部审计主体都承担了相应的审计责任,才能发挥云审计的优势。

云责任可以简单地理解为"同一云过程下的内部审计机构和内部审计人员的总体责任"。基于此原则,云责任包括负责牵头的公司内部审计机构的责任;参与云审计过程的其他各级内部审计机构对被审计单位和牵头的公司内部审计机构的责任;云审计过程下所有参与审计的各级内部审计机构和内部审计人员对被审计单位的责任。由于云审计过程允许不同的各级内部审计机构参与同一个审计项目,在多对一的审计模式下,信息交换、信息处理及报告比一对一的审计要相对公开、透明,特别是在风险充分博弈的条件下,参与审计的各级内部审计机构将最终承担与其所负责审计过程相对应的审计责任,以达到风险均衡。

四、完善云审计的若干措施

"云计算"时代的来临,内部审计机构和内部审计人员在云计算浪潮的冲击下将发生革命性的变革,内部审计朝着云化、创新性、智能化方向转变和发展。为了迎接这种发展趋势,内部审计理论界、实务界和行业组织应未雨绸缪,采取各种措施积极应对。

1. 制定云审计应用的长远发展战略

云计算技术在审计领域中的推广应用是技术进步的必然要求,但应根据内部审计行业自身的特点,制定云计算技术审计应用的发展战略,在较短的时期内实现内部审计行业和实务的云审计。这需要内部审计行业苦练内功,在现有的内部审计信息化成果的基础上,通过全行业艰苦不懈的努力才能完成,是一项广泛涉及技术和业务的复杂系统工程,必须在内部审计行业发展战略指导下有计划、有步骤地实施。在战略框架指导下,内部审计行业应从数据、人才和技术等方面采取积极推进,逐步积累基础资源。只有具备强大的云计算和云存储能力,以及切实有效的云审计分析模型和软件等基本要素条件,才能真正实现云审计的有效运用。

2. 加快云审计应用的审计法规建设

现行法律、法规和内部审计准则没有明确规定应用云计算技术,因此,内部审计应用云计算技术缺乏法律依据。云计算技术应用的合法性问题是内部审计立法面临的一项重要而迫切的课题。只有拥有符合其发展规律的法规支持,云审计才能成为内部审计人员依法审计的基础。不解决云计算技术等信息技术应用相关的审计法律依据问题,云审计很难在内部审计领域中真正的开展应用。无论是云审计中数据的采集、存储制度化、规范化,还是数据分析结果及相关电子证据的法律地位,都是云审计在内部审计领域应用中必须要解决的问题。只有这样才能使内部审计人员在采集数据遇到困难时得到法律武器的支持,这是云审计技术在内部审计中充分发挥作用的重要前提。

关于云审计等技术应用的审计立法是一项复杂的、技术性很强的系统工程,不仅要在内部审计领域修改完善审计法律、法规和审计准则,使云审计等技术在内部审计中的应用合法化;而且,云审计等技术在内部审计中的应用还涉及多个部门、多个行业,既需要跨领域的合作,又需要跨部门的协调配合。因此,云审计技术应用的配套工作,应该放在整个社会云计算进程中的立法需求大背景下进行,应从行业层面,以系统的观点研究云审计技术相关的立法需求。在行业层面的系统框架基础上,按照循序渐进的原则,内部审计行业根据其内部审计工作的特点,完善自身相关的法律、法规和内部审计准则。

3. 建立内部审计行业云审计平台

要实施云审计在内部审计中的应用,内部审计行业应建设云审计平台。建设内部审计行业云审计平台是一项基础性的工程,对促进云审计在内部审计中的应用具有重要意义。云审计平台是以内部审计数据为中心,实现远程采集、存储和移动计算,减少数据移动带来的损耗。云审计平台可以通过云计算的 IaaS、PaaS 和 SaaS 三大服务模式实现相应的功能。

(1) 发挥内部审计行业优势,构建行业云审计平台。内部审计行业云审计平台的构建应该以提供 IaaS(基础设施即服务)、PaaS(平台即服务)两种服务模式为主。内部审计行业云审计平台的 IaaS 模式可以为内部审计人员提供场外服务器、存储和网络硬件,节省了内部审计现场的硬件维护成本和办公场地,内部审计人员可以在任何时候使用这些硬件基础设施开展内部审计工作。内部审计行业云审计平台的 PaaS 模式,可以在网上为内部审计提供各种开发和分发应用的解决方案,比如虚拟服务器和操作系统等。内部审计行业云审计平台的应用单位不需要管理或控制底层的云基础设施,包括网络、服务器、操作系统、存储等,但其能控制部署的应用程序,也能控制运行应用程序的托管环境配置。

(2) 以 SaaS 服务模式为依托,建立审计数据分析平台。内部审计行业云审计平台的

SaaS 服务模式可以为内部审计人员提供运行在云审计平台基础设施上的应用程序,是针对内部审计业务的应用软件服务集合,是实现内部审计业务云化的核心。内部审计行业云审计平台的 SaaS 服务模式可以充分利用已有的内部审计技术和方法,提取各级内部审计机构应用系统之间的共性服务,构建内部审计专用的应用服务。内部审计行业数据审计分析平台建设有两种路径可供选择,一种是中国内部审计协会汇集各个公司的内部审计数据资源,以满足内部审计业务需求为目标,以云存储架构和云计算技术为基础,直接构建内部审计行业层面的审计数据分析平台。另一种是先建立各公司的内部审计行业审计数据分析平台,在此基础上,将全国各个公司内部审计机构审计数据分析平台整合成全国性内部审计行业层面的审计数据分析平台。

4. 加强云审计模型和审计软件的研发

不同行业需要不同的云审计模型和开发环境,内部审计行业需要加强适合自身特点的云审计模型和软件的研究与开发。云审计平台能否真正在审计领域发挥作用,关键是要有一批能够切实解决实际内部审计问题的挖掘数据的分析模型或系统化的审计软件。由于云审计涵盖内容广泛,在解决具体内部审计问题时,所需的高端审计人才除了数据分析专家,根据不同问题也可能需要地理学家、生态学家、数学和统计学家、社会网络学家和社会行为心理学家等科研领域专家的参与。具体合作方式应该是内部审计实务专家提供需要解决的内部审计问题、详细明确前端需求,由学术界和数据分析专家致力于数据分析数学模型的构建和相关软件的开发。

云审计模型和审计软件不仅要有审计功能,而且应有预测功能。云审计模型和审计软件的预测功能,通常被视为人工智能的一部分,是把数字算法运用到海量的数据分析上来预测事情发生的可能性。在不久的将来,内部审计过程中许多现在单纯依靠内部审计职业判断的领域都会被云审计模型和审计软件所改变甚至取代,云审计模型和审计软件可以发挥作用的领域远远不止在内部审计过程,还有更多更复杂的预测和预警任务。内部审计人员从依靠自身判断做决定到依靠数据做决定的转变,其职业判断建立在模型建立的相关关系的基础上,不会受到偏见和成见的影响。

5. 提高对云审计的认识和利用能力

目前,不少内部审计人员对云审计技术的认识还不到位。虽然利用云审计技术开展内部审计工作已经获得很多内部审计人员的广泛认可,但应该注意到,由于我国内部审计工作发展历史不长,大部分内部审计人员的知识结构较单一,对云审计技术了解、接触少,习惯于用传统的内部审计方法。总认为内部审计不用云审计技术,同样可以查出问题线索。当然,这样做也可以发现一些问题,但是,如此仅凭经验和一些少量数据信息或者对数据的简单浏览就进行审计,势必会增加内部审计风险。尤其在数据量非常大的今天,如果离开云审计技术的数据分析工作,将无法把内部审计工作的风险降到最低。

提高内部审计人员对云审计技术的认识,应使公司内部审计机构的负责人充分认识到云审计技术在内部审计工作中的作用,并能够带头参与或者部分的参与具体的云审计技术的应用工作。在信息化环境下,数据量巨大且都以电子数据的形式存在,只有加强云审计技术的应用才会促进内部审计工作的顺利开展。公司内部审计机构要加强对云审计技术的培训以及培养内部审计人员,提高其应用云审计技术的能力。云审计技术应用是内部审计人员综合能力的体现,内部审计人员只有拥有了良好的云审计技术,才能在内部审计工作中发挥重大作用。

第三节 大数据审计

大数据伴随着云计算、移动互联网的发展,正在对内部审计行业产生巨大的影响。内部审计机构和内部审计人员应适应发展要求,强化数据审计能力,大胆创新、积极探索,以建设审计数据分析平台为依托,以审计方法智能化为目标,以创新审计组织模式为基础,不断强化数据时代的内部审计能力建设。

一、大数据的概念和特征

(一) 大数据的概念

"数据"(Data)是指"事实",拉丁文的含义是"已知"。数据是对事物的描述,数据可以记录、存储、分析和组合。

数据之所以受到社会各界的重视和广泛应用,是因为:首先,数据天生就会说话。数据本身就意味着某种倾向性结论,特别是带有比较性的数据更是如此。其次,数据往往被弄得有整有零,给人一种严谨,精确的感觉。另外,人们对于数字似乎有一种天生的畏惧,大部分人都被中小学的数学计算带来了心灵"创伤"。最后,数据本身不存在任何形容词或副词,极易形成客观性幻觉,让人无法从表面上指责它。

"大数据"(Big Data)概念直到2009年才逐渐开始在西方国家流行,"大数据"引起全世界高度重视,是源于2012年美国奥巴马政府宣布实施"大数据研究和开发计划",该计划希望应用大数据解决政府部门面临的各种问题,这使"大数据"思维和技术开始进入工作和生活中来了。

"大数据"是指所涉及的数据量大到无法使用目前的计算机能力,在一定的时间内完成搜集、整理、处理或转化成为使用者的可用信息。为"大数据"下的各种定义中,以互联网数据中心(IDC)的最为权威:"大数据"是用来描述和定义信息化社会所产生的海量数据,所设计的新架构和技术,并进行技术发展与创新,目的是为了更经济、有效地从高频率、大容量、不同类型和结构的数据中获取相关价值。

大数据技术的战略意义不在于掌握庞大的数据信息,而在于对这些含有意义的数据进行专业化处理。换言之,如果把大数据比作一种产业,那么这种产业实现盈利的关键,在于提高对数据的"加工能力",通过"加工"实现数据的"增值"。从技术上看,大数据与云计算的关系就像一枚硬币的正反面一样密不可分。大数据必然无法用单台的计算机进行处理,必须采用分布式架构。它的特色在于对海量数据进行分布式数据挖掘,但它必须依托云计算的分布式处理、分布式数据库和云存储、虚拟化技术。

大数据就是互联网发展到现今阶段的一种表象或特征而已,在以云计算为代表的技术创新大幕的衬托下,这些原本很难收集和使用的数据开始容易被利用起来了,通过各行各业的不断创新,大数据会逐步为人类创造更多的价值。对大数据的系统认知,可以从三个层面来理解。

(1) 大数据理论。理论是认知的必经途径,也是被广泛认同和传播的基线。从大数据的定义理解各行业对大数据的整体描绘和定性,从对大数据价值的探讨来深入解析大数据的珍贵所在,洞悉大数据的发展趋势,从大数据隐私这个特别而重要的视角审视人和数据之间的长久博弈。

(2) 大数据技术。技术是大数据价值体现的手段和前进的基石。从云计算、分布式处理技术、存储技术和感知技术的发展来说明大数据从采集、处理、存储到形成结果的整个过程。

(3) 大数据实践。实践是大数据的最终价值体现。从互联网的大数据,政府的大数据,公司的大数据和个人的大数据四个方面来描绘大数据已经展现的美好景象及即将实现的蓝图。

(二) 大数据的特征

大数据是指"无法用现有的软件工具提取、存储、搜索、共享、分析和处理的海量的、复杂的数据集合。"信息技术行业通常用 4 个 V(即 Volume、Variety、Value、Velocity)来概括大数据的特征。

(1) 数据体量巨大(Volume)。数据量巨大,已经形成了从 TB 级向 PB 级跃升的数据量。截至目前,人类生产的所有印刷材料的数据量是 200PB(1PB=210TB),历史上人类说过的所有的话的数据量大约是 5EB(1EB=210PB)。当前,典型个人计算机硬盘的容量一般为 TB 量级,而一些大公司的数据量已经接近 EB 量级。

(2) 数据类型繁多(Variety)。这种类型的多样性也让数据被分为结构化数据和非结构化数据。相对于以往便于存储的以文本为主的结构化数据,非结构化数据越来越多,包括网络日志、音频、视频、图片、地理位置信息等,这些多类型的数据对数据的处理能力提出了更高要求。

(3) 价值密度低(Value)。单一数据的商业价值不大,但汇集成大数据,就有较高的商业价值。价值密度的高低与数据总量的大小成反比。以视频为例,一部 1 小时的视频,在连续不间断的监控中,有用数据可能仅有一二秒。如何通过强大的机器算法更迅速地完成数据的价值"提纯"成为目前大数据背景下亟待解决的难题。

(4) 处理速度快(Velocity)。这是大数据区分于传统数据挖掘的最显著特征。在数据量特别大的情况下,能够做到数据的实时处理,即 1 秒定律。根据 IDC 的"数字宇宙"的报告,预计到 2020 年,全球数据使用量将达到 35.2ZB。在如此海量的数据面前,处理数据的效率就是公司的生命。

在大数据时代,商业世界就如同漂浮在数据海洋上的巨轮,作为商业世界中的个体,公司要想做到游刃有余就必须如熟悉水性一般熟悉和用好海量的数据。在过去，衡量公司最重要的资产无外乎土地、流动资金和人才等几个要素，如今，数据作为公司一项更加重要的资产将直接关系到公司的发展潜力，数据资产正在当仁不让地成为现代商业社会的核心竞争力。

（三）大数据的思维方式

大数据时代的来临，人们利用数据的方式和方法发生了根本的改变，形成了大数据的思维方式。大数据的思维方式主要有总体性思维、容错率思维和相关性思维，这些思维将改变人们认识、理解和研究社会经济现象的方式和方法。

（1）在大数据时代，应有总体性思维，人们处理的数据从样本数据变成全部数据。19世纪以来，人们研究社会经济现象，总是以抽样方式来取得相关数据，然后以抽样的数据和特征来推断总体特征，这是在难以取得总体数据的条件下的必然结果。这是因为过去数据的记录、储存和分析手段较落后，难以搜集大量数据进行储存和分析。现在，IT技术、互联网和云计算等科学技术手段得到了普遍应用，人们处理数据的能力得到了很大提高，而且可记录、储存的数据量越来越多，从TB级向PB级跃升。随着大数据时代的来临，总体性分析取代抽样分析，总体的性质和特征不再依赖于抽取的样本的数据和特征，现在可以搜集几乎全部的数据，从而对事物的认识可以更全面和深刻。

（2）在大数据时代，应有容错性思维，可以不必追求数据的精确度，而应追求利用数据的效率。在数据稀少的时代，人们对精确性的追求是无可非议的。因为可获取的样本数量较少，人们关注记录、储存下来的数据的精确性，否则，由少量不精确的样本去推断总体性质特征就会"似是而非"。大数据时代的来临，互联网和云计算技术使大量的非结构化和半结构化的数据能够得到记录、储存和处理，提高了从结构化、半结构化和非结构化数据中获取价值的能力，对长期依赖结构化数据的精确性思维提出了挑战，容错性思维得到了很普遍应用。所谓容错性，是指在大数据中无需要求每一个数据都有很高的精准度，尽管存在数据优劣掺杂，但因数据量巨大，最终还是能得出事物的总体性质和特征。大数据时代，无需深究每一个数据的精确性，应该容忍一定的数据误差，只要认识和了解总体的性质和特征的基本趋势即可，更应追求数据的及时性和利用率。

（3）在大数据时代，应有相关性思维，通过了解事物的相关性，进一步认识事物的本质。自古以来，人们总是通过深入分析事物的原因，从而得出事物的结果，透过事物的现象来认识事物的本质。大数据时代的来临，人们可以通过互联网和云计算技术搜集、挖掘和分析数据中的相关性，应用事物间的相关性分析来帮助捕捉现在和预测未来。相关性分析是指通过对两个以上具有一定的联系或者概率的变量元素进行分析，从而衡量两个或多个变量因素的关联程度。相关性分析不同于因果性分析，也不是简单的个性化分析，相关性分析可以涵盖人们的生活和工作的所有领域。关注事物间的相关性，可以帮助人们了解和认识事物的各个方面，成为人们深入了解和认识社会经济现象的新视角。

二、大数据审计基本框架

公司内部审计机构和内部审计人员应用大数据技术促进内部审计的现代化，构建大数据审计的基本框架主要包括大数据审计搜集、大数据审计分析和大数据审计利用等内容。

(一) 大数据审计搜集——建设联网审计系统

未来,内部审计将把更多的科技手段用于进行数据提取和分析、计算机辅助审计工具(CAATs),对关键风险指标分析和监控、审计报告以及工作流程管理;将有能力监控访问控制、观察关闭流程、分析重要比例和关键风险指标;将可以通过关键因素分析事先发现可能导致内控减弱的企业风险组合变化;可以在审计报告中增加对重大风险的持续监控信息。

联网审计是近年来兴起的一项现代化审计技术,它是指通过网络与被审计单位信息系统进行互联后,在系统测评和数据动态采集分析基础上,对被审计单位财务收支及相关资料的真实、合法和效益进行实时、远程监督的行为。

联网审计通过对审计对象相关业务数据和资料的不间断调集、整理和分析,查找经营管理中存在的问题、疑点和异常,评价经营管理状况、内部控制状况和风险程度,为现场审计提供线索和资料,为编制审计计划、安排审计资源提供支持。联网审计的范围,一是对会计信息、业务信息的真实性和完整性进行测试和评价;二是对经营管理的遵循性和合规性进行评价;三是对经营管理的经济性、有效性及总体状况进行评价;四是对内部控制评价和风险管理进行评价,以降低公司面临的风险。

联网审计既有明显的优势,又有一定的局限性。由于联网审计主要依据经营管理数据和资料来发现存在的问题,并未去实地查证,证据不够充分,判断有时是基于经验推理或推测,发现的问题可能确实存在,也可能只是疑点和异常。另外,受目前业务条件和信息化手段的限制,联网审计无法取得相关明细数据,致使对问题的判断也难以进一步具体和深入。弥补联网审计局限的有效办法就是将联网审计与现场审计两者有机结合、互为补充,形成完整的审计监督体系。联网审计帮助制定科学的审计计划,提供审计线索;现场审计保证审计计划的有效执行。联网审计广泛的覆盖面与现场审计有针对性的审计点相结合,形成完整的内部审计网络,共同促进内部审计职能的有效实现。

(二) 大数据审计分析——建设大数据分析平台

近年来,内部审计机构和内部审计人员主要通过下载数据,对其进行分割,利用内部审计人员的经验,开发小型模块进行分析查询。这种模式一方面无法实现数据的连续性分析,另一方面无法实现整体信息的分析。为了实现数据的封闭运行、连续加载、科学分析、实时应用,内部审计人员应加大力度推进数据分析平台建设,以满足内部审计对大数据运用的需要。数据分析平台的开发建设为实现大数据时代的内部审计全覆盖提供了技术保障。

1. 建设数据分析平台

数据分析平台建设分两个阶段循序渐进开展。首先,建立审计数据存储平台,用于存储公司各类原始数据,内部定期加载更新数据。同时,内部审计人员应组成数据分析团队,通过使用数据库分析软件开展日常审计查询分析工作。其次,以审计数据存储平台为基础,建立面向内部审计人员的具备审计智能化、预警信息化、查询标准化、管理现代化、决策科学化、分析多样化的数据分析平台,为内部审计人员完成日常数据分析提供界面化操作环境。

2. 数据分析平台的内容

数据分析平台从内部审计工作的实际需求出发，从结构上设计上应具备五大功能：总体分析、查询分析、线索核对、预警分析和系统管理，能基本满足目前内部审计工作的需求。

（1）总体分析模块以公司财务报表数据为基础，根据公司及分支公司指标中所呈现的趋势变化及结构占比等信息特征，发现和确认公司经营中隐藏的各种风险，实现从总体到局部逐步缩小范围，锁定审计重点，对重大风险问题进行揭露。总体分析模块还可以对公司资产、负债、损益信息实现以分支公司进行的核算分析、指标计算及风险评价分析。

（2）查询分析模块为内部审计人员提供公司业务的查询。查询分析模块能够实现对公司客户在供销业务等信息的查询，全面掌握公司的业务情况，为内部审计查询重点客户的业务规模及风险评估服务。

（3）线索核对模块是在总体分析确定"审计重点"基础上开展工作，从业务范围上涵盖财务和经营的各个方面，包括资产业务、投资业务、损益业务、财务管理业务、应收应付、金融衍生品等。

（4）预警分析模块是以公司财务报表和相关数据信息为基础，通过对指标和线索阈值的设定，实时或定期对财务风险、内部控制风险或特定客户风险进行识别，发出预警信号，分析各类业务的风险状况。

（5）系统管理模块是根据内部审计工作需要，执行对审计组或特定审计小组的系统权限、远程登录访问、远程数据传输、网络通信、报告自动生成的管理以及外部软件接口的调用。系统管理功能实现了信息化条件下数据分析团队的远程审计模式。

3. 建设数据分析平台的要求

数据分析平台应将计算机技术与内部审计专业知识有效地结合起来，基本满足以下要求。

（1）数据系统应具有广阔的覆盖面。数据系统应覆盖公司所有分支公司，其功能包括：以时间为维度对资产、负债、损益有关的科目进行计算；查询生产经营业务的详细信息；对公司的业务指标进行分析，确定重点客户和业务；对资金流向进行跟踪，实现业务流与资金流的有效核对；对各类风险指标进行分析，实现公司风险的早期预警；针对各审计组的工作任务进行灵活授权，实现审计项目管理的科学化；根据审计的不同岗位进行角色的设置，实现岗位的流程化管理。

（2）数据系统应实现互联互通。针对各个公司的应用系统存在很大差异的特点，研发统一的中间层数据模型，实现数据结构标准化，这是构建数据分析平台的基础。内部审计人员通过读取公司的基础数据进行深入研究，形成审计所需的数据，实现数据分析平台的互联互通。

（3）计算方法应先进科学。为了科学准确地确定审计重点，内部审计人员认真研究数学算法，以保证系统模型设计的科学性，系统设计中应运用数理统计方法，可以有效提高系统的分析能力，也为后续的系统算法升级创造了条件。

(4) 审计结果应形式多样。针对内部审计人员在计算机水平上的差异，通过在系统中设计专用的表格、图形、界面等方式将信息显示在屏幕上，内部审计人员可以直观的"看见"审计结果，即实现高端技术方法的分析研判，又实现一般技术方法的内容展现，以满足不同层次内部审计人员对数据分析的需要。

(5) 大数据存储运行应安全高效。由于数据分析平台分析和处理的对象是各公司的日常经营数据。为了保证大数据的运行高效，系统平台查询功能采用了离线跟踪查询技术进行实时跟踪，可以智能化确定在线或离线查询方式，并通过页面将离线查询结果直接反馈给公司。页面还可对查询结果进行排序等进一步操作，打破了传统报表平台离线查询只能以下载文本进行访问的方式，提高了海量数据的处理能力。

(三) 大数据审计利用——提升大数据审计能力

在数据量非常大的今天，公司内部审计机构和内部审计人员应充分利用大数据将内部审计工作的风险降到最低。

(1) 深入数据挖掘，确定重点。在信息爆炸的年代，随时随地都是数据的接收者，而报纸、杂志、电视、广播中散布的各种数据却良莠并存、真伪同在，经过巧妙伪装的大数据胜过弥天大谎。另外，数据由于主、客观的原因被滥用，很难再起到描述事实、传递信息的作用，相反，还往往对读者形成误导。因此，内部审计人员应深入挖掘数据，找到隐藏在数据后面的事实。内部审计数据分析团队应将分析的重点划分为两类，第一类是指标数据，即根据公式对数据进行计算得出得分结果；第二类是业务数据，即业务发生的真实数据。针对上述两类数据，内部审计人员应采用聚类分析、方差分析、回归分析等数据挖掘方法进行计算，确定重点的风险分支公司与风险业务。与此同时，在审计中将神经网络算法、遗传算法和满意分析等算法用于总体分析，对于快速确定审计重点、科学合理地进行整体评价奠定基础。

(2) 实施特征分析，发现线索。人们经常会在媒体上看到利用数据得出各种各样千奇百怪的惊人结论，它们或是违背常识，或是与人们想象中的不同。每当此时，多数人会二话不说，就开始谩骂或嘲笑做出这些结论的专家。其实，往往这些统计调查本身并没有错，错的是媒体不实施特征分析，发现不了其中的线索，甚至刻意利用数据得出哗众取宠的结论。比如很多数据显示的关系只是"相关"而非"因果"，但媒体通常不会特别指出，而是错误地把相关性认作因果性，从而得出很多荒谬的结论。把相关性当成因果性，这是事后归因；从小样本得出大结论，这是以偏概全。内部审计人员应对公司数据的深度挖掘，发现某些关联指标的异常变动情况，了解该项目所核算的业务内容，分析其快速变化的原因，及时发现存在的风险隐患，总结提炼风险的各种表现形式，为公司经营管理部门加强经营管理提供政策建议。

(3) 应用权重分析，揭示隐患。虽然数据本身还涉及来源和真实性问题，但比这更容易产生误导的是统计数据的结构与权重。比如中国消费占比低的说辞，就来源于国家统计局数据结构与权重，具体说就是在经济统计中，买房并不计入消费，而是计入投资，以至于现实中人们在住房上的消费越多，国家统计局公布的消费数据占比就越低——这明显违背现实中人们的观感,因为在现实中人们是将买房看作消费的。而如果国家统计局另外公布一个含有住房消费的统计数据,那关于中国人不消费的说法自然不攻自破。内部审计人员通过对公司经营业务的波动权重分析,设计出"差额权重法"的计算公式。利用该公式计算分析,发现公司通过设计大量月末、季末等关键时点的销售收入,扩大关键时点应收账款余额,通过"冲时点"方式影响公司经营业绩真实性的问题。

(4) 加强资金追踪,查找证据。公司的资金流向反映了其经济活动的发生及结果,内部审计人员应以资金流水数据为基础,监控涉嫌异常的账户以及公司资金的异常归集流动,发现不合理现象的证据。循着资金流向走,从政策要求、预算安排、资金拨付一直追踪到项目、追踪到个人;对公司基本建设投资项目,应加大对建设项目的审计监督,强化对征地拆迁、工程招投标、设备材料采购、资金管理使用等重点环节的监督,查处工程建设领域的腐败问题;对公司金融市场投资事项,要关注政策要求、投资方案、风险管控、资金投向和潜在风险隐患等,严肃查处非法集资、违规拆借,以及债券市场和资本市场中的利益输送等重大违法违规问题。

(5) 加强趋势研究,重在预测。从理论上讲,大数据主要是对过去的数据进行分析和统计,通过一定的模型来预测未来某些事件的走势。大数据主要是对过去的数据进行分析和统计,通过一定的模型来预测未来某些事件的走势。有了大数据,内部审计人员不仅有了更多的数据可以利用,也拥有了更强大的处理打量不同属性数据的能力。大数据与计算功能的结合使内部审计人员能够挖掘公司生产经营过程中的行为数据,得到业务和行业的发展趋势,既能作实时分析,又能做预测模型。对于事物发展的预测,有时影响因素会有成千上万,解释的理论更加是多如牛毛,强找因果关系,对要求快速反应的事件(如股票预测和流感趋势),公司更迫切的是想知道接下来要怎么做,而并非要找因果关系。从这个角度来说,大数据的分析、得出结论、预测趋势的速度要求快速,如预测严重的传染病,早一天预知,可以挽救数以百万计的人命。

(6) 提高认识水平,重在运用。内部审计人员从被审计单位内外部收集到的各种数据,存在着各种误导和滥用,如选择性披露,就是有些事实披露,但有些不披露;只谈表面现象,不谈深层原因,用表面现象来掩盖深层原因;通过"追加定语"来进行措施,也可能是一种忽悠。在"大数据"时代,数据量巨大且都以电子数据的形式存在,只有加强大数据技术的应用才会促进内部审计工作的顺利开展。提高内部审计人员对大数据技术的认识,加强大数据技术及其在内部审计工作中运用的培养和指导力度,并能将大数据技术运用到内部审计工作中去。审计人员只有拥有了良好的大数据技术,才能在内部审计工作中将数据利用发挥到极致。

三、大数据时代的内部审计转型

面对大数据所带来的新思维、新技术和方法的影响,内部审计人员需要应时而变来适应思维模式及数据处理模式的变化,从而影响内部审计方式、审计抽样技术、审计报告模式、审计证据搜集等技术和方法。内部审计人员不仅要能了解数据的采集以及数据处理技术的变革，更要能挖掘数据、分析数据、驾驭数据，要及时、准确地从大量复杂的数据中，辨认出对内部审计的意义与价值，并进而协助公司做出最佳的决策。大数据对内部审计转型的影响，主要表现在以下几个方面：

1. 从事后审计方式向持续审计方式转型

随着大数据技术的发展，审计方式也在与时俱进。传统内部审计中，内部审计人员只是在被审计单位业务完成后才进行审计，而且审计过程中并不是审计所有的数据和信息，只是抽取其中有的一部分进行审计。这种有限的审计对被审计单位复杂的生产经营和管理系统来说很难做出正确的评价，而且传统事后审计方式的测试程序主要采用常规的控制测试和实质性测试，评价结论很难做到及时。内部审计人员如采用这种传统事后审计方式，对于评价日益频繁和复杂的经营管理活动的真实性和合法性则显得过于迟缓。另外，从对内部控制的评价来看，目前的评价主要是针对与财务报告相关的内部控制事项，对战略制定、经营活动、数据处理系统等业务的评价极为有限，内部审计活动理念也多为"结果导向型"，而非"过程导向型"，使内部审计工作难以为被审计单位的内部控制的有效性提供全面的评价。

随着信息技术迅速发展，越来越多的人意识到持续审计的重要性，而大数据技术使持续审计成为可能。持续审计是指审计组织为了提高审计质量，降低审计风险，而将审计工作置于被审计单位运行流程中的一种实时审计。持续审计是信息化环境下审计发展的必然趋势。持续审计可以降低传统审内部计过程中的人工浪费和时滞问题，提高风险导向审计的效率，降低审计风险。持续审计是信息技术与大数据技术较好交叉融合的产物，是大数据时代内部审计技术和方法发展的必然产物，尤其对业务数据和风险控制"实时性"要求较高的特定行业，如银行、证券、保险等行业，在这些行业中实施持续审计迫在眉睫。如商业银行内部审计机构对商业银行的持续审计，与商业银行建立了业务和数据系统的接口，在新开发的持续审计系统中固化了持续审计模块，该模块可以在海量贷款客户中挖掘、分析出行业性和区域性贷款风险趋势，实现在线的风险预警，并安排专人对日常数据进行持续审计，将发现的风险数据、超预警值指标及问题登记为疑点，并建立审计底稿，按照重要程度进行归类、核实或下发给现场内部审计人员进行现场核实，收到了很好的效果。

2. 从抽样审计模式向总体审计模式转

大数据技术对内部审计人员而言，不仅仅是一种可供采用的技术手段，这些技术和方法将给内部审计人员的思维模式带来革命性的变化。在不可能收集和分析被审计单位全部数据的情况下，传统的内部审计模式主要依赖于审计抽样，从局部入手推断整体，即从抽取的样本着手进行审计，再据此推断审计对象的整体情况。这种抽样审计的模式，由于抽取样本的有限性，而忽视了大量的业务活动，无法完全发现和揭示被审计单位的重大舞弊行为，隐藏着严重的审计风险。在大数据时代，数据的跨行业、跨公司搜集和分析，可以不用随机抽样方法，而采用搜集和分析被审计单位所有数据的总体审计模式。大数据环境下的总体审计模式是要分析与审计对象相关的所有数据，使得内部审计人员可以建立总体审计的思维模式。这种基于总体审计模式的思维，可以使内部审计获得革命性的变化。

内部审计人员实施总体审计模式,可以规避审计抽样风险。审计抽样会损失非样本的相关信息,其只能以少量样本推断总体的大致情况,无法对总体的很多细节问题进行准确描述,而这些非样本信息常常是对得出审计结论最为重要的大量信息,从而带来不可规避的内部审计风险。如果能够收集总体的所有数据,就能看到更细微、深入的信息,就可对数据进行多角度的深层次分析,从而发现隐藏在细节数据中的对审计问题更具价值的信息。同时,内部审计人员实施总体审计模式,能发现从审计抽样模式所不能发现的问题。总体审计模式能分析出整体的特征,能克服抽样审计模式的不足。总体具有局部根本没有的功能,当各个局部以合理的结构形成总体时,总体就具有全新的功能,总体的功能就会大于各个局部功能之和。大数据技术给内部审计人员提供了一种能够从总体把握审计对象的技术手段,从而帮助内部审计人员能从总体的视角发现以前难以发现的审计问题。

3. 从单一审计报告向综合审计成果应用转型

目前,内部审计人员的审计成果主要是提供给被审计单位的审计报告,其格式固定,内容单一,包含的信息较少。随着大数据技术在内部审计中广泛应用,内部审计人员的审计成果除了审计报告外,还有在审计过程中采集、挖掘、分析和处理的大量的资料和数据,可以提供给被审计单位用于改进经营部管理,促进内部审计成果的综合应用,增强综合内部审计成果的应用效果。

内部审计人员对大数据技术的应用,促进了审计成果的进一步综合应用。首先,内部审计人员通过对审计中获取的大量数据和相关情况资料的汇总、归纳,从中找出财务、业务和经营管理等方面的内在规律、共性问题和发展趋向,通过汇总归纳宏观性和综合性较强的审计信息,为被审计单位投资者和其他利益相关者提供数据证明、关联分析和决策建议,从而促进完善制度、机制、决策和执行,促进被审计单位管理水平的提高。其次,内部审计人员通过应用大数据技术,可以将同一问题归入不同的类别进行分析和处理,从不同的角度、不同的层面整合提炼以满足不同层次的需求。同时,通过对带有共性、普遍性、倾向性的问题进行挖掘,提炼出问题与数据中的相关性,可以全面发现被审计单位的各种问题,有利于被审计单位深入整改。再次,内部审计人员将审计成果进行知能化留存,通过大数据技术,将问题规则化并固化到系统中,以便于计算或判断问题发展趋势,向被审计单位进行预警。最后,内部审计人员将审计成果、被审计单位与审计问题进行关联,并进行信息化处理,在进行下次审计时,可以根据上次的审计结果和预测情况来确定审计重点,有侧重地选取持续审计的时间、范围和数量,减少实地审计的时间和工作量,提高内部审计工作的效率。

4. 从重视证据的因果关系向相关关系转型

内部审计人员在审计过程中,应根据充分、适当的审计证据发表审计意见,出具审计报告。但是,在大数据环境下,内部审计人员既面临巨量数据筛选的考验,又面临搜集适当审计证据的挑战。内部审计人员在搜集审计证据时,传统的思维路径都是基于因果关系来搜集审计证据,而大数据分析将会更多地运用相关关系分析来搜集和发现审计证据。但从审计证据发现的角度来看,由于大数据技术提供了前所未有的跨领域、可供量化的维度,使得审计问题大量的相关信息能够得以记录和计算分析。大数据没有改变审计事物间的因果关系，但在大数据分析技术中对相关关系的开发和利用，使得数据分析对因果逻辑关系的依赖降低了，甚至更多地倾向于应用基于相关关系的数据分析，以相关关系分析为基础的验证是大数据分析的一项重要特征。内部审计人员应从长期依赖因果关系来搜集和发现审计证据，转变成为利用相关关系来搜集和发现审计证据。

在大数据环境下，内部审计人员能搜集到的审计证据大多是电子证据。电子证据本身就非常复杂，大数据使获取有因果关系的证据更加困难。首先，在大数据环境下，巨量数据通过互联网存储和交付，寻求因果关系的审计证据难度很大。一般情况下，数据在全球范围内进行流动，数据的拥有者不能控制数据的流动，也无法掌握数据的存储位置。内部审计人员在进行审计时，可能无法确切地知道具有因果关系的数据到底有多少，甚至不知道这些数据从哪里取得。其次，作为审计证据的数据在云中通常是处在云计算服务提供商和其他客户的数据共享的环境中，云计算服务提供商提供的证据，有可能导致数据完全无法使用，也可能使数据的可用性变得相当复杂。最后，内部审计人员常使用的观察、函证等方法搜集审计证据，但在大数据环境下难以实现。内部审计人员特别难于进行观察、函证等方法取证，因为多个客户的日志记录和数据可能存放在同一地点，也可能遍布在不断变化的一组主机和数据中心，无法观察各个客户的数据存储和处理环境，也难以确定向哪个客户函证。

5. 从精确的数字审计向高效的数据审计转型

直到今天，内部审计人员的数字审计技术依然建立在精准的基础上。这种思维方式适用于掌握"小数据量"的情况，因为需要分析的数据很少，所以内部审计人员必须尽可能精准地量化被审计单位的业务。随着大数据技术成为日常生活中的一部分，内部审计人员应该开始从一个比以前更大、更全面的角度来理解被审计单位，也就是说应该讲"样本＝总体"植入内部审计人员的思维中。相比依赖于小数据和精确性的时代，大数据因为更强调数据的完整性和混杂性，帮助内部审计人员进一步接近事情的真相，"局部"和"精确"的将不再是内部审计人员追求的目标，内部审计人员追求的是事物的"全貌"和"高效"。

内部审计的技术方法，伴随着内部审计工作的发展而不断发展。目前，内部审计工作已经形成了众多且有效的技术与方法，如风险评估、控制测试、实质性测试等技术与方法。但在大数据环境下，传统的内部审计技术和方法显得效率低下和无法实施，内部审计人员应更新审计技术方法和工具。大数据时代的超大数据体量和占相当比例的半结构化和非结构化数据的存在，已经超越了传统数据库的管理能力，必须使用新的大数据存储、处理和检索方法。围绕大数据，一批新兴的数据挖掘、数据存储、数据处理与分析技术将不断涌现。在实施审计时，内部审计人员应使用分布式拓扑结构、云数据库、联网审计、数据挖掘等新型的技术手段和工具，以提高内部审计的效率。

6. 从个别单位审计向审计全覆盖转型

公司内部审计机构要对公司经营业务实现审计全覆盖，必须创新审计方法，大数据审计在审计对象上，做到纳入公司预算的单位无遗漏，在审计内容上，做到涵盖公司及其分支公司或项目的全部财务收支无死角。特别是在内部控制评价中,如果采用传统内部审计方法只能选择一部分分支公司进行评价。借助大数据审计手段,运用大数据技术,实现对公司所有分支公司评价全覆盖。一方面,内部审计不再局限于个别被审单位的凭证、账面、财务系统等信息,大数据审计将极大拓展内部审计视角,在海量数据中挖掘出被审计单位全部的业务信息,在经营活动、内部控制、管理流程等方面进行综合分析进而进行确认、评价;另一方面,内部审计机构利用数据、业务之间的关联性进行跨部门、跨区域、跨项目综合、系统地进行审计,对公司及其分支公司间的经营活动进行全景式审计。大数据审计不仅可以通过对相关领域长年累月形成的数据进行分析,挖掘出某种群体行为的共同特点,提示某种社会现象的潜在规律,为公司制定政策提供关键依据,同时还可以评估公司政策的实施效果,从而帮助公司不断发现问题,改进方法。通过大数据关联分析,针对存在问题,督促公司完善制度,创新管理手段,推动政策不断完善,更好地推动公司治理的不断完善。

第四节　区块链自主审计

目前,区块链技术已经在很多行业实现了应用,但在内部审计行业的认知度却不高。实际上,区块链对内部审计行业的影响也是巨大的,其强大的记录和防篡改功能可能会大大减少甚至消除对内部审计的需求,最终颠覆整个内部审计行业。因此,为了促进内部审计行业的健康发展,内部审计机构和内部审计人员应该重视区块链的影响,积极迎接新技术并作出相应调整。

一、区块链的含义和特征

区块链是一种新型去中心化协议,能安全存储比特币交易和其他数据,信息不可伪造和篡改,可以自动执行智能化合约,无需任何中心化机构的审核。交易既可以是比特币这样的数字货币,也可以是股权、债权、版权等数字资产,区块链技术解决了信息不对称和信任问题,大大降低了现实经济的信任成本和会计成本,重新定义了互联网时代的产权制度。

（一）区块链的含义

区块链(Blockchain)是一项全新的技术,脱胎于2008年出现的比特币技术,它提供了一种去中心化的、无需信任积累的信用建立范式。在这种范式中,任何互不了解的人可以通过加入一个公开透明的数据库,通过点对点的记账、数据传输、认证或是合约,而不需要借助任何一个中间方来达成信用共识。这个公开透明的数据库包括了过去所有的交易记录、历史数据及其他相关信息,所有信息都分布式存储并透明可查,并以密码学协议的方式保证其不能非法篡改。

区块链技术本质是去中心化且寓于分布式结构的数据存储、传输和证明的方法,用数据区块(Block)取代了目前互联网对中心服务器的依赖,使得所有数据变更或者交易项目都记录在一个云系统之上,理论上实现了数据传输中对数据的自我证明。这超越了传统和常规意义上需要依赖中心的信息验证范式,降低了全球"信用"的建立成本,这种点对点验证将会产生一种"基础协议",是分布式人工智能的一种新形式,将建立人脑智能和机器智能的全新接口和共享界面。

近年来兴起的去中心化"数字货币"比特币,就是以区块链技术为基础的。比特币主要解决了去中心化价值交换的信任问题,其基础协议为:"不能重复支付"。通过每个"矿工"节点每十分钟给全网每一笔交易"盖时间戳"记账并核对计入当前区块中,并通过算力竞争获得每十分钟全网唯一合法记账权,获得二十五个比特币奖励(每四年减半一次),用这种算力竞争机制来保证"不能重复支付"基础协议的执行。而区块链作为实现比特币的底层技术,人们渐渐发现其可以独立于比特币存在,比特币只是区块链技术的一种应用。通过区块链技术,人们可以实现各种去中心化的信息认证范式,包括但不局限于各种去中心化的权益认证、合约执行等,这将会大幅提高全球市场交易效率并降低成本,同时也会缓解信用中心化的信息不对称和腐败空间问题。由于区块链承载的数据在基础协议上的特性,使之在存储、传输中实现不可逆,在现实未来的全球统一市场中有着广泛的应用前景。

区块链技术的巨大能量已经引起了许多具有创新精神的人和机构的关注,目前已经有国内外大量的政府部门、公司和社会组织正在将之付诸实践。2015年11月美国GAO开始应用区块链技术,英国政府在2016年1月发布了《区块链:分布式账本技术》研究报告,国际四大会计师事务所开始研究区块链技术在咨询和审计业务中的应用,中国人民银行正在研究和考虑用区块链技术发行数字化货币。

(二)区块链的特征

去中心化、开放性、自治性、不可篡改、可追溯性和匿名性是区块链技术的特征。理解区块链技术的特征应有以下认知:一是区块链具有承载信息的功能,可以记录、存储和传播交易信息;二是每个区块上记录着上一个区块的所有信息;三是同一网络中,每个节点都有一个完全相同的区块链副本,任一节点损坏不影响其他节点和整个网络。

(1) 去中心化。由于使用分布式核算和存储,不存在中心化的硬件或管理机构,任意节点的权利和义务都是均等的,系统中的数据块由整个系统中具有维护功能的节点来共同维护。在中心化的结构体系中,系统由中心节点控制和进行决策,在去中心化的结构中,每个节点都是平等的、不拥有整个系统的控制权,系统决策由所有参与节点在共识机制作用下共同决定。

(2) 开放性。开放性也是区块链的透明性,整个网络是向所有成员开放的,除了交易各方的私有信息被加密外,一切交易都可查询、可被追踪。这提高了网络上数据的可审计性,同时,区块链使用者能够实时获得区块链中的全部数据,消除了信息不对称造成的风险,这提高了用户对网络中信息的信任度,使得交易"去信任化"。区块链技术基础系统是开放的,除了交易各方的私有信息被加密外,区块链的数据对所有人开放,任何人都可以通过公开的接口查询区块链数据和开发相关应用,因此整个系统信息高度透明。

(3) 自治性。区块链采用基于协商一致的规范和协议(比如一套公开透明的算法)使得整个系统中的所有节点能够在去信任的环境自由安全的交换数据,使得对"人"的信任改成了对机器的信任,任何人为的干预不起作用。区块链技术并非不需要信任,它是指用技术规则加持信用,通过算法实现自我约束,任何恶意欺骗系统的行为都会遭到其他节点排斥,因此不会完全依赖中央权威机构的信用背书,可在一定程度和一定范围取代传统信用建立方式,完成点对点之间信任关系的建立,随着参与者增加,破坏系统的难度加大,系统安全性也将上升。

(4) 可追溯性。区块链上储存的记录具有不可改变性的特征,这降低了交易中的欺诈风险,而且储存的记录具有不可撤销的特征。当新数据写入区块后,新生成的区块将会被拷贝至区块链中的全部区块,这样的流程不可逆转,因此区块链具有不可撤销性的特征。这提高了交易的精度,也简化了数据处理的流程,更降低了保持数据原始性和交易可追溯性的成本。区块链的可追溯性具有缓解信息不对称的作用,以及由信息不对称引起的道德风险等激励问题,扩展可交易边界,最终促进经济增长。

(5) 匿名性。除非有法律规范要求,单从技术上来讲,各区块节点的身份信息不需要公开或验证,信息传递可以匿名进行。由于节点之间的交换遵循固定的算法,其数据交互是无需信任的(区块链中的程序规则会自行判断活动是否有效),因此交易对手无须通过公开身份的方式让对方自己产生信任,而无需向中介提供自己的隐私信息来获取交易另一方信任,且可信度更高,交易更安全。

二、区块链的类型和核心技术

如果说共识机制是区块链的灵魂,那么对于区块链特别是行业区块链及私有区块链来看,区块链核心技术创新则是实现推广应用的关键,它是把区块链从理论研究和媒体宣传中走出来的良药,是区块链向外拓展和广泛采用的基础。

(一) 区块链的类型

区块链目前分为公有区块链、行业区块链的和私有区块链三类。

(1) 公有区块链。公有区块链是指世界上任何个体或者团体都可以发送交易,且交易能够获得该区块链的有效确认,任何人都可以参与其共识过程。公有区块链是最早的区块链,也是目前应用最广泛的区块链,各大比特币系列的虚拟数字货币均基于公有区块链,世界上有且仅有一条该币种对应的区块链。

(2) 行业区块链。行业区块链是由某个群体内部指定多个预选的节点为记账人,每个块的生成由所有的预选节点共同决定(预选节点参与共识过程),其他接入节点可以参与交易,但不过问记账过程(本质上还是托管记账,只是变成分布式记账,预选节点的多少,如何决定每个块的记账者成为该区块链的主要风险点),其他任何人可以通过该区块链开放的API进行限定查询。

(3) 私有区块链。私有区块链是仅仅使用区块链的总账技术进行记账,可以是一个公司,也可以是个人,独享该区块链的写入权限,本区块链与其他的分布式存储方案没有太大区别。目前,传统金融巨头都是想实验尝试私有区块链,而公有区块链的应用如比特币已经工业化,私有区块链的应用产品还在摸索当中。

(二) 区块链的核心技术

区块链主要解决的交易的信任和安全问题,针对这个问题,提出了四个核心技术创新。

(1) 分布式账本。分布式账本是交易记账由分布在不同地方的多个节点共同完成,而且每一个节点都记录的是完整的账目,因此它们都可以参与监督交易合法性,同时也可以共同为其作证。不同于传统的中心化记账方案,没有任何一个节点可以单独记录账目,从而避免了单一记账人被控制或者被贿赂而记假账的可能性。另一方面,由于记账节点足够多,理论上讲除非所有的节点被破坏,否则账目就不会丢失,从而保证了账目数据的安全性。

(2) 对称加密和授权技术。存储在区块链上的交易信息是公开的,但是账户身份信息是高度加密的,只有在数据拥有者授权的情况下才能访问到,从而保证了数据的安全和个人的隐私。

(3) 共识机制。共识机制是所有记账节点之间应达成共识,去认定一个记录的有效性,这既是认定的手段,也是防止篡改的手段。区块链提出了四种不同的共识机制,适用于不同的应用场景,在效率和安全性之间取得平衡。以比特币为例,采用的是工作量证明,只有在控制了全网超过51%的记账节点的情况下,才有可能伪造出一条不存在的记录。当加入区块链的节点足够多的时候,这基本上不可能,从而杜绝了造假的可能。

(4) 智能合约。智能合约是基于这些可信的不可篡改的数据,可以自动化的执行一些预先定义好的规则和条款。以保险为例,如果说每个人的信息(包括医疗信息和风险发生的信息)都是真实可信的,那就很容易地在一些标准化的保险产品中,去进行自动化的理赔。

三、区块链自主审计的影响及应用

如果区块链真的发展起来,以后内部审计人员不懂区块链的话,是没有办法做内部审计的。区块链技术所带来的分布式账本,具有透明、不可篡改并且不需要中介者的特性,正好冲击了传统内部审计的工作内容。

(一) 区块链对公司业务的影响

越来越多的人认为,区块链技术是使用全新的加密认证技术和去中心化的机制,维护一个完整的分布式的不可篡改的连续账本数据库,能够让区块链中的参与者在无需相互认知和建立信任关系的前提下,通过一个统一的账本系统确保资金和信息安全。区块链的这些特性,对公司业务来说具有极其重大的影响。

(1) 区块链能够降低公司的信任风险。区块链技术具有开源、透明的特性,系统的参与者能够知晓系统的运行规则。公司应用区块链技术,由于每项采供销业务都可以验证账本内容和账本构成历史的真实性和完整性,确保每一项交易历史是可靠的、没有被篡改的,相当于提高了供产销业务的可靠性,降低了公司的信任风险。

(2) 从公司角度来看,区块链技术可以应用于股权、债权、供应链、利润分配等领域,并与客户、银行、供应商实施公开、透明连接和查询。公司的股权、债权、供应链业务一旦发生差错,对方就会及时告知并要求更正,这有利于公司提高经营管理和财务管理的水平。

(3) 区块链能够驱动公司形成新的商业模式。区块链技术的特点让它能够实现一些在中心化模式下难以实现的商业模式。如在互联网产业,已经有公司提出要使用区块链技术管理成万上亿个客户的身份、支付和维护任务。利用区块链技术,公司能够及时满足客户的需求和降低公司的营销成本。

(4) 公司可以合理选用不同种类的区块链。区块链技术具有多种类型,公司可以根据不同的业务、应用场景和用户需求,合理选择公有区块链、私有区块链和行业区块链,以增强区块链技术的适用性和降低成本。

(5) 公司可以应用区块链防控金融风险。共享金融的本质是通过减少金融信息的不对称性,从而实现金融资源优化配置的目的,并通过严格的第三方认证和监督机制,保证交易双方权益的落实,促成交易达成。公司通过使用区块链技术,金融信息和金融资产能够得到更加严格的保护,能够实现更加及时、有效的金融风险防控,从而实现公司金融资产的保值增值。

(6) 公司可以应用区块链促进创新和协作。公司可以通过源代码的开放和协作,区块链技术能够促进公司不同开发人员、研究人员以及机构间的协作,相互取长补短,从而实现更高效、更安全的解决方案。近年来,已有不少公司尝试用区块链技术进行研究开发的创新,已经引起公司董事会和经理层越来越广泛的重视,其影响力正在快速增强。

(二) 区块链自主审计的应用

区块链技术能通过开放性、自治性、不可篡改性等特征的实现,将会取代许多中介角色。区块链技术的特点之一就是,在每项交易被添加到分布式账簿前,都会经历极其复杂的前期鉴证和核实工作。区块链网络上的不同节点持续地监控和接受分布式账簿的状态。这样的方式确保一致性的同时,消除了由单一来源引发的风险。区块链技术是无需中间人或第三方,就可用于记录和证明交易一致性和公司财务准确性的工具,它可以满足潜在监管者和公众对于信息有效性、准确性和时效性的要求。

基于区块链技术的应用,公司可以在私有区块链上建立一个全透明的财务系统,受到许可的人可以访问,写入账簿,或确认交易。这样一来,财务系统上建立的数据库将是永久的、实时的、不可更改的,从而完整和准确地保证了公司交易的全貌。例如,甲公司与丙公司采购一项原料时,会产生合同、发票、权益证明和银行指令等文件,于是会有接口接到银行,有接口接到丙公司,确认交易真实且匹配。这个过程复核了贸易流程,在财务入账的时候会再次通过广播到其他节点核实匹配,保证了采购业务的真实性和完整性。而这一切都会在区块链财务系统上留下相应的具有时间邮戳的不可逆记录。从财务系统的角度讲,每一个节点都储存了一套不可被篡改的、保存了完整交易历史的分布式账簿副本,再通过加密技术来保障安全,但每个参与者的私钥加密使得他们只能浏览和他们相关的交易。在每一项交易被添加进财务系统之前,都要经过全网广播取得其他节点的鉴证和核实,不实交易会自动被拒绝写入。数据会被实时监控不受篡改,并且新写入的交易也会和之前所有的历史交易保持一致性,便于追踪。

在公司财务管理方面，区块链财务系统提高了财务信息透明度、准确性、时效性和可靠性，满足了会计核算要求，并降低了道德风险。在内部控制方面，降低了对财务信息审核控制的要求，在保障公司财产安全完整的同时，减少了对相关审计工作的依赖，大大降低了对外部审计的需求，从而降低了公司成本。区块链的不可逆性和时间邮戳功能使得公司减少了虚假采购和销售、账目欺诈的可能性，使得会计师事务所等外部审计人员审核公司交易的时间大幅减少，大大降低了审计成本。

随着从接触、改变到利用区块链的发展，公司可以实现发起交易—交易复核—交易确认等一系列会计入账行为的真实性、实时性和不可逆性。股东、银行、监管机构或其他利益相关者都可以实时监控公司账本，从而减少欺诈和假账。区块链赋予的分布式会计责任特性使得提交真实、合法、完整财务报表的责任被直接分配至整个公司所有参与员工共同行使，使得传统公司财务信息需要独立第三者审计不再那么重要，公司利用区块链财务系统就完全可以自己证明财务信息的可靠性和交易的完整性。从本质上讲，区块链可以满足股东等利益相关者对于外部审计的公正性、有效性和准确性等所有需求，还可以弥补第三者审计在独立性、公正性、透明性和客观性方面的不足。换句话说，未来的公司也许不再需要会计师事务所的独立第三者的审计服务，就可以实现更透明、更安全、信息更真实的"自主审计"。

外部审计是在公众对会计师事务所信任的基础上，鉴证公开披露财务报表信息的合法性和公允性。区块链技术的去信任化机制，可能导致外部审计作用的弱化，同时这一变化会促进会计师事务所业务多元化发展进程。会计师事务所的现有业务还是以审计为主，区块链技术的发展将倒逼会计师事务所增加管理咨询、税务咨询等业务，进一步开拓非传统审计业务。

对于现代内部审计而言，区块链技术的广泛采用，为其充分发挥积极作用提供了广阔的舞台。现代内部审计的主要对象不再是公司的财务数据和资料，而是公司的风险管理、内部控制和公司治理。因此，公司内部审计机构和内部审计人员应积极推进区块链技术在公司的风险管理、内部控制和公司治理中的运用，帮助公司实现其发展战略。区块链技术的分布式自治管理是无须维护的自治系统，可以减少公司由于系统维护带来的技术风险、安全风险、信息泄露风险，以及因此带来的公司信誉风险，使得公司运营风险大大降低。去中心化的文件存储，使得公司不再依赖中心服务器，任何计算机故障都不再会引起重大交易风险事故，有效减少了操作风险。带有时间邮戳并公开的交易记录，保护了公司交易和账目不被篡改，保证了公司运营的客观和公正性，减少了违规操作的可能性，大大降低了安全性风险、员工道德风险以及相应的法律风险。区块链的共识机制使员工无须再提供任何入职和离职流程证明和证书认证，员工薪酬与奖励系统可以公开公正运行，激励员工的同时也保障每位员工能够得到应得的公平奖励。分布式自治使公司治理高度自治化，不再需要依赖运营团队和技术人员的维护，而是通过设置公正公开的管理制度和运营规则，就可以实现无人干预、无人管理的自主运营。这些措施的实施和目标的实现，依赖于公司内部审计机构和内部审计人员在区块链自主审计的基础上进行。

主要参考文献

［1］秦荣生. 公司治理与内外部审计[M]. 北京：化学工业出版社，2013.
［2］秦荣生，卢春泉. 审计学[M]. 9版. 北京：中国人民大学出版社，2019.
［3］刘汝焯. 计算机审计技术和方法[M]. 北京：清华大学出版社，2004.
［4］刘汝焯. 审计分析模型算法[M]2版. 北京：清华大出版社，2016.
［5］阿德里安，戴维斯. 公司治理的最佳实践：树立声誉和可持续的成功[M]. 李文博，林涛，等译. 北京：经济科学出版社，2011.
［6］王宝庆. 内部审计管理[M]. 上海：立信会计出版社，2012.
［7］朱琪. 公司治理：机制与效应[M]. 北京：中国经济出版社，2009.
［8］阿伦斯，动尔德，比斯利. 审计学整合方法[M]. 10版. 北京：清华大学出版社，2006.
［9］郝臣. 中国上市公司治理案例[M]. 北京：中国发展出版社，2009.
［10］王宝庆. 审计学[M]. 北京：科学出版社，2011.
［11］秦荣生. 企业内部控制与风险管理[M]. 北京：中国财政经济出版社，2011.
［12］秦荣生. 深化政府审计监督 完善政府治理机制[J]. 审计研究，2007(1).
［13］秦荣生. 对我国审计发展战略的思考[J]. 审计研究，2008(3).
［14］秦荣生. 从国际视角看我国内部审计的发展方向[J]. 当代财经，2009(10).
［15］秦荣生. "互联网+"时代的审计发展趋势研究[J]. 中国注册会计师 2016(1).
［16］秦荣生. 审计体制改革的创举[J]. 审计研究，2016(1).
［17］秦荣生. 我国国家审计的新要求与新发展[J]. 财会月刊，2018(1).
［18］秦荣生. 我国内部审计的新使命与发展新路径[J]. 会计之友，2019(8).
［19］秦荣生. 构建统一高效计监督体系[J]. 瞭望，2018(14).
［20］AICPA. Statements on Auditing Standards, New York, NY：AICPA of management Accounting Research[J]. 2009(11)，45-73.
［21］Oliver Hart. Firm, Contracts and Financial Structure [M]. New York：Oxford University Press，2005.
［22］Grossman，Sanford J，Oliver Hart. The Costs and Bebefits of Ownership：A Theory of Vertical and Lateral Integration[J]. Journal of Political Economy，2006(94)，vol.
［23］Stivers P Covin. How Nonfinancial Performance Measures are used[J]. Management Accounting，2008，2：38-40.
［24］Kaplan RS，Norton. Putting the Balanced Scorecard to Work[J]. Harvard Business Review，2010，5：25-28.